# 思行政泽

## 高校课程思政教学实践案例

主　编　虞晓芬
副主编　江颉　陈冲

清華大學出版社
北　京

## 内容简介

本书共选编50个课程思政教学案例，内容涵盖工、理、经、管、法、艺术、教育等学科门类。全书以一线教学为基点，细致解析了思政元素融入专业课程教学的理念、路径与方式方法，呈现了课程设计、教学实践、教育效果等方面的内容。教学案例主要包含：知识、能力、价值三维目标。

本书是浙江工业大学自2017年探索推行课程思政工作以来的重要实践成果之一，内容简练，语言通俗，可作为教师开展课程思政教学、高校推进课程思政建设的参考用书。



**图书在版编目(CIP)数据**

思行政泽：高校课程思政教学实践案例 / 虞晓芬主编．—北京：清华大学出版社，2025.7
ISBN 978-7-302-62115-7

Ⅰ．①思…　Ⅱ．①虞…　Ⅲ．①高等学校－思想政治教育－教案(教育)－中国　Ⅳ．① G641

中国版本图书馆CIP数据核字(2022)第200215号

**责任编辑：** 杜　星
**封面设计：** 汉风唐韵
**版式设计：** 方加青
**责任校对：** 王荣静
**责任印制：** 刘海龙

**出版发行：** 清华大学出版社
**网　　址：** https://www.tup.com.cn，https://www.wqxuetang.com
**地　　址：** 北京清华大学学研大厦A座　　**邮　　编：** 100084
**社 总 机：** 010-83470000　　**邮　　购：** 010-62786544
**投稿与读者服务：** 010-62776969，c-service@tup.tsinghua.edu.cn
**质 量 反 馈：** 010-62772015，zhiliang@tup.tsinghua.edu.cn
**印 装 者：** 天津鑫丰华印务有限公司
**经　　销：** 全国新华书店
**开　　本：** 185mm×260mm　　**印　　张：** 25　　**字　　数：** 540千字
**版　　次：** 2025年7月第1版　　**印　　次：** 2025年7月第1次印刷
**定　　价：** 168.00元

---

产品编号：097653-01

# 前言

习近平总书记在全国高校思想政治工作会议上指出，“要用好课堂教学这个主渠道”，并强调“其他各门课都要守好一段渠、种好责任田，使各类课程与思想政治理论课同向同行，形成协同效应”。

近年来，浙江工业大学以习近平新时代中国特色社会主义思想为指导，秉承学校“厚德健行”校训和“建设一流本科教育”目标，认真学习贯彻全国高校思想政治工作会议和学校思想政治理论课教师座谈会精神，把推进课程思政建设作为落实立德树人根本任务的重要抓手，全力提升专任教师思政教育意识，深入挖掘各类课程思政教育元素，着力发挥所有课程思政教育功能，持续推进“三全育人”体系建设，构建起课程思政与思政课程同向同行、协同育人的“大思政”格局。

当前，浙江省正忠实践行“八八战略”，奋力打造“重要窗口”，争创社会主义现代化先行省，高质量发展建设共同富裕示范区。浙江省高校是全国地方高校中比较早开展课程思政工作的，本书立足这一独特的优势，精心选编一批具有浙江风格、浙江工业大学特色的高质量课程思政典型教学案例，这些教学案例是浙江工业大学多年来探索课程思政建设的重要实践成果之一。

本书中的课程思政教学案例涵盖工、理、经、管、法、艺术、教育等学科门类，涉及相关专业共计50门课程。所选案例注重在专业知识中挖掘思政元素的切入点、动情点、融合点，将知识传授、能力培养和价值塑造融为一体，呈现出独特的育人价值；展示了学校类型丰富、相互支撑、百花齐放的课程思政建设成效；展现了教师铸魂育人的崇高思想和不辱使命的责任担当。

在本书付梓之际，再次感谢所有提供课程思政教学案例的老师和参与指导案例的马克思主义学院思政辅导员团队，感谢参与案例编写的教务处全体工作人员，感谢大力支持学校课程思政建设工作的各学院和评审专家，本书的成功出版离不开大家的通力合作。

立德树人成效是检验高校一切工作的根本标准。面对新形势、新任务、新要求，通过课程思政建设，我们应进一步提升教师立德树人思想境界，推进课堂质量革命，形成育人工作合力。希望本书的出版，能为高校教师开展课程思政教学提供启示借鉴，为兄弟院校实施高质量课程思政工作提供参考。

虞晓芬

2022 年 10 月

# 目录

## 第一章　理学类



## 第二章　工学类

## 第八章　语言文学类



## 第九章　管理学类



## 第十章　艺术学类

第一章

# 理 学 类

# 第一节 线性代数

**课程负责人**：朱海燕
**课程团队**：姜丽亚、丁晓东、金建国、顾娟如等
**所在院系**：理学院

迟序之数，非出神怪，有形可检，有数可推。

——［南北朝］祖冲之

## 一、课程概况

### （一）课程简介

“线性代数”是非数学类理科、工科、经济学科、管理学科等本科专业必修的一门大类数学基础课程。它以符号化、形式化、结构化等方法揭示各类具体问题中的共性，因此具有广泛的应用背景。本课程结合代数思想和几何方法，以线性方程组为主线，将线性方程组求解、行列式、矩阵理论、特征值理论、线性空间、线性变换等内容有机地结合，并增加了二次型、矩阵分解、最小二乘法等应用广泛的理论。通过学习，学生可以充分理解线性代数理论体系中的基本概念和性质，熟练掌握矩阵的各类计算和概念的判定，为学生后续各专业课程的学习奠定必要的基础。本课程注重代数思想和代数方法的传授，充分融入马克思主义立场观点，培养学生的辩证思维、抽象思维、逻辑思维、空间想象能力以及数学审美能力，倡导实事求是、不断探索的科学精神，强化数学建模和知识运用的能力，激发学生树立远大理想抱负和担当科技报国的使命。

### （二）教学目标

#### 1. 知识目标

（1）掌握矩阵、线性空间、线性变换、线性方程组、二次型、特征值和特征向量等内容的基本概念、性质定理以及各模块之间的普遍联系；

（2）掌握行列式、线性方程组求解、矩阵的秩、矩阵对角化等计算及其应用；

（3）熟悉“线性代数”抽象的公理化体系、严密的逻辑证明、灵活的计算方法，以感受精妙的代数思想、神奇的数学之美；

（4）了解最小二乘法、矩阵分解的理论体系和应用场景。

#### 2. 能力目标

本课程贯穿分析综合、归纳演绎等辩证方法，为学生的后续学习、理论研究、工程应用奠定必要的数学基础。

（1）提高学生对概念重要性和推导合理性的认识；

（2）训练学生的计算能力和降低计算复杂度的能力；

（3）培养学生在实际案例中运用抽象思维、逻辑思维、空间想象的能力；

（4）帮助学生树立统一、分类、构造、分块等代数思想，增强学生分析问题、解决问题的数学建模和数学应用能力；

（5）形成基本的数学审美能力和感知力。

### 3. 价值目标

（1）培养学生的辩证思维、批判思维和创新思维，建立正确的思维方式；

（2）培养学生不畏艰难、独立思考的探索精神和求真务实、精益求精的科学精神；

（3）培养学生敢于突破的创新精神和吃苦耐劳的奉献精神，激发学生勇攀科技高峰的责任感和使命感；

（4）增强学生爱国情怀和民族自豪感，树立正确的价值观。

## 二、主要思政元素

**系统观念：**“线性代数”课程与其他螺旋递进式的数学类课程不一样，其中线性方程组、矩阵、线性空间等内容是以相对并列、相对独立的形式出现的。因此，坚持用系统观念开展本课程的教与学，不仅有助于学生加深对知识点的理解，提高学习效果，同时，能够帮助学生树立系统观念，提升学生应用系统方法的能力。

**马克思主义哲学：**本课程通过揭示线性方程组、矩阵、线性空间、线性变换等之间的各种联系，反映事物联系的普遍性；从线性方程组有解与无解、线性相关与无关、可逆和不可逆矩阵等教学点中，反映矛盾关系的对立统一以及否定之否定的辩证方法；从基变换、坐标变换、线性变换、初等变换等内容中，诠释变与不变的辩证关系。

**爱国情怀：**通过中外线性方程组研究历史的介绍和分析，弘扬中华文化，培育爱国主义情怀。

**理想抱负：**通过我国近现代线性方程组理论研究现状与国外差距的对比，引发学生深思，激励学生树立远大理想抱负，鼓励学生要有勇攀科学高峰的责任感和使命感。

**科学精神：**通过分享陶哲轩、罗杰•彭罗斯等数学家在线性代数领域中科学研究的故事，不仅拓宽了学生知识的深度和广度，更反映出科学发展的内在要求需要科学工作者具备求真务实、精益求精、积极探索的科学精神。

**创新意识：**通过引入线性代数发展的最新研究以及相关知识在信息、计算机、人工智能、大数据等前沿领域应用的案例，引导学生密切关注科技的新发展，注重研究新情况，善于提出新问题，树立创新意识和敢于寻找新思路的理念。

## 三、设计思路

“线性代数”课程思政设计思路如表 1-1-1 所示。

表 1-1-1 “线性代数”课程思政设计思路

| 课程章节 | 重要思政元素 | 相关联的专业知识或教学案例 |
|---|---|---|
| 导论课 | 系统观念<br>理想信念<br>创新意识 | 通过对线性方程组、矩阵、线性空间的系统把握，培养学生系统解决问题的思维；通过本课程重大科技应用的介绍，引导学生树立理想信念和创新意识 |
| 第一章<br>线性方程组与矩阵 | 家国情怀<br>马克思主义哲学 | 通过对国内外线性方程组研究的历史简介，增强学生的文化自信；通过线性方程组的各种等价表示，引入“横看成岭侧成峰”蕴含的哲学理念；通过可逆和不可逆矩阵概念的理解，渗透马克思主义哲学的认识论 |
| 第二章<br>矩阵的行列式 | 现象和本质<br>形式和内容<br>量变和质变 | 通过矩阵和行列式的异同的认知，诠释现象和本质、形式和内容的辩证关系；通过微小差别引起行列式的本质改变，体现量变和质变的辩证关系 |
| 第三章<br>线性空间 | 整体和部分<br>对立统一<br>否定之否定<br>相对与绝对<br>联系的普遍性 | 通过空间和子空间、空间和基的关系，阐述整体和部分的辩证关系；通过对线性相关和线性无关概念的理解，提高学生的抽象思维能力，熟悉矛盾关系的对立统一性和否定之否定的辩证方法；通过基变换和坐标变换阐述相对与绝对的哲学关系；通过事物间的等价关系反映事物联系的普遍性 |
| 第四章<br>内积空间 | 创新精神<br>普遍性和特殊性<br>具体和抽象<br>民族自豪感<br>知识广度 | 通过夹角、最小二乘法在信息搜索、数据分析等现代科技中应用的介绍，培养学生的创新精神和数学建模能力并拓宽知识的广度；通过内积空间概念的理解和应用，阐述普遍性和特殊性、具体和抽象的辩证关系；通过勾股定理中外研究历史对比，提升学生的民族自豪感 |
| 第五章<br>特征值与二次型 | 科学精神<br>职业理想<br>职业道德<br>辩证思维 | 通过陶哲轩和两位物理学家在特征值计算研究上的故事，传递勇于探索、孜孜不倦的科学精神和求真务实、精益求精的职业道德；通过相似变换保留和改变的性质分析，培养学生变与不变的辩证思维 |
| 第六章<br>线性变换 | 抽象与具体<br>批判性思维<br>联系的多样性 | 通过线性变换的矩阵概念的讲解，充分体现抽象和具体的辩证关系；通过讨论线性变换与矩阵的关系以及两者在课程结构中的地位，训练学生的批判思维；通过线性变换的核、像与解空间、列空间的一致性诠释哲学联系的多样性 |
| 第七章<br>附录 | 创新精神<br>国际视野 | 通过介绍2020年诺贝尔物理学奖获得者——数学家罗杰·彭罗斯在广义逆中的重要贡献，培养学生的创新精神，拓宽知识的广度，扩大学生的国际视野 |

## 四、实践案例

### （一）案例 1：线性方程组研究的历史简介与文化自信

#### 1. 简单介绍线性方程组研究的历史

**教学内容：**线性方程组在中国的历史可以追溯到东汉初年（公元 1 世纪）成书的《九章算术》方程章的第一题，该书率先用分离系数的方法表示了线性方程组，如图 1-1-1 所示。在国外，德国数学家莱布尼茨于 1678 年首先开始了对线性方程组的研究。由此可见，中国对线性方程组的研究远早于欧洲 1 500 多年。

**思政内容：**激发学生对中国古代数学文明的自豪感，根植爱国主义情怀，弘扬首创精神。

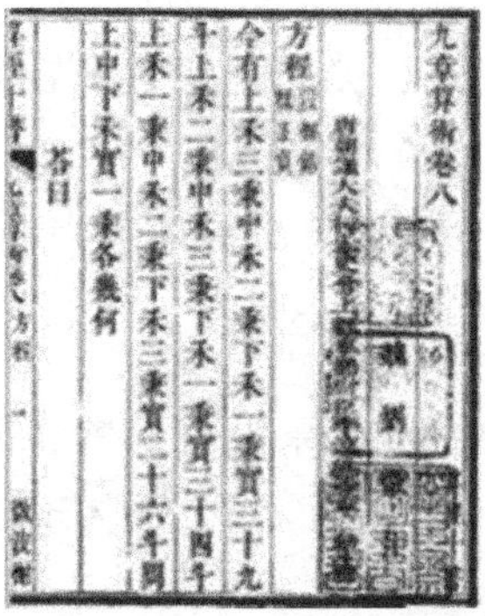

图 1-1-1 《九章算术》方程章

## 2. 展示国外代数学家编写的《线性代数》教材

**教学内容：**国外代数学家编写的《线性代数》中介绍，“研究线性方程组最古老的论文在中国的《九章算术》中”，如图 1-1-2 所示，并在教材中用“方程”的拼音“Fangcheng”代替英文“Equation”，如图 1-1-3 所示。

**思政内容：**增强学生文化自信。

**1.9 Kurznachrichten zur historischen Entwicklung**

Die älteste Abhandlung über lineare Gleichungssysteme findet man im 'Chiu chang suan shu' (Mathematik in neun Büchern). Nach chinesischen Quellen wurde sie um 160 vor unserer Zeit von Chang Ts'ang, einem ersten Minister des Kaisers von China, nach alten Vorlagen verfasst. Wie heute stellte Chang Ts'ang die Koeffizienten eines Gleichungssystems in einer rechteckigen Tabelle zusammen, die zur Lösung des Systems schrittweise umgeformt wird, so wie wir es in 1.8 vorgeführt haben. Die Methode setzt die Kenntnis negativer Zahlen voraus, die den Gelehrten Chinas geläufig waren[5].

图 1-1-2 国外教材中关于线性方程组研究的起源的介绍

**A2. Der Fang-Cheng-Algorithmus**

方 *Fang*: Chinesisch für Himmelsgegend, Rechteckseite.

程 *Ch'êng*: Weg, Muster, Regelung.

方程 *Fang ch'êng*: Rechteckiges Muster.

*Algorithmus*: Sich an das griechische arithmos anlehnende Fehldeutung de

图 1-1-3 国外教材中用“方程”的拼音“Fangcheng”代替英文“Equation”

# （二）案例 2：线性方程组的引入与背后的哲理

## 1. 介绍原始部落三人之间的实物交易系统

**教学内容：**假设在一个原始社会的部落中主要有三种分工：种植、狩猎、手工，并且所有的商品都实行物物交换。种植者通常把收获的农产品一半留给自己，另一半均分给狩猎者和手工者；狩猎者则把猎物留一半给自己，1/3 给种植者，1/6 给手工者；手工者把制品平均分给三家。这样就得到了一个实物交易系统。

**思政内容：**了解实际应用价值，提升学生对线性方程组学习的兴趣。

## 2. 启发学生思考

**教学内容：**部落规模不断增大，实物交易系统显得非常繁杂，因此需要引入更先进的体系。

**思政内容：**引导学生深入社会实践、关注现实问题、了解马克思的交换理论。

## 3. 引入货币系统，即给实物定价

**教学内容：**假设这个简单的经济体系没有积累和债务，再设农产品总价值为$x_1$，猎物的总价值为$x_2$，制品的总价值为$x_3$，为公平体现部落的实物交易系统，就可得到以下线性方程组。

$$\begin{cases} -\frac{1}{2}x_1+\frac{1}{3}x_2+\frac{1}{3}x_3=0 \\ \frac{1}{4}x_1-\frac{1}{2}x_2+\frac{1}{3}x_3=0 \\ \frac{1}{4}x_1+\frac{1}{6}x_2-\frac{1}{3}x_3=0 \end{cases}$$

**思政内容：**传递公平公正处事的人生态度。

## 4. 引入一般线性方程组

**教学内容：**该模型即为列昂惕夫（诺贝尔经济学奖获得者）封闭式模型，可应用于众多工厂的经济模型，进而得到庞大的线性方程组。

$$\begin{cases} a_{11}x_1+a_{12}x_2+\cdots+a_{1n}x_n=0 \\ a_{21}x_1+a_{22}x_2+\cdots+a_{2n}x_n=0 \\ \vdots \\ a_{m1}x_1+a_{m2}x_2+\cdots+a_{mn}x_n=0 \end{cases}$$

**思政内容：**拓宽知识面，培养数学建模能力和创新精神。

## 5. 线性方程组的概念

**教学内容：**介绍线性方程组的定义。

含 $m$ 个方程和 $n$ 个未知量的线性方程组定义为如下形式：

$$\begin{cases} a_{11}x_1+a_{12}x_2+\cdots+a_{1n}x_n=b_1 \\ a_{21}x_1+a_{22}x_2+\cdots+a_{2n}x_n=b_2 \\ \vdots \\ a_{m1}x_1+a_{m2}x_2+\cdots+a_{mn}x_n=b_m \end{cases} \tag{1}$$

其中，$x_1, x_2, \cdots, x_n$ 为未知变量，$a_{ij}, b_i$ 是常数，式（1）称为 $m \times n$ 线性方程组。

注：定义中用到的数字没有任何意义，因此出现在式（1）中的符号都是抽象的符号。

**思政内容：**培养学生的抽象思维能力。

## （三）案例 3：坐标定义、坐标变换与科学思维

### 1. 给出坐标的定义

**教学内容：**引入坐标定义。

设 $\{v_1, v_2, \cdots, v_n\}$ 是向量空间 $V$ 的一组基，则对于任意的 $\boldsymbol{u} \in V$，存在唯一的一组实数 $c_1, c_2, \cdots, c_n$，使得 $\boldsymbol{u}=c_1v_1+c_2v_2+\cdots+c_nv_n$，称上式中的 $(c_1, c_2, \cdots, c_n)^{\mathrm{T}}$ 为 $V$ 中向量 $\boldsymbol{u}$ 在有序基 $\{v_1, v_2, \cdots, v_n\}$ 下的坐标。

注：定义中用词严谨、简洁且抽象。

**思政内容：**培养学生的逻辑思维和抽象思维。

### 2. 复习基的概念，解释定义中的“存在”和“唯一”

**教学内容：**设 $\{v_1, v_2, \cdots, v_n\}$ 是向量空间 $V$ 的基，就是指每个向量都可以写成 $\{v_1, v_2, \cdots, v_n\}$ 的线性组合形式，并且表达形式是唯一的。

通过坐标的“存在”和“唯一”把空间中抽象的向量转化为一组具体的数字。

**思政内容：**体现“具体—抽象—具体”的认识过程。

### 3. 启发思考

定义中为什么要在坐标前加定语“有序基 $\{v_1, v_2, \cdots, v_n\}$”？目的是培养学生的逻辑思维和积极思考的科学精神。

### 4. 引入坐标变换公式

**教学内容：**

**定理：**设 $\boldsymbol{S}$ 为从一组基 $\{w_1, w_2, \cdots, w_n\}$ 到另一组基 $\{v_1, v_2, \cdots, v_n\}$ 的过渡矩阵。如果向量 $\boldsymbol{u}$ 在基 $\{w_1, w_2, \cdots, w_n\}$ 和 $\{v_1, v_2, \cdots, v_n\}$ 下的坐标向量分别为 $\boldsymbol{c}$ 和 $\boldsymbol{d}$，则 $\boldsymbol{c} = \boldsymbol{Sd}$。

由此可见，坐标在一组固定的基下是唯一的，但当基变换的时候，坐标也会发生改变。即坐标是相对唯一，不是绝对唯一。

**思政内容：**展现绝对与相对、变与不变的辩证关系。

### 5. 简单介绍“刻舟求剑”寓意

**教学内容：**在“刻舟求剑”的故事中，“舟”就是坐标系。舟在动，坐标系就在变，因此“剑”的坐标改变了，所以无法准确定位，如图 1-1-4 所示。

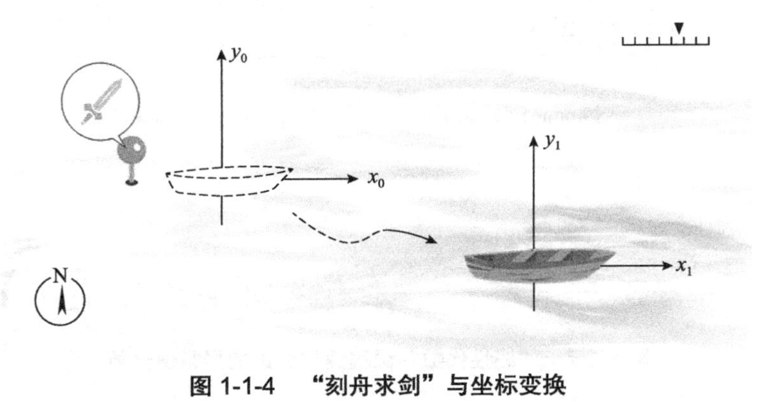


**图 1-1-4　“刻舟求剑”与坐标变换**

**思政内容：**将我国古代有趣的寓言故事与枯燥的数学知识相结合，以提升学生学习的兴趣以及对知识的运用能力。

## 五、教学效果

该课程具有广泛的应用性，是理科、工科学生的必修课，浙江工业大学每年有3 000多名学生学习“线性代数”。该课程也将开设线上课程，以大大提高课程的受益面。通过引入课程思政内容，让“线性代数”教学更有趣、更有意义。

### （一）学生学习成果

学生结合课程内容，将抽象的线性代数知识通过动画视频展现，如图1-1-5、图1-1-6所示。

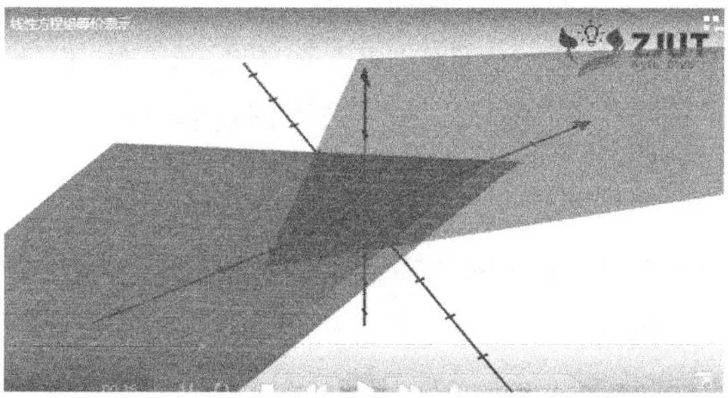


**图 1-1-5 “线性方程组等价形式”的动画截图**

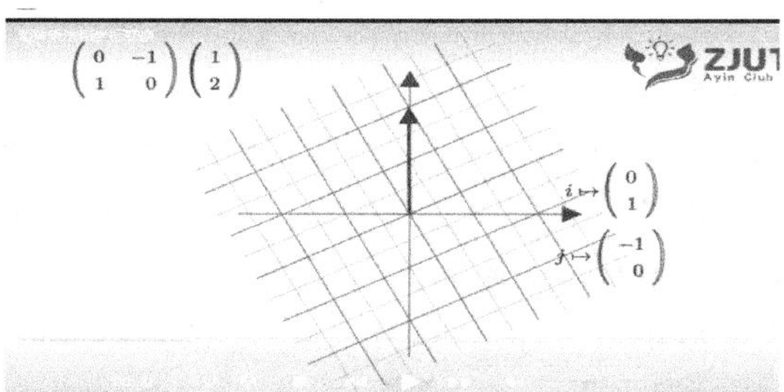


**图 1-1-6 “矩阵乘法和坐标变换”的动画截图**

图1-1-7是学生根据“线性代数”课程中400位学生23次随堂测试的成绩展开的异常值分析研究报告的一页。

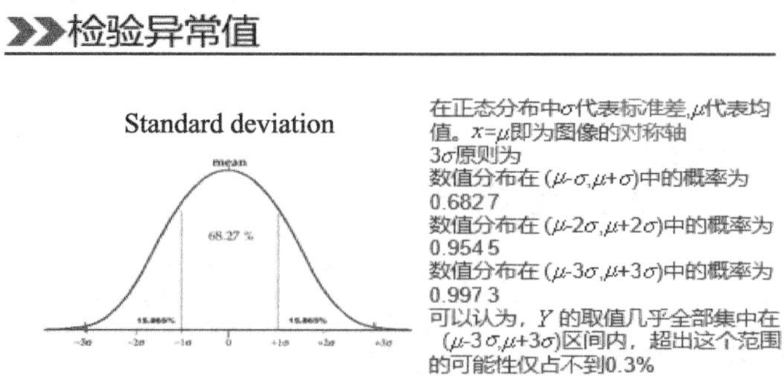


**图 1-1-7 “线性代数”课程随堂测试的异常值分析**

### （二）学生学习体会

**学生 1：**在“线性代数”课堂上，首先，老师用基变换和坐标变换的原理解释了“刻舟求剑”的故事，这不仅让原本枯燥、抽象的知识点变得更加鲜活具体，也让我对这个成语有了更深刻的理解。其次，课程前沿的介绍，让我们深深折服于课程内容在现代科技中的灵活巧妙的创新应用，促使我们更愿意学，更愿意创新。

**学生 2：**我国在线性方程组的研究早于西方 1 500 多年，这让我们感到特别自豪！当然，这份自豪感也促使我们更要发奋图强，努力为我国科技发展添砖加瓦。此外，科学家们的励志故事正是我们在面对困难、面对失败时的精神动力。非常感谢老师的分享。

**学生 3：**课程中的大量证明和问题是我进行逻辑思维、抽象思维训练的最佳训练，在这里让我们知道只有对科学的不断质疑和批判，才有科学的不断发展。马克思主义辩证哲学中很多抽象深奥的哲理竟然可以用“线性代数”的知识点来做例子，让我们对哲学也产生了浓厚的兴趣。

**学生 4：**“线性代数”是我在大学阶段深入接触的全新数学概念。在学习线性代数的过程中，线性代数知识加强了我的几何数学观念与代数方法学习之间的联系。线性代数课程从具体的公理化方法出发，利用严谨的逻辑推证和巧妙的归纳综合强化了我的数学思维，让我的数理建模能力有了极大的提升。

# 第二节　大学物理

**课程负责人：**施建青、徐志君
**教学团队：**李珍、林国成、蔡萍根
**所在院系：**理学院

如果说我比别人看得更远些，那是因为我站在了巨人的肩膀上。

——［英］艾萨克·牛顿

## 一、课程概况

### （一）课程简介

物理学是自然科学中最具有活力的基础学科，也是高新技术的先导和源泉。在人类追求真理、探索未知世界的过程中，物理学展现了一系列科学的世界观和方法论，深刻影响着人类对物质世界的基本认识、人类的思维方式和社会生活，是人类文明发展的基石，在人才的科学素质和社会主义核心价值观等培养过程中具有重要地位。以物理学基础为内容的大学物理课程，是高等学校理工科各专业学生一门重要的通识性必修基础课。

教学团队十分重视课程思政建设，通过“三个切入”开展大学物理课程思政，将质疑与创新精神、辩证思维与方法论、社会责任与科技伦理、科学精神与人格力量、文化自信与民族自豪感、大国工匠与家国情怀等思政元素有机融合到大学物理教学之中。

课程由“平台 + 模块”组成。平台为全校理工科学生共同的基础课，在第二学期开设；模块由各学院根据自身的专业需求自行选择，在第三学期开设。平台（48 学时）包括力学和电磁学；模块则分为模块A（64 学时，含振动与波、光学、热学和近代物理等）、模块B（40 学时，包括振动与波、光学和近代物理等）和模块C（40 学时，包括振动与波、光学、热学等）。

### （二）教学目标

#### 1. 知识目标

（1）掌握物理学的基本思想、概念、理论和应用；

（2）掌握物理学知识的逻辑体系及其内在联系；

（3）了解物理学的历史、现状和前沿及其对科学发展和社会进步的作用。

#### 2. 能力目标

（1）具备独立获取知识的能力、科学观察和思维的能力、分析问题和解决问题的能力，能够熟练运用物理图像、物理学的工作语言解决科学问题；

（2）掌握物理学的思维方式和研究方法；

（3）具备初步的科学探究能力，乐于参加科学探索活动。

#### 3. 价值目标

（1）科学精神。培养追求真理的勇气、严谨求实的科学态度和刻苦钻研的作风。

（2）创新意识。引导学生树立科学的世界观，激发学生的求知热情、探索精神和创新欲望，培养学生敢于向旧观念挑战的精神和勇攀科学高峰的责任感和使命感。

（3）家国情怀。结合大国重器和科技前沿，引导学生了解我国一系列重大科技创新的伟大成就和面临“卡脖子”技术难题的艰巨挑战，增强民族自豪感、文化自信和使命担当。

（4）正确的世界观。将物理科学知识、科学思维、科学精神、科学素养、科学作风的培养与人文价值、科学美感、社会责任有机地结合起来，引导学生树立正确的人生观、道德观、价值观和荣辱观等。

## 二、主要思政元素

从思政的视角审视物理教学，处处充满着思政元素。因此，物理教师要做课程思政教学工作的“有心人”，以提升课程思政的教学能力。

**质疑与创新精神**：质疑是创新的源头，例如"原子结构"的教学，围绕着科学发现"质疑—创新—纠错"的活动过程展开。从汤姆孙的西瓜模型到卢瑟福的行星模型是一次"纠错"；为解决卢瑟福原子模型的困难，玻尔提出了氢原子玻尔模型；索末菲又对玻尔的氢原子理论作了发展，提出空间的量子化；但轨道概念没有跳出经典理论的范畴，最终由德布罗意提出的波粒二象性假设，才对原子、电子甚至光子等微观粒子的本质有了进一步认识。物理学家探索自然的过程正是通过"质疑—假说—检验—否定—再假说—再检验—肯定"等不断"纠错"的过程，一步步揭开原子结构的神秘面纱，向世人呈现真实的原子内部世界。将"质疑与创新"元素融入教学，学生在习得知识的同时，培养了直面失败、勇于探索的精神，增强敢于质疑的信心和挑战权威的勇气，逐步养成批判性思维的习惯。

**辩证思维与方法论**：物理学是运用唯物辩证法的观点和方法分析研究物质运动、性质和变化的科学。比如关于光的本性的否定之否定发展观、玻尔看待微观世界的互补原理、实物粒子的波粒二象性、物理思想从连续到不连续的突破等。通过这些富于辩证发展线索的教学，帮助学生形成整体、系统的辩证思维和自然辩证法的科学世界观。

**社会责任与职业道德**：物理学的发生和发展是在一定的社会环境中进行的。物理学给人类带来文明，也给人类带来威胁，这迫使物理学家不得不作出思考反省，如何使科学造福于人类而不是毁灭人类。玻尔对原子弹问世的互补性思考，表现出一个物理学家高尚的伦理道德和对人类崇高的爱。自从物理学和社会结缘，就标志着物理学开始伴随伦理和道德的课题。物理学家关于科学道德精辟的阐述和强烈的社会责任心，为我们留下许多宝贵的思想资料，融入这些思政元素，能帮助学生形成正确的价值观，提高判断力，正确理解和对待科学与人类、科学与社会、科学与自然的辩证关系并逐渐内化为自己的科学道德准则，使学生将来能够正确地应用科学技术来为人类造福。

**科学精神与人格力量**：榜样的力量是无穷的，科学家献身科学的精神和在科学研究中表现出来的高尚品德是对学生进行道德品质教育的好素材。激活历史人物，从音像资料中挖掘历史人物的录音或电影片段，提高课程思政效果。如讲到有关原子弹的内容时，插播一段爱因斯坦关于对使用原子弹看法的录音；讲到广义相对论时，可推荐学生看《爱因斯坦与爱丁顿》；讲到科研挑战时，《邓稼先》就是很好的教育素材。榜样的力量来自身边，来自中国的物理学家们，这样的教育就更有亲切感和感染力。

**文化自信与民族自豪感**：经典物理起源于古希腊哲学，现代物理则更需要中国的哲学。例如，对光的本质"波粒二象性"的认识过程，是"粒子性"与"波动性"之间对立统一的发展过程，而中国早就有了"波粒二象性"蕴含的"对立统一"的思想，即中华文化的杰出代表《易经》中"太极"的"阴阳两面性"。玻尔在 1927 年提出了互补原理，引起世界轰动，但当他 1936 年到中国讲学见到《易经》太极图时，惊叹地说："中国人几千年前就有了互补的理论思想，并以图形表示了出来"。他手捧《易经》如获至宝，将太极图定为其族徽勋章的标志图案，如图 1-2-1 所示。从哲学上讲，"测不准原理"和老子所说"道可道，非常道；名可名，非常名"的含义颇有符合之处。

将这些思政素材融入“大学物理”具体知识点的教学，对学生树立文化自信非常重要，能引起当代大学生的思想共鸣，弘扬民族文化，增强民族自豪感，而且对培养学生科学的世界观、方法论以及现代科技创新意识也都是好素材。

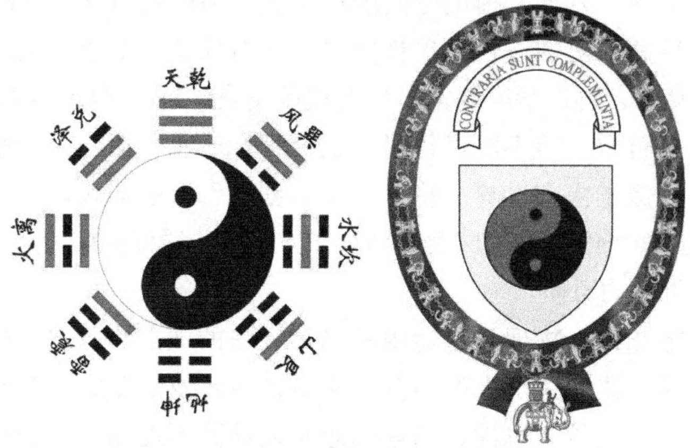


**图 1-2-1　太极图与玻尔亲自设计的族徽勋章**

**大国工匠与家国情怀：**物理学是现代科技诞生的摇篮，我国许多重大工程和科技成果都与物理学密切相关。例如，可以向学生介绍我国“两弹一星”、高温超导、中微子物理、量子反常霍尔效应、纳米科技、高性能计算机、三峡工程、载人航天、探月工程、5G 技术、量子通信、北斗导航、载人深潜、高速铁路、航空母舰等一系列重大科技创新中的物理学，还可以向学生介绍如光刻机、芯片、触觉传感器、射频器件、扫描电镜、燃料电池、真空镀膜机、燃气轮机、高端电容电阻、高端轴承钢、激光雷达技术中的物理学基础与问题，让学生了解我国面临着许多“卡脖子”的技术难题，以培养学生的家国情怀和使命担当。

## 三、设计思路

通过“三个切入”开展大学物理课程思政的教学实践。一是从教学内容整合切入，用历史线索、认知线索和逻辑线索重构教学内容，挖掘课程思政元素，构建课程思政与知识传授相融合的教学体系；二是从信息技术与教学深度融合切入，创新线上线下混合、虚实结合、学习共同体、创新创业融合等教学新模式，强化课堂互动性，把学生的思想、兴趣、精力和志向引导到科技前沿、社会需求、为国服务、国际竞争上来，有效激发学生的学习热情、学习兴趣和学习动力；三是从物理文化价值引领切入，凝练物理观念、物理思维和物理文化等，引导学生形成正确的世界观、人生观和价值观，培养热爱祖国、热爱人民、热爱科学、艰苦奋斗、追求卓越、奉献社会的责任感，激发学生的家国情怀、爱国精神和报国志向，从而实现大学物理课程思政元素与课程教学有机融合，在潜移默化、润物无声中由“混合”到“融合”，直到产生“化合”的反应，打造特色鲜明的大学物理课程思政。“大学物理”课程思政设计思路如表 1-2-1 所示。

表 1-2-1 "大学物理"课程思政设计思路

| 课程章节 | 重要思政元素 | 相关联的专业知识或教学案例 |
|---|---|---|
| 第一章 力学 | 科学精神与人格力量、文化自信与民族自豪感、大国工匠与家国情怀 | 将火箭、航空、航天、空间站等大国重器与力学原理结合，开展文化自信、民族自豪感、大国工匠和家国情怀的教育，培养学生直面困难的勇气、精益求精的精神。结合钱学森回国事例，进行爱国主义教育 |
| 第二章 电磁学 | 社会责任与职业道德、文化自信与民族自豪感、科学内在的统一与和谐 | 将电磁弹射、隐形飞机、5G、特高压输电等领先世界的工程与电磁学教学结合，增强学生的民族自豪感和文化自信。麦克斯韦方程组统一了电、磁、光，闪烁着科学美学的光辉，培养学生的科学美感 |
| 第三章 光学 | 科学精神与人格力量、文化自信、大国工匠与家国情怀、社会主义核心价值观 | 结合 500 米口径球面射电望远镜（FAST），中国"天眼"和南仁东的故事，集光学基础知识、光学研究前沿和科学家的爱国情怀的教学于一体，将社会主义核心价值观教育融入课程教学 |
| 第四章 热学与分子动理论 | 理论联系实际、求实精神、科学世界观和诚信的价值观 | 把热学中许多源于生产和生活实际的基本概念和基本定律的发现，融入实践是检验真理的唯一标准和理论联系实际等思政元素，培养学生理论指导实践、实践是检验真理唯一标准的世界观和诚信的社会主义核心价值观 |
| 第五章 相对论 | 批判性思维与创新精神、辩证思维与方法论、对立统一的世界观 | 通过挑战牛顿时空观，培养学生批判性思维与创新精神；通过学习变换不变性，培养学生辩证思维和科学方法论；通过探究质量与能量相当，培养学生对立与统一的思想 |
| 第六章 量子力学 | 文化自信与民族自豪感、对应原理和互补思想以及创新意识 | 将中国哲学与现代物理学融合，如将《易经》的阴阳思想与物理学中的互补原理做对比，能引起当代大学生的思想共鸣，弘扬民族文化，增强民族自豪感，而且在培养学生科学的世界观、方法论以及创新意识方面有独到的作用 |

## 四、实践案例

### （一）案例 1：动量守恒与反冲

图 1-2-2 长征五号火箭

案例先通过分析日常生活中的鞭炮、水火箭的飞天原理，融入中国古代火药发明与应用，激发学生兴趣，增强民族自豪感。再以大国重器——长征五号火箭为例，如图 1-2-2 所示，分析火箭飞行原理，融入航天新成就，激发学生爱国情怀。在此基础上，结合天和核心舱、神舟十三号飞船等事件的讨论，既让学生体会到物理与大国重器的内在关系，激发学好物理的热情，又为我国载人航天的快速发展而感到自豪。此外，通过网络搜索钱学森的事迹，讨论"钱学森为什么要回国？如果钱学森不回国，中国的导弹事业会不会发展？"，引导学生将个人命运与国家发展紧密地结合起来，以提升学生的思想境界和报国之情。

课后让学生观看《钱学森》电影并写出心得体会，把科学报国和爱国主义教育融入课程教学中去。同时，将课程思政从课内向课外延伸，要求学习小组开展火箭原理研讨与试样制作，把所学贯通于应用，以培养学生的创新能力、直面困难的勇气和精益求精的工匠精神等。

### （二）案例 2：量子光学

案例从演示实验中产生问题，培养学生严谨求真的科学精神。演示实验分别采用红光和绿光照射光电管，红光很强，但没有光电流；绿光较弱，却出现光电流。如何解释这一现象？开启讨论式教学，引导学生提出问题，然后尝试解决问题，从而激发学生的学习兴趣，培养学生严谨科学和精益求精的学习态度。

通过对光本性的讨论，引导学生形成辩证唯物主义的科学观。总结、归纳爱因斯坦光量子假设，从能量守恒与转化的角度得出爱因斯坦光电效应方程。从回顾牛顿关于光的微粒说到惠更斯的波动说，再到爱因斯坦的光量子说的历史进程中，掌握科学“否定之否定”螺旋式上升的发展规律，引导学生形成辩证唯物主义的科学观。

通过学习了解吴有训在康普顿效应研究中的重要贡献，培养学生的家国情怀和使命担当。在 20 世纪 20 年代，吴有训在 X 射线散射研究中以系统、精湛的实验和精辟的理论分析为康普顿效应的确立和公认作出了重要贡献。通过榜样的力量激发学生的学习兴趣和爱国热情。

### （三）案例 3：相对论

案例从对称性的扩展中，培养学生的批判性思维和创新精神。

如图 1-2-3 所示，通过分析爱因斯坦相对论的思想基础——对称性思想的扩展，批判牛顿的绝对时空观，并进行批判性思维训练，以培养学生不迷信权威、勇于创新的精神。通过学习时空变换的不变性（物理规律从一个惯性系变换到另一个惯性系时保持不变），培养学生的辩证思维和科学方法论。

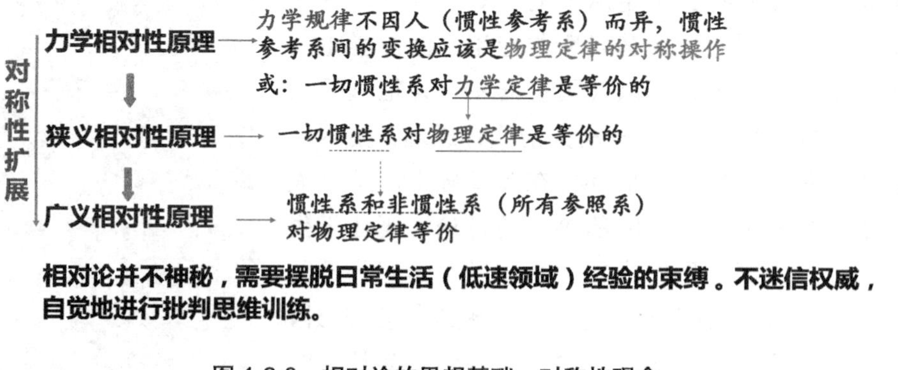


图 1-2-3　相对论的思想基础：对称性观念

通过探究质量与能量的关系，培养学生对立与统一的思想。爱因斯坦质能方程$E = mc^2$，把质量与能量统一起来了。质量表示惯性，质量大意味着惯性大；而能量表示活力，能量大意味着有活力。这两者原本是对立的，而质能方程将两者有机地统一了起来。

通过爱因斯坦质能方程，可以实现核裂变和核聚变反应，从而对人类社会产生了重大影响。物理学给人类带来文明的同时也带来了威胁。玻尔对原子弹问世的互补性思考，表现出一个物理学家高尚的伦理道德和对人类崇高的爱。这一事例能帮助学生正确理解和对待科学与人类、科学与社会、科学与自然的关系，并逐渐内化为自己的科学道德准则，运用科学技术造福人类。

此外，以"两弹一星"功勋为榜样，对学生进行爱国主义教育。比如，钱三强在研究铀核裂变中取得了突破性成果。再如，郭永怀是23位"两弹一星"元勋中唯一获得烈士称号的科学家，在核弹、导弹和人造地球卫星实验工作中作出了巨大贡献。他从西北某基地返回北京时因飞机失事而牺牲，却用身体完好地保护了核试验的绝密文件。通过类似的案例，可以将我国一大批科学家、优秀科技工作者的奋斗历程、科学贡献和精彩人生融入大学物理课程的教学中去，这些是课堂上最吸引、启发和激励学生的思政育人素材。

## 五、教学效果

将课程思政从课内向课外延伸，融课程思政与物理创新能力培养于一体，以培养学生在科学探究中直面困难的勇气和精益求精的工匠精神。2020年，浙江工业大学"格致杯"物理科技创新竞赛，从上百支队伍中选拔出16支队伍（每支队伍有4名左右学生）参加浙江省大学生物理科技创新竞赛，所有参赛项目均获奖，其中获得一等奖5项、二等奖10项、三等奖1项，在全省各高校中名列前茅。另外，在2020年全国物理实验竞赛（创新赛）中，参赛学校最多只能申报5支队伍，浙工大组织的5支队伍全部获奖，其中获得一等奖1项、三等奖4项。

将物理教学与科技立项相结合，引导学生将课内所学贯通应用，通过教师向学生提供各类研究问题，以及学生自己从现代科技、日常生活和工程实际中寻找发现新的研究课题，建立了国家、省、校、院四级学生课外物理创新科技立项体系。在物理创新基地，学生协助教师开发新实验71个和新仪器41套，获全国挑战杯赛金奖1项，"中国互联网+"大赛银奖3项。

在把思政元素有机融合到大学物理课程教学的基础上，《地方工科院校以能力为导向的大学物理教学新范式》获浙江省教学成果特等奖（2022年），浙江工业大学物理教学团队获浙江省高等学校课程思政示范基层教学组织奖（2021年），大学物理慕课网络浏览量在短短2年内突破6 900万人次，成为全国网络浏览量增加速度最快的慕课之一。

# 第三节　科学技术史

**课程负责人**：米丽琴

**教学团队**：科学技术史教学团队

**所在学院**：理学院

知古不知今，谓之陆沉；知今不知古，谓之盲瞽。

——［东汉］王充《论衡》

## 一、课程概况

### （一）课程简介

“科学技术史”是一门研究科学技术的历史发展及其客观规律的课程。通过研究科学技术产生和发展的社会历史条件，以及对人类社会的推动作用，揭示科学技术发展及其内在的规律。科学技术史是一门特殊的历史科学，是连接自然科学和社会科学的综合性科学。本课程采用内史与外史相结合的方法，将科学技术发展的内在逻辑规律与科学技术对社会、政治和经济的推动作用结合起来，将科学家杰出的科学贡献与科学家人格魅力、科学家精神的学习结合起来，将世界科学发展脉络的剖析与中国科学技术的崛起和发展结合起来，激发学生投身祖国科学事业的价值追求，培养学生运用系统思维、辩证思维、创新思维等正确的思维方法从事自然科学研究的能力，守住科学研究不容触碰和挑战的底线——科技伦理，塑造正确的世界观、人生观和价值观，全面落实立德树人根本任务。

“科学技术史”是浙江工业大学通识教育核心课程之一，是一门文理交叉型课程，适合各专业本科生选修。

### （二）教学目标

#### 1. 知识目标

（1）全面了解科学技术的发展历史；

（2）全面了解科学技术发展的社会历史条件和科学技术的发展规律；

（3）深入了解自然科学的研究方法、基本原理和思维模式。

#### 2. 能力目标

（1）能够搜集资料、阅读和分析文献，具备分析某一科学技术可能对世界或一个国家的政治、经济、文化、社会和生态文明产生影响的能力；

（2）具备运用系统思维、辩证思维、批判性思维、创新性思维讨论和研究某一科学技术问题的意识与初步能力；

（3）能够公正、客观和实事求是地认识人与自然和谐共生的关系。

### 3. 价值目标

（1）弘扬科学精神，培养学生探索未知、追求真理、勇于创新的责任感和使命感；

（2）将科技伦理准则和规范内化于心、外化于行；

（3）培养学生独立思考、实事求是、理性思辨、坚持真理、遵纪守法的世界观、人生观和价值观；

（4）在培养学生心怀天下的同时，提升文化自信，增强学生对中华优秀传统文化的认同，大力弘扬社会主义核心价值观和以改革创新为核心的时代精神。

## 二、主要思政元素

根据“科学技术史”课程的内容和特点，在思政元素的挖掘与选取方面，教学团队坚持以习近平总书记提出的“各类课程与思想政治理论课同向而行，形成协同效应”为准则，结合“科学技术史”课程的知识目标、能力目标和价值目标，达到《高等学校课程思政建设指导纲要》（以下简称《纲要》）提出的“课程思政建设内容要紧紧围绕坚定学生理想信念，以爱党、爱国、爱社会主义、爱人民、爱集体为主线，围绕政治认同、家国情怀、文化素养、宪法法治意识、道德修养等重点优化课程思政内容供给”。教学团队通过精心设计教学案例，把科学精神、科技伦理、文化自信三大主要思政元素，以潜移默化、春风化雨的方式融入课程教学之中。

**科学精神：**科学精神教育的内涵是引导学生树立热爱自然、探索未知、追求真理、精益求精的责任感和使命感，掌握科学的世界观和方法论，达到《纲要》提出的“把马克思主义立场、观点、方法的教育与科学精神的培养结合起来，提高学生正确认识问题、分析问题和解决问题的能力”。例如在介绍近代科学的先驱哥白尼、布鲁诺、伽利略、开普勒、牛顿等科学家的科学贡献时，挖掘他们不盲从于权威，不畏惧于强权，不计较个人利害，实事求是，追求真理的科学精神。这种科学精神同样根植在中国传统文化之中，与“博学之，审问之，慎思之，明辨之，笃行之”中国传统人文精神相一致，并被中国历代科学家所继承。竺可桢是历史气候学的创建人、奠基人，蜚声国际科学界，他每天坚持观察并记录物候和天气直到逝世的前一天。竺可桢对科学精神给出了精辟的总结：“（一）不盲从，不附和，一以理智为依归。如遇横逆之境遇，则不屈不挠，不畏强御，只问是非，不计利害。（二）虚怀若谷，不武断，不蛮横。（三）专心一致，实事求是，不作无病之呻吟，严谨整饬，毫不苟且。”[①] 邹承鲁院士作为近代中国生物化学的奠基人之一，在生物化学领域做了具有重大意义的开创性工作，他既是一位杰出的科学家，也是一位富有激情的爱国主义者，而让人感受最深的是他无论在什么情况下，为了追求真理都敢于坦率直言的科学精神。全国道德模范、我国射电

① 竺可桢．科学之方法与精神 [J]. 思想与时代，1941（1）．

天文学的开创者、中国科学院院士王绶琯，自20世纪90年代开始，为学生开设了通俗易懂的科学前沿讲座。他曾说："科学普及了，更多孩子才能受益。只有植根于一片深厚的土壤之中，科学之树才能枝繁叶茂。"他的高瞻远瞩、求真务实、勇于探索、开拓创新的科学精神和胸怀宽阔、为人谦逊、严于律己、博爱学生的人格魅力，为科学界树立了光辉的典范。他的学生南仁东，建成了具有中国自主知识产权、世界第一大单口径球面射电望远镜。作为这项工程首席科学家兼总工程师，自1994年项目预研到2016年建成，他坚持了22年，在面向国家重大需求、国际合作等方面作出了重要贡献。通过这些科学家的事迹，可以帮助学生培养科学精神和家国情怀。

**科技伦理：**科技伦理教育的内涵是教育学生恪守科技道德，遵守有关法律法规和伦理准则，以达到《纲要》提出的"要注重科学思维方法的训练和科学伦理的教育，培养学生探索未知、追求真理、勇攀科学高峰的责任感和使命感"的目的。科学技术是第一生产力，发展科学技术的目的是服务于全人类、服务于世界和平，因此在科学技术的发展过程中，要坚持科技向善，坚持科技以造福于人类为目的。例如，爱因斯坦的质能方程是制造原子弹和原子反应堆的理论基础，但二者具有截然不同的用途，原子弹是大杀伤性武器，而可以安全利用的原子能却是用之不竭的"造福人类"能量源泉。在讨论可持续发展的问题时，引导学生理解人与自然环境关系的重要性。人依赖自然而生存，又是改变自然的力量，人与自然是依存、适应、冲突与和谐的关系。随着科技进步和生产力的提高，人类如果按照主观意志或需求去盲目或过度改造自然，往往会违背客观规律，酿成环境恶化、资源枯竭的苦果。早在2005年8月，时任浙江省委书记的习近平在浙江湖州安吉考察时就针对环境问题及时提出"绿水青山就是金山银山"的科学论断。在科学技术史上，有许多这样的案例，一方面，科学技术的发展给人类创造了财富和物质文明；另一方面，科学技术也带来战争升级，或造成环境污染和生存条件的恶化。通过科技伦理教育，加强学生的科技伦理规范意识、责任意识和历史使命感等，筑起科技伦理底线。

**文化自信：**文化自信教育的内涵是加强中华优秀传统文化教育，大力弘扬以爱国主义为核心的民族精神和以改革创新为核心的时代精神，以达到《纲要》提出的"教育引导学生深刻理解中华优秀传统文化中讲仁爱、重民本、守诚信、崇正义、尚和合、求大同的思想精华和时代价值"的要求。科学技术在中国文化中有光辉灿烂而深厚的根基，孔子在《论语·子罕》中提倡讨论问题时要"毋意，毋必，毋固，毋我"。在学习新知识时主张"学而不思则罔，思而不学则殆"（《论语·为政》），在真理面前主张"当仁不让于师"（《论语·卫灵公》）。孔子这种坚持真理的精神，为中国历代学者所继承，也成为中国科学家求真务实、献身科学的思想源泉。中国的科技工作者，古有张衡、祖冲之，近有钱学森、南仁东，虽然时代不同、科学成就不一样，但始终坚持真理、求真务实的精神是一样的。习近平总书记在十九大报告中明确指出："文化自信是一个国家、一个民族发展中最基本、最深沉、最持久的力量。"通过文化自信教育，可培养学生民族生存意识、发展意识、危机意识，以及建立在这些意识之上的历史使命感和责任感。在竞争激烈的当今世界，一个民族要生存，就要在思想、文化乃至文明层面传承和发展，建立起一个强大的国家。引导学生将个人的价值追求融入国家和民族生存发展的需要中，并为之付出努力。

## 三、设计思路

“科学技术史”研究内容既包括科学技术发展本身的逻辑规律，也包括科学技术发展与政治、经济和文化等之间的互动关系。授课对象既有文史经哲类专业，也有理工农医类专业。因此，在融入课程思政元素的建设中，不仅仅是把思政元素与课程内容相融合，还需要进一步改进创新教学方法，提升课程思政实施效果。我们采用线上线下混合式教学法、同伴教学法、合作学习法等调动学生的学习积极性，以实现课程知识目标、能力目标和价值目标。“科学技术史”课程思政设计思路如表 1-3-1 所示。

**表 1-3-1 “科学技术史”课程思政设计思路**

| 课程章节 | 重要思政元素 | 相关联的专业知识或教学案例 |
|---|---|---|
| 课程导论 | 科学精神<br>科技伦理<br>文化自信<br>求实创新 | 1. 科学技术史的研究对象和内容；<br>2. 科学技术史的发展历程；<br>3. 学习科学技术史的意义和方法；<br>案例 1：科学家的社会责任与使命担当；<br>案例 2：一场本可以避免的灾难 |
| 第一章<br>自然的演化过程 | 科学精神<br>人类命运共同体<br>生态文明思想 | 1. 宇宙演化史；<br>2. 生命的起源；<br>3. 人类的进化史；<br>案例 3：“宇宙大爆炸理论”诞生记；<br>案例 4：解读“绿水青山就是金山银山”的意义 |
| 第二章<br>文明的起源 | 文化自信<br>民族精神<br>自强不息 | 1. 古巴比伦文明；<br>2. 古埃及文明；<br>3. 古印度文明；<br>4. 古代中国文明；<br>案例 5：为什么说中国是世界文明不可或缺的组成部分 |
| 第三章<br>科学的起源 | 科学精神<br>创新意识<br>求同存异<br>和而不同 | 1. 古希腊的科学；<br>2. 希腊化时期科学范式与技术成长；<br>案例 6：论荀子的科学精神；<br>案例 7：孔子的“当仁不让于师”与亚里士多德的“吾爱吾师而吾尤爱真理”的内涵 |
| 第四章<br>中国古代的科学与文明 | 文化自信<br>实事求是<br>科学精神<br>辩证思维 | 1. 农学；<br>2. 医学；<br>3. 天文学；<br>4. 算学；<br>案例 8：从《九章算术注》[①]剖析刘徽的科学思想与科学方法；<br>案例 9：“博学之，审问之，慎思之，明辨之，笃行之”蕴含的科学精神与思辨方法 |

① 卢嘉锡，金秋鹏．中国科学技术史（人物卷）[M]. 北京：科学出版社，1998:142-143.

（续表）

| 课程章节 | 重要思政元素 | 相关联的专业知识或教学案例 |
| --- | --- | --- |
| 天文学进步引发的科学革命 | 科学精神<br>追求真理<br>求实创新<br>批判性思维 | 1. 哥白尼与日心学；<br>2. 第谷与火星观测；<br>3. 开普勒与行星椭圆运行轨道；<br>4. 伽利略与实验物理学；<br>5. 牛顿的科学贡献；<br>案例 10：实证主义产生的背景、影响和意义；<br>案例 11：张衡、李淳风对天文测量学的贡献[①] |
| 近代科学技术的发展史 | 马克思主义发展观<br>科学精神<br>科学方法<br>批判性思维 | 1. 蒸汽机的发明与改进；<br>2. 拉瓦锡与《化学基础论》[②]；<br>3. 威廉·赫歇尔与天王星的发现过程；<br>4. 静电学、流电学与电磁学；<br>5. 电子、放射性、X 射线的发现；<br>案例 12：保护知识产权的意义；<br>案例 13：天文学在中国传统文化中的地位 |
| 20 世纪的科学技术成就 | 科学精神<br>创新精神<br>自立自强<br>科技伦理 | 1. 量子论、相对论、DNA 双螺旋结构的发现历程与影响力；<br>2. 相对论在国计民生中的应用；<br>案例 14：中国自主研发北斗导航系统的必要性；<br>案例 15：基因技术引发的科技伦理及道德规范讨论 |
| 世界航空航天科技进展 | 自强不息<br>精益求精<br>家国情怀<br>“两弹一星”精神<br>载人航天精神 | 1. 苏联的航空航天历程；<br>2. 美国的航空航天历程；<br>3. 中国“神舟”“嫦娥”“天问”系列工程的科学目标与运行计划；<br>案例 16：钱学森与中国的航天之梦；<br>案例 17：解读“两弹一星”精神；<br>案例 18：“成功是一种信仰”，解读中国航天史上的“责任令” |

## 四、实践案例

### （一）案例 1：从光电技术的发展历程诠释科学精神的内涵

1886 年 10 月，在德国卡尔斯鲁厄工学院，赫兹开始从事电磁学实验研究工作。在完成了与论文《论直线振子中的电振荡对邻近直线振子的作用》有关的实验研究工作之后，为了对这种作用进行更细致的观察，赫兹用金属盒将受作用的振子罩住。1886 年 12 月 3 日，赫兹发现了一种“奇特的效应”；1887 年 1 月 25 日，赫兹观察到“光是火花效应的决定因素”。从 1886 年 12 月 3 日到 1887 年 7 月中旬，赫兹从各个方面对这种光电效应进行了考察，试图揭示产生这种效应的原因，但最终还是没能给出合理的解释。赫兹的助手勒纳德随后继续研究这一现象，他认为这是由于紫外线从金属

① 卢嘉锡，陈美东．中国科学技术史（天文学卷）[M]. 北京：科学出版社，2003:194-203,350-352.

② 拉瓦锡．化学基础论 [M]. 任定成，译．北京：北京大学出版社，2008.

打出电子而引起的空气电离，从而对放电产生影响，他将这种电子称作“光电子”，将这种现象称为“光电效应”。1899 年，勒纳德完成利用阴极射线管对光电效应进行的研究，并证明了阴极射线是紫外线产生的，从而将光电效应的研究向前推进一大步。1902 年 3 月，勒纳德发表了他的研究结果，他指出：①存在截止频率；②光的最大动能只与光的频率有关，与光的强度无关；③光照到金属表面，光电流立即产生。但勒纳德也没办法给这种结果作出理论解释[①]。

爱因斯坦注意到了勒纳德的这一工作，并在 1905 年的第一篇文章中发展了普朗克提出的量子论，首次提出光量子的概念，成功地解释了光电效应现象并得到光电效应方程[②]。由于在光电效应方面的杰出工作，1921 年爱因斯坦被授予了诺贝尔物理学奖。尽管爱因斯坦很有胆略，但光子的这种粒子性概念还是不能被科学界普遍接受，其根本原因在于传统观念束缚了人们的思想。直到 1914 年，美国物理学家密立根全面验证了光电效应方程的正确性，第一次直接从实验中测定了普朗克常量，实验结果与普朗克给出的完全一致。1923 年的诺贝尔物理学奖授予了密立根，就是对密立根这项工作的肯定。密立根在发表获奖感言时说道：“与我自己预料的相反，这项工作终于在 1914 年成了爱因斯坦方程在很小实验误差范围内精确有效的第一次直接实验证据，并且第一次直接从光电效应测定普朗克常量。”

回顾这项工作的发展历程，前后历时近 30 年，起因于赫兹的一次偶然发现，得力于勒纳德对实验工作的坚守，得益于爱因斯坦的精彩解释和密立根坚持真理的追求。在教学过程中，引导学生进一步理解科学精神的内涵，建立批判性思维模式，培养在科学研究的道路上尊重事实并树立探索未知、追求真理、精益求精的责任感和使命感。

## （二）案例 2：从一场本可以避免的灾难中看科技伦理与职业操守的重要性

1986 年 1 月 28 日上午，户外天寒地冻，但在美国佛罗里达的卡纳维拉尔角的发射场瑟奥科尔公司会议室内却争吵得热火朝天。双方争吵的焦点是“挑战者”号是否可以按照预定的时间发射。以博伊斯乔利为代表的工程师们极力反对在原定时间发射，因为他们得知，28 日发射地点佛罗里达州的卡纳维拉尔角气温将降至冰点以下，最低温度低至 −5℃，这样的低温条件对于火箭的发射是极其不利的。因为在 0℃以下用于密封火箭燃料的“O 形圈”会变得非常坚硬，伸缩性会降低，坚硬的“O 形圈”膨胀的速度变慢，密封的效果就会大打折扣。虽然那只是零点几秒的时间，但足以把一次发射变成一场灾难。但瑟奥科尔公司的高层否决了博伊斯乔利的建议，理由是他们有过一次气温低于 −12℃的成功发射纪录。“挑战者”号因天气恶劣已经两度推迟发射，这些“商人”不能忍受再次推迟发射带来的负面影响和经济损失。

---

① 吉姆•巴戈特．量子通史：量子物理史上的 40 个重大时刻 [M]. 徐彬，于秀秀，译．北京：中信出版社，2020.

② 约翰•施塔赫尔．爱因斯坦奇迹年：改变物理学面貌的五篇论文 [M]. 范岱年，许良英，译．上海：上海科技教育出版社，2001.

上午 11 时 38 分，发射倒计时开始后，博伊斯乔利和他的同事们站在大屏幕前，紧张地注视着屏幕。让他们感到庆幸的是，“挑战者”号平稳地离开发射台升空了。原本按他们的分析，“挑战者”号会在平台上爆炸。然而，就在他们长长地舒了一口气的时候，在“挑战者”号升空后的第 73 秒，他们面前的大屏幕上突然烟雾弥漫，“挑战者”号爆炸解体了。这次灾难导致航天飞机上的 7 名宇航员全部遇难，解体后的残骸掉落在美国佛罗里达州中部的大西洋沿海处。

这场灾难本可以避免，然而道德良心一旦失守，科技的命运就不只是一场航天灾难。在教学过程中，通过有人物、有事实的案例，强调科技伦理的重要性，培养学生具有良好的职业操守、敢于担当的责任感和国家至上、科技报国的使命感。

### （三）案例 3：从中国航天史上的“责任令”[①] 诠释文化自信与追求卓越的内禀性

在“神舟一号”飞船到“神舟四号”飞船不载人飞行的成功试验之后，2003 年 10 月 15 日，在酒泉卫星发射中心，长征二号 F 运载火箭将“神舟五号”和航天员杨利伟送入太空并成功返回。这标志着中国继苏联和美国之后，成为第 3 个有能力将宇航员送入太空并安全返回的国家。

然而就在 2003 年年初，正当中国备战首次载人航天的关键时刻，美国“哥伦比亚”号航天飞机爆炸的消息震惊了全球。这一事故，再次警告我们的航天人，首次载人飞行必须确保成功，虽然有前 4 次的无人试飞经验，但绝不能盲目乐观，不能有任何侥幸心理和松懈麻痹的情绪。2003 年 2 月 16 日，中国航天科技集团公司为首次载人飞船“神舟五号”举行了颁发“责任令”仪式，集团公司总经理张庆伟分别为中国运载火箭技术研究院院长吴燕生和中国空间技术研究院院长袁家军颁发了“责任令”。吴燕生接到的“责任令”是：“务必确保长征二号 F 运载火箭发射‘神舟五号’飞船圆满成功，不许失败！”袁家军接到的“责任令”是：“务必确保‘神舟五号’飞船飞行圆满成功，飞船安全返回，不许失败！”这是从国家的责任感出发，确保安全是头等大事。

颁发“责任令”在航天部门已经不是新鲜事物，早在 1997 年“责任令”就覆盖到相关责任人了。正如中国载人航天工程总指挥、时任总装备部部长李继耐所说：“载人航天工程系统极为复杂，要求极为严格，有很大的风险性。确保安全是头等大事，也是头等难事。”中国航天飞行能够确保成功，这与中国航天人居安思危、追求卓越、不留遗憾的作风是分不开的。2012 年 6 月《人民日报》刊登了题为《把成功作为信仰》的署名文章，其中列出把成功作为信仰的四个条件：把成功作为信仰，需要历经困难与挫折的磨炼；把成功作为信仰，需要优秀精神文化的传承；把成功作为信仰，需要掌握科学的方法；把成功作为信仰，需要善战的人才团队的支撑。这是对“两弹一星”精神和载人航天精神最好的诠释，也是对中国文化内禀性的阐释。

通过这个案例，引导学生理解人类在追星逐月的活动中，需要不断地积累航天能力，

① 刘纪原 . 中国航天事业发展的哲学思想 [M]. 北京：北京大学出版社，2013.

需要有坚定的意志去克服重重困难。中国的航天事业承载着中华民族伟大复兴的历史使命，需要一代又一代的科学家们同舟共济、团结协作去完成这一使命。

## 五、教学效果

为深入学习贯彻习近平新时代中国特色社会主义思想和党的十九大精神，进一步把贯彻落实全国、全省高校思想政治工作会议精神引向深入，浙江工业大学于2019年12月立项建设了一批“课程思政”改革试点课程，“科学技术史”获批立项建设；2021年7月，本课程获批浙江省高校“课程思政示范课程”立项。

自从开展“课程思政”建设以来，教学团队始终围绕“科学技术史”的核心精神与思想，以价值塑造、能力培养和知识传授为教学目标，深入挖掘课程蕴含的思想政治教育资源，以社会主义核心价值观为主线，以教学内容为载体，将思想政治教育融入课程教学全过程，帮助和引领学生成长成才。由化学工程学院、理学院学生组成的跨学院跨专业团队参加大学生“挑战杯”科技创新竞赛，获得了浙江省一等奖和国家三等奖的好成绩；由理学院、化学工程学院、机械工程学院、法学院、人文学院、管理学院的学生组成的学习小组通过“同读一本书”课外活动，为大家分享了数十本经典科学著作读书报告短视频，如《极简宇宙史》《人类简史》《时间简史》《中华科学文明史》《天工开物》等。

经过近十年的教学实践和课程建设，“科学技术史”在教学形式上实现了线上线下混合式教学模式；在教学内容上实现了激发学生学习兴趣、培养学生批判性思维和创新精神的目的；在教学效果上实现了培养学生科学分析问题和解决问题的能力；在教学关系上实现了“以学生为中心”，促进学生有效学习的教学理念。

“科学技术史”在课程思政方面有其独特的思想政治教育资源，不仅可以把科学精神、科技伦理、文化自信等核心元素以潜移默化、春风化雨的方式融入课程教学之中，还可以从科学技术的历史背景、社会价值、文化底蕴、发展趋势、伦理道德、政治信仰等方面进一步挖掘思政元素，从而帮助学生塑造正确的世界观、人生观、价值观。

# 第四节　物理化学

**课程负责人：** 李小年

**教学团队：** 唐浩东、张歌珊、丰枫、刘宗健

**所在院系：** 化学工程学院

花开不并百花丛，独立疏篱趣未穷。宁可枝头抱香死，何曾吹落北风中。

——［南宋］郑思肖《寒菊》

# 一、课程概况

## （一）课程简介

“物理化学”课程是运用数学、物理学等基础科学的理论和实验方法，研究化学变化、相变化和单纯 $pVT$ 状态变化中的平衡规律和速率规律，以及这些规律与物质微观结构的关系，探求化学变化中具有普遍性基本规律的课程。“物理化学”课程内容涉及化学热力学、化学动力学、电化学、化学平衡、相平衡、表面现象、胶体化学和统计热力学等，普遍适用于各个化学分支的理论问题，因而是化学化工类的重要专业基础课程，具有承上（公共理论层次）启下（专业理论层次）的重要枢纽作用。深入理解及掌握物理化学的基本理论知识不仅对化学、化工、环境、材料、生化、制药、食品等专业的学生构建其化学化工理论知识体系具有非常重要的作用，而且对训练学生科学思维、提高观察和分析事物的能力、掌握获取新知识的方法、培养创新精神也至关重要。“物理化学”课程是浙江工业大学化学工程与工艺、材料科学与工程、生物工程、环境工程、制药工程等专业不可或缺的大类核心基础课程。

教学团队始终贯彻“以学生为主体”的教育理念，致力于课程建设与教学改革，注重教学反思，不断推进教学方式、教学方法的改革与创新。“物理化学”课程是浙江工业大学首批建成的优秀课程之一，2008 年被评为校级精品课程，2009 年被评为国家级双语示范课程，2017 年立项为国家级物理化学来华留学英语授课品牌课程。课程采用线上线下混合式教学，线上课程分别在爱课程（2018 年）、省在线课程（2018 年）、超星网（2017 年）和易课堂（2021 年）4 个平台上线。已经建成微课及动画（145 个）、知识点的讲解（20 个）、典型习题讲评（15 个）等，并配备了系统的测试、作业、回顾等辅助教学系统，形成了具有浙江工业大学特色的“物理化学”课程体系。线下课程采用交流研讨等组织模式，充分利用教学团队教师科研能力强的优势，将教师的科研工作融入课堂教学讨论环节和知识拓展环节，激发学生兴趣，课堂教学效果良好，尤其在 2020 年疫情防控期间学生对课程满意度调查问卷中，“物理化学”课程满意度列全校第六。

## （二）教学目标

### 1. 知识目标

（1）掌握热力学基本理论及其在相关系统变化过程中的应用；

（2）掌握如何求解动力学方程和推导反应机理；

（3）理解物质的微观运动与宏观性质之间的联系。

### 2. 能力目标

（1）培养学生用物理化学的观点和方法来观察、分析化学中一切问题的能力，即用热力学方法（即状态函数法）分析其有无可能，用动力学的方法分析其能否实现，用分子和原子内部结构的观点分析其内在的原因；

（2）培养学生观察事物、分析问题和逻辑思维的能力，以及获取新知识、运用所学知识解决实际问题的能力。

### 3. 价值目标

（1）培养学生利用辩证唯物主义方法分析问题、解决问题的习惯，树立正确的世界观和方法论；

（2）帮助学生树立社会主义核心价值观，增强家国情怀；

（3）倡导人与自然的和谐共生，增强学生创新发展、协调发展、绿色发展、开放发展及共享发展的意识。

## 二、主要思政元素

"物理化学"课程是探求化学变化中具有普遍性规律的学科。它所研究的内容涉及广泛，其理论普遍适用于各个化学分支，因而也成为大化类专业的基础理论，故现代工业应用中的很多关键问题均涉及物理化学的基本知识和原理。本课程在教学实例选择中注重充分结合思政元素，培养学生的爱国情怀、科技自信、科学精神和人与自然和谐共存的生态文明理念。

**爱国情怀**：近年来，中国在许多重要领域，如外太空探索、5G通信、高速铁路建设、工业应用研究等领域达到了世界一流水平，为中国的现代化建设发展、稳定、繁荣发挥了重要作用。在教学过程中结合基础理论引入这些案例，能激发学生的民族自豪感，培养学生的爱国情怀。

**科学精神**：科学精神是人类发展过程中最为重要的品质，许多科学发现、成果、定律、公式都是科学精神的产物，在"物理化学"课程中这类案例数不胜数。通过讲述物理化学定律、公式背后科学家的科学精神，培养学生的科学素养，培养学生坚韧不拔的意志品质，培养学生科学逻辑思维。

**创新精神**：作为基础化学课程，"物理化学"课程的知识体系虽早已建立，但其在很多领域的应用都是推陈出新的。将物理化学知识在化工、材料、环境、海洋、药学等领域的历史文明中的成就及近现代科学研究中的新发展及新成果，巧妙融入课堂授课之中，启发学生的创新思维，提高青年学子的民族自豪感，传承中华民族变通求新、与时俱进、与日偕新的民族禀赋。

**生态文明思想**：生态文明建设是现代化发展的重要内容，社会主义现代化强国的重要标志是实现人与自然和谐共生。在课程教学中，从物理化学的某些基本原理出发，展示如何做到节能减排、和谐地改造自然。在课程讨论环节更加突出其特色，让人与自然和谐共存理念更加深入人心。

## 三、设计思路

“物理化学”课程面向对象广，授课时间长，内容抽象，重难点多，而且理论性强，内容衔接紧密，教学难度较高。为了能更好地在课程中开展思政教育，教学团队以社会主义核心价值观为导向、立德树人为目标、学生主体为理念、课堂教学为载体、教学设计为抓手，深入挖掘课程内容中的思政元素，并加以灵活运用，贯穿于教学的各环节、各方面，潜移默化、润物无声。在教学过程中通过巧妙的设计和科学的引导，注重做到案例导入不枯燥、自然融合不突兀、由点及面不空洞、感同身受引共情，最终使课程思政教育达到如盐入味、画龙点睛的效果，推动课程知识性和思想性的统一。

“物理化学”课程思政设计思路如表 1-4-1 所示。

**表 1-4-1 “物理化学”课程思政设计思路**

| 课程章节 | 重要思政元素 | 相关联的专业知识或教学案例 |
|---|---|---|
| 绪论 | 科学精神<br>创新精神<br>爱国精神 | 1. 介绍物理化学的地位和特点，举例介绍物理化学领域的重要应用及最新发现，比如催化剂是炼油技术的关键，被誉为炼油技术的“芯片”等，深化对科学精神和创新精神的认知。<br>2. 宣传中国在物理化学领域的发展历程和重要成就，比如 20 世纪 60 年代，苏联突然对我国停供炼油催化剂，在国家即将陷入能源危机的紧要关头，以闵恩泽院士为首的杰出化学家们通过艰苦奋斗、自主创新，成功突破了炼油催化剂的技术瓶颈，从此不再被“卡脖子”；通过案例和事迹的宣传，增强学生的民族自豪感、科技自信和家国情怀 |
| 第一章<br>热力学第一定律 | 科学精神<br>创新精神<br>爱国精神 | 1. 从热力学发展史与第一次工业革命、西方国家的快速发展与我国清代末期的落后局面等角度，强调落后就要挨打，特别是科技的落后，强化学生科技强国、创新强国的意识。<br>2. 介绍从节流膨胀基本原理到空调、电冰箱等重要发明创造之间的内在联系，培养学生学以致用、理论联系实践的科学探索和创新发明精神 |
| 第二章<br>热力学第二定律 | 科学精神<br>创新精神<br>爱国精神 | 1. 结合对第二类永动机相关历史故事和失败原因的介绍，引导学生从问题的根源出发分析问题，培养学生抓住问题核心关键部分、从本质入手解决问题的科学素质，鼓励学生坚持不断追求真理的探索精神。<br>2. 从熵函数与社会稳定、国家兴盛的关系讨论其在社会科学中的应用，引导学生树立社会主义核心价值观 |
| 第三章<br>多组分系统热力学 | 科学精神<br>创新精神<br>爱国精神 | 1. 介绍反渗透原理和技术在国计民生中的重要应用和发展，介绍为打破国外对于反渗透膜技术的垄断，高从堦院士坚持前沿探索，最终实现反渗透膜国产化，并在海岛成功实用化，解决海岛饮用水难问题，增强学生科技报国的家国情怀和使命担当。<br>2. 介绍我国海水淡化等现代技术应用以后，南海岛礁生活条件发生的翻天覆地的变化，体现了我国经济、科技快速发展的成就，增强学生的自豪感和“四个自信” |

（续表）

| 课 程 章 节 | 重要思政元素 | 相关联的专业知识或教学案例 |
| --- | --- | --- |
| 第四章<br>化学平衡 | 生态文明 | 平衡无处不在，大到地球中水、碳物质的运行，小到一个化学反应，皆是一个个平衡系统；打破了地球中碳物质的运行平衡，将导致温室效应等一系列严重后果；由化学平衡基本原理延伸至碳平衡、碳中和这一国家重大战略目标，让学生了解碳平衡、碳中和目标的重大意义，并为我国作为一个发展中国家提出该目标感到自豪；同时，引导学生为实现碳中和目标而努力学习，贡献化工人的智慧和力量 |
| 第五章<br>相平衡 | 科学精神<br>创新精神 | 介绍区域熔炼技术在高纯度硅材料制备、太阳能利用等方面的应用，拓展介绍我国新能源领域近年来取得的成就和面临的挑战，增强学生科技报国的使命感 |
| 第六章<br>电化学 | 科学精神<br>创新精神<br>生态文明<br>爱国情怀 | 1. 从电池、电动汽车与环境保护角度，增强学生的生态文明意识，充分认识新能源技术的开发意义。<br>2. 介绍我国在新能源汽车领域的快速发展，增强学生的科技自豪感。<br>3. 从电池的能量效率理论上大于热机效率的角度，阐述电动汽车的低碳属性，响应碳中和号召 |
| 第七章<br>界面现象 | 创新精神<br>生态文明<br>爱国情怀<br>科学精神 | 1. 以宇航员在“天宫一号”中做的一个界面实验为例介绍界面现象基本原理，引申到从我国空间实验室的发展，体现近年来我国科技发展的成就，增强学生的“四个自信”和建设科技强国信心。<br>2. 介绍因界面现象引发的安全事故真实案例，引导学生热爱科学、应用科学、防患于未然，提高安全意识。<br>3. 介绍雾霾产生的原因、造成的危害以及消除的方法；介绍我国近年来为消除雾霾、打赢蓝天保卫战所做的努力和取得的成就，增强学生的环境保护意识 |
| 第八章<br>胶体化学 | 科学精神<br>创新精神<br>爱国精神 | 1. 介绍胶体化学原理和新冠疫情之间的密切联系：一方面新冠病毒可以通过飞沫在空气中形成气溶胶，大大增大了病毒的传播范围；另一方面胶体金被制备成新冠病毒检测试剂盒，为人们抗击疫情作出了巨大的贡献；让学生在掌握科学原理的基础上更好地认知和防控新冠病毒。<br>2. 介绍我国通过科学手段防控新冠病毒所取得的重大成就，进一步增强学生的“四个自信” |
| 第九章<br>化学动力学 | 爱国情怀<br>创新精神<br>科学精神 | 1. 介绍合成氨技术被评为 20 世纪最伟大的发明，并获得 3 个诺贝尔化学奖，以增强学生的专业自豪感，激励学生追求卓越的精神。<br>2. 介绍为了响应 20 世纪 70 年代国家“以粮为纲”的战略需求，刘化章教授等科学家艰苦奋斗、创新自强，成功开发了我国独创的 $Fe_{1-x}O$ 合成氨催化剂体系，该体系代表了近 50 年该技术领域的领先水平，在国内外产生了重大影响；通过真实事迹让学生感受浙江工业大学的“三创”精神，培养学生的科技自立自强精神、创新思维和爱国情怀 |

## 四、实践案例

### （一）案例 1：合成氨反应及催化剂研发——科技自立自强

化学动力学是“物理化学”课程最重要的章节之一，动力学章节的绪论部分主要介绍化学动力学和化学热力学之间的相互关系及化学动力学的基本情况。而合成氨反应是动力学研究中非常典型的模板反应，从 20 世纪初一直到现在，合成氨的反应动力学及其催化剂的研究一直是科学界研究的热点。

化学动力学的绪论部分内容教学设计如下：首先通过复习化学热力学中的合成氨反应，告诉学生常温常压下合成氨反应是一个热力学上自发进行的反应。然后通过提问的方式问学生，为何氢气和氮气在常温常压下混合后并没有氨的生成？通过这个提问让学生了解，即使是热力学自发的反应，如果在动力学上反应速率很小，在实际过程中也并不会有产物生成，从而引出要加快反应速率，使用催化剂则是增加化学反应速率最有效的方法。而在 20 世纪最重要的反应——合成氨反应催化剂研究中，我校刘化章教授作出了杰出的贡献。刘化章教授经过 40 多年的潜心研究，突破了传统 $Fe_3O_4$ 理论束缚，创新性发明了亚铁（$Fe_{1-x}O$）基催化剂，其催化性能达到国际领先水平。这个思政案例充分体现了我校“艰苦创业、开拓创新、争创一流”的“三创”精神，可以很好地引导和教育学生，只要坚持不懈、刻苦钻研、自立自强，中国人同样能在科学界屹立于世界之巅。

浙江工业大学刘化章教授在合成氨催化剂领域的杰出贡献如图 1-4-1 所示。

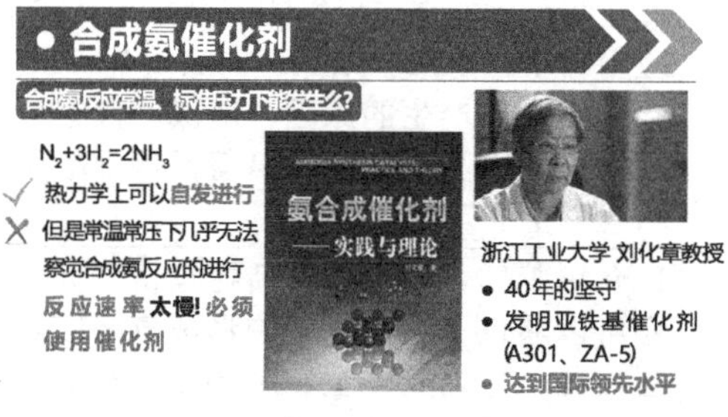


**图 1-4-1　浙江工业大学刘化章教授在合成氨催化剂领域的杰出贡献**

## （二）案例 2：反渗透技术及其应用——家国情怀

反渗透原理与技术属于多组分系统热力学内容。反渗透技术目前应用最为广泛的是海水淡化领域，其中反渗透膜的性能及制备是关键核心技术。

这部分的教学设计如下：先通过南海人工岛礁建设的前后对比，反映国家实力增长给岛礁生活条件带来的巨大变化，体现我国发展的巨大成就，弘扬科技强国精神。然后提出一个现实问题，如何在人工岛礁上供应淡水？通过不同方法的能耗计算，我们得出结论：利用反渗透技术得到淡水，其能耗大大低于其他方法。进而介绍反渗透原理和反渗透技术研究的现状，并指出反渗透技术的核心问题是反渗透膜的性能和制备。最后介绍我校高从堦院士在这一领域作出的突出贡献。这个思政案例可以很好地增强学生“四个自信”，鼓励学生坚持初心，勇于担当，为祖国建设添砖加瓦。同时引导和教育学生在改造自然中要坚持节能减排，用科学技术降低能耗。海水淡化不同方法的比较如图 1-4-2 所示。

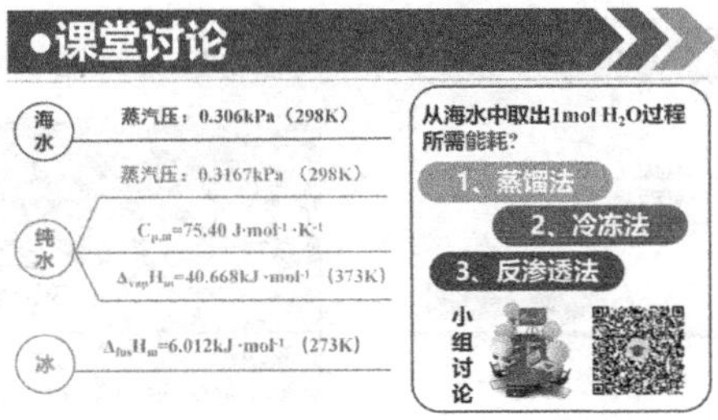


图 1-4-2 海水淡化不同方法的比较

## （三）案例 3：电池效率——生态文明思想

电池效率属于电化学中电池热力学小节的内容，其中解释电化学反应效率优于热机效率的原因，并拓展介绍燃料电池的应用，这是重要的知识点。电化学氢燃料电池的相关内容如图 1-4-3 所示。

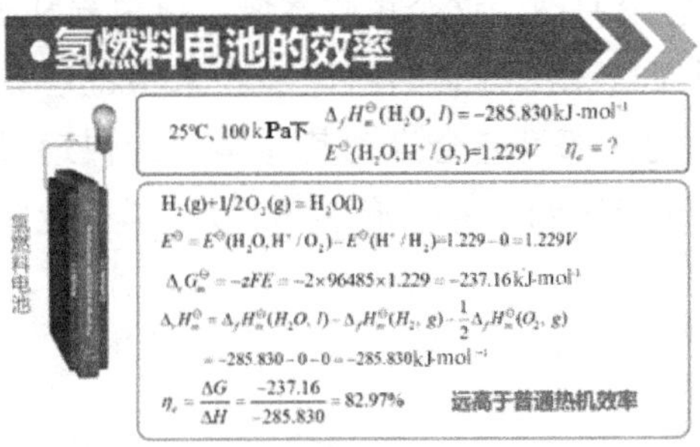


图 1-4-3 电化学氢燃料电池的相关内容

这部分内容的教学设计如下：首先复习热力学热机效率的内容，让学生了解现在汽车的内燃机效率一般仅为 30% ～ 40%，这是由热机的基本原理和目前的材料水平所决定的。然后引出采用氢燃料电池作为能源的新能源汽车技术，通过提问方式，请学生列举氢燃料电池汽车的优点，小组讨论后进行课堂发言。再通过电池的热力学计算，推导出如果将氢气和氧气生成水的化学反应设计成电池反应，其效率能达到 80% 以上，比现有使用汽油的汽车效率提高一倍。同时结合氢燃料电池反应产物只有水，让学生能从原理上理解为什么氢燃料电池是一种有助于减少温室气体排放，节能、绿色、低碳、可持续发展的技术。最后再拓展介绍近年来我国在新能源汽车领域的发展成果和坚持生态文明建设的思想。通过这个思政案例可以引导和教育学生要坚持应用新技术、新理论进行建设，坚持节能减排，坚持走科技创新的绿色发展道路，使生态文明思想入脑入心；同时培育学生的科技自信和爱国情怀。

## （四）案例 4：界面现象产生原因及其应用——增强“四个自信”

界面现象产生原因是后续章节的内容，是界面化学最基本的原理，是通过分析不同相的界面如气 - 液相界面上分子间作用力的不同，从而推导出产生各种宏观界面现象的本质原因，如图 1-4-4 所示。

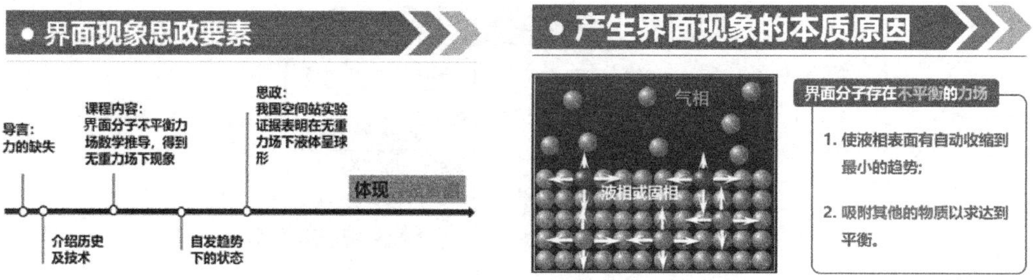


**图 1-4-4　产生界面现象的本质原因**

这部分的教学设计如下：先通过气－液相界面的示意模型，从分子间作用力的角度分析相界面上存在不平衡力场，并通过热力学方法推导出相界面上的两个自发趋势，即自发减少表面张力或自发减少比表面积。根据这一基本原理，在没有其他力的作用下，液态水会自发地形成规则的球形。但是由于受重力影响，在地球上无法完美呈现该现象。通过播放宇航员在“天宫一号”中使水在无重力情况下自发成球的实验视频，让学生从实验结果中验证理论原理。这个思政案例可以引导和教育学生只有掌握更先进的科学技术，才能实现用原来无法做到的科研实验来验证理论原理，也可以让学生意识到每一个基础研究的成功，都可能会推动其他学科的快速发展。同时通过视频展示我国在航天等尖端领域正逐渐达到世界一流水平，激发学生爱国热情，增强“四个自信”。

## 五、教学效果

“物理化学”课程每年受益学生近 1 000 人，涵盖化工、材料、海洋、药学、生物、环境等学院。课程教学团队由 11 位专业教师组成，他们始终将“三全育人”理念贯穿教学全过程，坚守教书育人职责，注重课堂互动，培养学生独立思考能力，激发学生学习兴趣。同时注重团队教学研讨，定期组织教学设计讨论和新教师试讲及点评，锻炼老教师的课程设计能力，帮助新教师走上讲台，培养了高素质的教学团队，教学效果显著。

# 第五节　分析化学

**课程负责人：**黄荣斌

**教学团队：**李祖光、郑遗凡、唐华东、佘远斌、汪晶、陈爱民等

**所在院系：**化学工程学院

人类有科技就有化学，化学从分析化学开始。

——汪尔康

# 一、课程概况

## （一）课程简介

分析化学是发展和应用各种方法、仪器和策略以获得有关物质在空间和时间方面组成和性质信息的一门科学，是研究物质的组成、结构、形态和形貌信息的一门科学，是化学科学的主要分支。“分析化学”是化学类、近化学类专业的基础课程之一，在浙江工业大学大化类专业（化工、材料、生工、药学、环工、食品等）的人才培养计划中，该课程属于核心基础课程，开设在第二个学期，计 2 学分。本课程与浙江工业大学同龄，有历史、学术等各方面的积淀，为培养高级专业技术人才作出了积极的贡献。被誉为“中国稀土之父”的徐光宪院士早年就读于我校的有机化工专业。

本课程教学内容包括化学分析、仪器分析两个部分。课程具备完善的融入思政元素的教学大纲、教学计划、课件和教案；课程的课堂教学效果好，学生满意度高。本课程获2019年度浙江工业大学课程思政建设立项。自学校2016年实行“优课优酬”奖励制度以来，本课程每年均荣获学校优课优酬奖励。教学团队获 2016—2017 学年度“课堂教学优秀团队奖”。

本课程在2020年被认定为“浙江省一流本科课程”。课程充分利用新时代“互联网+”的优势，采用“新形态教材”，即《工科分析化学》（黄荣斌主编，高等教育出版社），结合浙江省在线开放共享平台和学校网络教学平台，采用线上和线下相结合的教学模式，通过案例教学、PBL 模式教学等方法，融合时政要点以及分析化学发展的最新成果，把化工工程实践、环境保护、国家安全等领域的实际问题引入课堂，以践行课程思政。

## （二）教学目标

### 1. 知识目标

（1）从浓度、误差、含量、反应的计量关系等方面入手，建立“量”的概念；

（2）从“四大平衡”的理论入手，理解“四大滴定”相互之间的联系以及在生产研究等领域的应用；

（3）掌握色谱分析、光谱分析等知识点，以及各种分析方法广泛的应用领域。

### 2. 能力目标

（1）掌握各种分析方法的原理与仪器的比较方法；

（2）具备定量处理水溶液中离子平衡关系的能力；

（3）初步具备解决实际问题的能力；

（4）提升实践能力、创新意识、创新思维和创新能力。

### 3. 价值目标

（1）通过了解分析化学发展的三次飞跃，培养学生的科学辩证意识；

（2）通过了解分析化学发展的机遇与挑战，培养学生的社会责任感和使命感；

（3）通过系统学习，培养学生实事求是的科学态度和严谨认真的工作作风。

## 二、主要思政元素

“分析化学”课程结合“厚德健行”的校训，把立德树人总目标贯穿教学全过程。习近平总书记在全国教育大会上提到，学校和教师培养学生要做到“六个下功夫”，明确首先要培养大学生为高尚品格的人，其次才是专业技能的教育。分析化学是21世纪的中心科学。化工能源是国民经济的核心支柱，涉及生产生活各方面。本课程的思政元素重点从理想信念、科学精神、创新意识、爱国情怀、社会责任、职业素养、人与自然生命共同体等方面进行挖掘。

**理想信念：**分析化学家、“中国色谱之父”卢佩章曾说：“一个科学家最大的幸福是能为社会、人类作出些贡献。科学家要有创新，必须有坚实的理论和技术基础。有一颗热爱科学的心，才能坚持下去。”20世纪60年代，卢佩章兢兢业业地开展工作，发展了腐蚀性气体色谱等一系列国防（核潜艇）分析技术和仪器，填补了国内空白。作为学子，不仅要树立远大的理想，有报国之志，而且要脚踏实地学习，将来把个人的事业融入中华民族伟大复兴的宏伟蓝图中，才能实现生命的价值最大化。

**科学精神：**通过引入1984届分析化学专业校友许国旺多次荣获“全球最有影响力的分析科学家”称号的事例以及国内外分析科学家的事迹，促进学生实事求是、一丝不苟等工作作风的培养。虽然哲学术语并不出现在分析化学的基础理论中，但是在分析化学的整个知识体系中却普遍蕴含着哲学的基本原理及其深刻的内涵。分析化学的很多方法原理都体现着哲学的基本观点，如现象与本质、普遍联系、对立统一规律和量变质变规律等。在课程教学中，有意识地渗透哲学的基本原理，利用哲学的思维把握分析化学的基本原理和方法，使学生树立辩证唯物主义的思维方式，掌握学习的方法论，训练用科学的世界观和人生观处理复杂问题。

**创新意识：**课堂引入中国科学家对分析化学和仪器分析的贡献。中国化学家徐寿是最早将西方现代化学引进中国的学者之一。如今，分析化学已经渗透到生产、生活、检疫、医疗、研究等各方面，已名副其实地成为现代科学技术的“眼睛”。社会发展不断面临各种挑战。无论是新中国成立初期的“可下五洋捉鳖”的核潜艇研制，还是2008年的“三聚氰胺毒奶粉事件”；无论是火药的发明，还是当今“可上九天揽月”的嫦娥五号月球车，都离不开分析化学技术。分析化学的历史就是一部创新发展史。

**爱国情怀：**把中华民族优秀历史文化引入教学。中科院院士汪尔康说：“人类有科技就有化学，化学从分析化学开始。”在人类发展的历史长河中，无论是古代“真金不怕火炼”“炉火纯青”这些成语，还是当今“人类基因组DNA序列”等，都离不开分析化学。杭州保俶山附近的“葛岭”景点是东晋道士葛洪（道教理论家、著名炼丹家和医药学家）炼丹的地方，炼丹的道士被普遍看作是化学领域的先驱。教学中把分析化学的起源引入课堂，触发学生的亲切感。中药是我国传统医学和传统文化的瑰宝，具有数千年的悠久历史，在中华民族的繁衍生息过程中发挥了不可替代的作用。色谱分析法章节把中药成分的分离分析与色谱的内容相结合，使学生树立民族自信。此外，课程中融入色谱分析的先驱者卢佩章院士、“稀土之父”徐光宪院士等科学家的事迹，激发学生的爱国热情。

**社会责任：**分析化学是化学研究的重要领域，对化学学科的形成与发展起到了推动作用。课程可把当前时政热点引入教学。针对2020年初在全球范围暴发的新冠疫情，课程注重从“疫情防控”中挖掘思政内容，以提高学生的社会责任感。食品、日化品等安全问题事关大众的健康生活和社会稳定，越来越受到全社会重视。通过2008年的“三聚氰胺毒奶粉事件”等大量事例，佐证“分析检测报告”是政府部门进行有关决策的重要依据，责任重大，马虎不得。

**职业精神：**分析化学的核心是“量”，它在分析测定流程的每个环节具有不同的体现。如仪器的选择、测量值有效数字的确定、分析结果的表示等。严肃认真、实事求是、一丝不苟、规范操作是分析化学对分析领域工作者的基本要求。在理论教学中引入英国科学家瑞利发现元素“氩”的事例，以强调这些要求的重要性。通过大量的实验强化“量”的概念，培养学生未来从事分析领域工作的职业操守。

**生态文明：**环境监测、环境保护离不开分析化学。通过“新能源”“碳中和”等思想与分析化学的联系的讲解，结合诸如“建设用地土壤有机氯农药测定前处理方法研究”等研究课题以及日本水俣病等惨痛教训的事例，强调“人与自然是生命共同体”的环保理念，使绿色化学深入人心。

## 三、设计思路

本课程坚持以立德树人为根本，以社会主义核心价值观教育为主线，深入挖掘提炼课程所蕴含的思政要素和德育功能，做到知识传授、能力培养与社会主义核心价值观引领的有机统一，提高课堂教学质量，提升育人成效。分析化学专业和“分析化学”课程在我校有着悠久的历史，优秀校友分布于国内各个领域。教学中注重通过分享优秀校友的事迹来培养和激发学生的学习热情、学习主动性和积极性，用问题导入、生讲生评、案例点评、研讨辩论等教学方法来提升学习效果。“分析化学”课程思政设计思路如表1-5-1所示。

**表1-5-1　“分析化学”课程思政设计思路**

| 课程章节 | 重要思政元素 | 相关联的专业知识或教学案例 |
|---|---|---|
| 第一章<br>绪论 | 理想信念<br>爱国情怀<br>科学精神<br>社会责任<br>创新意识<br>生态文明 | 1. 利用“丹砂烧制成水银”以鉴定硫汞矿石；为了区别芒硝和硝石，“以火烧之，紫青烟气”，则断定为硝石；通过黄金入火，若“生五色气”，则说明含有铜，是为“药金”。通过示例。阐述分析化学从技术到科学的飞跃。<br>2. 通过介绍新中国色谱分析的先驱卢佩章院士、著名化学家柳大纲院士、“稀土之父”徐光宪院士等事迹，把本章的相关思政元素串联起来 |

（续表）

| 课程章节 | 重要思政元素 | 相关联的专业知识或教学案例 |
| --- | --- | --- |
| 第二章<br>误差及分析数据处理 | 科学精神<br>社会责任<br>职业精神 | 1. 从各种“量”的定义及标准入手，讲解测定过程以及结果中的绝对与相对的哲学思辨；从各种测量结果中发现“高斯分布”的体现和规律；引出测量的意义，过程中穿插思政元素。<br>2. 英国科学家瑞利发现元素“氩”的事例，是对本章思政元素的具体体现 |
| 第三章<br>滴定分析概述 | 爱国情怀<br>科学精神<br>社会责任<br>创新意识<br>生态文明 | 1. 基于“绿水青山就是金山银山”的理论指导，在分析化学的教学和实验中，不断渗透环保意识的教育，如分析待测物质含量，会用到一系列试剂，必须重视实验室内的废液的合规处置和回收使用；生态文明意识是分析化学工作者必须具备的基本素质。<br>2. 通过介绍分析化学在我国矿产开发、能源开发与利用、半导体研发制造、原子能利用、农作物增产增收、农田污染治理、农药降解、环境保护、DNA 结构分析等方面发挥的作用来渗透思政元素 |
| 第四章<br>酸碱滴定法 | 理想信念<br>科学精神<br>社会责任<br>创新意识 | 1. 结合酸碱平衡中的“缓冲溶液”，告诫学生人体血液有强大的缓冲作用，不要听信有关酸碱体质以及碱性保健食品的谣言。<br>2. 通过介绍酸碱定义的演变、电化厂的生产和产品质检、酸碱与人们日常生活的关系（阿司匹林、小苏打、洗衣粉等）、奶制品中“三聚氰胺”等案例，融合思政元素 |
| 第五章<br>配位滴定法 | 科学精神<br>社会责任<br>创新意识<br>职业精神<br>生态文明 | 1. 以“自然水硬度的测定”（实验水样取自本校屏峰校区博易楼边人工湖）实验作为教学案例，让学生参照《生活饮用水卫生标准》对日常生活饮用水进行检验对照，加强学生对理论的理解和认知。<br>2. 通过讲解自然界的配合物与人类的关系、重金属元素的中毒与解毒、水质分析与人类生活的关系等事例，渗透思政元素 |
| 第六章<br>氧化还原滴定法 | 爱国情怀<br>科学精神<br>创新意识<br>职业精神<br>生态文明 | 1. 甲醛法定氮滴定时微红色出现 30 秒不褪即为终点，同样的实验现象和终点表述出现在高锰酸钾法滴定终点，虽然现象相同，但引起溶液褪色的原因却不同，前者是因为空气中的酸性气体如 $CO_2$ 溶入，使溶液 pH 降低，酚酞的碱式色又变回酸式色导致溶液褪色；而后者是因为空气中的还原性粉尘等使稍过量的 $KMnO_4$ 重新被还原致使粉红色消失。通过这个现象，告诫学生要透过现象思考内在本质，如此方能更好地掌握理论知识并用理论知识指导实践。<br>2. 通过水体的“COD”测定、电镀废液的无害化处理、铁催化剂中总铁含量测定、水果果汁中 VC 含量测定等案例讲解，融合思政元素 |
| 第七章<br>沉淀滴定法 | 科学精神<br>创新意识<br>职业精神<br>生态文明 | 1. 通过“自来水中含氯量测定”实验，剖析氯元素的来源及水质分析的重要性和“分步沉淀”蕴含的化学热力学原理，继而延伸到化学热力学原理与自然界普遍原理的联系。<br>2. 通过日本水俣病等惨痛教训的事例，强化思政内涵 |
| 第八章<br>紫外可见分光光度法 | 理想信念<br>科学精神<br>创新意识<br>职业精神 | 1. 通过介绍目视比色发展到仪器比色，从仪器比色到分光光度，从单波长单通道到双波长单通道以及单波长双通道仪器的发展演变，体会人类认识世界和科技发展的规律，把握现象与本质的联系，掌握建立科学思维的方法。<br>2. 通过讲解有机化合物的结构与该物质的紫外光谱的内在关系、单色光纯度与比尔－朗伯定律的辩证关系，以及光谱分析方法的巨大社会需求，渗透思政内容 |

（续表）

| 课程章节 | 重要思政元素 | 相关联的专业知识或教学案例 |
| --- | --- | --- |
| 第九章<br>原子吸收光谱法 | 理想信念<br>爱国情怀<br>科学精神<br>社会责任<br>创新意识<br>职业精神 | 1. 介绍原子吸收光谱法检测食品中微量元素时，提到对于食品中农药残留、防腐剂或添加剂含量的检测，有害物质含量不能超过国家规定的安全标准，与第二章误差及分析数据处理知识呼应，强化学生的德育意识和社会责任感。<br>2. 从原子吸收现象的发现与应用，到原子吸收光谱仪的发明、原子吸收光谱法的应用，结合“建设用地土壤有机氯农药测定前处理方法研究”等研究课题，融合思政元素 |
| 第十章<br>色谱分析法 | 理想信念<br>爱国情怀<br>科学精神<br>社会责任<br>创新意识<br>职业精神 | 1. 在气相色谱的速率理论中，流动相的流速对塔板高度的影响具有相对性，同时柱温对分子扩散及传质阻力的影响也是相互矛盾的，所以在选择最佳流速和合适柱温时，必须根据实际情况来选择，揭示科学理论内涵的哲学思辨。<br>2. 通过新中国色谱分析的先驱卢佩章院士的事迹介绍、汽油等混合物成分与含量分析等原理与应用讲解，结合“$PM_{2.5}$ 中全氟化合物的测定方法研究”等研究课题，融合科学精神的思政元素 |

## 四、实践案例

### （一）案例 1：理论联系实际式教学——过碳酸钠的合成和活性氧的化学分析

过碳酸钠（$2Na_2CO_3 \cdot 3H_2O_2$）是碳酸钠（$Na_2CO_3$）与过氧化氢（$H_2O_2$）的加合物，是一种固体放氧剂，可作为纺织、造纸等工业的漂白剂、精细化学品生产中消毒剂与洗涤剂的添加剂、金属表面处理剂的添加剂等。外观为白色结晶粉末，理论上活性氧的含量约为 14%，相当于 30% 的 $H_2O_2$ 溶液，比过硼酸钠（$NaBO_3$）活性氧含量 11% 要多 3%。合成过碳酸钠的原料易得而无毒性，是消费品市场上“彩漂”“有氧洗颗粒”的主要成分。通过实验，了解过氧键的性质，认识 $H_2O_2$ 溶液固化的原理，学习低温下合成过碳酸钠的方法，认识过碳酸钠的洗涤性、漂白性以及热稳定性。测定过碳酸钠的活性氧含量（由 $H_2O_2$ 含量确定），验证低温合成以及氧化还原滴定理论。实验场景如图 1-5-1 所示。

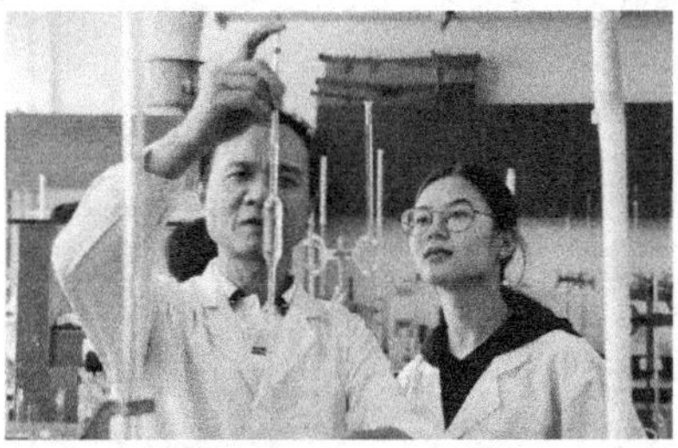

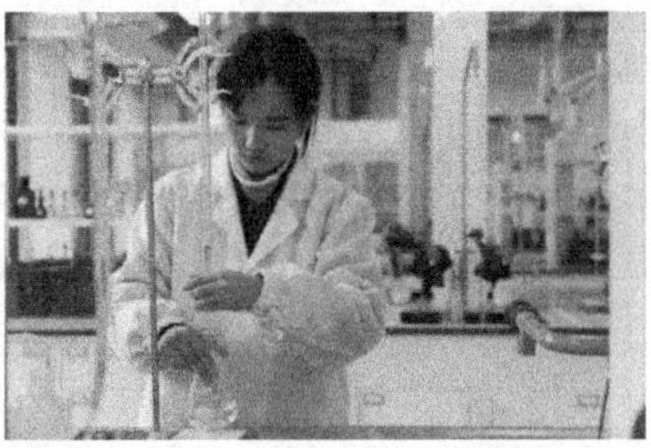

图 1-5-1　综合实验场景

综合实验是按照课程体系要求，将几个相关实验按一定方式进行组合的实验。综合实验的开设，一方面使实验内容与实际紧密结合，增强学生的实验兴趣，提高学生学习的主动性，促进学生对基本知识的理解；另一方面，学生通过对实验现象的仔细观察，验证理论知识，将无机化学与分析化学的知识有机串联起来，以提高学生的实际操作技能，锻炼学生分析和解决复杂问题的能力，培养学生的创新意识；此外，还为学生参加省级、国家级的有关竞赛奠定基础。

## （二）案例 2：学科竞赛式教学——提升无机化学与分析化学的知识融合应用能力

在课堂教学中，将知识的学习与应用作为一条主线贯穿始终，动员组织学生参加国际大学生奥林匹克化学竞赛、全国大学生化学实验邀请赛、浙江省大学生化学学科竞赛等赛事，如图 1-5-2 所示，促进学生创新能力的提高和团队意识的培养，在同学间形成奋发向上的学习氛围。学生在各类国际国内的化学类竞赛中成绩显著。

图 1-5-2　学生参加学科竞赛

## （三）案例 3：有效数字在检验报告中的应用

本课程注重发掘生活中的思政案例，以充实教学内容，做到理论联系实际，起到了良好的效果。如 2013 年 4 月，国内某品牌饮用水针对媒体的质疑，发布澄清公告，其中引用了该公司在不同地区的饮用水检测的分析结果与国标对照，如图 1-5-3 所示。在图 1-5-3 中可以看到，硝酸盐的含量处在痕量级，有效数字位数为一位，最多两位，但结果标示却为三位，而痕量组分测定的精度达不到三位，说明这份报告存在明显的瑕疵。因此，有理由怀疑该品牌其他检测结果的真实性和准确性。教育学生在处理数据时，应该准确使用有效数字，以培养实事求是、严肃认真的良好工作作风和品格。

| 检测项目 | 浙江省天然水标准 | 瓶装水国家标准 | 自来水国家标准 | 浙江千岛湖南山工厂 | 吉林长白山靖宇工厂 | 广东万绿湖河源工厂 | 湖北丹江口工厂 | 备注 |
|---|---|---|---|---|---|---|---|---|
| 总砷 mg/L | ≤0.05 | ≤0.01 | ≤0.01 | <0.001 | <0.001 | 0.0002 | <0.0001 | 总砷 优于国标10倍以上 |
| 镉 mg/L | ≤0.01 | ≤0.005 | ≤0.005 | <0.001 | <0.0001 | <0.002 | <0.002 | 镉 优于国标2.5倍以上 |
| 硒 mg/L | ≤0.05 | 无此项目 | ≤0.01 | <0.001 | <0.001 | <0.0001 | <0.0001 | 硒 优于国标10倍以上 |
| 硝酸盐 mg/L | ≤45（以$NO_3^-$计） | 无此项目 | ≤10（以N计）相当于≤44（以$NO_3^-$计） | 3.36 | 4 | 2.15 | 2.81 | 硝酸盐 优于国标11倍以上 |
| 溴酸盐 μg/L | 无此项目 | ≤10 | ≤10 | < 5 注1 | < 5 注1 | < 5 注1 | < 5 注1 | 溴酸盐 优于国标2倍以上 |

图 1-5-3　新闻截图

## 五、教学效果

“分析化学”课程教学团队由7位专任教师组成。课程教师坚守教书育人的职责，注重课堂互动，注重培养学生独立思考能力，激发学生的学习兴趣，始终将“三全育人”理念贯穿教学全过程，教学效果显著。

本课程受教的学生在参加全国大学生化学实验邀请赛、国际化学奥林匹克竞赛等赛事中，获得4个二等奖（银奖）；参加浙江省化学学科竞赛获得一等奖7项。

# 第六节 能源电化学

**课程负责人：**王连邦
**教学团队：**陈欢、苏利伟、吴昊
**所在院系：**化学工程学院

勤能补拙，勤俭立业。

——侯德榜院士（中国化学工业奠基人）

## 一、课程概况

### （一）课程简介

“能源电化学”课程涉及电化学三大领域（电镀、电解、电池），主要讲述电化学能源转化、储存材料和器件。课程内容包括化学电源基础知识，电池结构，电极材料结构和性能评价，电能的转换、储存及应用，电池的综合回收和绿色化利用及现代能源电化学的发展现状等内容，涉及电化学、材料学、物理等多学科，也涉及新能源、新能源汽车和新材料等战略性新兴产业，是一门应用性非常强的专业课程，可以作为应用化学、材料学、能源化学工程等专业本科生的专业基础课程。

### （二）教学目标

#### 1. 知识目标

（1）了解中国大力发展新能源的意义；
（2）掌握化学电源相关的电化学基础理论知识；
（3）掌握各种化学电源工作原理、发展历程以及应用领域；
（4）了解各种电极材料的合成方法、结构、性能以及表征和测试方法；

（5）了解化学电源产业现状和化学电源领域的前沿技术；

（6）了解化学电源应用和新能源、新能源汽车发展的前景及其与“碳达峰”“碳中和”国家战略的关系。

### 2. 能力目标

（1）了解化学电源结构和设计要点，具备初步设计化学电源的能力；

（2）利用所学化学电源基础理论知识，寻找生活和生产实践中的热点需求，能用理论知识分析并解决实际应用问题；

（3）为个人在化学电源领域深造、就业，在新能源和新能源汽车领域创新、创业提供参考，为个人今后从事化学电源研发和制造打下坚实的理论基础。

### 3. 价值目标

（1）具备实事求是的科学态度、崇尚科学的人文精神；

（2）在新能源领域具备广阔的前沿视野、敏锐的洞察力；

（3）具备良好的创新意识，勇于探索、追求卓越；

（4）具备强烈的社会责任感和使命感，坚持绿色发展道路，践行绿色发展理念。

## 二、主要思政元素

化学电源历经200余年的发展历史，基础科学、材料体系、工程技术不断突破，当前正在成为新能源发展的重要载体和主要应用形式。化学电源悠久的历史，与当下人们生活的密切联系，以及对未来社会发展的重要影响，为“能源电化学”课程提供了丰富的思政元素。

**科学精神：**化学电源是化学、物理学、材料学、工程技术科学等学科交叉的结晶。在授课过程中，通过介绍化学电源的原理、历史、发展进程和应用实例，引导学生深刻认识科学技术是第一生产力的重要意义。例如从原理性的伏打电堆到一次性的锌锰干电池，从可反复充电的铅酸电池到高能量密度的锂离子二次电池，从体积小巧的心脏起搏器电池到庞大的储能电站，从原来不起眼、随手可丢弃的配角到现在电动汽车和新能源储能应用的主角，都可以让学生体会到化学电源每一次性能提升、应用拓展、角色转换的背后，是基础科学研究、工程技术发展的重要突破；每一次电池技术的突破都会带动相关的材料、下游产品和领域的变革，推动化学电源产业结构升级，塑造经济发展优势。

**制度自信：**目前我国已成为各种化学电源产品的主要生产国，2019年我国的干电池产量达到449.1亿只。近年来得益于国家产业升级、发展新能源产业的强大意志力和执行力，在一系列前瞻性、连续性政策保障下，我国已成为世界利用新能源和可再生能源第一大国，中国新能源汽车保有量占世界一半以上。2021年，我国新能源汽车销量为330万辆，动力电池装车量达到154.5 GW·h，年增长142.8%，宁德时代、比亚迪、天能集团、超威集团成为世界级电池巨头，正引领新能源和电动汽车产业的发展。在授课过程中通过介绍这些改革开放以来化学电源领域取得的成就，让学生深切感受到中国特色社会主义制度在推动产业升级、技术提升上巨大的优越性，感受到我国工业生产力优势、产业链优势、超大规模市场优势，感受到国家推进《中国制造2025》计划、践行高质量发展的坚定意志，树立克服现阶段面临的“卡脖子”难关的坚定信心。

**创新精神：**200余年来，人们不断探索更新的电池体系，不断追求更高的电压、容量、能量密度、循环稳定性、使用寿命、安全性等性能指标，不断降低生产成本，以满足人们不断提升的储能需求和动力需求。当前，人们对化学电源仍不断提出更高的需求。手机、笔记本电脑等消费电子产品还无法摆脱充电线的束缚；电动汽车的续航里程不足、充电速度慢，在使用便利性上不如汽油车；低能量密度的储能电站体积庞大，布置不易；高能量密度的电池组成本高昂，伴随安全隐患。这些需求不断激励人们对化学电源新原理、新架构、新材料体系、新制造工艺进行创新突破。2019年10月，3位锂离子电池科学家获得诺贝尔化学奖，以表彰他们对发展锂离子电池技术和应用所作的贡献。在授课过程中，回顾化学电源发展历史，引导学生讨论、思考当前化学电源应用领域的不足、当前和未来的需求，激励学生发扬创新精神，树立敢为天下先的志向和信心，积极投身基础科学研究和产业应用研究，勇于探索，追求卓越，创造引领世界潮流的科技成果。

**生态文明：**首先，让学生深刻体会化学电源在绿色低碳发展中的重要作用。目前化学电源储能电站在风力发电、太阳能发电等季节性、间歇性新能源开发利用中，正起到重要的电力存储、电网调峰作用；以化学电源为动力的电动汽车、电动自行车，正在满足人们绿色出行的需求，大大减少了城市区域的碳排放。因此，在“十四五”期间，化学电源作为储能和动力的核心装置受到政策的激励，迎来大发展。其次，增强学生的忧患意识，重点讲解化学电源在生产加工、废弃回收过程中若处置不当，对水源、土地、大气所产生的严重负面影响。化学电源所含有的汞、铅、镉、铬、镍、锌等重金属元素，高浓度、高腐蚀性、有毒的无机和有机电解液，已引起多起重大环境事件，如水俣病（汞中毒）、镉大米事件、血铅病等。最后，加强学生对于废弃化学电源的高效资源化回收利用意识和绿色发展的理念。许多化学电源，如锂离子电池，高度依赖地壳储量稀少的钴、锂等元素，且这些矿产多分布于海外，极易被“卡脖子”“要高价”；引导鼓励学生利用自己掌握的化工知识、化学电源知识，贯彻生态优先、环保优先、创造高品质生活优先的发展理念，投身于化学电源的规范生产、规范使用、高效回收利用，积极参与节能减排、碳中和、资源回收利用，成为践行绿色发展理念的主力军。

## 三、设计思路

化学电源兼具“古老”和“崭新”的特点。一方面，化学电源从简单到复杂、从笨重到轻便、从一次电池到二次电池，有200余年发展历史；另一方面，化学电源当前正服务于人们对新能源高效存储和利用的巨大需求，处于技术爆发式发展和规模化应用的新阶段，并深刻影响着人类社会当下和未来的发展进程，成为推动第三次能源革命的重要支撑。因此，教学团队以化学电源发展历史为“时间脉络”，面向当下国家战略和行业需求，将思政元素与课堂教学紧密结合。

（1）将世界近代史与化学电源发展史有机融合，让学生深切体会“落后就要挨打”、深刻认知“科学技术是产业革命、国家富强的第一推动力”。

（2）将重要科学史实，我国化学电源领域著名科学家、企业家典型事例融入电化学、化学电源基础知识要点的讲授中，让学生爱上科学、崇尚创业，激发学生的专业兴趣，增进学生对基础知识的理解和掌握，激发学生刻苦钻研、精益求精、追求卓越的精神。

（3）详细介绍我国化学电源产业发展历史、现状、技术水平、产业升级路线，介绍我国化学电源知名企业发展历程，让学生深刻体会我国社会制度优势、工业生产力优势、产业链优势、超大规模市场优势，树立对中国特色社会主义制度的强大自信。

（4）将百年未有之大变局背景与化学电源发展脉络和未来趋势相结合，让学生深刻感受国际间技术竞争的激烈、“卡脖子”现状的无奈，深刻认知高质量发展、《中国制造2025》计划的必要性和伟大意义，增强社会责任感和使命感。引导学生增强创新、创造能力，激励学生面向产业需求、面向前沿需求，在践行绿色发展中勇于担当。“能源电化学”课程思政设计思路如表 1-6-1 所示。

**表 1-6-1　“能源电化学”课程思政设计思路**

| 课程章节 | 重要思政元素 | 相关联的专业知识或教学案例 |
|---|---|---|
| 绪论<br>能源—电—化学 | 科学精神 | 概述能源的形式、载体、分类，电、电化学、化学电源在当今社会的意义；列举主要化学电源的发明时间，概述同时期世界各国、中国的社会状态；列举能源革命—技术革命—产业革命关系，英、美、日等列强的雄起，旧中国落后挨打的无奈；分析中国大力发展新能源的重要性；认识化学电源作为储能和动力装置，在新能源产业革命中扮演的重要角色 |
| 第一章<br>化学电源基础知识 | 科学精神<br>创新精神<br>科技报国 | 讲授化学电源基础（原电池、法拉第定律、能斯特方程、“原电池”四大部件、化学电源的八大需求指标）；介绍电化学、化学电源相关的名人典故：诺贝尔化学奖获得者约翰·古迪纳夫与锂离子电池；介绍中科院物理所陈立泉院士、北京理工大学吴锋院士等知名科学家与我国新能源电池产业的发展 |
| 第二章<br>一次电池（锌锰电池等） | 创新创业精神<br>制度自信<br>工匠精神 | 讲授化学电源性能提升、应用提升背后的基础科学研究、工程技术发展的重要突破史实；介绍宁德时代、天能集团、比亚迪等国内知名化学电源企业最终成为世界行业巨头的发展历程；大国竞争，各主要经济体（中、美、日、欧）未来二次电池发展规划和路线；我国面临的知识产权壁垒，关键材料、技术受制于人的情况；感受国际间竞争“卡脖子”的无奈，破解供应链“命门”的迫切性 |
| 第三章<br>二次电池（锂离子电池、铅酸电池等） | | |
| 第四章<br>新型化学电源（燃料电池、其他新型化学电源） | | |
| 第五章<br>电动汽车 | 生态文明<br>绿色发展理念<br>社会责任 | 讲授电动汽车与油车的对比，人们绿色出行的需求；介绍化学电源生产、使用、回收不当，对于环境的严重负面影响；介绍锂、钠、碳、硅、铅、钴、镍、镉、锌等能源元素；概述资源储量、分布、价格、国际市场；介绍化学电源资源化回收利用的现状和发展趋势 |
| 第六章<br>化学电源的回收和利用 | | |

# 四、实践案例

## （一）案例 1：锂离子电池原理与生产

教师在讲授“二次电池（锂离子电池）”章节时，第一，以互动的形式，给学生列举身边的锂离子电池应用实例，如 3C 类消费电子产品、电动自行车、电动汽车、储能电站等，让学生体会当下人们日常生活对于锂离子电池的高度依赖性，感受锂离子电池目前性能的不足（手机依然需要一天一充电，电动汽车依然有里程焦虑、充电时长焦虑），引导学生拓展思考锂离子电池未来在新能源领域进一步扮演的重要角色，锂离子电池潜在的应用形式、需求提升（例如更高能量密度的动力电池、规模化的储能电池），以开阔学生对新能源领域的前沿视野，培养敏锐的应用洞察力，激发学生的创新精神。

第二，通过教师的详细讲授，让学生理解锂离子电池工作原理（锂离子插层反应、摇椅式电池模型），掌握电池的结构和组成（正极、负极、隔膜、电解液四大部件，所对应电池材料化学组成、理化性质，所含元素储量、价格和资源分布），了解电池、电池材料当前的技术评价指标、未来的发展趋势。

第三，以讲授国内头部动力电池企业生产情况（工艺技术、生产流程、仪器设备）为契机，让学生深入了解我国锂离子电池、动力电池产业发展历史和现状。

在 2020 年全球动力电池 TOP10 企业中，中国企业占据 6 席，分别为：宁德时代、比亚迪、中航锂电、远景 AESC、国轩高科和亿纬锂能，合计市场份额达到 41.1%。其中，2011 年 12 月才成立的宁德时代仅仅用了 5 年时间就成为动力电池行业出货量榜首，并实现四连冠。2020 年宁德时代一家的装机量就达到 35.39 GW • h，市场份额达到 26.0%。如图 1-6-1 和图 1-6-2 所示。

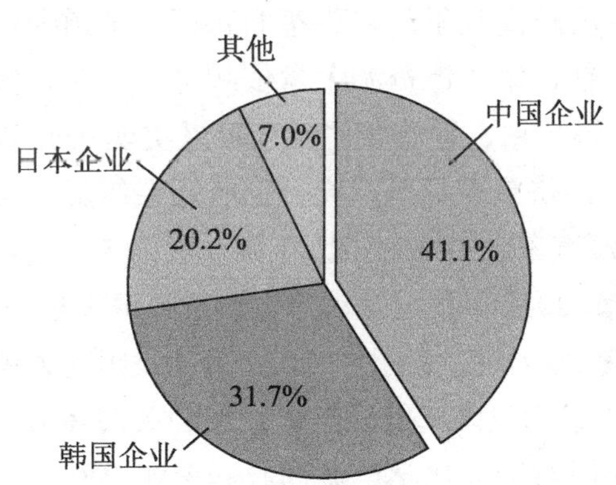


图 1-6-1　2020 年全球动力电池企业市场份额

图 1-6-2　宁德时代产业链全景图

宁德时代的高速发展，折射出中国特色社会主义制度在推动产业升级、技术提升上的巨大优越性。第一，从 20 世纪 90 年代开始，中国依靠稳定的经济环境、完整产业链和劳动力成本优势，逐渐承接全球制造业转移。宁德时代的前身 ATL 公司就是我国创立的一家生产消费电池企业，从 2001 年开始为苹果公司供应电池。早在 2012 年就已经是聚合物锂离子电池这个细分领域的全球第一（全球份额接近50%），并且一直保持到现在，为宁德时代向动力电池赛道转型打下了良好的基础。第二，宁德时代的高速成长，离不开中国大力发展电动汽车、实现弯道超车的政策导向，离不开国内改革开放40多年经济高速发展所培育的市场大环境。2012年，国务院就发布了《节能与新能源汽车产业发展规划（2012—2020年）》，从完善标准体系和准入管理制度、财税政策、金融服务、产业发展环境等诸多方面，提供了政策保障。2020年，《新能源汽车产业发展规划（2021—2035年）》也已经公布。第三，我国在教育、科技研发上的持续投入，为以宁德时代为代表的国内企业提供了强大的研发实力，保障和推动了企业的高速成长。宁德时代公司持续保持创新和研发投入，不断提升动力电池在里程、充电、低温、成本、安全等维度的性能和优势。第四，宁德时代的背后，是我国在新能源领域、动力电池领域成熟、规模化的全产业链的巨大支持。这些事例，能够让学生深切感受到我国市场经济的强大活力和实力，我国当前工业生产力优势、产业链优势、超大规模市场优势，有助于树立克服现阶段暂时面临的"卡脖子"难关的正确信心，树立对中国特色社会主义制度的强大自信。

## （二）案例2：对废弃化学电源进行回收和利用

第一，以互动话题"为什么要对废弃化学电源进行回收和利用"与学生一起展开讨论。一方面，结合水俣病（汞中毒）、镉大米事件、血铅病等重大环境事件，让学生意识到废弃化学电源处置不当所造成的危害性。化学电源中含有的铅、锑、砷、钴、镍、汞、镉、锌等重金属，以及硫酸、碳酸酯、含氟磷酸盐等有毒有害物质进入空气、土壤、水源后，会导致不可挽回的环境污染，并可以通过各种途径进入人体内，长期积蓄后可以造成神经系统、造血功能、骨骼系统的严重损害，如图1-6-3所示。另一方面，结合世界元素储量丰度、矿产分布状况，让学生了解资源回收的巨大经济效益。以锂电池为例，全球锂、钴、镍资源的分布集中度较高且呈现寡头垄断特征，中国锂资源虽然丰富但禀赋不佳，而镍、钴资源匮乏，锂、钴、镍资源大量依赖进口，对外依存度较高。如果废锂电池可以得到充分回收，镍、钴、锰等金属元素可以实现95%以上的回收率，锂元素的回收率也在70%以上，经济效益显著，充分回收还会缓解对钴等稀缺金属的严重对外依赖。再一方面，新能源汽车动力电池报废年限一般为5～8年。数据显示，中国动力电池报废高峰期正在到来，2019年我国锂动力电池累计退役量为8.4万～12.4万吨，2020年我国退役锂电池约为20万吨，预计到2025年，我国动力锂电池退役量将超过73万吨。动力电池的回收正成为我国新能源汽车发展的关键环节。通过以上授课内容，让学生深切认识到当前我国对废弃化学电源回收和资源再利用的必要性和迫切性，树立"绿水青山就是金山银山"的生态文明理念。

第二，向学生介绍动力电池目前回收利用的两条主要途径：一是二手电池的梯次利用，即针对只是容量下降无法被电动汽车继续使用的电池，将电池组拆包，对模块进行测试筛选，再组装利用到低能量密度应用场景，如储能电站领域；二是对已经报废的动力电池，采用各种技术手段，进行无害拆解、回收与资源化再利用。目前，对报废动力电池的无害化、资源化再利用是动力电池回收的重点。要让学生认识到，我国目前电池回收现状和技术水平还存在多方面的不足，如回收渠道无序、缺乏监管，回收处理企业业务规模小，处理技术落后，能耗水平高，综合利用率低，进而激励学生面向产业需求、面向前沿需求，发扬创新精神，追求卓越。

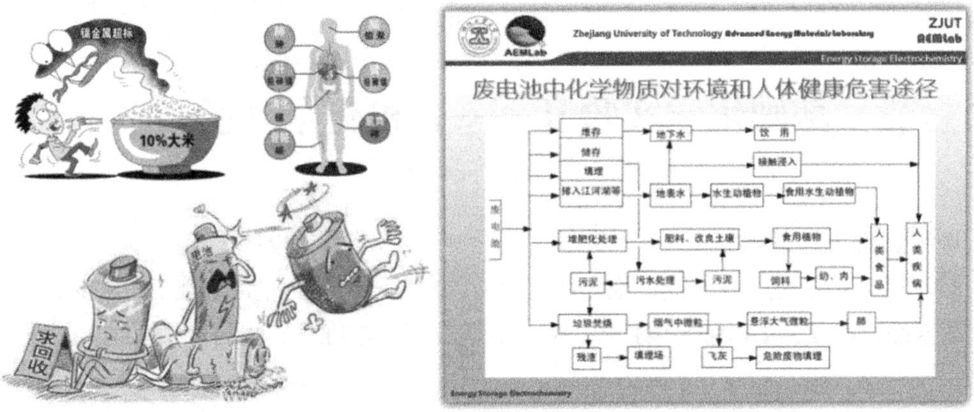


**图 1-6-3　废电池中化学物质对环境和人体健康危害途径**

第三，向学生介绍，我国正在逐渐构建动力电池的回收利用体系，让动力电池回收和梯次利用的无序状态得到改善，并积极探索推动经济性强、多样化、可复制的回收利用模式。早在 2017 年 12 月，工业和信息化部就提出了国内首个关于动力电池回收利用的国家标准《车用动力电池回收利用 拆解规范》（GB/T 33598—2017），对废旧动力电池回收利用的安全性、作业程序、存储和管理等方面进行了严格要求，保障动力电池安全、环保、高效的回收利用。自 2015 年起，国内多家企业，如国内最大的锂盐厂商赣锋锂业、拥有国内规模最大的废旧电池及报废电池材料处理生产线的格林美公司，以及国内头部的动力电池厂家宁德时代、天能集团、比克电池等，都开始布局动力电池回收。通过上述事实，让学生树立起绿色发展的信心，坚持资源循环利用、践行绿色发展的理念。

## 五、教学效果

“能源电化学”课程是面向新能源行业的创新、创业人才的课程，帮助学生厘清能源电化学知识架构、历史脉络，夯实学生理论基础，培养学生崇尚科学技术、不断创新、追求卓越的精神，结合思政元素，激发学生的爱国主义热情和对中国特色社会主义制度的强大自信，在生产实践中自觉践行绿色发展理念。

本课程通过教学活动的开展，让众多学生对新能源、化学电源领域产生浓厚的兴趣，积极投入校内外的创新实践，实践成果包括：获得浙江工业大学第六届大学生节能减排社会实践与科技竞赛一等奖 1 项；获得 2020 年“互联网 +”大赛省级金奖 1 项；获得浙江工业大学大学生创新创业训练计划 2 项（2018 年、2019 年度各 1 项）；以本科生第一作者身份发表 SCI 论文 1 篇（2019 年，Journal of Alloys and Compounds，SCI 收录，IF=4.175）；以本科生第一作者身份申请专利 1 项，另有多项专利正在做申请准备。同时，应用电化学毕业的本科同学或是投身省内外电池企业，或是保研、考研至“985”高校、双一流高校和中国科学院相关院所求学深造，积极投身新能源、化学电源领域基础科学研究和产业应用研究，在新能源、能源转化与存储领域有所建树、追求卓越。

## 第七节　基础化学实验Ⅱ——有机化学实验

**课程负责人：**强根荣

**教学团队：**王红、王海滨、施仁信、刘玲、杨振平、盛卫坚、金红卫、许孝良、周丙伟、董玉杰、许友、王自强、梁仁校、叶青、陈立军、李维军、张国富、郭红云、刘军磊、许萌

**所在院系：**化学工程学院

太上有立德，其次有立功，其次有立言，虽久不废，此之谓不朽。

——［春秋］左丘明《左传·襄公二十四年》

### 一、课程概况

#### （一）课程简介

基础化学实验Ⅱ——有机化学实验是化学、化工、制药及其他近化学类专业学生必修的一门基础实验课程。教学对象每届约 20 个专业、36 个班级、1 100 名学生，教学 64 学时，2 学分，大二年级两学期开设。课程内容以实验为基础，理论性和实践性并重，包含了典型的有机化学合成反应和产物分离、提纯、鉴定的各种基本操作。

课程内容从依附于有机化学理论课程的验证性、操作性实验，发展为现有的“基础规范性实验—综合设计性实验—研究探索性实验”三层次实验。实验目的从以学习基本技能和验证、巩固课堂上所学的有机化学理论，转变为培养学生既有扎实的基本技能又有创新研究的初步能力。

#### （二）课程目标

##### 1. 知识目标

（1）基本操作实验：①正确掌握常用实验装置安装和拆卸要点，熟悉加热、冷却、回流、蒸馏（常压蒸馏、减压蒸馏、水蒸气蒸馏）、分馏、萃取和洗涤、重结晶、过滤（热过滤、冷过滤）、有机物的干燥等基本操作知识；②熟练掌握微量（半微量）操作、微波加热、机械搅拌、气体吸收等基本技术；③掌握折射率、沸点、熔点的测定以及

柱色谱、薄层色谱、红外光谱等鉴定有机化合物的方法。

（2）合成实验：熟悉重要的、有代表性的有机合成反应原理，如 Grignard、Cannizzaro、Perkin、取代、氧化、加成、卤化、酯化、酰化、烷基化等。

### 2. 能力目标

（1）具有通过查阅文献了解在合成实验中所涉及的原料、产品及主要副产物的物理化学数据，如熔点、沸点、溶解度等，提出有机化合物合成路线、提纯、鉴定方法的能力；

（2）具备提出实验关键点、注意事项、设计实验方案和实验装置、撰写科学实验报告和论文的能力；

（3）具备科学研究的基本方法和创新探索意识、创新研究的初步能力，能从科学原理上解释相应的工程问题。

### 3. 价值目标

（1）养成良好的实验室工作习惯，掌握系统的思维方法，具备实事求是的科学态度、严谨的工作作风和良好的科学素养；

（2）具有良好的团队协作精神和社会责任感；

（3）具备一定的国际视野，具有不断学习和适应发展的潜力。

## 二、主要思政元素

有机化学实验教学蕴含了丰富的思政元素，通过实验内容、实验方法、实验手段的改革，深挖实验项目中的思政元素，找准切入点，将思政元素“润物细无声”地融入具体的实验中。

**以人为本：**有机化学实验中要用到许多易燃、易爆、有毒、有气味的实验药品，对师生的身心健康会造成伤害。因此，应积极改进实验方案，避免采用高毒、高危的药品，并努力创造良好的实验环境，改善实验室条件；同时引导学生逐渐养成良好的实验习惯，不乱倒、乱扔溶剂和实验产品等，树立生命至上的观念。

**知行合一：**在实验过程中，每位学生的仪器设备、试剂、实验方法都相同，但得到的实验结果不同，产品的收率有高低、外观有好坏、性状有差异。引导学生运用马克思主义实事求是的观点，如实记录实验数据，理性看待实验结果，反思实验过程，分析问题，找出原因，绝不允许弄虚作假的行为发生，为其树立正确的人生观和世界观奠定良好的基础。

**社会责任：**在有机化学实验中，有些药品是易制毒的，有些更是制造毒品的直接原料。大多数学校常开设的实验项目如“乙酰苯胺的制备”“阿司匹林的制备”等，其实验产品本身就是合成原料药，同时也是制备毒品的原料。教学中应教育学生知法守法，远离毒品，珍爱生命，增强社会责任感。

**创新意识：**积极进行教学改革，淘汰纯操作性实验，将基本操作实验融入有机合成实验中，增强实验的综合性、设计性，引入适用于本科教学的最新科研成果，让学生更多地接触新的实验方案、实验方法、实验手段，逐渐培养学生的创新意识，培育创新能力。

**团结协作：**有机化学实验的特点是反应时间长，基本操作多，影响反应的因素复杂，有些综合性、探索性实验仅靠一个人的力量难以完成，需要团队合作，共同完成，碰到问题也可以相互讨论，厘清问题实质，有利于问题的解决。在这个过程中，学生学会人与人之间如何有效地协调，如何合理地安排工作，如何正确地解决合作过程中出现的矛盾。

## 三、设计思路

精选实验教学项目，从以下几方面将思政元素融入有机化学实验教学中，使知识传授、能力培养与价值引领紧密结合起来。

（1）融辩证唯物主义观点于有机化学实验教学中，引导学生全面地评判化学实验的现象、本质，透过现象看本质，更加有效地掌控实验中出现的问题，正确地分析问题、解决问题，同时通过实验得出第一手数据，不唯书本、不唯老师。

（2）将化学家的优秀事迹引入有机化学实验教学中，并通过典型的有机化学人名反应，一方面加深对有机反应机理的了解；另一方面在学习有机化学专业知识的同时，激发刻苦钻研、勇于战胜困难的精神。

（3）秉持绿色发展、可持续发展的理念，增强环保意识，不断改进实验方案，研发一批系列化实验，极大地减少实验产品的存放或排放，既增强实验的综合性，又增强学生的社会责任感。

（4）研发与日常生活密切相关的实验内容，使实验更“接地气”，让学生深刻认识和理解生活中的化学原理，体验化学在人类衣食住行中的重要性，增强专业自豪感，激发学习有机化学实验的热情。“有机化学实验”课程思政设计思路如表 1-7-1 所示。

**表 1-7-1　“有机化学实验”课程思政设计思路**

| 相关实验或过程 | 重要思政元素 | 相关联的专业知识或教学案例 |
|---|---|---|
| 基本操作实验<br>蒸馏与分馏、减压蒸馏<br>水蒸气蒸馏、柱色谱 | 辩证唯物<br>主义观<br>矛盾论<br>实践论 | 1. 对液体物质加热，温度不断上升，表面看似没有变化，但分子运动加剧，当能量积聚到一定程度时，分子从表面逸出，液体开始沸腾。虽然物质从液体变成了气体，形态发生了变化，但物质的结构没有变化，化学性质没有变化，这是主要矛盾。<br>2. 要求学生正确理解蒸馏的原理，掌握物质形态发生变化的条件，实验测定的沸点是否与理论一致。<br>3. 柱色谱分离时粗品是棕黑色的，但每个组分的颜色是不一样的，不要被事物的表面现象所迷惑 |
| 青蒿素的提取及含量测定<br>各种有机化学人名反应 | 专业自信<br>民族自豪感<br>刻苦钻研<br>攻坚克难 | 介绍屠呦呦提取青蒿素的事迹；采用热提－柱层析法提取青蒿素；介绍碳碳键形成反应（Grignard）、坎尼扎罗反应也是人名反应（Cannizzaro）、有机人名反应（Perkin 反应） |

（续表）

| 相关实验或过程 | 重要思政元素 | 相关联的专业知识或教学案例 |
|---|---|---|
| 有机合成实验<br>1. 二苯基乙二酮的制备<br>2. 苯甲酸乙酯的制备<br>3. 苯甲酸与苯甲酸乙酯的制备及减压蒸馏<br>4. 环己烯的制备<br>5. 苯甲醇氧化制备苯甲酸 | 绿色发展<br>可持续发展<br>环保理念 | 1. 开设原子利用率高的实验，质子利用率大于 99%。<br>2. 用低毒、无害的溶剂代替毒性较大的溶剂。<br>3. 开设连续性实验，前一实验产品作为后一实验的原料，减少废弃物。<br>4. 常量实验改为半微量实验，减少废水排放。<br>5. 电炉加热改用微波加热，节省能耗 |
| 小综合实验<br>1. 乙酰二茂铁的制备及柱色谱分离<br>2. 肉桂酸的制备 | 团结协作<br>职业素养<br>安全意识<br>环保意识<br>经济效益 | 1. 在这些实验中要安装机械搅拌、色谱柱（湿法装柱）、水蒸气蒸馏装置等，难度相对较大，要求高，采用两人合作，克服实验中的困难，提高实验效率。<br>2. 柱色谱要用到低沸点易燃的溶剂，实验中树立安全生产的理念，严格遵守操作规程，消除安全隐患。<br>3. 实验产品可作为下游产品的原料，不浪费，不污染环境，节约成本，树立良好的经济效益理念 |
| 实验报告撰写 | 科研素养<br>实事求是<br>严谨作风<br>尊重科学<br>抵制学术不端 | 真实地记录实验结果，包括实验产品的外观、产量、物性常数等 |

## 四、实践案例

### （一）案例 1：通过青蒿素的提取及含量测定实验培养学生民族自豪感与刻苦钻研精神

#### 1. 教学目标

知识目标：

（1）了解青蒿素的提取和含量测定方法；

（2）掌握柱层析的原理和操作方法。

能力目标：

（1）掌握萃取、重结晶、柱层析等基本技术；

（2）掌握定性（薄层色谱检测）、定量（紫外分光光度法）的检测方法。

素养目标：

（1）科学素养：了解天然有机化合物青蒿素的提取方法、化学结构式、性质及用途，掌握萃取、重结晶、柱层析、薄层色谱、紫外分光光度法的操作要点。

（2）人文素养：以屠呦呦（图 1-7-1）获得 2015 年诺贝尔生理学或医学奖为切入点，揭示中医在治疗疾病方面作出的突出贡献，引导学生从化学专业的角度出发重新认识中医、中药，从而培养学生的专业自信心和民族自豪感。

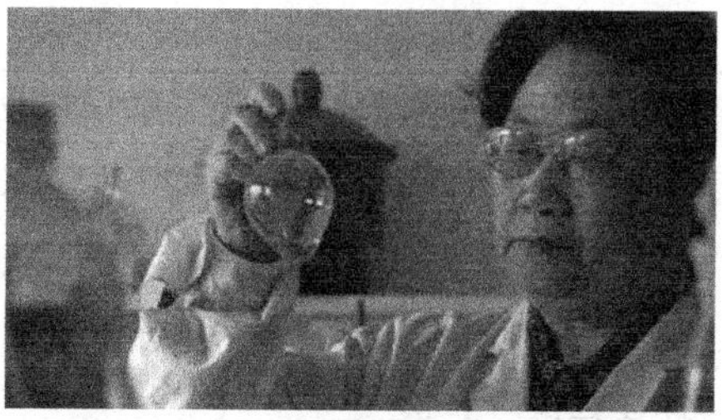

图 1-7-1　诺贝尔生理学或医学奖获得者屠呦呦

## 2. 教学素材

青蒿是我国的传统中药，如图 1-7-2 所示，民间用于消暑、退热、治感冒等，青蒿还具有抗疟、抗血吸虫、抗病毒与增强机体免疫等作用。从青蒿中可提取出抗疟有效成分，即一种新型倍半萜内酯，后命名为青蒿素。

1969 年 1 月，屠呦呦以中医研究院科研组长的身份，参加了“疟疾防治药物研究工作协作”项目。在翻阅古代文献时，《肘后备急方·治寒热诸疟方》中“青蒿一握，以水二升渍，绞取汁，尽服之”几句话引起了屠呦呦的注意。青蒿里有青蒿汁，且它的使用和中药常用的煎熬法不同，这让屠呦呦意识到温度可能是提取的关键。她改用沸点较低的乙醚作溶剂，在 60 ℃的温度下制取青蒿提取物，并最终获得了成功。2015 年 10 月，因发现治疗疟疾的新药物——青蒿素，屠呦呦成为中国本土第一位获得诺贝尔科学奖项的中国科学家、第一位获得诺贝尔生理学或医学奖的华人。青蒿素的结构式如图 1-7-3 所示。

图 1-7-2　青蒿

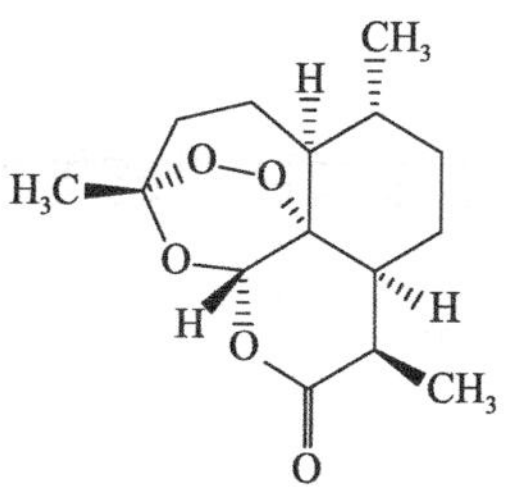

图 1-7-3　青蒿素的结构式

屠呦呦事迹的思政教育意义正如人们的赞誉：

“您的获奖是中国科学界的骄傲，我相信，这必将激励更多的中国科学家不断攀登世界科学高峰，为人类文明和人民福祉作出更多更大的贡献。”（中国科学院院长白春礼）

“我们应该学习屠呦呦研究员这种埋头苦干、潜心钻研、坚韧不拔、持之以恒的工作作风，去掉浮躁、淡泊名利，始终围绕科学目标脚踏实地勤奋工作。”（中国中医科学院院长张伯礼）

## 3. 教学素材与有机化学实验的结合

实验用石油醚作溶剂，采用热提－柱层析法，用索氏提取器从青蒿叶粉中提取青蒿素粗品，经柱层析梯度洗脱，浓缩后再经重结晶进一步纯化。用薄层色谱检测定性，用紫外分光光度法定量。此实验方法缩短了提取时间，提高了提取效率。

4. 思政教学效果

从科学家的事迹和人们的赞誉中，让学生体会到国际医学界对中国医学研究的深切关注，表明中医药对维护人类健康的深刻意义，展现中国科学家的学术精神和创新能力，引导学生踏实学习、不畏困难、打好基础，立志做对社会有贡献的人。

### （二）案例 2：通过苯甲酸的微波合成与苯甲酸乙酯的制备实验培养学生可持续发展理念

1. 教学目标

知识目标：

（1）学习苯甲酸的微波氧化合成方法；

（2）掌握酯化反应的原理和实验方法；

（3）掌握共沸脱水的原理和方法；

（4）掌握减压蒸馏的原理、注意事项。

能力目标：

（1）掌握微波合成技术；

（2）掌握分水器的使用、减压蒸馏操作等基本技术；

（3）巩固固液分离、洗涤、萃取、干燥、蒸馏等基本技术。

素养目标：

（1）科学素养：了解微波辐射反应的原理、研究进展、发展方向；了解苯甲酸乙酯的性质、用途、合成方法。

（2）人文素养：以微波加热代替普通电炉加热，节能高效；以低毒无害的环己烷替代苯作脱水剂，建设“绿色化”的有机实验，体现人文关怀；开设实验产品原子利用率较高的实验，减少污染，树立“绿色化”的教学理念。

2. 教学素材

微波辐射化学是研究在化学中应用微波的一门新兴的前沿交叉学科，自 1986 年 Gedye 等首次报道了微波作为有机反应的热源可以促进有机化学反应以来，微波技术已成为有机化学反应研究的热点之一。微波作为一种传输介质和加热能源已被广泛应用于各学科领域，如食品加工、药物合成、橡胶和塑料的固化等。与常规加热方法不同，微波辐射是表面和内部同时进行的一种体系加热，不需热传导和对流，没有温度梯度，体系受热均匀，升温迅速。与经典的有机反应相比，微波促进可缩短反应时间，提高反应的选择性和收率，减少溶剂用量甚至可无溶剂进行，同时还能简化后处理，减少“三废”，保护环境，故被称为绿色化学。

苯甲酸乙酯是我国《食品安全国家标准 食品添加剂使用标准》（GB 2760—2024）规定允许使用的食品香料，是一种无色澄清液体，有芳香气味。微溶于热水，溶于乙醇和乙醚。常用于较重花香型（尤其是依兰型）香精，也适用于配制新刈草、香薇等非花香精。可与岩蔷薇制品共用于革香型香精，也适用于食用香料和鲜果、浆果、坚果的香精，如香蕉、樱桃、梅子、葡萄等香精。

实验室合成苯甲酸乙酯常用共沸回流脱水的方法，促进酯化反应的进行。传统的脱水剂采用有毒有害的苯，对师生的身体健康可能造成伤害。本实验经过改进，采用低毒无害的环己烷作脱水剂，极大地促进了化学实验的绿色化。

### 3. 教学素材与有机化学实验的结合

采用微波辐射合成苯甲酸，反应时间从 4 ～ 5 小时降低到 20 分钟，效率大大提高。原料苯甲醇采用另一实验项目的产品，从而减少了实验室化学品的存放和废液处理量。苯甲酸产品经提纯干燥后，用于合成苯甲酸乙酯，实验中采用环己烷作脱水剂。苯甲酸乙酯采用减压蒸馏方法精制提纯。最终实验产品苯甲酸乙酯可以提供给有关试剂商店、企业。

本实验从头至尾渗透了绿色化学的理念，有效地激发了学生的学习积极性。

### 4. 思政教学效果

（1）有助于学生建立起“新能源、新材料”的实验理念，淘汰落后方法，提高生产力；

（2）有助于学生建立起“绿色化学与化工”的可持续发展理念，促进生态文明建设；

（3）系列化实验要求学生认真对待每一步操作，以保障实验能连续进行下去，从而促使学生养成一丝不苟的科研精神，锻炼学生综合处理问题、解决问题的能力。

## 五、教学效果

在有机化学实验教学过程中，教师与学生“密切接触”的时间较多，每次实验时间少则半天，多则一整天。在这个过程中手把手地教会学生基本操作，面对面地教会学生思考问题、解决问题的方法，心碰心地启迪学生实验创新的思维，避免思政教育“直白说教”的尴尬，比在讲台上远距离隔空交流更具亲近感，容易被学生接受和消化。专业教学的效果大大提高，教书育人的成就感得到提升。教学团队更乐于花精力改进教学方法，更有积极性研发新的教学内容，以更好地从事人才培养工作。

“课程思政”让有机化学实验课程更有人情味，更接地气，增强了有机化学实验的课程魅力。与此同时，通过与教师进行交流及时化解学习中的困难，学生与教师的心贴得更近，看问题也更全面，也更加理解教师的严格要求。

# 第八节　高分子材料与改性原理

**课程负责人：** 范萍
**教学团队：** 钟明强、冯杰、费正东
**所在院系：** 材料科学与工程学院

飞花两岸照船红，百里榆堤半日风。卧看满天云不动，不知云与我俱东。

——［南宋］陈与义《襄邑道中》

## 一、课程概况

### （一）课程简介

“高分子材料与改性原理”课程主要从高分子材料的合成、结构、性能及其关系的角度，阐述通用塑料、工程塑料、合成纤维、橡胶、涂料和黏合剂、功能高分子材料、高分子共混材料和复合材料的基本性质、功能、加工工艺、使用环境及其结构与组成的关系。课程结合专业知识有机融入思政元素，帮助学生学会运用辩证唯物主义方法论去认识和掌握高分子材料的基本性质及其改性的方法，提高正确认识问题、分析问题和解决问题的能力，帮助学生树立正确的科学观和国家观，增强探索未知、追求真理、勇攀高峰的责任感和使命感。

“高分子材料与改性原理”课程是在 2017 年由原“高分子材料”与“高分子改性原理”这两门课整合而成的，整合后不仅强化了对各典型高分子材料品种的基本性质、功能、加工工艺、使用环境及其结构和组成关系的阐述，同时还增加了材料的改性原理及设计思路的传授。该课程是高分子材料（高分子材料、高分子成型、高分子合成）专业和材料辅修专业的必修课程，在浙江工业大学材料科学与工程学院的人才培养计划中，该课程开设在第 5 个学期，计 3 学分。

### （二）教学目标

#### 1. 知识目标

（1）掌握高分子材料主要品种的结构特点、性能特点及应用领域；

（2）了解高分子材料主要品种的基本加工工艺流程；

（3）掌握高分子材料的改性原理和功能性设计的基本思路及方法。

#### 2. 能力目标

（1）能够运用高分子化学与物理的知识，分析高分子材料合成、化学组成、结构与性能之间的关系；

（2）能够在了解国内外高分子材料及产业发展概况的基础上，根据实际使用要求给出初步制品的选材方案；

（3）能够运用高分子材料的改性原理初步开展高分子材料改性和新产品研究开发。

### 3. 价值目标

（1）树立绿色化学、可持续科学发展观和生态文明观；

（2）正确运用辩证唯物主义分析问题和解决问题；

（3）增强创新意识，践行精益求精、严谨细致、追求卓越的工匠精神。

## 二、主要思政元素

本课程深入挖掘专业知识背后的思想政治教育元素，将其有机融入教学过程，使专业课程与思政教育达到同向同行、同频共振，通过“润物细无声”的方式实现思想引领、价值塑造的作用。

**家国情怀：**中国高分子科学从无到有、从弱到强的发展凝聚了无数科学家的智慧和心血。通过对学科领军人物的学术成果、先进事迹的介绍，把学科发展与社会主义建设进程相结合，让学生从科研工作者志存高远、精益求精、临危受命的科学精神和家国情怀中汲取力量，引导学生树立将所学知识服务于国家和民族振兴的理想抱负。

**“四个自信”：**通过学习我国自主研发的高分子材料各项成果，培养学生的爱国主义情怀，引导学生坚定中国特色社会主义道路自信、理论自信、制度自信、文化自信。

**创新精神：**结合高分子学科发展的最新学术成果、成果转化典型案例以及国家在高分子材料发展的战略布局，详细讲解本地区高分子材料产业的发展形势、区域特色和发展机遇，介绍高分子材料在提高人民生活水平和科技发展中的新应用，提高专业认同感和自豪感，激励学生树立创新创造思维，塑造学生的科学精神品质。

**生态文明：**结合高分子材料回收利用的难题，研讨可替代的再生资源和发展可生物降解高分子材料，以及实现可持续发展和环境保护的最新科研成果，让学生明确科学技术是第一生产力，在生态环境治理和保护中具有十分重要的作用，培养学生绿色发展意识，树立生态文明理念。

**辩证思维：**高分子材料种类繁多，产品类别和客户要求也千变万化，通过具体案例的讲解，帮助学生正确运用辩证思维、系统思维等，从各种纷繁复杂的因素中找出关键因素，解决棘手问题。

**职业素养：**通过学习高分子材料发展史上一些伟大科学家的生平事迹，引导学生培养坚持真理、求真务实、永不放弃的科学精神；邀请行业领袖来做讲座，讲述他们创新创业成长经历，强化同学们热爱本专业、精通本专业、养成一丝不苟及严谨求实的职业素养。

## 三、设计思路

“高分子材料与改性原理”课程深挖每个章节里蕴含的思政元素，做好教学内容的设计，以实现价值塑造、能力培养、知识传授“三位一体”有机融合。“高分子材料与改性原理”课程思政设计思路如表 1-8-1 所示。



**表 1-8-1　“高分子材料与改性原理”课程思政设计思路**

| 课程章节 | 重要思政元素 | 相关联的专业知识或教学案例 |
|---|---|---|
| 绪论 | 创新精神<br>科学精神<br>家国情怀<br>理想信念 | 1. 在介绍高分子材料的发展史时，着重介绍几种重要的材料对人类生活的改变及其背后的研发故事，培养学生对专业的热爱，了解创新精神和科学精神的重要作用。<br>2. 在介绍我国高分子材料的发展时，讲述我国高分子科学家在建设新中国高分子材料工业过程中的奋斗历程及其包含的家国情怀和理想信念 |
| 第一章<br>通用塑料<br>第二章<br>工程塑料 | 辩证思维<br>社会责任 | 1. 在对各种通用塑料和工程塑料的品种进行讲解时，启发学生运用辩证思维思考并对比各种材料性能上的优缺点，推断该材料可能的应用领域。<br>2. 在讲述塑料材料在建筑及装饰材料中的应用时，结合近些年高层建筑失火造成的人民生命财产安全损失的事例，引出建筑用塑料材料阻燃要求的国家标准，培养学生的职业道德和社会责任感 |
| 第三章<br>纤维 | 工匠精神<br>爱国情怀 | 在讲述从丙烯腈纤维制备碳纤维时，结合高性能碳纤维制备的工艺难点，引入我国为打破国外对高性能碳纤维的技术封锁而进行的艰难的国产化之路，引导学生树立艰苦奋斗、精益求精的工匠精神 |
| 第四章<br>橡胶 | 可持续发展观<br>科技创新 | 从轮胎橡胶难回收的原因拓展到“黑色污染”造成的环境问题，并对近年来轮胎橡胶回收利用的主要方法展开讨论，将可持续的绿色发展观贯穿其中并推动学生积极思考，培养勇于创新的精神 |
| 第五章<br>涂料与黏合剂 | 文化自信<br>生态文明 | 1. 介绍中国古代使用黏合剂的情况，如万里长城用糯米浆与石灰作为砂浆黏合剂、秦铜马车采用了磷酸盐无机黏合剂等，增强学生的民族自豪感，树立文化自信。<br>2. 讲述涂料与黏合剂的发展史，即从有机溶剂到水性溶剂再到粉末涂料的发展历程，引入生态文明的理念 |
| 第六章<br>聚合物改性 | 科技的人文情怀<br>探究精神<br>辩证思维 | 1. 在讲解改性助剂时，有意识对其毒性或环境危害性等级进行介绍，要求学生在进行改性配方设计时，不仅要考虑改性材料综合性能的达成，还需要从环境友好和可持续发展的角度评价配方的可行性。<br>2. 结合一些高分子改性的成功案例，引导学生科学采用辩证的思维方式看待高分子材料改性加工中出现的工艺问题；引导学生通过寻找材料宏观性能和微观结构间的联系提出自己的解决方案，并与成功案例的解决方案进行比较研究 |

## 四、实践案例

“高分子材料与改性原理”是一门以合成高分子为主要研究对象的多学科综合性应用基础科学，涉及领域广，教学任务繁重。课程思政教学主要采用两种方式：以教师为主导，在课堂讲授中融入思政案例；以学生为中心，学生做读书报告，结合社会热点进行学科前沿课堂讨论，内化于心。

在课堂讲授过程中，引入我国在高分子材料领域取得的重要进展，增强学生的民族自豪感和社会使命感；引入杰出科学家及科学发现，把辩证唯物主义、历史唯物主义渗透到课程教学中，培养学生的科学精神和科学素养；将学科前沿与课程教学相结合，提高学生的学习兴趣，培养学生的创新意识和创新能力；将绿色发展理念与课程有机结合，增强学生的人与自然和谐共生理念。

在具体的实施过程中，让学生根据兴趣，结合一些重要的科研成果、研究动态、时事动态，对相关的高分子材料进行文献资料检索和总结，并进行学生展示及师生讨论。通过该模式，既让学生更好地理解和掌握课堂教学内容，又能培养学生文献检索、归纳总结、交流表达和自主学习的能力，更能提高学生对专业的热爱，树立为实现中华民族伟大复兴作出贡献的理想。

## （一）案例 1：介绍高分子科学奠基人——徐僖院士开发五倍子塑料的事迹

作为高分子材料的一种，塑料如今已经成为我们生活中不可或缺的一部分。然而，在新中国成立之初，工业基础十分薄弱，又被国外封锁禁运，塑料制品奇缺，就连人们平时用的纽扣、插头、插座都无法完全自主生产。徐僖院士利用黔东南地区的一种漆树科果实——五倍子，提取出 3,4,5- 三羟基苯甲酸，再通过脱羧制得了可以用于合成塑料的 1,2,3- 苯三酚，首次研制出可与苯酚—甲醛塑料媲美的五倍子塑料。1953 年，徐僖组织建成的重庆棓酸塑料厂用国产设备和原料，生产出了中国自己的塑料制品，如图 1-8-1 所示。

五棓子塑料與酚甲醛塑料性質之比較

| 性質 | 五棓子塑料 | 酚甲醛塑料 |
|---|---|---|
| 比重 | 1.43 | 1.27—1.33 |
| 比容，每磅立方吋數 | 19.3 | 20.0—23.0 |
| 張力强度，每平方吋磅數 | 3,500 | 2,000—9,000 |
| 彈性係數，每平方吋磅數 | $3.5\times10^{-5}$ | $1.25\times10^{5}-11\times10^{5}$ |
| 壓力强度，每平方吋磅數 | 12,000 | 4,000—25,000 |
| 彎力强度，每平方吋磅數 | 11,000 | 2,000—14,000 |
| 碰撞强度，每吋呎—磅數 | 0.58 | 0.25—0.60 |
| 硬度，洛克威爾 | M96 | M20—M110 |
| 導熱係數，每厘米每度（攝氏）每平方厘米每秒卡數 | $2.7\times10^{-4}$ | $3\times10^{-4}-6\times10^{-4}$ |
| 比熱，每克每度（攝氏）卡數 | 0.35 | 0.3—0.4 |
| 熱性膨脹，每度（攝氏）$10^{-5}$數 | 3.2 | 5—15 |
| 連續耐熱力，華氏度數 | 400 | 160—250 |
| 熔點，華氏度數 | 1500 | 176—212 |
| 燃燒速度 | 極緩 | 極緩 |
| 受熱扭曲點，華氏度數 | 380 | 95—212 |
| 電阻係數，歐姆—厘米數 | $2\times10^{13}$ | $10^{9}-7\times10^{12}$ |

**图 1-8-1　徐僖院士开发五倍子塑料**

通过这一事例，既学习五倍子塑料制造原理，又将科学工作者的爱国精神和探索创新精神与我国高分子科学发展历史相结合，增强了学生的民族自豪感和爱国情怀。

## （二）案例 2：介绍浙江工业大学周望岳教授在顺丁橡胶研究中的杰出贡献

顺丁橡胶属于合成橡胶，是 20 世纪 50 年代末出现的最有可能成为一种性能优异而价廉的新的通用橡胶。而合成橡胶生产主要涉及单体制备和单体聚合两个化学反应，要实现其工业化生产，就必须制备出适宜的催化剂。我校周望岳教授作为主要科研人员所开发的钼系催化剂是我国丁烯氧化脱氢制丁二烯的第一代催化剂，1984 年获中国科学院特别奖，1985 年获国家科技进步奖特等奖，如图 1-8-2 所示。我国用此技术先后建成了 6 座万吨级工业装置，为发展我国合成橡胶工业作出了重大贡献。

通过这一事例的引入，既学习顺丁橡胶的合成原理，又引导学生爱校爱专业，增强自豪感和荣誉感，学习科学家爱岗敬业和锲而不舍的科学精神。

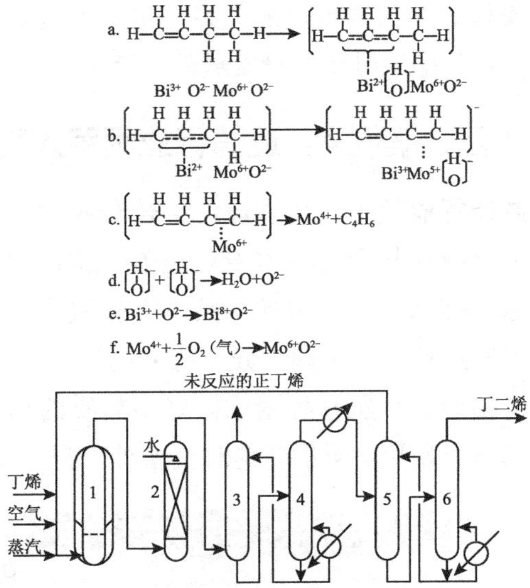


丁烯氧化脱氢制丁二烯流程
1—沸腾床反应器；
2—水冷塔；
3—油吸收塔；
4—解吸塔；
5—萃取精馏塔；
6—丁二烯解吸塔。

**图 1-8-2 浙江工业大学周望岳教授在制备顺丁橡胶中作出杰出贡献**

## （三）案例 3：喻个人与集体关系于高分子热塑性弹性体

高分子热塑性弹性体的分子链通常由软段和硬段以嵌段的方式构成。两端是玻璃化温度较高的硬段，中间是玻璃化温度较低的软段。常温下硬段端基处于玻璃态，而软段链段处于高弹态，因此在常温下，分散的硬段形成物理交联点，为聚合物提供机械强度。而在高温下温度超过硬段的玻璃化温度后硬段可以流动，为聚合物提供流动性。共聚型热塑性弹性体的熔融—凝固过程如图 1-8-3 所示。

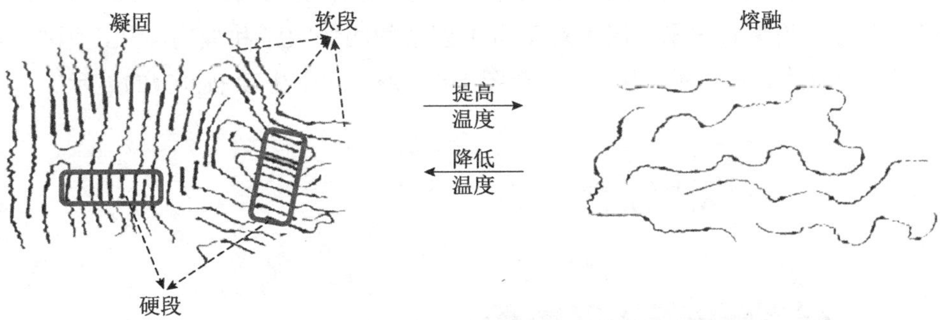


**图 1-8-3 共聚型热塑性弹性体的熔融—凝固过程**

在讲解这部分时，将硬段比喻成国家或集体，将软段比喻成个人。个人与集体，是一对看似对立，却在本质上有着千丝万缕联系的共同体。如果没有硬段（国家或集体），这个材料就如同一盘散沙，没有强度，没有性能。如果没有软段（个人），那么材料将会是坚硬的一块，失去弹性。因此，我们应该站在时代的高度去审视个人与集体、个人与国家的关系，将个人理想实现与集体利益、国家发展和社会需要相结合，主动融入时代建设发展的洪流中。

## （四）案例 4：邀请行业领军人物举办讲座

邀请行业领军人物讲课，结合专业知识讲述个人成长或本专业进展情况。通过他们讲述自身成长经历或本专业进展，将他们那种执着专注、作风严谨、精益求精、敬业守信、推陈出新的精神与品质潜移默化地传递给学生。比如邀请广东省劳动模范、获全国轻工行业“大国工匠”称号的日丰企业集团总工程师李白千讲述如何用 10 年时间刻苦钻研、克服种种困难做好高品质的高分子管道。讲座活动展现了从业者自立自强的光辉形象和勇于创新的时代精神，充分体现了大国工匠精神，如图 1-8-4 所示。

图 1-8-4　邀请行业领军人物举办讲座

## （五）案例 5：读书报告交流活动引导学生主动深入思考

课程思政的主体是学生，唯有调动学生的积极性，让学生主动参与并投入课堂中，才能达到理想的教学效果。结合高分子与日常生产和生活结合紧密的特点，让学生围绕高分子材料领域的前沿、热点领域，选择自己感兴趣的主题，进行文献资料检索和总结，并进行读书报告交流。有意识地引导学生将课堂知识和学科前沿结合，培养学生的创新思维，激发学生的学习兴趣。在讨论中有意识地融入我国相关领域的研究进展、“卡脖子”的一些相关技术、国家对于自主创新的相关政策和战略，从而增强学生的家国情怀和使命感、责任感。图 1-8-5 至图 1-8-7 是一些学生读书报告的展示。

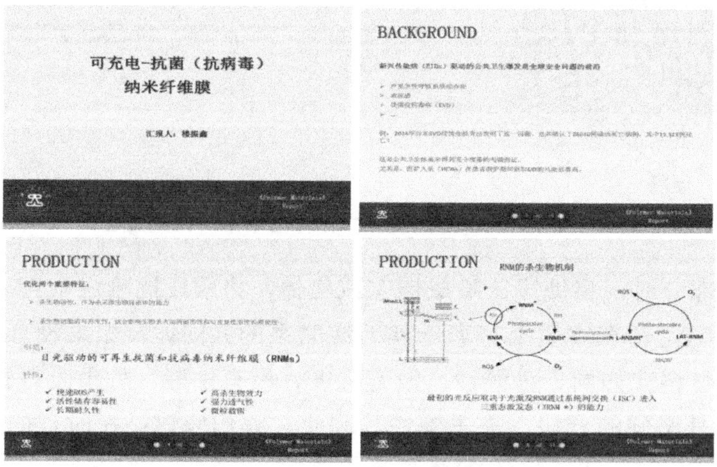


图 1-8-5　学生读书报告交流（一）

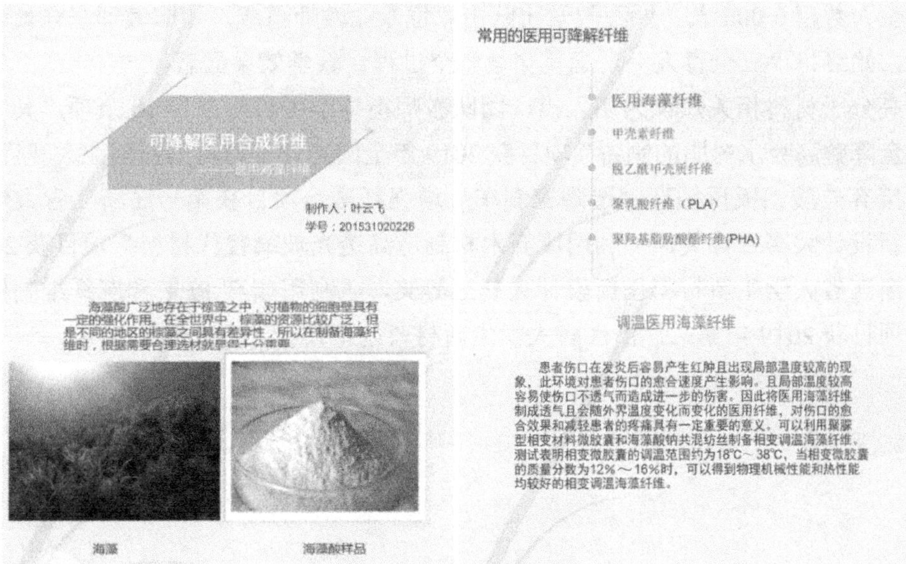


图 1-8-6　学生读书报告交流（二）

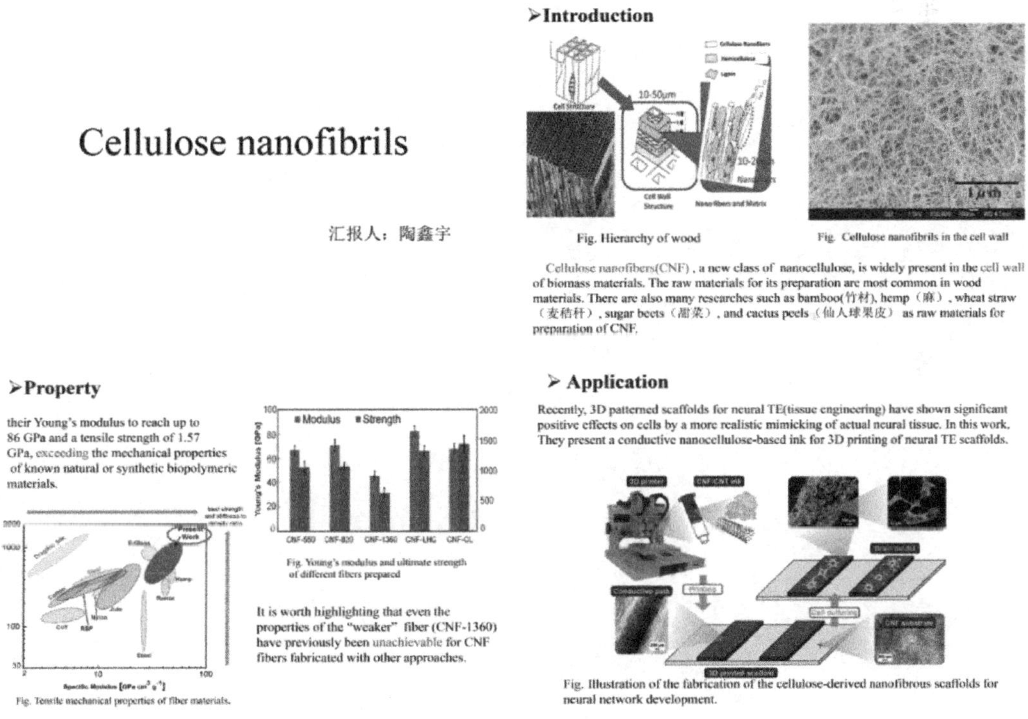


图 1-8-7　学生读书报告交流（三）

## 五、教学效果

自 2013 年浙江工业大学材料科学与工程学院成立以来，高分子材料课程就开始针对材料科学与工程学院的高分子材料专业、高分子合成专业、高分子成型专业开设，受益学生人数超 6 000 人。课程教学团队由 4 位专业教师组成。团队教师坚守教书育人的职责，始终将“三全育人”理念贯穿教学全过程，教学效果显著。

以高分子材料相关知识为切入点，团队教师指导学生科研项目 10 余项，其中“木质素基全降解高吸水树脂的制备”项目获 2019 年全国高分子材料创新创业大赛优秀奖，“利用废弃硅酸铝板再循环制造陶瓷刹车片增强纤维”项目获第一届浙江省大学生新材料创新设计大赛二等奖，“利用废弃木材制造高透光玻璃替代材料”项目获 2019 年第二届浙江省大学生新材料创新设计大赛三等奖，“利用废弃 PET 和麻纤维制作家用地板”项目获 2019 年第二届浙江省大学生新材料创新设计大赛三等奖。

# 第二章

# 工 学 类

# 第一节　材料力学

**课程负责人：**梁利华

**教学团队：**周旺民、马利、许杨剑、吴国龙、鞠晓喆、蒋豪杰、郭静、吴和龙

**所在院系：**机械工程学院

一桥飞架南北，天堑变通途。更立西江石壁，截断巫山云雨，高峡出平湖。神女应无恙，当惊世界殊。

——毛泽东《水调歌头·游泳》

## 一、课程概况

### （一）课程简介

“材料力学”是机械类、土木类各专业的重要技术基础课，是变形固体力学的入门课程，着力培养学生从工程实际中归纳和抽象力学模型的能力，开展力学模型的安全性分析，为工程构件设计和选材提供理论基础和计算方法。课程主要阐述了杆件基本变形的强度和刚度、应力状态和强度理论、组合变形、动载荷和疲劳强度、压杆的稳定性等内容，以及材料力学性能测试、电测法和光测法等实验方法及应用。课程倡导求真、务实的科研精神，引导学生树立辩证唯物主义世界观，能够科学辩证地分析和解决问题，注重培养家国情怀和社会主义核心价值观。

### （二）教学目标

#### 1. 知识目标

（1）掌握研究杆件的内力、应力、变形分布规律的基本原理和方法；

（2）熟练掌握构件在基本变形和组合变形下可靠使用的分析及设计方法；

（3）掌握能量法的基本原理及初步应用。

#### 2. 能力目标

（1）学会操作实验设备和仪器，进行材料性能的测定以及结构应变测量表征，具备一定的实验分析和研究能力；

（2）具备运用材料力学基本原理和方法，通过资料检索、查询、分析，对机械工程复杂问题建立力学模型，并提出解决方案的能力。

#### 3. 价值目标

（1）能正确运用唯物辩证法的立场、观点和方法来分析和解决问题；

（2）培养勇于探索未知的科学精神和严谨求实的职业精神；

（3）认识我国力学的发展、进步和成就，增强民族自豪感和使命感，增强家国情怀。

## 二、主要思政元素

“材料力学”课程所包含的思政元素较多，其中具有代表性的思政元素有：辩证思维、职业精神、科学精神和家国情怀。学生在学习材料力学的过程中，不仅能够体会到力学的美，同时也能够在思政素养方面得到熏陶和提高。

**辩证思维：** 材料力学处处体现辩证思维，例如：强度、刚度、稳定性与节省材料之间的关系。设计构件时，在满足强度、刚度和稳定性的要求下，尽可能合理选用材料，降低材料的消耗量，以节约成本或减轻构件的自重。“材料力学”是通过建立强度条件、刚度条件及稳定性条件将构件的设计统一起来，寻找最优方案，体现着辩证思维和系统思想。此外，材料力学的基本假设体现了主要矛盾与次要矛盾的辩证规律，在处理问题时引导学生学会抓住主要矛盾。

**职业精神：** 材料力学是一门与实际工程紧密结合的课程。很多重大工程灾难事故的发生都与材料力学性能不足息息相关。因此，在教学中增加了对重大工程灾难事故的分析和讲解。例如：加拿大圣劳伦斯河上魁北克大桥的坍塌，美国 F-18“大黄蜂”舰载机因拦阻索断裂导致的坠海事故，重庆市綦江县彩虹桥的垮塌等。通过这些案例学习，学生既强化了专业知识的应用，又潜移默化地增强了责任感，同时也培养了严谨求实的职业精神。在实验时，教师引导学生严格遵守实验的操作流程，一丝不苟地开展实验的准备、实施以及报告的撰写，培养学生细致、严谨的科学态度。

**科学精神：** “材料力学”是理论性和工程性很强的课程，里面包含大量理论推导、数值计算以及安全评价。然而，这些都是在众多科学家不断求真探索、大胆怀疑和勇于创新中发展的。比如，伽利略最早提出了错误的材料力学梁的理论，后经多位科学家研究修正，法国科学家纳维经过实践探索，确立了正确的梁理论框架。课程还开设了部分创新性实验让学生在没有可参考的具体实验步骤和方法指导的情况下，自主地设计和完成实验，培养学生勇于挑战困难、敢于创新的科学精神。

**家国情怀：** 通过介绍与本课程紧密相关的历史古迹（如：赵州桥、安澜索桥等）和古老文化故事（如：古代工匠建筑学著作《营造法式》），帮助学生了解中华文化的博大精深并厚植学生的家国情怀。同时，基于材料力学知识，深入剖析上述古迹的设计方法和传统文化的精髓，并利用现代知识对其进行推演和验证，以激发学生学习力学的热情。介绍这些凝结了古代工匠智慧结晶的设计与发现，是一剂增强文化自信的强心剂。中华人民共和国成立之后，中国社会发生了翻天覆地的变化，尤其是在中国共产党领导下，完成了很多人类历史的创举（如西气东输、南水北调、长江三峡等大国工程），实现了一项又一项的重大技术突破（如载人航天工程、探月工程、航母建造等），为中华民族伟大复兴打下了坚实的基础。上述大国工程和大国重器的实现，离不开力学知识的支撑，更离不开中国共产党的领导和优越社会制度的保障。结合材料力学知识给学生介绍上述内容，不仅能够激发学生学习力学的兴趣，同时也能借此激发学生的家国情怀，为中华民族伟大复兴而努力学习。

## 三、设计思路

根据学生的知识目标、能力目标和价值目标实现的要求，对“材料力学”课程的每个教学环节和章节内容进行了合理的设计，见表 2-1-1。

**表 2-1-1　“材料力学”课程思政设计思路**

| 课程章节 | 重要思政元素 | 相关联的专业知识或教学案例 |
| --- | --- | --- |
| 第一章<br>绪论 | 辩证思维<br>职业精神<br>家国情怀 | 1. 开篇导入：力学发展史、大国重器、大国工程、半导体产业封装的力学问题探讨。<br>2. 互动讨论：材料力学的任务——强度、刚度、稳定性和节省材料间的辩证哲学探讨。<br>3. 互动讨论：材料力学基本假设、基本变形、分析模型等关于主要矛盾与次要矛盾的辩证规律探讨。<br>4. 课外作业与讨论：要求学生搜集历史著名工程（如：赵州桥、安澜索桥）和工程结构失效（如：电梯失效事故、脚手架垮塌）等案例以及历史名人（如：胡克、伽利略、钱学森）的力学贡献等相关资料 |
| 第二章<br>轴向拉伸、压缩与剪切 | 辩证思维<br>家国情怀 | 1. 开篇导入：拉压工程结构失效案例分析与讨论。<br>2. 过程启发教学：拉压应力公式推导的辩证思维——全局平衡（约束平衡）和局部平衡（内、外力平衡）的概念；斜截面和横截面应力分析，拉中有剪；整体平衡，任何局部也是平衡的。<br>3. 过程启发教学：力学性能实验的辩证探讨（材料力学并不完美，尚有发展空间）。<br>4. 案例教学：郑玄注《考工记・弓人》关于弹性定律论述 |
| 第三章<br>扭转 | 家国情怀<br>职业精神<br>科学精神 | 1. 开篇导入：扭转工程失效案例分析。<br>2. 案例教学：嫦娥五号的探月挖土——配备的钻头采用双排钻牙阶梯构型，具有对 8 级硬度岩石的钻进能力 |
| 第四章<br>弯曲内力 | 职业精神 | 开篇导入：弯曲工程失效案例分析 |
| 第五章<br>弯曲应力 | 辩证思维<br>职业精神<br>科学精神<br>家国情怀 | 1. 案例教学：伽利略关于梁的理论有误。法国科学家纳维早期受其影响，其手抄本中存在类似错误。1826 年，纳维出版《力学在机械与结构方面的应用》，纠正了伽利略的错误，提出正确的梁的弯曲强度公式等理论，为材料力学发展作出重要贡献。<br>2. 案例教学：李诫著作《营造法式》中的案例复现。<br>3. 实践教学：基于电测、光测原理设计力型和振动型传感器的设计性实验，引导学生针对各类创意，创新设计传感器原理和实验方案，结合静态应变或动态信号测试分析系统自主探究 |
| 第六章<br>弯曲变形 | 辩证思维<br>职业精神 | 1. 启发式教学：叠加原理使用局限性的讨论。<br>2. 启发式教学：如何巧妙使用逐段刚化法的讨论 |
| 第七章<br>简单超静定问题 | 辩证思维 | 启发式教学：实际超静定问题案例和方法的讨论 |

（续表）

| 课程章节 | 重要思政元素 | 相关联的专业知识或教学案例 |
|---|---|---|
| 第八章<br>应力和应变分析<br>强度理论 | 科学精神<br>家国情怀 | 1. 案例教学：结合国家战略及研究热点——叶片激光增材制造，增材制造是逐点逐层堆积，强调每一点应力状态调控的重要性，解决科技领域的“卡脖子”问题。<br>2. 案例教学：我国学者俞茂宏提出统一的广义双剪强度理论体系，对强度理论的发展作出了贡献 |
| 第九章<br>组合变形 | 职业精神<br>家国情怀 | 案例教学：弯扭组合的工程案例大作业 |
| 第十章<br>压杆稳定 | 职业精神<br>科学精神<br>家国情怀 | 1. 开篇导入：压杆失稳的工程失效案例分析。<br>2. 案例教学：介绍压杆理论的发展史，介绍文艺复兴时期的达·芬奇作出了开拓性工作，数学家欧拉提出了压杆的临界力公式。<br>3. 案例教学：我国第一代核潜艇的研发，黄旭华院士带领团队从零开始、自主研发中国自己的核潜艇 |
| 第十一章<br>能量法 | 家国情怀 | 案例教学：能量法提出的历史故事 |
| 第十二章<br>动载荷 | 职业精神<br>家国情怀<br>人文精神 | 1. 开篇导入：动载荷的工程失效案例分析。<br>2. 案例教学：神舟十二号载人飞船返回舱三大法宝，降落伞—反推火箭—缓冲座椅保证航天员安全回家。<br>3. 互动探讨：“最美妈妈”吴菊萍徒手接住高楼坠落的孩子 |
| 第十三章<br>交变应力和疲劳强度 | 职业精神 | 开篇导入：疲劳失效案例分析 |
| 附录A<br>平面图形的几何性质 | 辩证思维 | 互动讨论：形心（材料力学）和重心（理论力学）的辩证思维，怎样从力矩转化为面积矩，从重心转化为图形的形心 |

## 四、实践案例

### （一）案例1：融入我国的力学发展史和国家建设工程案例，增强科技报国的家国情怀和使命担当

在教学过程中，结合相关知识点讲解我国古代力学典故。例如：东汉时期的郑玄在为《考工记·弓人》中“量其力，有三钧”作注解时写道：“假令弓力胜三石，引之中三尺，弛其弦，以绳缓擐之，每加物一石，则张一尺。”他的观点表明弓的弹力与弓的形变量成正比，被认为是关于弹性定律的最早描述，比英国科学家胡克发表论述早1 500多年。

早在1100年，我国宋代工匠李诫就在其建筑学著作《营造法式》一书中提出，矩形截面梁的合理高宽比为1.5。英国科学家托马斯·杨在1807年于所著的《自然哲学与机械技术讲义》一书中提出合理高宽比数据比我国提出时间晚了700年。课堂上讲的这些凝结了古代工匠智慧结晶的设计与发现，不仅开拓了学生的知识面，更是一剂

增强中华民族自豪感的强心剂。

此外，结合教学情景介绍近代中国与材料力学息息相关的大国重器（如图 2-1-1 所示）、大国工程（如图 2-1-2 所示），以及对中华民族伟大复兴的贡献等内容。一方面能够激发学生学习力学的兴趣；另一方面也借此激发学生的爱国主义情怀，为中华民族伟大复兴而感到自豪。

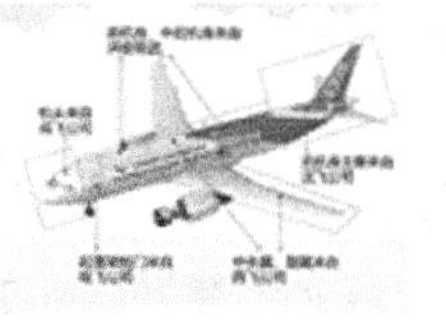
C919商用飞机

歼-20隐形战机

歼-15舰载机

东风-41洲际导弹

长征十号火箭

天宫二号和神舟十一号对接

第一艘国产航母

“山东舰”096型核潜艇

**图 2-1-1　大国重器——中华民族伟大复兴离不开力学**

“鸟巢”体育馆，世界跨度最大的钢结构建筑

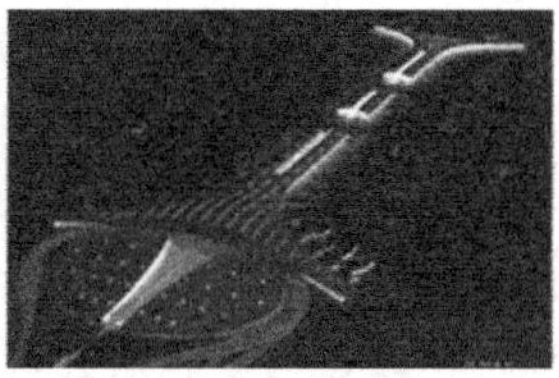
首都国际机场

杭州湾跨海大桥，全长36公里，居世界第一

“水立方”国家游泳中心，世界最大膜结构工程

**图 2-1-2　大国工程——中国重大工程项目离不开力学**

## （二）案例 2：结合重大工程灾难事故分析，培养学生职业精神和严谨的科学态度

随着工程问题日趋复杂，材料力学也在不断发展。在压杆稳定问题的研究中，文艺复兴时期的达·芬奇作出了开拓性的工作。1744 年，数学家欧拉提出了压杆的临界力“欧拉公式”。1826 年，纳维指出欧拉公式的适用范围为细长压杆。在自然科学的领域，压杆稳定性问题形成了体系。但在工程领域，真正重视稳定问题的原因是在 1907 年加拿大圣劳伦斯河上的魁北克大桥的坍塌事故，如图 2-1-3 所示。这一垮塌使得 19 000 吨钢材变为废铁，75 人遇难。事后，加拿大七大工程学院将事故残骸全部买下，打造成一枚枚戒指，发给毕业生，作为一种警示。

2008 年，我国南方各省经历了 50 年一遇的特大冰雪冻雨天气，大量的钢结构厂房、输电塔及通信塔倒塌或遭受不同程度的破坏，造成了人员及财产的巨大损失。在本次雪灾中，仅郴州、衡阳一线的 70 多座高压线铁塔中有近 1/3 被压垮，有的是整体垮塌，有的是从中间弯倒，有的是塔颈部发生扭折，破坏形式各异。大面积轻型门式钢架厂房也有倒塌或发生不同程度的破坏。许多轻钢厂房整体垮塌，钢架梁、柱严重屈曲，檩条、墙梁扭曲破坏，屋面板坍塌，钢架柱柱脚被拔出。针对这些问题，与学生从材料力学角度讨论垮塌原因，从而培养学生的职业精神。

2003 年 9 月 11 日，在美国“华盛顿”号核动力航母上，一架 F/A-18“大黄蜂”舰载机平稳降落在甲板上并钩住了拦阻索。然而被钩住的拦阻索在巨大的拉力之下发生了断裂，“大黄蜂”直接冲出了跑道，一头扎进大海。1999 年 1 月 4 日，重庆市綦江县彩虹桥发生垮塌，如图 2-1-4 所示，造成 40 人死亡、14 人受伤，直接经济损失 631 万元。这次事故被当时的朱镕基总理定性为“豆腐渣”工程。在教学中引入这些工程事故既能增强学生学好专业知识的自觉性，又能在潜移默化中强化学生的责任感，增强严谨求实的职业精神。

图 2-1-3　加拿大魁北克大桥坍塌事故

图 2-1-4　重庆市綦江县彩虹桥垮塌事故

### （三）案例 3：讲好著名力学家故事，坚定学生的理想信念和家国情怀

虽然中国在材料力学的发展历程中作出了很大的贡献，建造了许多闻名遐迩的建筑结构，但经验和知识大多没有流传下来，使得现代材料力学教材中鲜见中国人的名字。在近代，我国涌现出一大批著名的力学家，在理论研究和国家建设中发挥了重要作用。教师在课堂中结合相关知识点，适时讲述我国著名力学家的爱国故事以及他们的奉献精神。

例如，抗日战争期间，周培源抱着“科学家应为反战服务，以科学拯救祖国危亡”的志向，毅然转向流体力学方面的研究。郭永怀临危受命研制中国核武器，为发展导弹、核弹与卫星事业作出了重要贡献，1999 年追授“两弹一星功勋奖章”，是著名力学家群体中唯一一位获得“烈士”称号的科学家。通过这些著名力学家的鲜活故事，鼓励学生坚定理想信念，努力学习，为祖国科学的发展和社会的进步作出贡献。

## 五、教学效果

课程团队注重将理论与实践相结合，将历史与现实相结合，将国内和国外的发展历程相结合，深入挖掘富含思政教育元素的教学案例，将知识传授与学生的价值塑造紧密联系。通过将思政教育渗透到课堂教学中，学生既加深了对理论背景和应用的理解，又对我国在材料力学领域的伟大工程和科技进展有了深入了解，激发了爱国热情和努力奋斗精神，培养了严谨的科学态度和责任心，增强了民族自豪感和文化自信。同时，大量工程实例和灾难事故分析，也激发了学生的学习热情、创新意识和科学探究精神，取得了良好的教学效果，受到学生的一致好评。

### （一）学生学科竞赛项目

课程团队教师每年都积极组织学生参加浙江省力学竞赛（航模比赛）以及全国周培源大学生力学竞赛。在教师的引领下，学生把枯燥难懂的材料力学理论学出了兴趣。学生热情很高，争相报名参加上述两项赛事，并且连年取得不错的成绩。

### （二）学生学术论文

材料力学是理论性很强的一门课程，虽然学习难度较大，但仍有部分高年级同学对材料力学的学习非常有心得。在教师的鼓励下，他们积极参与材料力学的教研工作，把相关的想法通过编程实现，帮助师弟师妹们对相关难点进行有效学习，并且撰写教改论文，刊发在《力学与实践》这一力学著名期刊上，如图 2-1-5 所示。

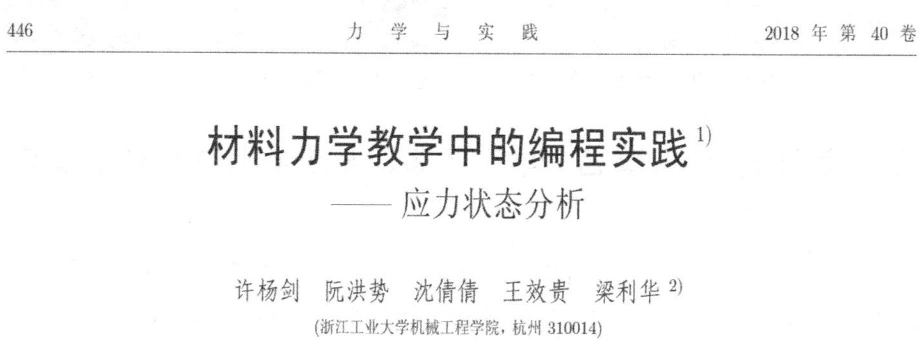
446　　力　学　与　实　践　　2018 年 第 40 卷

材料力学教学中的编程实践[1)]

—— 应力状态分析

许杨剑　阮洪势　沈倩倩　王效贵　梁利华[2)]

(浙江工业大学机械工程学院，杭州 310014)

图 2-1-5　本科生参与发表的教改论文

## 第二节　工程图学

**课程负责人：** 孙毅

**教学团队：** 李俊源、王明环、单继宏、姜献峰、姚春燕、熊缨、朴钟宇、佘翊妮、叶伟伟、金晓航、沈彦南、陈智君、叶永伟、贾虹、李春晓、孔凡志、李毅、郑三龙、戴伟、杨静、丁丛

**所在院系：** 机械工程学院

操千曲而后晓声，观千剑而后识器。

——［南朝］刘勰《文心雕龙·知音》



## 一、课程概况

### （一）课程简介

“工程图学”是新工科人才培养中的重要基础课。课程以图为媒介，以工程图的看图、绘图为主线，以正投影的基本理论为基础，培养学生读图、绘图能力。课程讲授过程由点、线、面到体，由二维到三维，逐步建立起空间想象及逻辑思维能力，掌握工程图样的规范与标准。

以培养“具有家国情怀、全球视野、创新精神和实践能力的卓越人才”为目标和指引，提升工科人才的综合能力与素养；以“立德树人”为根本，着力将科学思维方法融入工程人才的思维力、表达力、工程力的培养；利用 AR、VR、“互联网 +”与现代 CAD 技术相融合，将家国情怀、社会责任、工匠精神等深度融合到教学过程中，推动工科基础大类课程的“教”与“学”活动的创新，实现价值引领下的知识教育与能力培养协调统一。

教学团队创建于建校之初，传承发展近 70 载。团队秉承“精心育人、严谨传承”的理念。课程先后获得国家一流课程、浙江省精品课程、浙江省精品在线开放课程。编写了 7 部教材，其中《图学原理与工程制图教程》入选“十二五”普通高等教育本科国家级规划教材、浙江省优秀教材。团队教师先后获得了国家级教学成果一等奖、浙江省教学名师、浙江工业大学卓越教师、浙江省师德先进个人、浙江省中青年讲课比赛优秀奖等。团队主持和参与了 3 项国家新工科教学改革与实践项目。

### （二）教学目标

#### 1. 知识目标

（1）掌握正投影法绘制工程图样的基本理论，培养学生的空间想象能力；

（2）掌握机件形体表达的各种画法，培养学生阅读工程图样的基本能力；

（3）熟悉国家制图标准的基本规定，掌握绘制工程图样的基本方法与技能。

#### 2. 能力目标

（1）通过教师讲解、网络在线课程（中国大学 MOOC）学习、课后练习等环节，培养学生绘制与阅读工程图样的空间想象能力；

（2）通过计算机辅助设计（CAD）软件完成二维工程图样与三维形体建模，培养学生图形表达及构图能力；

（3）通过习题集手绘练习，培养工程师所必备的徒手与尺规绘图的表达能力和构形能力。

3. 价值目标

（1）通过对我国工业领域取得的成功案例与仍存在的“卡脖子”技术进行分析，引导学生领悟“关键技术要不来、买不来、讨不来”的内涵，强化家国情怀；

（2）通过课程中的知识点学习，使学生了解工业文明的发展过程，体会宇宙与科学知识之间的联系，感受宇宙的简洁之美，激发探索未知的兴趣；

（3）通过学习三维、二维形体建模中所依据的国家标准，展现设计作品的使用价值，培养学生的责任担当；

（4）通过具体产品的设计开发，培养学生的科学思维和创新意识，以及形体构建的审美能力，强化科技报国的理想抱负。

## 二、主要思政元素

本课程以铸魂育人为目标，发挥工科大类基础课程的育人功能。在课程教学中，将家国情怀、工匠精神、知行合一等思政元素融入教学内容和教学活动中，使学生树立社会责任感、科学思维和创新意识，树立为中华民族伟大复兴而奋斗的理想抱负。

**家国情怀：**通过对现代工程案例的阐述，提炼与工程图学相关的图纸绘制、设计构思、标准制定等内容，让学生了解掌握关键技术的重要性，激发学生科技报国的家国情怀和使命担当。

**工匠精神：**讲解我国近年来在大飞机制造、无人机、高速铁路等工程领域的优秀成果与设计案例。这些成果与案例承载了工程技术人员一代又一代的辛勤付出与努力，每一张图纸都是前辈对技术的一次改进，培养学生精益求精的大国工匠精神。

**科学精神：**通过对实际产品进行测绘与建模，将实际产品通过工程图学的表达方法呈现出来，让学生体会到三维形体与二维图样之间的元素转换关系；引导学生深刻认识“实践是检验真理的唯一标准”，学以致用。

**创新意识：**通过完成一个项目，从概念、创新设计到原型制作的过程，体会匠心制造，引导学生思考，激发创新，追求卓越。

**职业道德：**以工程实际为背景，注重在知识点的学习中融合应用，突出重点，鼓励跨文化、跨学科学习，完成方案设计和表达，培养学生社会责任感与职业道德。

## 三、设计思路

“工程图学”课程是工科专业大类通识课程，具有良好的育人实践性和专业性。课程结合新工科教学改革与实践探索，建设了完善且融入思政元素的教学大纲、教学计划、教材、线上课程、电子资源库和教案。在培养学生工程图学素养的过程中，借助课程特点，融入家国情怀、“四个自信”、科学思维、职业担当、道德情操等，详见表 2-2-1。

表 2-2-1　“工程图学”课程思政设计思路

| 课程章节 | 重要思政元素 | 相关联的专业知识或教学案例 |
|---|---|---|
| 绪论 | 家国情怀<br>制度自信<br>文化自信 | 以大飞机、高铁等为例，引入装备大国的自豪与自信；同时，以光刻机为例，说明关键技术装备背后的“国家”属性，引出本课程学习的重要性；基于我国古代的鲁班建筑延续发展到现在的工业设计图样，凸显我国古老文明的文化自信 |
| 第一章<br>制图标准与技能 | 家国情怀<br>制度自信 | 从图样标准的制订到国家实力的体现；通过标准内涵诠释国家技术实力决定了国家的软实力；说明“规范”在国家经济发展中的重要性与工程领域的科学伦理性，引领学生增强在强国振兴中的使命感与责任感 |
| 第二章<br>点、直线、平面的投影 | 创新精神<br>科技伦理 | 从投影原理有效解决从三维到二维的唯一性表达方法，引导学生发挥创新思维，了解与掌握基础理论创新对社会技术进步的重要意义 |
| 第三章<br>立体的投影 | 求真务实<br>科学精神 | 从形体的综合研讨引导学生理解由简入繁的哲学性原理，从相贯线、截交线研讨各种因素会导致的形体变化影响，通过交线位置与形状变化等示例让学生充分理解细节决定成败的“严谨细致、求真务实”的科学精神 |
| 第四章<br>图元识读与组合体构形 | 创新精神<br>制度自信 | 针对复杂形体学习的空间想象能力，引入与扩展组合体来源于工程零部件，引导学生遵循来源于社会的设计机理，培养细节决定成败的严谨作风与实事求是的科学精神 |
| 第五章<br>机件常用的表达方法 | 职业道德 | 机件的表达引导学生处理好灵活表达与标准规范的关系；充分理解工程技术人员具备工程规范素养的重要意义 |
| 第六章<br>零件的连接 | 文化自信<br>奉献精神 | 在零件的连接学习中，体会每一颗螺丝钉均起着不可或缺的作用，引申到每一位社会成员均在社会大家庭中起着不可替代的作用；结合我国的传统优秀文化，从小事做起，胸怀家国，脚踏实地，担当起自身的使命 |
| 第七章<br>常用件 | 社会贡献<br>使命感与责任感 | 从常用件的规范画法到作用的发挥，引领学生思考传输“动力”的重要意义，齿轮、链、带等常用件是一个机械系统中不可或缺的关键；体会个体作为社会组成的一部分，应成为社会发展动力输送的关键环节，借此开展专业与未来的职业理想教育，培养学生的使命感与责任感 |
| 第八章<br>零件图 | 职业理想<br>创新精神 | 图样的表达是真实世界的反映，将航空、海洋大型智能装备的技术图样引入课程教学内容，将机器人等创意设计作为项目核心内容，体现科技前沿性与时代性；通过项目的方案设计与制作，明晰理想抱负与方案成功实现的关联要素，美好的蓝图需要辛苦的努力才能实现 |
| 第九章<br>装配图 | | |

## 四、实践案例

### （一）案例 1：“培根铸魂”的课程思政目标融入课程教学内容

“社会主义核心价值观”分三个层面。根据工程图学课程特点及培养目标，挖掘课程内容层面、特色层面和价值层面的课程思政资源，构建理解层面、表达层面、应用层面、工程层面、创新层面等五个层面递进式“培根铸魂”的课程思政目标。“根”是指以设计表达为主线的基础目标，“魂”是指蕴含工程素养与红色文化引领的制图知识综合应用能力和创新意识。通过红色文化的引领与内化，分层递进实现课程教学的“培根铸魂”目标。

**教学内容：**工程图学中的尺寸是表达形体真实大小的关键依据，承载着关键零件制造精度与装配精度。如图 2-2-1 所示，“尺寸”的内涵在中国的历史上可追溯到春秋时期《管子·形势解》“以规矩为方圆则成，以尺寸量长短则得，以法数治民则安”、《商君书·修权》“夫释权衡而断轻重，废尺寸而意长短，虽察，商贾不用，为其不必也”，尺规的起源更可追溯到《史记》记载的大禹治水（约公元前 2000 年）的“左准绳、右规矩”。英制尺寸“码”起源于英格兰国王亨利一世（公元 1100 年—1135 年），公制“米”则是在 1790 年的巴黎会议上约定采用。由此可见，中国对尺寸的释义与应用研究远远早于现代工业的起源地欧洲。

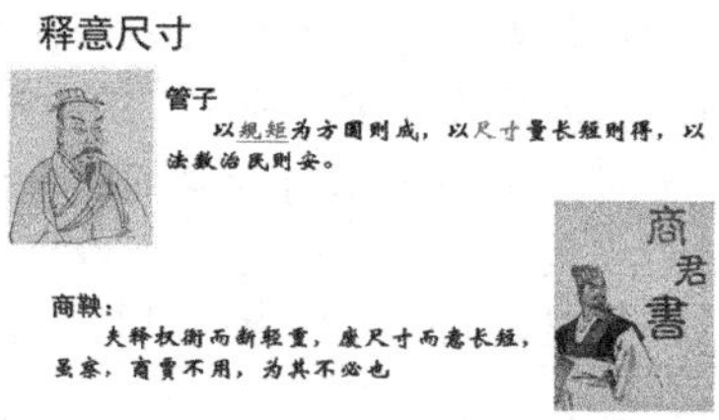


图 2-2-1　“尺寸”内涵释义培育民族自信与科学精神

**思政内容：**激发学生的民族自豪感，培植爱国主义情怀与严谨规范的科学精神。

## （二）案例 2：现代机器人技术与家国情怀

**教学内容：**机器人技术发展迅速，已广泛应用于工业生产、日常生活，甚至在战争中可以代替人类。国外从起初对我国实施技术封锁到如今的产销合作，其中的关键在于我国自主机器人制造业的崛起。但高端的高精度机器人关键零部件仍受制于国外的技术。在形成自主创新产品过程中，机器人结构中的关键零部件设计正是基于工程图学中点、线、面、体的设计构成。

习近平总书记说过：“关键核心技术是要不来、买不来、讨不来的。”结合课程的零件图与装配图教学，通过介绍机器人的结构设计、运动机构及其控制系统等关键技术，激励学生胸怀科技报国的家国情怀和使命担当。图 2-2-2 是以机器人为代表的关键技术介绍，以及学生完成的机器人仿真建模任务案例。

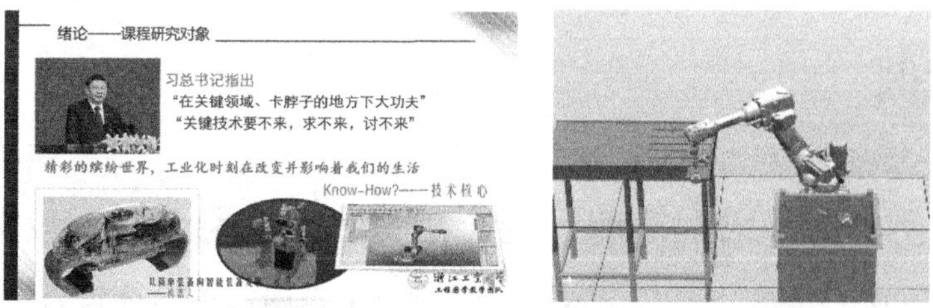


图 2-2-2　引入研发“关键技术”的家国情怀与创新精神

**思政内容**：激发学生对关键技术研发的使命感，培养自主创新的责任感。

### （三）案例 3：大飞机的研制与工匠精神

**教学内容**：以牢牢掌握自主知识产权为立足点，结合我国在多年前就开启的大飞机研发计划，自主研制、突破核心技术和关键技术，了解创新性设计的内涵本质。课程将大飞机作为一个整体系统，进一步分解为机身、发动机、起落架等部分，而发动机又进一步分解为叶片等零部件，如图 2-2-3 所示。让学生在体会“装配与零件”、形体分析法等课程知识的同时，深刻地意识到我国还有很多核心关键技术没有掌握，还需要后续的攻关与突破，需要学生树立科技报国的远大理想与抱负。

同时在介绍大飞机设计过程中，结合典型的发动机叶片的构型实例，基于“工程图学”中点、线、面的投影及立体的相交知识，首先确定空间若干个点，然后将空间的点拟合为空间的曲线，最后再由若干条空间的线拟合为叶片，构建出飞机叶片曲面模型。产品设计后还需要经过后期大量的修改、加工、安装、调试，强调每一叶片均需要有极其精细的工匠精神才能完成制造。大飞机正是经过了几代人的辛勤研发历程，目前才进入了试飞阶段，并将有望打破波音、空客等飞机制造商的市场垄断。

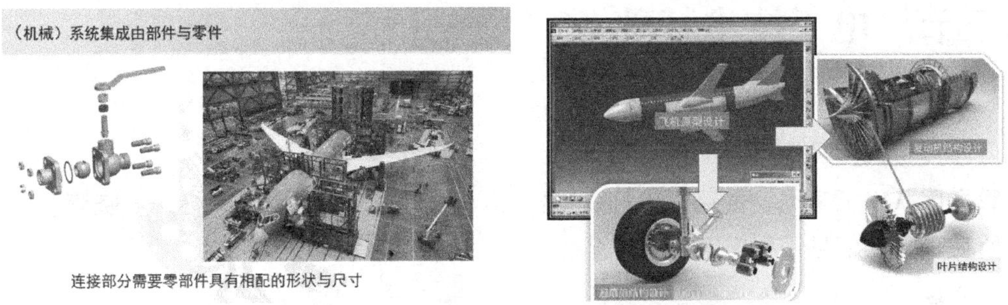


**图 2-2-3　大飞机设计的系统论与工匠精神**

**思政内容**：工程研发人员精益求精的大国工匠精神，激励新一代大学生努力把自己锻炼成具有使命担当的技术型人才，将来投身于中华民族伟大复兴的大业中。

## 五、教学效果

本课程采用线上线下混合式教学，即线上自学、线下当面授课和翻转课堂，以实现“以学生为主体、以教师为主导”的教学模式，培养学生自主学习能力和实践应用能力。课程以科学问题为导向、项目研究为载体、设计表达为基础、工程设计为成果，在教学过程中体现工程素养的教育，使知识、能力、素质有机融合，培养学生解决复杂问题的综合能力和创新思维。将思政资源融入课程内容，通过知识传授、能力培养与课程思政的有机融合，逐步实现课程教学对学生价值观的引领。通过红色主题产品设计、团队协作等，使学生由被动接受转变为主动运用知识解决问题的自主学习；在为新工科人才的培养打下扎实基础的同时，引导学生用实践来检验所学的理论知识，让知识“活”起来，积极参与“挑战杯”等竞赛并取得丰硕成果。通过“机械设计大赛”等实践项目，如图 2-2-4 所示，学生能够将所学知识应用于工程实践，促进了学生对所学知识的掌握，增加了学生对专业知识、应用领域的认知。同时，通过实践项目，培养了学生的创新能力、独立思考能力，并在克服项目所遇难题的过程中，锻炼了意志品质。

**图 2-2-4　学生综合创新能力提升，学科竞赛显成效**

## 第三节　电工技术基础

**课程负责人：**吴根忠

**教学团队：**王辛刚、仇翔、徐红、吴丽丽、庄婵飞、陆飞、李如春、周晓等

**所在院系：**信息工程学院

*形而上者谓之道，形而下者谓之器。*

——［西周］姬昌《周易·系辞》

### 一、课程概况

#### （一）课程简介

“电工技术基础”是高等学校工科非电类专业的一门技术基础课。通过对本课程的学习，使学生掌握电路的基本分析和计算方法，熟悉常用电路的组成与特性，了解电动机、变压器的基本工作原理和组成，初步具备识读、分析和计算电路一般问题的能力，并具备基本的实验技能；使学生具备学习和应用电气工程新知识、新技能的能力，掌握科学思维方法，富有家国情怀和创新精神，养成实事求是、精益求精的工作作风，具备分析与解决实际问题的能力。

本课程 2018 年被立项为浙江省精品在线开放课程，2019 年被评为浙江省本科院校“互联网 + 教学”示范课堂和浙江省本科高校线下一流课程，2020 年被立项为国家精品在线开放课程（培育）项目和浙江工业大学课程思政改革试点课程建设项目。

### （二）教学目标

#### 1. 知识目标

（1）掌握电路的基本理论和基本分析方法；
（2）理解电动机的工作原理；
（3）掌握电动机的继电接触控制技术；
（4）了解安全用电知识；
（5）了解电工技术的应用及发展概况。

#### 2. 能力目标

（1）能够对基本电路进行分析和计算；
（2）能够对电动机的不同工作状态进行分析和计算；
（3）能够对电动机的继电接触控制电路进行分析；
（4）具备解决实际用电技术问题的能力。

#### 3. 价值目标

（1）理解电工技术对科技发展和社会进步的影响；
（2）掌握正确运用辩证唯物主义分析问题和解决问题的思维方法；
（3）增强创新意识，培养精益求精、追求卓越的工匠精神；
（4）增强安全第一、节约能源的意识，增强责任感和使命感。

## 二、主要思政元素

“电工技术基础”课程包含电路的基本理论和基本概念，而且许多内容都与实际生活密切相关，是一门实践性很强的课程。结合这些特点，在本课程的教学过程中，主要是对学生开展理想信念、“四个自信”、家国情怀、科学精神、创新精神、职业道德、辩证思维、责任担当、工匠精神、科学思维和创新思维等思政教育。

**家国情怀：**在课程中，有多个章节内容可以结合实际生活或工作进行爱国主义教育。例如，在第三章正弦交流电路学习中，以单相交流电路的主要电力用户——家用电器的发展为例；在第四章三相交流电路学习中，结合各种发电方式，从早期的火力、水力发电到现在的太阳能、风能、核能发电等；在第六章电动机学习中，电动机的拥有量、电动机应用到人们日常生活的广泛程度等；在第八章供配电技术与安全用电学习中，结合目前大量采用的 500 kV 以上超高压输电以及高压直流输电技术等，多维度地展现我国迅速发展的历程和人民生活水平的提高，以培养学生的家国情怀，坚定“四个自信”。

**责任担当：**结合课程中电动机、交流电及继电接触控制等内容，从电动机的调速方法引出现在的变频空调、变频冰箱等；从三相交流电的发电方式引出我国从火力、水力发电，到现在控制水平和技术含量更高的太阳能、风能以及核能发电；从低压电器产品到目前的知名品牌，在引导学生正视与国外先进技术差距的同时，更要让其看到我国工业技术的迅速发展，教育学生只有靠自己才能奋起直追，只有坚持创新才能增强我国自主研发的能力。正如习近平总书记所说的，科技发展中的关键核心技术是要不来、买不来、讨不来的，以此激发学生的责任感与使命感。

**工匠精神：**“电工技术基础”是一门实践性很强的课程，其中的综合设计性实验——电动机的正反转控制，要求学生在设计正反转控制电路的基础上，进一步选择实验所用器件的型号。通过这个选型环节，使学生真正理解电气设备额定值的含义，使学生在牢固掌握理论知识的基础上，对其实际线路的搭建有具体的认识体验，培养学生认真负责、细致、一丝不苟的工匠精神，端正学生粗心应付、得过且过的心态和作风；使学生在一点一滴之间倾注汗水与努力，在成功之后依然能精工细作，追求日臻完善的境界，增强使命感和勇于担当的精神；培养政治正确、思想先进、技术扎实的综合型、应用型人才。

**辩证思维：**在讲授电路的基本概念、基本定律（定理）以及电路的一般分析方法时，将相关的知识点联系起来进行归纳总结，让学生了解在知识的学习过程中也要应用事物普遍联系的观点。线性元件与非线性元件具有完全不同的伏安特性，非线性元件的伏安特性较为复杂，说明不同元件因结构不同，其性质也不同，在这些问题上，应用内因和外因的相互关系来进行阐述。

## 三、设计思路

本课程具有鲜明的“源于实际、归于实际”的思政特色，设计思路主要体现为以下几点。

（1）引入反映我国在电工领域具有世界影响力的案例，激发学生爱国情怀。结合电工技术发展史、我国电工技术的成就、诸多科学家事迹，以及我国某些电子产品核心技术缺乏的现状，引导学生树立远大理想，勇敢担负时代赋予的光荣使命。

（2）运用启发式教学方法，锻炼学生科学思维。学生通过对电路图的分析和设计，体会个体与整体、内因与外因、现象与本质的辩证关系，学会用哲学的思维看待和处理问题，培养逻辑思维与辩证思维能力。

（3）发挥实践育人作用，提升学生创新和工程意识。通过完成基本电工电路分析、调试、运用以及综合设计等实验项目，融会贯通所学知识，体会复杂问题一题多解。

（4）融入从事电工技术有关工作岗位的要求，培养学生严格遵守电子线路设计国家标准和实验室管理等规定，强化安全意识、遵纪守法意识、节约意识、劳动意识、爱岗意识、团队意识、责任意识等职业品格。

（5）引导学生开展第二课堂活动，激发学生使命担当。鼓励支持学生利用课程知识开展社会实践活动，如开展我国电工技术成就和用电安全知识宣传，引导学生关心社会发展，将个人与国家价值要求融为一体。

"电工技术基础"课程思政设计思路如表 2-3-1 所示。



表 2-3-1 "电工技术基础"课程思政设计思路

| 课程章节 | 重要思政元素 | 相关联的专业知识或教学案例 |
|---|---|---|
| 第一章<br>电路基本概念和电路元件 | 辩证思维<br>理想信念<br>科学精神 | 从电路元器件特性的相互关系、对偶性等特点出发，说明要正确、全面地看待事物和问题，培养学生的辩证思维能力。通过引入"安培——追着马车做题的人""伏特——颤抖的青蛙腿"等科学家的典型事例，激励学生对科学真理的不懈追求 |
| 第二章<br>电路的一般分析方法 | 工匠精神<br>创新精神<br>科学精神 | 以基尔霍夫定律、戴维南和诺顿定理为例，引入相关科学家勇于探索、精益求精的事例；科学家基尔霍夫不仅在电学上有巨大的成就（基尔霍夫电路定律），还在热辐射（热辐射定律、绝对黑体的概念）、化学（制成光谱仪、创立光谱化学分析法、发现元素铯和铷）、力学（基尔霍夫假设）等多方面都有发明和创造，鼓励学生要具有科学态度和创新精神 |
| 第三章<br>正弦交流电路 | "四个自信"<br>家国情怀<br>民族自豪感 | 以单相交流电路的主要电力用户——家用电器为例，阐述国内家用电器从无到有，从电风扇、黑白电视机到冰箱、洗衣机、彩电、空调等的迅猛发展历程，从侧面反映出中国改革开放的成果 |
| 第四章<br>三相交流电路 | "四个自信"<br>理想信念<br>民族自豪感<br>家国情怀 | 从早期以火力、水力发电为主到现在的太阳能、风能、核能发电，阐述中国科学技术的进步；从城市道路边杂乱无章的输电线到现在几乎见不到输电线，阐述经济水平的快速提高 |
| 第五章<br>电动机 | 制度自信<br>民族自豪感<br>家国情怀 | 以风力发电的关键设备发电机为例，讲述国内制造的发电机单机容量从最初的 200 千瓦到目前的几兆瓦，反映出中国的制造水平显著提高；从电风扇、洗衣机、空调、电动汽车到电动牙刷等，大量广泛的应用从侧面反映出经济水平的提高 |
| 第六章<br>电气控制技术 | 民族自豪感<br>爱国情怀<br>工匠精神<br>创新思维 | 以乐清低压电器从早期单纯的价格竞争到目前拥有多家国内知名品牌——正泰、德力西等为例，要求学生做科研必须精益求精，做产品必须以质量取胜；以电动机的正反转控制和行程控制为例，从这两种控制电路的异同点出发，引导学生的科学思维和创新思维 |
| 第七章<br>供配电技术与安全用电 | 制度自信<br>民族自豪感<br>家国情怀 | 以电力系统输变电系统为例，通过目前大量采用的 500kV 以上超高压输电以及高压直流输电，应用案例使学生了解变配电技术的快速发展 |

## 四、实践案例

### （一）案例 1：结合电路元件特性的相互关系，进行辩证唯物主义教育

"电工技术基础"课程中包含了直流电路、单相交流电路和三相交流电路的分析和设计。这三部分都属于电路理论的知识，内容相互联系，难度依次提升。在学习过程中，要求学生打好基础，融会贯通，这样才能把电路的相关知识真正掌握。在讲授电感元件的功率时，强调它的能量转换具有可逆的性质：在电流与电压的实际方向相同时，电感元件吸收功率；而在电流与电压的实际方向相反时，则释放功率，如图 2-3-1 所示。

在讲授电容元件的特性与功率时，可以与电感元件进行对比，两者具有对偶性。在这个知识点的讲授过程中，可以培养学生的辩证思维能力。

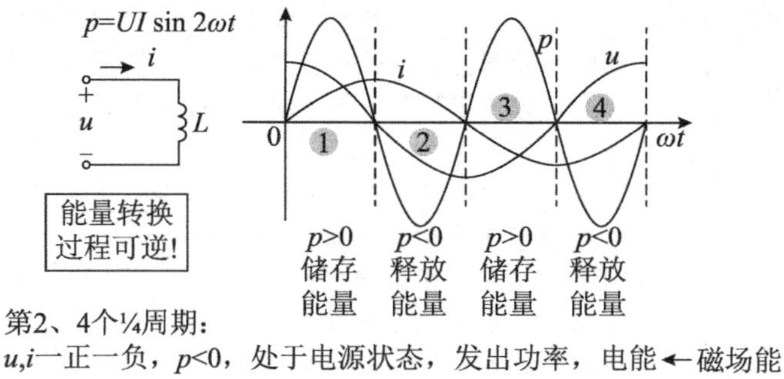


**图 2-3-1　电感元件的功率**

## （二）案例 2：结合电动机继电接触控制，培养学生的科学思维和创新思维

电动机的继电接触控制是“电工技术基础”课程的重点之一，主要介绍电动机的单向运行、正反转、γ－△降压起动、行程控制和顺序起动等控制电路，这些控制电路都有一定的内在联系。例如，把两个单向运行控制电路并联，并适当简化，就能变为不带保护的正反转控制电路，增加互锁触点就能构成完整的正反转控制电路。在正反转控制电路的基础上，增加行程开关的触点，就能实现行程控制。在教学过程中，要求学生课前完成预习，在课堂上对这些控制电路相互之间的联系和不同之处进行分组讨论。通过案例分析、小组研讨等启发式教学将课程知识及时内化，培养学生的科学思维和创新思维等综合素质。课堂分组讨论如图 2-3-2 所示。

**图 2-3-2　“电工技术基础”课程课堂分组讨论**

## （三）案例 3：通过实践环节，培养学生的工匠精神和工程意识

“电工技术基础”是一门应用性、实践性很强的课程，实验教学是课程教学的重要环节之一，也是学生进一步理解、领会所学理论知识的重要途径。通过综合性的设计实验，利用仿真设计、参数确定、线路制作、线路调试等多个环节，使学生在掌握基本的电路分析、调试及设计等专业能力的基础上，提升工匠精神，创新精神和工程意识也得到提升。实验教学如图 2-3-3 所示。

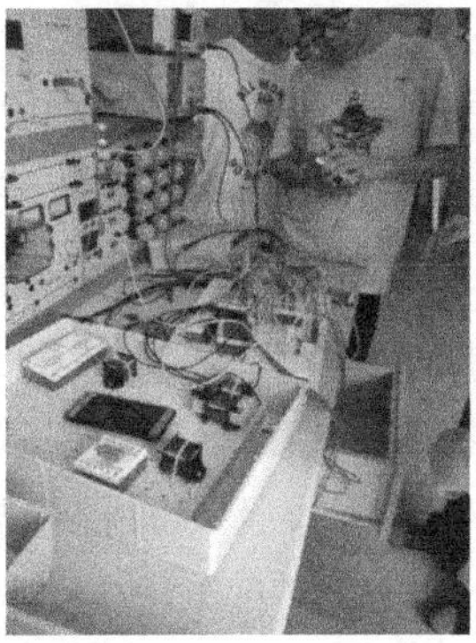

图 2-3-3 “电工技术基础”课程实践环节

## 五、教学效果

结合课程内容进行课程思政教学。学生通过搜集相关资料，了解我国相关技术的发展与目前存在的问题，运用辩证思维看待问题，培养爱国情怀和民族自豪感。很多已毕业或即将毕业的学生，对“电工技术基础”这门课程都有深刻的印象，为他们后续专业课程的学习奠定了重要基础。

# 第四节 电子系统设计

**课程负责人：**王辛刚
**教学团队：**贾立新、倪洪杰、黄飞腾、李志中
**所在院系：**信息工程学院

未有知而不行者，知而不行只是未知。

——［明］王阳明

## 一、课程概况

### （一）课程简介

“电子系统设计”是研究电子技术应用的电子信息类专业课程。电子技术在工业、农业、科学技术和国防建设等各个领域都发挥着巨大的作用。课程综合了单片机、现场可编程逻辑门阵列（field programmable gate array，FPGA）、模拟电路和电子设计自动化（electronic design automation，EDA）等知识。课程从设计的角度出发，以元器件应用为切入点，以新知识、新器件、新技术为核心，紧密结合工程实践，强调理论学习、

自主设计和动手实践的“知行合一”。课程要求学生能综合运用专业知识和工程技能，经过需求分析、资料查询、功能设计、方案论证、工艺制作、系统联调、分析总结等过程，以完成具有一定规模的复杂电子系统的规划、设计和实现，培养学生科学精神、辩证思维、家国情怀和创新能力等。

本课程是电子信息工程专业的核心课程，同时也是自动化专业、电气工程及其自动化专业重要的专业选修课程。课程面向电子信息类专业本科三年级开设，计 3 学分。

“电子系统设计”课程最早起源于 2000 年全国大学生电子设计竞赛培训课程，2012 年列为电子信息工程专业的专业课程（2021 年电子信息工程专业为省级一流专业建设点），2017 年被立项为浙江工业大学专业核心课程，2020 年被认定为优秀校级精品在线课程，获 2020 年度浙江工业大学课程思政改革试点课程建设项目立项。课程具有完备的教学资源，采用线上线下混合式教学方法。参与本课程学习的学生在课外科技竞赛中取得了优异的成绩，总计 80 余人获得了 30 余项省级及以上竞赛奖励。

### （二）教学目标

#### 1. 知识目标

（1）掌握模拟系统、数字系统、单片机系统和综合电子系统的设计思路及步骤，通过工程案例的分析，深刻理解电子系统设计过程；

（2）掌握电子系统设计，如可靠性设计、印制板设计及其工程实现，以及电子系统设计文档的写作方法；

（3）在电子系统的组装与调试过程中，掌握改进方案设计、完善理论与算法、选择电路与器件、利用合适的工具，实现系统功能与指标。

#### 2. 能力目标

（1）具备电路设计与搭建、软件工具应用、仪器设备使用、元器件选择、电路调试、系统测试等方面的工程实践能力；

（2）养成独立思考、深入钻研问题的习惯，培养对问题提出多种解决方案、选择不同实现方法，以及知识运用和举一反三的能力；

（3）培养分工合作、交流协调、共同研讨等团队合作精神与能力。

#### 3. 价值目标

（1）具有探索未来、追求真理的科学精神；

（2）具有科技报国的家国情怀和使命担当；

（3）践行精益求精、严谨细实、追求卓越的工匠精神。

## 二、主要思政元素

器件学习篇章，直面“缺芯少魂”的困境，培养学生科技报国的家国情怀，坚持自强不息的精神。电路学习篇章，要求学生运用辩证思维的方法进行方案设计，强化承担社会责任、遵纪守法的意识。系统设计学习篇章，强化学生以国家和人民的需要为己任的观念，不断创新、精益求精。

**辩证思维**：在电路分析和设计的过程中，理想模型与真实电路是对立而又统一的关系。理想模型提供了分析问题的简单方法，让学生学会通过不断修正理想模型，使其越来越接近真实电路，从而获得解决问题的方法。在这个过程中，提高学生运用辩证思维分析问题和解决问题的能力。通过深入探究专业知识及技术，增强学生的文化积淀，培养辩证思维、系统思维、理性思维。

**使命担当**："当今世界，科学技术迅猛发展。大学要瞄准世界科技前沿，加强对关键共性技术、前沿技术的攻关创新。"在学习"电子系统设计"课程中，培养学生科技报国的家国情怀，要让学生明白技术的重要性，更要明确学习信息技术不仅是为了自身的发展，也是为了社会的进步与国家的繁荣富强。在电子系统设计选题过程中，从关系国计民生的需求出发，让学生通过做有用的设计，成为有用的人，培养学生的使命担当意识。

**工匠精神**：在电子系统设计的过程中，对性能、技术指标的追求，体现了精益求精的工匠精神。特别是在电子设计竞赛中评判作品达到的技术指标，这是用仪器仪表可测量的实实在在的指标，来不得半点马虎。要求学生在日常生活中树立一种追求卓越、追求技术完美的信念。在日常的训练中，将训练内容和工程实践结合起来，把工匠精神融入每一个训练环节，培养学生为"中国智造"作出自己贡献的理想信念。

## 三、设计思路

"电子系统设计"课程采用 CDIO 工程教育模式，将思政元素融入构思、设计、实施和运行的各个环节，使学生在学习过程中把辩证思维、使命担当、工匠精神等内化于心，外化于行。"电子系统设计"课程思政设计思路见表 2-4-1。

**表 2-4-1 "电子系统设计"课程思政设计思路**

| 课程章节 | 重要思政元素 | 相关联的专业知识或教学案例 |
| --- | --- | --- |
| 第一章<br>放大电路设计 | 友善价值<br>科技伦理 | 通过对 AD620 运算放大器的讲解，设计一款心电监测仪，用于独居老年人的监护，体现科技对人类健康的帮助，引导学生关爱老年人，增强社会责任感 |
| 第二章<br>滤波器设计 | 制度自信<br>民族精神 | 结合学科前沿，以华为在 5G 移动通信中使用的滤波器为例，分析我国在这一领域的发展现状，增强学生的民族自豪感和自信心 |
| 第三章<br>直流稳压电源设计 | 生态文明意识 | 比较线性电源与开关电源特性，从碳达峰碳中和角度制定设计准则，突出电源设计过程中的节能环保意识 |
| 第四章<br>芯片设计 | 爱国主义<br>创新精神 | 以 FPGA 芯片为例，介绍中美芯片之战，讲述"缺芯少魂"的困境，鼓励学生为中华之崛起而努力 |

（续表）

| 课程章节 | 重要思政元素 | 相关联的专业知识或教学案例 |
| --- | --- | --- |
| 第五章<br>单片机的基本原理 | 爱国主义<br>创新精神 | 以我国全自主知识产权的 32 位 CPU、超级计算机——神威太湖之光为例，引入爱国主义精神、社会主义核心价值观，鼓励学生注重精益求精、科技创新 |
| 第六章<br>单片机系统设计 | 辩证思维<br>法治精神 | 结合单片机最小系统设计，引入科学方法，理解事物的规律性，培养学生做事的逻辑性和条理性；结合用按键加显示屏设计的交通信号灯，使学生增强遵纪守法的意识 |
| 第七章<br>串口通信 | 科学精神 | 从异步通信和同步通信方式不同原理出发，引出创新策略：直捣黄龙或者迂回作战 |
| 第八章<br>频率测量技术的应用 | 精益求精<br>工匠精神 | 以等精度频率计设计为例，从测量精度的角度出发，体现对测量精度的不懈追求，培养学生精益求精的科学精神 |
| 第九章<br>综合电子系统设计 | 知行合一<br>集体主义 | 采用 CDIO 的工程教育模式，培养学生理论联系实践、团队合作、分工协作的精神 |

## 四、实践案例

### （一）案例 1：一种心电监测仪的设计与关爱老人的社会美德

在讲述第一章放大电路设计过程中，要求学生自设场景，设计一种应用电路。采用 CDIO 的工程教育模式，学生构思了多种应用场景。

关爱老人是我们中华民族的传统美德。随着社会老龄化的日趋严重，独居老人日渐增多。如何能够让儿女及时了解老人的身体健康状况，已经成为社会的迫切需求。一种利用 AD620 作为放大电路，通过传感器检测人体心电信号的设计方案，被成功地应用于老年人的心电监测，见图 2-4-1。ECG 心电监测仪能实现检测结果云端同步，儿女可以通过手机实时监控独自在家老人的身体状况，做到了父母安心、儿女放心。引导学生利用科技解决社会需求问题是电子信息工程人员义不容辞的责任和义务。

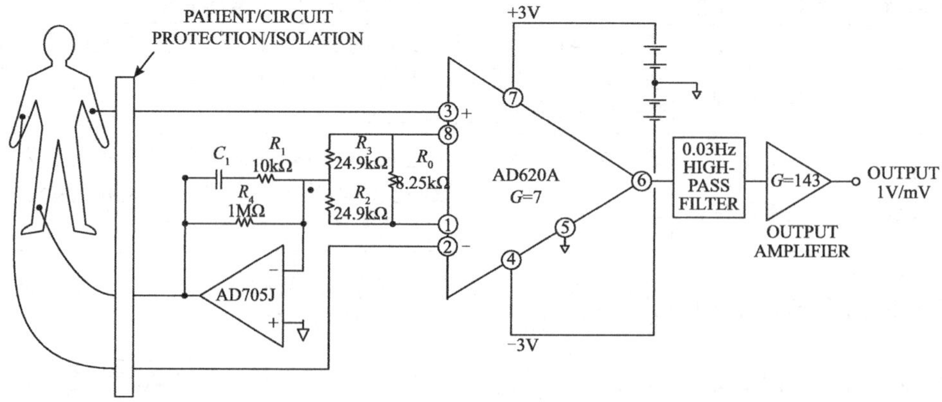


**图 2-4-1　ECG 心电监测仪电路图**

## （二）案例 2：数字化语音存储、回放电路设计与家国情怀

在数字化语音存储与回放电路设计中，要求将语音信号通过麦克风转换为电信号，经放大、滤波处理后传送给 ADC，在微处理器控制下将语音信号转换为数字信号并存储在存储器中；回放时，从存储器中取出数字化的语音信号，经 DAC 转换为模拟信号，滤波放大后驱动扬声器发出声音，见图 2-4-2。

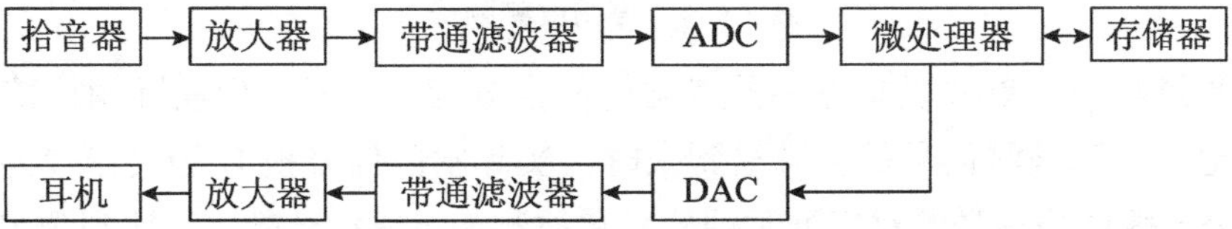


图 2-4-2　数字化语音存储与回放

在音源信号的选择上，教师建议选择红色文化的背景音乐。学生选择了比较有特色的红歌作为输入信号，如《我的祖国》《英雄赞歌》等歌曲，伴随着系统录音和播放过程，实验室中不时响起慷慨激昂的歌声。

在课题汇报的过程中，教师请学生简单陈述选择这些歌曲的理由。学生表示，通过歌曲重温了为了中华民族伟大复兴和人民幸福不怕流血牺牲、不懈努力奋斗的爱国精神，更加激励自己为中华民族伟大复兴和人民美好生活作出自己的贡献。

## （三）案例 3：等精度频率测量与精益求精的工匠精神

利用等精度测量原理设计的数字频率计，系统框图如图 2-4-3 所示，被测信号为频率 1 Hz ～ 1 MHz 的标准方波信号。要求测量的频率在 TFT 上显示，误差≤ 0.1%。

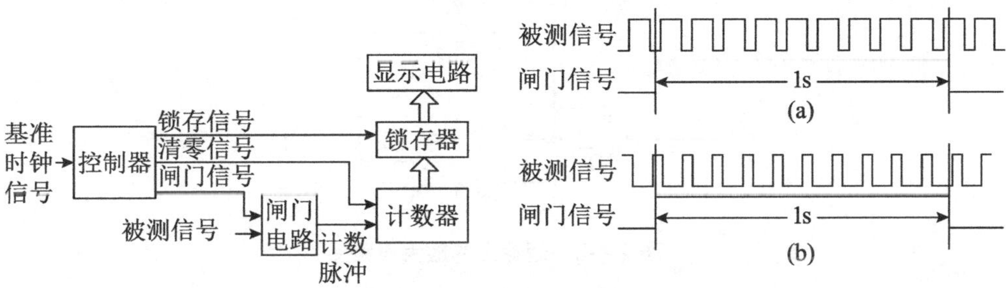


图 2-4-3　直接计数测频法

采用直接计数测频法，其特点是闸门的宽度是固定的。直接计数测频法的优点是原理简单，实现比较容易。缺点是被测信号频率较低时，误差较大。在如图 2-4-3 所示的时序图中，测得信号频率为 9 Hz，但被测信号的频率更接近 10 Hz，从而产生约 1 Hz 误差，相对误差亦接近 10%。

精益求精的工匠精神是技术发展的推动力。有没有更好的方法来实现无误差的精度测量呢？科学家经过研究和改进，提出了等精度测频法。与直接计数测频法相比，等精度测频法的闸门时间不是固定值，而是被测信号周期的整数倍，即闸门信号与被测信号同步。因此，它消除了被测信号在计数过程中产生的 1 Hz 误差，可以达到整个测试频段的等精度测量。等精度测频法的原理框图如图 2-4-4 所示。

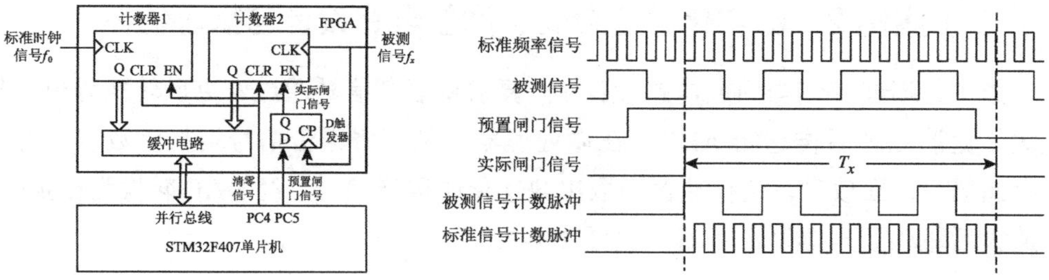


**图 2-4-4　等精度测频法**

在测频过程中，单片机首先将预置闸门信号置为高电平，但实际闸门信号并未马上变为高电平。当被测信号的上升沿到来时，实际闸门信号被 D 触发器置为高电平。此时，两个计数器分别开始对标准时钟信号和被测信号进行计数。当达到预置时间后，预置闸门信号置为低电平，然而两个计数器并未停止计数，直到被测信号的上升沿到来时，实际闸门信号被置为低电平，两个计数器同时停止计数。单片机通过读取两个计数器的计数值，就可以计算得到被测信号的频率值。

从误差为 1 到误差趋近于 0，依靠的是测量方法的不断改进。对测量精度的不懈追求，体现了精益求精的工匠精神。

## （四）案例 4：基于集成运放的放大电路设计与知行合一

学生在模拟电子技术课程中已经学习过集成运算放大器的设计，但这只停留在理论层面。若在工程应用中要设计一个放大倍数为 −10 倍的信号放大电路，问图 2-4-5 所示电路设计是否正确？

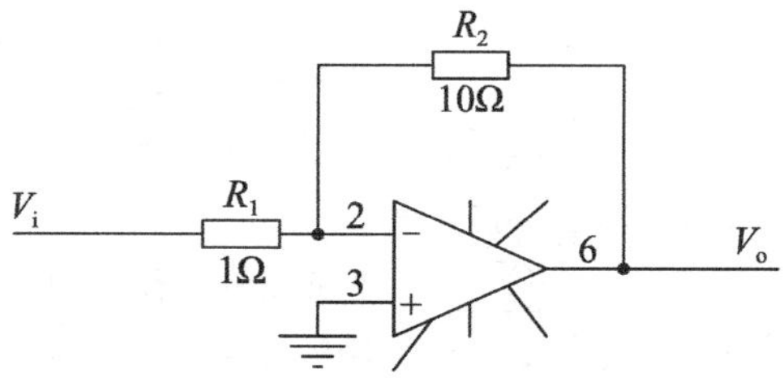


**图 2-4-5　理论上的放大电路**

理论计算表明 $V_o = -(R_2/R_1)V_i = -10V_i$。但在工程实现过程中，普通运放无法提供 $R_2$ 回路所需的电流，即 $I_2 = V_o/R_2 \approx 0.1\text{A} = 100\text{ mA}$。显然 $R_1$、$R_2$ 的阻值太小。引导学生进一步思考，得到图 2-4-6 所示电路。

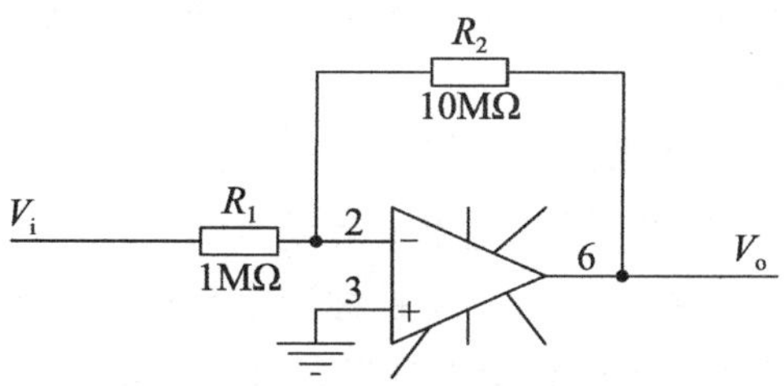


**图 2-4-6　过度改进的放大电路**

$R_1$、$R_2$ 分别取为 1MΩ 和 10MΩ 后，解决了普通运放无法提供 $R_2$ 回路所需的电流问题，但带来的另一个问题是：在电阻阻值过大时，其阻值容易受环境影响，进而影响放大电路增益的稳定性。显然，学生思考问题的方式是从一个极端走向了另一个极端。再改进设计，将 $R_1$、$R_2$ 分别取为 1kΩ 和 10kΩ，并添加条件，输入为 -0.5V ～ 0.5V 变化的信号，问图 2-4-7 所示电路设计是否正确？

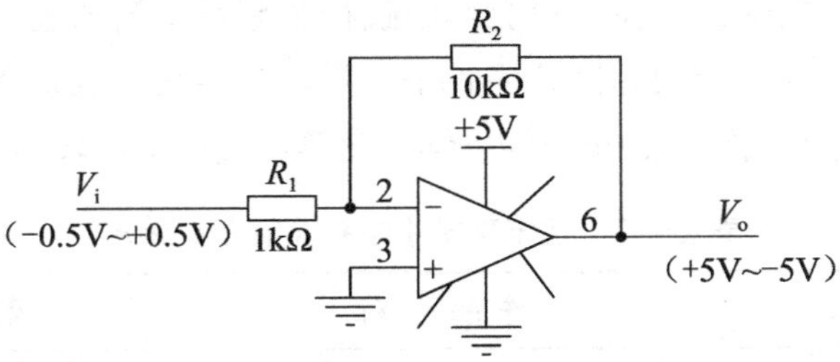


**图 2-4-7 “一波刚平，一波又起”的放大电路**

新的问题出现了，输入 $V_i$ 和输出 $V_o$ 都是双极性信号，正负电压都有可能出现，这就要求运放也是双极性供电。再改进设计，将供电电源改为 ±5V 双电源供电，问图 2-4-8 所示电路设计是否正确？

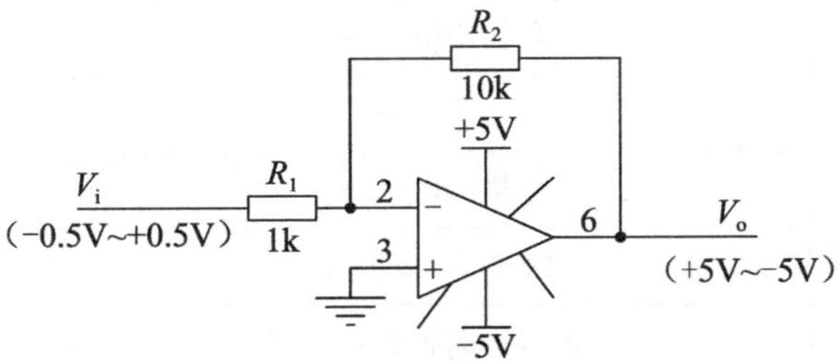


**图 2-4-8 接近完美的放大电路**

电源采用 ±5V 双电源供电后，输入 $V_1$ 没问题，但输出 $V_o$ 将达不到 ±5V，会出现削顶（平顶）现象。可改用轨到轨（rail-to-rail）运放，或改变供电电源的电压值。由此得到了一个比较完美的解决方案，如图 2-4-9 所示。

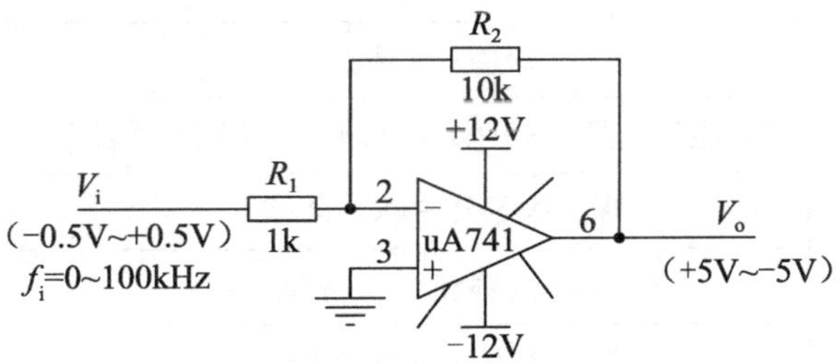


**图 2-4-9 真正完美的放大电路**

完美的放大电路设计是理论和实践的统一，是知行合一的完美诠释。在这一过程中，使学生能够运用变化的观点进行电路设计，培养追求卓越的精神，掌握科学的思维方法。

## 五、教学效果

“电子系统设计”课程自 2012 年正式开课以来，每年学生约 120 人。学生通过课程学习普遍获得了较快的成长，其参与课外科技活动的积极性和能力均有较大提高。在信息工程学院的所有参赛队伍中，一部分学生表现突出，获得了多项省级以上学科竞赛的奖项。近四年，有 10 名以上学生通过竞赛保研，进入浙江大学、南京邮电大学、华东理工大学等一流高校。

参与本课程学习的学生，在学科竞赛中践行了精益求精的工匠精神和团队协作的集体主义精神。这些学生也成为团队的骨干力量，带领团队成员在机器人竞赛、智能车竞赛中取得了优异的成绩。近年来学生学科竞赛获奖情况如表 2-4-2 所示。

**表 2-4-2　近年来学生学科竞赛获奖情况**

<table>
<tr><th>年份</th><th>竞 赛 名 称</th><th>作 品 名 称</th><th>组队数</th><th>获奖等级</th></tr>
<tr><td rowspan="5">2017</td><td rowspan="5">全国大学生电子设计竞赛</td><td>滚球控制系统</td><td>2</td><td rowspan="3">省二等奖</td></tr>
<tr><td>远程幅频特性测试装置</td><td>2</td></tr>
<tr><td>可见光室内定位装置</td><td>2</td></tr>
<tr><td>滚球控制系统</td><td>1</td><td rowspan="2">省三等奖</td></tr>
<tr><td>自适应滤波器</td><td>1</td></tr>
<tr><td rowspan="10">2018</td><td rowspan="4">浙江省大学生电子设计竞赛</td><td>手势识别</td><td>3</td><td rowspan="2">省一等奖</td></tr>
<tr><td>能量回收装置</td><td>1</td></tr>
<tr><td>无线充电电动小车</td><td>1</td><td rowspan="2">省三等奖</td></tr>
<tr><td>无线话筒扩音系统</td><td>1</td></tr>
<tr><td rowspan="6">机器人竞赛</td><td>机器人先进视觉赛——2D 识别项目</td><td>1</td><td>国家一等奖</td></tr>
<tr><td>机器人先进视觉赛——3D 识别项目</td><td>1</td><td rowspan="2">国家二等奖</td></tr>
<tr><td>助老服务机器人——助老环境与安全服务项目</td><td>1</td></tr>
<tr><td>旅游——探险</td><td>1</td><td rowspan="3">国家三等奖</td></tr>
<tr><td>旅游——寻宝</td><td>2</td></tr>
<tr><td>助老服务机器人——助老环境与安全服务项目</td><td>1</td></tr>
<tr><td rowspan="8">2019</td><td rowspan="8">全国大学生智能汽车竞赛</td><td>浙工大银江 BOOM4 队</td><td>1</td><td rowspan="6">国家一等奖</td></tr>
<tr><td>浙工大银江 VEGA 队</td><td>1</td></tr>
<tr><td>浙工大银江室外光电队</td><td>1</td></tr>
<tr><td>浙工大控制——智能视觉队</td><td>1</td></tr>
<tr><td>浙工大控制——通用机器人队</td><td>1</td></tr>
<tr><td>浙工大控制——寻宝律令</td><td>1</td></tr>
<tr><td>浙工大控制——先进视觉队</td><td>1</td><td rowspan="2">国家二等奖</td></tr>
<tr><td>浙工大控制——探险律令</td><td>1</td></tr>
</table>

# 第五节 计算机网络

**课程负责人：** 杨海清
**教学团队：** 史秀纺、钱丽萍
**所在院系：** 信息工程学院

离娄之明，公输子之巧，不以规矩，不能成方圆。

——［战国］孟子《孟子·离娄上》

## 一、课程概况

### （一）课程简介

在当今的信息化时代，计算机网络扮演着越来越重要的角色，已成为促进物质文明和精神文明双发展的重要技术支柱。“计算机网络”是计算机技术和通信技术紧密结合并不断发展的一门学科，是浙江工业大学自动化、电子信息工程、电气工程及其自动化等电气类本科专业的基础选修课，开展双语教学。对照本科专业工程认证标准体系中关于工程与社会能力的要求，计算机网络课程让学生能够在解决复杂工程问题的同时，认识到计算机网络对社会、环境、法律、行规、伦理、道德等的影响，以培养自己的社会责任感。

### （二）教学目标

#### 1. 知识目标

（1）理解并掌握计算机网络的基本概念、基本原理和基本方法；

（2）熟悉计算机网络的体系结构，理解 TCP/IP 各层的功能、工作原理和相关协议；

（3）了解网络安全的研究内容和应用；

（4）了解计算机网络的发展历史。

#### 2. 能力目标

（1）具有学习复杂系统工作原理的能力；

（2）具有科学思维能力和自主学习能力；

（3）具有理论联系实际、灵活运用所学知识分析和解决实际网络应用问题的能力。

#### 3. 价值目标

（1）增强规则意识，养成正确使用互联网的习惯；

（2）增进“四个认同”，提升“四个自信”；

（3）培养求实创新的科学精神、探索无止境的科学精神。

## 二、主要思政元素

计算机网络的协议规则与意识形态中的“四个意识”和“四个自信”、科学精神中的实事求是、传统文化中的风俗民约具有高度的类比性。这是计算机网络课程思政得以顺利开展的桥梁与纽带。

**规矩意识：**网络协议就是互联网必须遵循的规矩。网络世界如果没有协议作为规矩，信息传输就无从谈起。同样，现实世界里，大到国际国家层面，中到社区组织层面，小到家庭个人层面，如果缺失了基本的共同道德规则与行为规范，和谐社会从何谈起？互联网构成的虚拟世界与现实世界具有高度的同构性。互联网世界与现实世界相互影响、彼此渗透。因此，互联网在促进物质文明进步的同时，也应该在精神文明建设领域发挥作用。

**开放共享：**追溯历史，我们可以观察到，科学家研究计算机网络的初心就是实现信息资源的开放共享。尽管不可否认计算机网络因资本的介入而成长为国际互联网，但在资本主义国家却未能实现人人享有上网的权利，老人和穷人被互联网边缘化，形成了严重的网络鸿沟。不同的是，我国自 20 世纪 90 年代初接入国际互联网开始，始终践行“网络为人民”的互联网发展理念，并形成了具有中国特色的互联网服务于科研、教育、医疗、环保等民生领域的体制机制。党的十八大以来，我国开始全面贯彻创新、协调、绿色、开放、共享的新发展理念，特别是电子商务在农民增收致富上发挥了重要的信息共享作用。现如今，我国已经成为互联网大国，正在向互联网强国挺进。走什么样的发展道路，实行什么样的国家制度，互联网就会带给人民什么样的结果。

**谦让美德：**局域网拓扑结构普遍采用共享链路的结构形式，优点在于联网便利、成本低廉。共享链路需要解决的技术重点是如何处理多个节点同时发送引起的冲突问题。ALOHA 协议和 CSMA/CD 协议采用了一种二元指数后退算法。当算法检测到冲突发生时，各个节点随机选择一个时隙数作为重发延迟时间，从而有效减少重发冲突的概率。算法的核心思想在于“退让”，联系我国传统文化推崇“谦让”美德，两者在理念上具有高度的一致性。

**求实创新：**计算机网络自 20 世纪 50 年代开始研究，至今已有 70 多年的历史。无数科学家和工程技术人员作出了前赴后继的努力，在课程中也能感悟到这样的发展历程。第三章传输层的内容中讲到了 4 种传输协议，即简单协议、停等协议、后退 N 协议和选择重发协议。有趣的是，这 4 种传输协议形成了前后替补关系：简单协议不考虑噪声问题；停等协议解决了噪声环境下单个数据检错与重发问题，但传输效率不高；后退 N 协议采用流水线技术提高了传输效率，但又带来数据重复发送问题；选择重发协议则只重发未收到的数据，进一步提高传输效率。可见，后一种协议改进了前一种协议的不足，其自身的不足又由再后一种协议来改进。这种替补关系清楚地告诫我们，科技探索无止境，容不得我们半点骄傲，既要具备实事求是的严谨科学作风，又要保持勇于创新的探索精神。

**业精于勤**：自古以来我国乡规民约便推崇“勤勉风尚”。勤奋的背后有科学解释吗？香农采样定理或许能予以解释。该定理表明，对模拟量的离散采样频率至少达到该模拟量信号频谱中最高频率值的2倍，否则采样信号就会缺失原模拟信号的部分信息。勤奋的表征就是与事物多接触，相当于离散采样次数要足够多，频率要足够高。只有与事物接触多了，人对事物的认识才能深化，思考才会有深度，人脑才能形成对事物的全面完整的认识。

## 三、设计思路

“计算机网络”课程教学是依据计算机网络层次结构而展开的。针对非计算机专业的学生，遵循从感性到理性、由表及里的认知规律，采用国际上流行的自顶而下的学习路径，即从当今互联网采用的TCP/IP体系框架的学习开始，按照网络应用层、传输层、网络层、数据链路层、物理层的自上向下的顺序依次展开，最后回到网络安全这个现实问题上。课程采用从案例入手再到概念抽象，并通过逻辑演绎得出重要结论，最后又回到现实问题的教学思路。为了引起学生对课程知识点的兴趣，激发学生对科技、对社会、对人生问题的深入思考，本课程将重要的理论概念与相应的思政元素进行了关联，设计思路如表2-5-1所示，通过相似、相通、相融的方法，达到提升学生思想境界的目的。

**表2-5-1 “计算机网络”课程思政设计思路**

| 课程章节 | 重要思政元素 | 相关联的专业知识或教学案例 |
|---|---|---|
| 第一章<br>计算机网络体系 | 分层思想<br>统筹兼顾 | 本章学习要点之一是计算机网络分层体系结构。<br>思政关联知识点：TCP/IP分层协议的特点是每一层协议的设计不受其上下层级的制约，可随技术的进步而更新，同时又能保证整个体系稳定耐用。TCP/IP分层体系很好地解决了体系整体稳定与层级技术更新两方面的问题，体现出很高的设计智慧。<br>思政提问点：计算机网络分层结构给我们哪些启发？ |
| | 规则意识<br>守法诚信 | 本章学习要点之二是网络传输协议的特点。<br>思政关联知识点：网络传输协议规范了收发双方的数据格式和传输时序。收发双方只有严格遵守规范，才能确保数据的可靠传输；否则，通信必然失败。<br>思政提问点：协议就是规矩，没有规矩不成方圆，我们要树立规则意识。联系实际谈谈遵守规则的重要性，思考守法诚信的重要性 |
| | 共享理念<br>绿色发展 | 本章学习要点之三是网络共享理念。<br>思政关联知识点：计算机网络方便了资源共享，当前我国社会发展进入新时代，必须贯彻五大发展理念，其中包含了共享理念，要求资源高效利用，走绿色发展之路。<br>思政提问点：运用网络手段实现信息共享对我国社会经济发展具有怎样的促进作用？ |

（续表）

| 课程章节 | 重要思政元素 | 相关联的专业知识或教学案例 |
| --- | --- | --- |
| 第二章<br>应用层 | 工程伦理<br>制度自信 | 本章学习要点是互联网应用层协议及其工作原理。<br>思政相关知识点：①互联网普及在便利信息传输的同时，也引发了网络诈骗、网络暴力、网络抄袭等许多新问题，引发社会强烈关注。运用互联网促进精神文明进步正成为政府和学界关注的重要议题。②互联网应用帮助中国脱贫事业发展；而资本主义国家却产生严重的网络鸿沟现象。<br>思政提问点：互联网最大的特点是群众性、共享性。为什么中国欠发达地区的农民能利用互联网增收致富，而资本主义国家的许多贫困人口不仅不能受益反而深受其害？根本原因是什么？联系社会制度、国家性质、人民主体地位、党的宗旨等方面展开思辨，启发引导学生增进制度认同、道路认同，提升制度自信、道路自信 |
| 第三章<br>传输层 | 求实创新<br>科学精神 | 本章学习要点是互联网传输层协议及其工作原理。<br>思政相关知识点：传输层有 4 种经典传输协议，它们之间存在显著的替补关系。传输层协议是在不断发现问题、解决问题、发现新问题、解决新问题的螺旋式循环过程中逐步完善的。<br>思政提问点：从传输层 4 种协议的替补关系中我们如何看待科学精神和科学家精神？通过文献查阅，联系我国在某一方面科技的发展历程，学习老一辈科技人的艰苦奋斗精神和科技报国精神，做新时代的科技人 |
| 第四章<br>网络层 | 协同创新<br>制度自信 | 本章学习要点是网络层协议及其工作原理。<br>思政相关知识点：在分布式场景下，相邻路由器通过彼此不断地交换数据，使得每个路由器都能获得全网路由信息，通过路由算法搜索出最佳传输路径。路由算法的本质在于协同求解。<br>思政提问点：协同求解给我们怎样的人生启示？引导学生感悟协同思想的技术价值和人文价值，感悟协同互助在构建社会主义核心价值观中的意义 |
| 第五章<br>数据链<br>路层 | 谦让智慧<br>文化认同 | 本章学习要点是数据链路层协议及其工作原理。<br>思政相关知识点：局域网解决多节点共享链路冲突问题，常采用随机指数后退延时方式让多节点错时使用同一链路。<br>思政提问点：从算法避让联想到做人谦让，链路错时方法给我们怎样的人生启示？ |
| 第六章<br>物理层 | 勤勉风尚<br>文化认同 | 本章学习要点是物理信号传输的基本原理。<br>思政相关知识点：香农采样定理指出，采样频次要足够高，采样数据才能复原信号全部信息。中国共产党倡导“没有调查就没有发言权”。这里的调查不是走马观花，而是经常性地、耐心细致地深入调查。没有深入调查就不可能了解真实情况。<br>思政提问点：结合香农采样定理，谈谈深入调查的科学性。启发引导学生养成深入调查的习惯，以端正学风 |
| 第七章<br>网络安全 | 国家安<br>全观<br>文化认同 | 本章学习要点是网络安全基本概念和风险防范措施。<br>思政相关知识点：网络安全技术本质上属于被动防御。只有消除外来攻击，才能实现长治久安。仅仅依靠科技手段无法做到长治久安，因此人文精神显得弥足珍贵。<br>思政提问点：我国自古就孕育和发展出博大精深的整体安全文化思想，尤其是源头风险化解的重要性。引导学生品味中国成语中蕴含的安全观（如修德安民、夷夏一体、以民为本、防微杜渐、与邻友善等），感悟中国协和万邦、四海一家的文化精髓，树立文化自信 |

# 四、实践案例

## （一）案例 1：计算机网络体系结构及其给我们的启示

在第一章计算机网络体系中，首先讲解互联网 TCP/IP 体系结构的组成，自顶向下依次是应用层、传输层、网络层、数据链路层和物理层。接着介绍每一层的功能，即上下层之间的关系是上层支配下层，下层为上层提供服务，上下层相互配合最终为用户提供网络服务。然后重点介绍封装（encapsulation）和分装（decapsulation）的概念，即上下层依靠封装与分装操作进行数据传输，相同层级之间依靠协议进行数据传输。这里要着重分析 TCP/IP 体系的特点，即每一层协议的设计不受其上下层级的制约，可随技术的进步而更新，同时又能保证整个体系稳定运行，从而很好地兼顾了体系整体稳定与层级技术更新两方面的问题。然后自然地引出思政提问点：网络体系分层思想体现出很高的设计智慧，我们从中可以获得哪些启示？这里可以举一些例子来引导学生开展发散式思维，比如联系国家层面的 2035 年远景目标与五年规划之间的关系；个人层面的学业规划与年度计划之间的关系等，如图 2-5-1 所示。

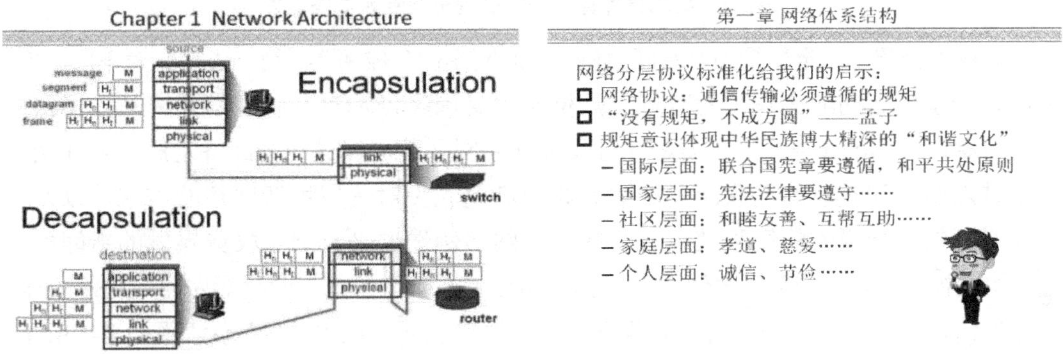


**图 2-5-1　第一章计算机网络体系结构教学**

## （二）案例 2：互联网应用工程伦理问题及其对策（课堂讲座）

在第二章互联网应用及其协议的工作原理中，首先讲解互联网最经典的几个应用及其所用的协议：万维网（HTTP 协议）、文件传输（FTP 协议）、远程登录（Telnet 协议）、电子邮件（SMTP 协议）和域名服务（DNS 协议）。接着联系现实生活，说明互联网极大地便利了信息传输，应用领域极为广泛，新业态层出不穷，并深刻改变了传统行业，同时要重点说明互联网也引发了网络诈骗、网络暴力、网络抄袭等许多新问题，引发社会各界对于互联网工程伦理问题的广泛关注和热烈讨论。讲到这里，引入思政问题点：互联网极大地促进了物质文明进步，能否运用互联网来促进精神文明的进步呢？引导学生结合互联网工程伦理问题展开思考。进一步引出话题：中国政府向贫困边远地区大力推进互联网建设，引导农民通过互联网平台促进农产品网络销售，帮助农民增收致富，互联网在脱贫攻坚奔小康上发挥了重要作用；相比之下，资本主义国家在互联网脱贫上少有作为，有大量人口还用不上互联网，产生了严重的数字鸿沟现象，社会差距越来越大。接着再设一个思政提问点：互联网最大的特点是群众性、共享性，为什么中国欠发达地区的农民能利用互联网增收致富，而资本主义国家的许多贫困人口不仅不能受益反而深受其害，根本原因是什么？引导学生联系社会制度、国家性质、人民主体地位、党的宗旨等方面展开思辨，从而增进制度认同、道路认同，提升制度自信、道路自信。

为了帮助学生加深对互联网应用工程伦理问题的认识，在本课程第二章课堂教学中增加了 2 学时的思政通识讲座“互联网时代的工程伦理问题及其对策”，专题讲座课件如图 2-5-2 所示。

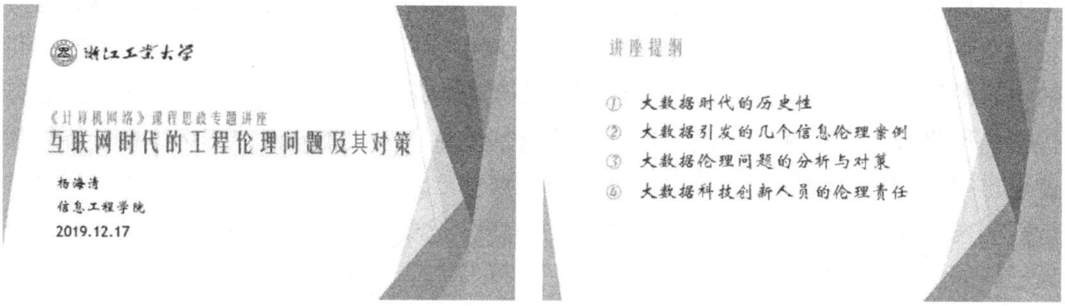


**图 2-5-2　第二章计算机网络课程思政专题讲座课件**

讲座中介绍了一定数量的互联网案例。互联网案例分成两类：第一类是针对不同国家、不同社会制度之间的比较，考察重点是资本主义国家资本对互联网的束缚与人民对互联网的期望之间的矛盾；第二类是针对我国互联网普及在促进社会经济发展上的作用，考察重点是党和政府的互联网发展政策如何满足人民对美好生活向往的需求，以及行业互联网的兴衰成败的经验教训。这些互联网案例选题来自国家权威媒体的新闻类节目，如央视《焦点访谈》。案例主题包括网络游戏、共享单车、网络黑账号、网络安全、网络失信、密码法、区块链诈骗、网购陷阱等，计算机网络课思政视频库如图 2-5-3 所示。

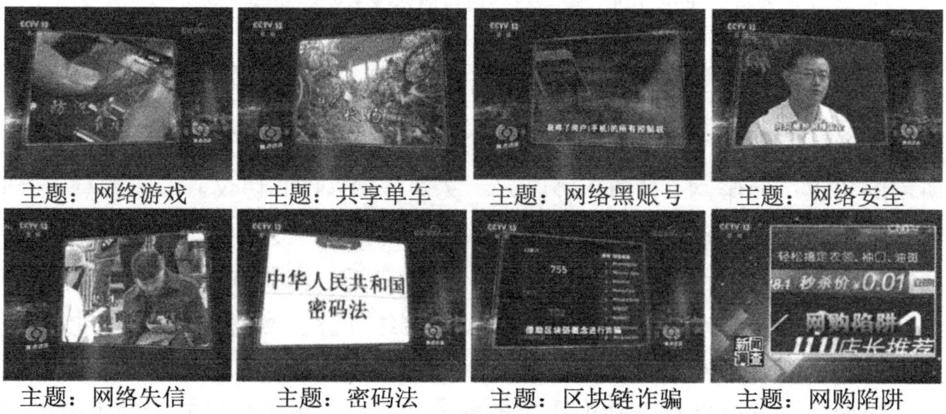


**图 2-5-3　计算机网络课程思政视频库**

## （三）案例 3：互联网应用工程伦理问题及其对策（社会调查）

“纸上得来终觉浅，绝知此事要躬行。”课程讲座后要求学生开展互联网应用工程伦理问题的社会调查活动，并递交调查报告。

以 2017 级为例，有 56 位学生参加了首批“计算机网络”课程思政调研活动，如图 2-5-4 所示。活动主题是“计算机网络工程伦理问题的分析与对策”。要求学生联系个人生活实际，以一个互联网应用作为案例，剖析该案例存在怎样的工程伦理问题，分析其特征、形成原因、社会危害，并给出治理建议。

图 2-5-4　计算机网络课程思政教育实践活动启动课堂（2017 级）

为了帮助学生找到选题思路，教师以“共享单车”作为例子，介绍了如何选题、如何搜集素材、如何分析和撰写调研报告，并给出了选题参考，如图 2-5-5 所示。

举例：共享单车

报告题目：共享单车问题与对策——基于我的一次经历思考

内容包括三部分：

①背景介绍（20分）

基于移动互联网的共享单车的初衷是什么？（5分）

优点是什么？（5分）

现实问题又是什么？（10分）

②针对共享单车问题的案例介绍（50分）

叙述一个真实发生的故事（个人经历）（10分）

共享单车问题图片、照片、视频

③分析（30分）

- 交通便利化的矛盾性："你的路好走了" vs. "我的路不好走了"
- 从道德层面上讲，我们怎么做？
- 从技术进步层面上讲，基于移动互联网的共享单车系统如何改进？

选题参考

互联网领域：智能制造、移动通信、大数据分析、智能交通、电子商务等

- 信息定向推送下的隐性伤害——信息"茧房"如何破解？
- 网络推销之我见——基于一次经历的思考
- 网约车约来了不幸——基于一个案例的分析
- 共享单车路在何方？——基于我的一次经历思考
- 网购购来了假货——基于一个案例的分析
- 网瘾危害与对策——基于一个案例的思考
- 网络言论无底线该管管了！——基于一个案例的思考
- 网恋真能带来幸福吗？——基于一个案例的思考
- 网贷下的罪恶—— 基于一个案例的思考
- 网络抄袭最终毁了谁？——基于一个案例的思考
- 网络监控与个人隐私保护——基于一个案例的思考
- ……

图 2-5-5　计算机网络课程思政实践选题举例与选题参考

经过 4 周课余调研后，每一名学生都提交了调研报告。报告选题丰富，覆盖了网络暴力、共享单车、网约车、网购、网络监控、网贷、网络信息推送等近 20 个互联网应用主题，取得了较好的实践效果，报告选题情况如图 2-5-6 所示。

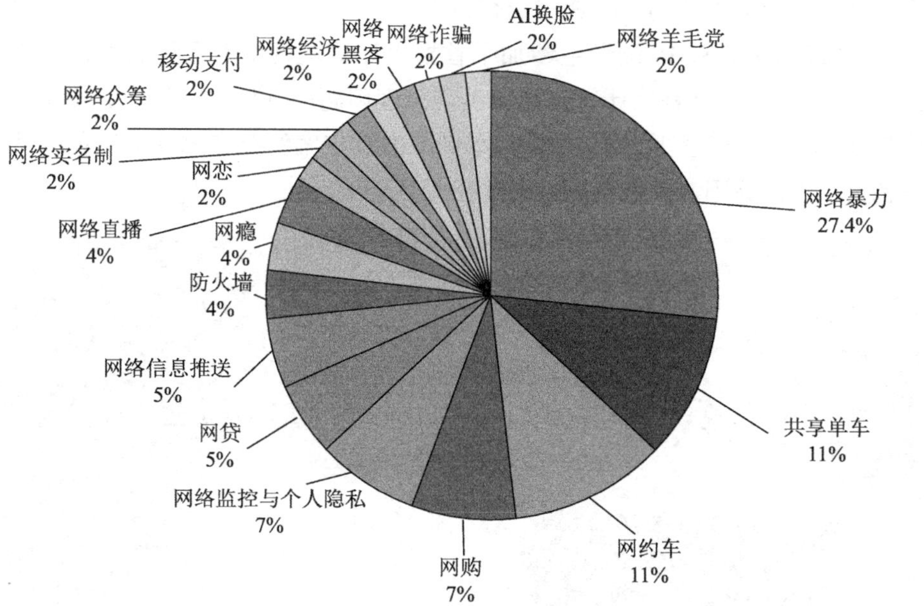


**图 2-5-6　计算机网络课程思政调研报告选题情况（2017 级）**

在 56 份报告中，不乏表现优秀的作品。以自动化 1702 班夏同学提交的《共享单车校园调查》为例（图 2-5-7）。该学生为了调查本校屏峰校区共享单车的使用和停放情况（体现了课程相关性），冒着 12 月早晨的严寒，凌晨 5 点起床一个人巡查了学生生活区、教学区的多个位点，逐一对关注场地进行了手机拍照、录像（体现了勤勉作风）；利用中午休息时间走访校园环卫人员，详细询问了校园环卫人员处置乱停乱放共享单车的方法（体现了求是作风）；同时，利用微信工具，发起问卷调查，搜集了 100 多份调查反馈表，并使用统计方法对数据进行了整理分析（体现了科学精神），撰写了调研报告，提出了自己的意见建议。报告肯定了我国发展互联网共享单车的优势，认为互联网共享单车体现了“以人民为中心”的服务宗旨；同时建议国家加强骑车人素质方面的教育投入，提高公民文明意识（体现了源头防范的思维意识）。该学生的调研过程体现了课程思政多个关联点，取得了预期效果。

**图 2-5-7　学生优秀调研报告样本**

### （四）案例 4：共享链路错时传输技术带给我们的人生启示

在讲解第五章数据链路层时，重点介绍局域网共享链路冲突解决方法。首先引出多用户共享链路同时发送数据会引起信号冲突的问题。然后，介绍 ALOHA 协议和 CSMA/CD 协议采用了二元指数后退算法。讲解该算法通过动态调整随机等待的时隙数作为重发延迟时间，从而减少重发冲突。这里引出思政点：该算法的核心思想在于“先让后用”，可以与学生一起讨论“让”的好处。网络上也可以找到一些素材以供讨论，比如下面的一首新诗：

“有些人，不一定要针锋相对 / 有些事，不一定要据理力争 / 让一让，海阔天空 / 不要把让看成吃亏 / 让可能一时委屈却能减少冲突 / 让也许不能给你带来好运 / 但一定可以帮你化解矛盾 / 让一让 / 让人生少一些烦恼，多一份美好！”

通过开展讨论，将算法中的“退让策略”与生活中的“谦让”联系起来，增进学生对传统文化的感悟。

## 五、教学效果

计算机网络课程为大数据、网络通信、人工智能等后续课程的学习提供了基础知识和技术手段。近年来，信息工程学院学生在各级各类大学生科技项目申报中，深入应用计算机网络、人工智能等信息技术并取得了较好的教学效果，学生参与科技项目如表 2-5-2 所示。

**表 2-5-2　学生参与科技项目**

| 项目层次 | 作品名称 | 专　业 | 学生人数 |
|---|---|---|---|
| 省新苗计划 | 城市河道无人自主监测关键技术研究 | 电信 | 5 人 |
| 省新苗计划 | 基于深度学习图像识别的智能城管系统 | 电气 | 4 人 |
| 省新苗计划 | 基于机器学习的智能机器人服务系统 | 自动化 | 1 人 |
| 省新苗计划 | 基于智能康复平台的室内实景医疗系统 | 电信 | 1 人 |
| 建龙基金 | 基于移动机器人的大批量订单自动分拣系统 | 自动化 | 4 人 |
| 建龙基金 | 基于在线机器学习的物联网入侵检测系统 | 电信 | 5 人 |

# 第六节　算法分析与设计

**课程负责人：**李曲

**教学团队：**王春平、周艳波、程振波、燕锐、夏列钢

**所在院系：**计算机科学与技术学院

人们认为计算机科学是天才的艺术，但事实完全相反：只是很多人在共同建立起来的事物之上工作，就像一条由小石头铺成的小径。

——［美］唐纳德·克努特

图灵奖获得者

## 一、课程概况

### （一）课程简介

算法是计算机科学的核心主题之一。“算法分析与设计”课程是程序设计和数据结构的后续课程，是计算机大类专业学生的专业必修课，也是面向设计的、处于核心地位的专业基础课程。主要内容包括算法思想、基本方法和应用。本课程结合专业知识，对学生进行家国情怀、科技报国、职业道德、工程伦理、工匠精神的教育，既具有现实必要性和紧迫性，又有合理性和天然的学科优势。学生通过思考和研究相关问题，既能获得知识，又能在心灵上有所启迪，在生活、学习和工作中养成良好的品行。

在浙江工业大学计算机科学与技术学院的人才培养方案中，该课程开设在第四学期，计 3 学分。课程包括 36 学时的理论教学和 12 学时的实验教学。本课程获 2017 年度浙江工业大学课程思政建设立项，2021 年被认定为浙江省一流本科课程。近四年，本课程连续荣获学校“优课优酬”奖励，学生满意度高。每年有超过 10% 的毕业班学生以算法相关课题作为毕业论文选题，超过 15% 的以算法分析与设计为主的论文获浙江工业大学优秀毕业论文称号，本课程深受计算机学院本科和辅修专业学生的喜爱和认可。

### （二）教学目标

#### 1. 知识目标

（1）熟练掌握常用的计算机算法思想；

（2）掌握算法复杂度分析的基本方法；

（3）掌握对大规模数据计算问题进行建模和求解的方法。

#### 2. 能力目标

（1）能够将课程所学知识用于识别计算机领域的复杂工程问题，具备问题建模能力；

（2）能够对实际的算法问题用程序设计的方法进行实现，具备问题求解能力；

（3）能够对各种解决途径的可行性、有效性和性能表现进行对比，以得出有效结论，具备系统思维能力。

#### 3. 价值目标

（1）激发学生科技报国的家国情怀和使命担当；

（2）树立为国为民、造福社会的崇高理想和家国情怀；

（3）理解“算法向善”的道德追求，塑造尊重用户、尊重弱者的人生观和价值观；

（4）能够树立遵纪守法、保护隐私的法律意识；

（5）能够培养求真务实的科学态度和探索未来的创新意识；

（6）树立追求卓越、精益求精、终身学习的工匠精神。

## 二、主要思政元素

随着计算机技术和信息服务，特别是人工智能、物联网和大数据等技术的迅速发展，算法在人们日常工作和生活中的重要作用日益凸显。课程团队以培养具有社会责任、尊重工程伦理、秉持工匠精神的高水平计算机人才为目标，深入挖掘育人元素，具体如下。

**家国情怀：**在导论中引入王小云院士在不到半年的时间里相继破解了国际上公认最先进、应用范围最广的两大重要算法 MD5 和 SHA-1 的案例。在美国国家标准技术研究院向全球密码学者征集新的国际标准密码算法时，王小云放弃参与设计新国际标准密码算法，转而设计国内的密码算法标准。2005 年，王小云院士领衔研发出了我国具有自主知识产权的 SM3 算法。如今，SM3 已为我国多个行业保驾护航，作为我国密码行业标准在金融、交通、国家电网等重要经济领域广泛使用。以王小云院士的事迹引导学生立志为国家发展和人民幸福而努力学习，树立为科学不懈奋斗的精神。

**社会责任：**随着互联网消费的快速发展，快递、外卖、网约车行业在人们日常生活中占据着重要地位，日益受到重视。在分支限界算法中，以外卖行业从业人员、消费者和外卖平台之间的公平性为切入点，假设学生分别站在外卖骑手、消费者和外卖平台的角度思考如何使自己的利益最大化，通过算法分析引导学生认识“算法公平”，理解算法的影响力越大，它所承担的社会责任也越大的规律。

**工程伦理：**在人工智能时代每个人都是数据的贡献者和受益者。AlphaGo 是近年来人工智能领域非常引人瞩目的人机对战围棋程序，但是人工智能的发展也引起了社会关于算法伦理和数据伦理的相关忧虑和热烈讨论。在回溯法中以 AlphaGo 为切入点，讨论智能时代背景下数据伦理、算法伦理等问题，增强学生的工程伦理意识，引导学生在算法设计中自觉遵守伦理规范和法律法规。

**工匠精神：**计算机科学是一门与社会生产、生活和人们生命财产安全密切相关的科学。图灵奖获得者唐纳德·克努特在其著作《计算机程序设计的艺术第 3 卷：排序和查找》中指出：二分查找法的思想在 1946 年就被提出来了。但是第一个没有 bug 的二分查找法在 1962 年才出现。这说明算法和程序之间还是有很大差距的。在分治法中以二分查找为切入点，在进行算法设计、程序设计和应用的时候，应该精益求精，努力为社会和人民提供更加高效、安全、便捷的服务。这就需要算法设计者秉持工匠精神。

**科学精神：**迪杰斯特拉算法是典型的最短路径路由算法，用于计算一个节点到其他所有节点的最短路径。迪杰斯特拉大学时学习的专业是物理及数学，之后又从事程序设计语言、操作系统及算法方面的研究，并获得图灵奖。以此为例引导学生学习他勇于探索的科学精神。

## 三、设计思路

本课程作为计算机大类专业的必修课程，在大学二年级开设，此时正是学生学习技术和理论、提升专业能力、培养职业道德、提升法律意识、树立远大理想的关键时期。课程以算法分析与设计课程的教学内容为载体，通过大量的案例讨论、课外调研、启发式教学和翻转课堂教学等方式对学生进行家国情怀、社会责任、社会道德、工程伦理、工匠精神、科学精神等方面的教育。本课程内容丰富，所涉及的知识点广泛深入，仅通过教师的讲授，学生很难全面深刻掌握课程内容。通过启发式教学、讨论式教学、翻转课堂教学等形式，将大纲修订中涉及的课程思政内容落实到课程教学中。思政教学不能停留在说教阶段，专业课程的思政教学更不能局限于教师在课堂上的单向灌输。在教学过程中，注重学生的参与和表达，让学生通过这种参与和表达，结合教师在教学中的引导，形成自己的价值观和判断标准。只有真正做到学生参与，思政教育中的社会责任、工程伦理、职业道德、工匠精神等才能内化为学生素养。

作为计算机相关专业的一门专业课，“算法分析与设计”课程与社会生活和学生将来的工作场景关系紧密，在课程建设中要注重课程的全过程渗透、面向产出和结合社会实际。全过程渗透主要是指在课程目标、教学过程和课程考核的各个阶段，都重视课程思政的融入。面向产出主要是指通过综合启发式教学、讨论式教学、翻转课堂教学、课外自学等教学手段，使学生在实习实践和毕业论文中能够将所学知识应用其中。同时，还要注重结合社会实际，将行业应用现状、行业法律案例、行业关注热点、社会文化趋势等与课程紧密相关的知识以案例的形式融入课堂教学中。以“算法分析与设计”课程的教学内容为载体，对学生进行安全、法律、文化、社会、道德、社会责任感、科学发展观等方面的教育，如图 2-6-1 所示，设计思路如表 2-6-1 所示。

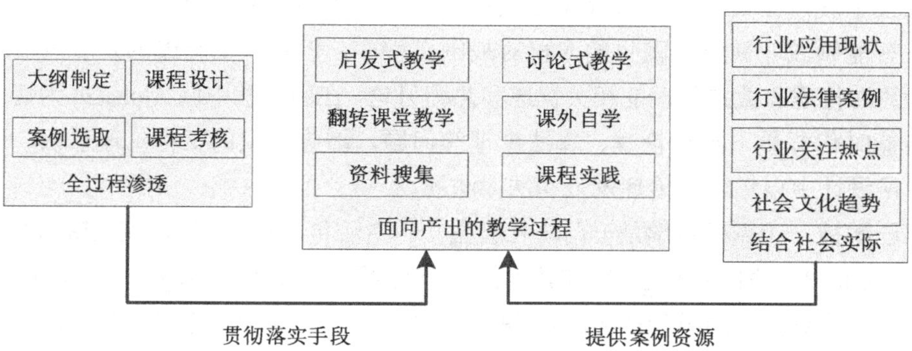


**图 2-6-1　“算法分析与设计”课程思政的主要构成**

**表 2-6-1　“算法分析与设计”课程思政设计思路**

| 课程章节 | 重要思政元素 | 相关联的专业知识或教学案例 |
|---|---|---|
| 第一章<br>绪论 | 家国情怀 | 以王小云院士破解 MD5 算法和 SHA-1 算法，并研发我国自主研发的密码标准 SM3 算法为切入点，学习前辈的家国情怀和科学精神 |

（续表）

| 课程章节 | 重要思政元素 | 相关联的专业知识或教学案例 |
|---|---|---|
| 第二章<br>分治法 | 工匠精神 | 图灵奖获得者唐纳德·克努特在其著作《计算机程序设计的艺术 第3卷：排序和查找》中指出：二分查找法的思想在1946年就被提出来了，但是第一个没有bug的二分查找法在1962年才出现，这说明算法和程序之间还是有很大的差距的。作为程序设计人员应该严谨求实，具有工匠精神 |
| 第三章<br>动态规划 | 工匠精神 | 量子计算机的计算速度虽然能比今天的超级计算机快万亿次，但是在算法优化面前仍然显得微不足道；大数据时代不能仅仅满足于计算能力的提升，更应该注意对算法进行优化，凡事要做到极致，从而达到精益求精的效果 |
| 第四章<br>贪心算法 | 科学精神 | 著名计算机科学家迪杰斯特拉大学时学习的专业是物理和数学，之后又从事程序设计语言和操作系统及算法方面的研究，并获得图灵奖，要学习他永不放弃的科学精神 |
| 第五章<br>回溯法 | 工程伦理 | 对人工智能与人类之间伦理关系的研究，不能脱离对人工智能技术本身的讨论；课程通过AlphaGo背后的人工智能技术，引导学生思考关于人工智能社会背景下的道德问题和老龄化社会背景下的数字鸿沟问题等 |
| 第六章<br>分支限界法 | 社会责任 | 近年来外卖、快递、网约车等行业中知名企业的算法产生的社会问题引起广泛关注，算法在进行订单匹配和路径规划中所涉及的法律和安全问题值得深入思考；企业在通过算法实现自身利益最大化的同时还必须关注骑手和顾客以及乘客和司机的利益，即涉及社会责任和道德伦理问题 |
| 第七章<br>随机化算法 | 安全意识<br>法律意识 | 抢红包算法涉及红包作弊、网络赌博和诈骗、技术安全等问题；学生通过对算法的思考、实现和研讨，不仅能理解抢红包软件的随机化算法核心机制，更体会到作为程序开发人员必须严守道德和法律底线，理解算法所涉及的安全、法律等问题 |

## 四、实践案例

### （一）案例1：以抢红包程序开发为例，培养学生法律意识

抢红包是微信等很多社交软件中非常流行的一种集体娱乐和社交行为。拼手气红包是最常见的一种抢红包形式。红包金额的大小与抢红包的顺序有关，是一种典型的随机化算法的应用。但是，随着抢红包的流行，也衍生出一些与抢红包相关的红包作弊、网络赌博以及红包诈骗等违法行为，同时也衍生出与之相关的技术安全等问题。学生对于抢红包的行为十分熟悉，但是大部分学生对于其背后所涉及的算法仅止于好奇和迷惑。课程以此为主题，鼓励学生查找资料，探索实验，学生可通过对算法的思考、质疑、动手实现和课堂研讨与展示，不仅能理解抢红包软件的随机化算法核心机制，更体会到作为程序开发人员必须严守道德和法律底线，理解算法所涉及的安全、法律等问题，详见图2-6-2。

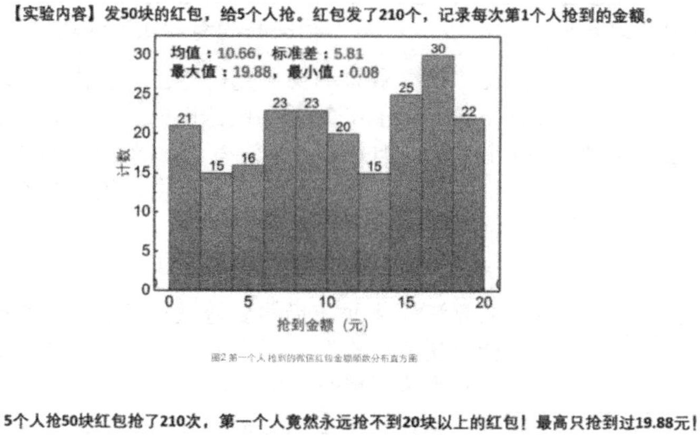


图 2-6-2　学生实验研究抢红包的算法和结果

## （二）案例 2：以王小云院士为例，培养学生的家国情怀

算法被广泛应用于科学研究、工业应用、社会生活等各个领域。学生通过调研、分析、交流算法应用案例，增强职业认同，激发理论联系实际、勇攀科学高峰的责任感和使命感。本课程介绍了我国近年来在算法领域取得的重大成果案例，如王小云院士团队于 2004 年、2005 年先后破解了被广泛应用于计算机安全系统的 MD5 和 SHA-1 两大密码算法。美国国家标准技术研究院向全球密码学者征集新的国际标准密码算法时，王小云放弃参与设计新的国际标准密码算法，转而设计国内的密码算法标准。2005 年，王小云院士领衔研发出我国具有自主知识产权的 SM3 算法。如今，SM3 已为我国多个行业保驾护航，作为我国密码行业标准在金融、交通、国家电网等重要经济领域广泛使用。课程以此为例增强学生对专业的信心和热爱，能更紧密地将个人发展与国家前途命运融为一体；同时还介绍并引导学生讨论路径规划、动态规划等算法在我国社会经济发展中的具体应用，增强学生理论联系实际的能力。

## （三）案例 3：以迪杰斯特拉的例子，强化学生的科学精神

迪杰斯特拉算法是典型的最短路径路由算法，用于计算一个节点到其他所有节点的最短路径，是计算机算法领域十分重要也非常知名的算法。迪杰斯特拉算法发明人、著名计算机科学家迪杰斯特拉大学时学习的专业是物理及数学，之后又从事程序设计语言、操作系统及算法方面的研究，并获得图灵奖。但是迪杰斯特拉本人却十分谦虚，他曾经说过："我现在年纪大了，搞了这么多年软件，错误不知犯了多少，现在觉悟了。我想，假如我早年在数理逻辑上好好下点功夫的话，我就不会犯这么多错误。不少东西逻辑学家早就说了，可我不知道。要是我能年轻 20 岁的话，就要回去学逻辑。"课程通过迪杰斯特拉生平介绍，以及迪杰斯特拉算法在路径规划、行程分享等应用案例，增强学生终身学习理念，强化探索未知、追求真理、勇攀科学高峰的责任感和使命感。

### （四）案例 4：以外卖骑手和平台责任为例，强化学生对算法社会责任的理解

近年来，外卖成为我们日常生活的一部分，也常常登上新闻头条。在课程开始时提问学生：如果你是一个外卖骑手，你现在按送单量来计算报酬，不同订单的派送费不一样，那么，在外卖箱容量一定的情况下，如何保证跑一次赚的钱更多？学生通过背包问题的结果会提出，抢体积小、距离近的订单。教师再次提问，如果采用算法的建议，你真的能成为“派单王”吗？如果你是外卖平台，你会采用什么办法来提高自己的收益呢？你真的可以保证派单的效率最高吗？教师再次引导。2020 年 9 月，《人物》杂志的一篇文章《外卖骑手，困在系统里》刷屏互联网的各个角落，引起了广泛的讨论。文章大意是，外卖平台为了缩短 2 分钟的配送时间，让外卖骑手奔命送餐，平台算法给出的配送路线不惜逆行，而外卖骑手为了在规定时间内完成系统分配的订单，闯红灯是家常便饭。由此引出平台的社会责任和算法公平的概念。通过讨论，学生也最终理解算法本身没有价值观，需要人为修订和限制边界。为算法补齐价值观短板是社会责任，也是平台健康发展的重要保障。

## 五、教学效果

算法分析与设计是计算机相关专业的专业必修课，每学期选课人数超过 400 人，近 15 年受益人数总计超过 6 000 人。教学团队曾于 2018 年获得校级课程教学优秀团队；出版教材一部，现已被国内多所知名高校采用。

以算法分析与设计相关知识为切入点，团队教师指导学生科研项目 10 余项，其中项目“AIGO——智能化 AI 人才养成平台”（计算机学院软件工程 1602 班潘瑞倪主持）获第八届全国大学生电子商务“创新、创意及创业”挑战赛总决赛三等奖，近三年均有学生获得 ACM/ICPC 国际大学生程序设计竞赛亚洲区域赛银奖等奖项。

# 第七节　人工智能导论

**课程负责人：**王万良

**教学团队：**徐新黎、王振华、龙海霞、郭东岩、蒋一波、管秋、姚信威

**所在院系：**计算机科学与技术学院

师也者，教之以事而喻诸德者也。

——［西汉］戴圣《礼记·文王世子》

# 一、课程概况

## （一）课程简介

人工智能是一门研究如何构造智能机器（智能计算机）或智能系统，使它能模拟、延伸、扩展人类智能的学科。本课程主要阐述人工智能问题求解的一般性原理和基本思想以及一些前沿内容，包括知识表示、确定性和不确定性推理、搜索、进化计算、群智能、人工神经网络、专家系统、机器学习等基本理论与实用方法，以及深度学习、知识图谱等人工智能研究前沿内容。人工智能是计算机科学中的重要分支，已经成为计算机技术发展以及许多高新技术产品中的核心内容。由于人工智能是模拟人类解决问题，几乎在所有领域都具有非常广泛的应用。通过学习，学生可以获得基本的人工智能技术及有关人工智能问题求解的入门性知识，为学生在各专业领域进一步学习与应用人工智能技术奠定基础。课程倡导独立自主的科技创新精神，引导学生树立辩证唯物主义世界观，能够运用辩证唯物主义的思想与方法观察问题、分析问题和解决问题，增强爱国主义情怀，提升国家安全意识。

“人工智能导论”由计算机科学与技术学院开设，作为计算机科学与技术、软件工程、数字媒体技术等专业的一门专业基础必修或方向必选课程，共 48 学时，安排在第四学期开课，计 3 学分；作为校级科学素养的通识选修课程，共 32 学时，2 学分，每学期开课。

本课程已经形成了一支以国家教学名师王万良教授领衔的近 20 人的精心教书、结构合理、相对稳定的优秀课程教学团队。从 2008 年的校级优秀课程建设开始，到 2010 年校级精品课程，再到 2018 年开始申报国家精品在线开放课程，通过不断持续开展课程建设，本课程于 2020 年 3 月被认定为省级精品在线开放课程，同年 11 月被认定为首批国家级一流在线开放课程。本课程已经在中国大学 MOOC 平台上面向全国高校以及社会学习者开展了 8 期教学（目前是第 9 次开课）。首次开课有 10 231 人选课，目前为止共有 6 万多人参加了本课程的学习，为实现“大规模共享”的线上教学奠定了基础。

## （二）教学目标

### 1. 知识目标

（1）掌握人工智能的基本概念和研究内容，了解人工智能的发展简史和主要研究领域，熟悉人工智能的研究热点；

（2）掌握知识表示、逻辑推理、模糊推理、启发式搜索、进化算法、机器学习、深度学习等基本理论与实用方法，了解智能优化算法等典型人工智能技术应用；

（3）了解人工智能实际应用中工具、技术及资源的现状、使用方法和局限性；

（4）了解基本的人工智能新技术和有关问题求解的创新方法，熟悉人工智能系统的运行和实现过程。

### 2. 能力目标

（1）通过文献研究分析和总结应用人工智能方法解决复杂工程问题的可能途径；

（2）持续追踪人工智能新技术，具有终身学习的意识；

（3）在基于人工智能的复杂工程设计中分析社会、安全、法律以及环境等因素；

（4）对人工智能系统提出设计思路并积极验证和探索思路，具有创新意识和自主学习能力；

（5）对人工智能应用技术方案进行可行性和有效性分析，理解复杂工程领域的应用实践对环境、社会可持续发展的影响。

### 3. 价值目标

（1）正确运用辩证唯物主义认识人工智能的本质及双面性，分析人工智能对社会、环境、法律等的影响，掌握人工智能相关技术的伦理边界；

（2）增强民族自豪感和自信心，树立人工智能发展的危机感，提升国家安全意识，培养社会责任感和爱国情怀；

（3）激发投身人工智能基础研究的热情，弘扬崇尚科学、探索未知、敢于创新的精神，培养独立自主的科技素养，提升自主创新意识。

## 二、主要思政元素

新一代人工智能正在全球范围内蓬勃发展，推动世界从互联信息时代进入智能信息时代，给人们的生产生活方式带来颠覆性影响。人工智能与经济社会的深度融合，将给人类社会发展进步带来强大新动能，实现创新式发展。“人工智能导论”课程在教学过程中着重培养学生的创新精神、辩证唯物主义世界观和家国情怀。

**科技创新：**要发展人工智能，就要从人工智能的底层算法模型出发。通过目前人工智能在语音识别、图像识别、文本识别等领域所取得的重要成果，激发学生崇尚科学、探索未知、敢于创新、不断学习的热情，建立人工智能与生物学科、认知学科、艺术学科、文学学科、医学学科等多学科的交叉创新思维，培养学生独立自主、精益求精、严密精确的科技素养，提升学生自主创新意识与团队协作精神，培养学生在各自专业领域应用人工智能新技术解决实际问题的兴趣。

**辩证思维：**随着人工智能技术的快速发展，人工智能一方面使社会生活更加便利，提高人类福利；另一方面，对社会提出了方方面面的挑战，包括社会治理、政府监管、社会伦理、法律规范等。人工智能本质上是人类实践活动的产物，是一种主观世界与客观世界相统一的产物，让学生从辩证唯物主义等哲学高度认识人工智能的双面性及其对社会、环境、法律等的影响，思考人工智能相关技术的伦理边界；以蒙特卡洛树搜索中对过去奖励和未来奖励的折中、机器学习中损失函数对经验风险和结构风险的平衡、机器学习算法评价指标中查全率和查准率之间的矛盾等为例，引导学生运用辩证思维深入分析人工智能的相关算法及其应用时面对的一些问题。

**家国情怀：** 当今世界正处于产业变革和科技革命的孕育时期，以“互联网+”、人工智能等为代表的信息技术不断突破，深刻影响着人类生产生活方式的变革。人工智能作为国家发展战略，应大力宣传吴文俊等杰出的中国科学家以及中国在超级计算机、量子计算机、人工智能方面的成就，增强学生的民族自豪感和自信心，引导学生正确认识世界和中国发展大势，从人工智能的硬件基础——智能芯片等入手，建立人工智能发展危机感，提升国家安全意识与社会责任感。

## 三、设计思路

人工智能是一门综合性的交叉学科，其内容不仅涉及计算机科学，而且还涉及脑科学、神经生理学、心理学、语言学、逻辑学、认知（思维）科学、行为科学和数学以及信息论、控制论和系统论等许多学科领域，因此课程内容涉及面广，教学难度较高。根据计算机科学与技术、软件工程等专业人才培养目标，以立德树人为根本，以社会主义核心价值观教育为主线，针对课程特点以及授课对象的认知能力，不仅在教学大纲、教案中融入课程思政内容，而且在人工智能的整个教学过程中融入课程思政教育环节。如表 2-7-1 所示，课程各章节教学设计上依靠巧妙的构思、科学的设计，将教学内容、教学方法和思政教育紧密结合，并借助恰当的课堂教学手段，使得教书与育人浑然一体，尽显教学的艺术，体现教学的魅力。

**表 2-7-1 “人工智能导论”课程思政设计思路**

| 课程章节 | 重要思政元素 | 相关联的专业知识或教学案例 |
|---|---|---|
| 绪论 | 民族自信<br>辩证思维<br>科技伦理<br>自主创新 | 1. 通过 2017 年 7 月国务院《新一代人工智能发展规划》、2018 年 4 月教育部《高等学校人工智能创新行动计划》等宣传国家战略，引导学生正确认识世界和中国发展大势。<br>2. 宣传中国在超级计算机、量子计算机、类脑芯片方面的成就，以及首届国家最高科学技术奖获得者吴文俊院士等杰出的中国科学家在人工智能领域的成就，增强学生的民族自豪感和自信心，正确认识中国特色和国际比较；从华为 2017 年 9 月发布世界首款搭载专用人工智能的手机芯片到 2020 年 9 月华为芯片断供，建立学生危机感，提升国家安全意识。<br>3. 挖掘提炼人工智能中蕴含的思想价值和精神内涵，思考有自由意志的人工智能操控政治经济所带来的伦理问题的认识；另外从人工智能发展的 3 个层次——弱人工智能、强人工智能、通用人工智能，从辩证法等哲学高度认识人工智能的本质及双面性。<br>4. 借助于科大讯飞、百度等语音识别平台，让学生意识到自主创新的重要意义与价值；同时，让学生分析当前这些平台的局限性，思考如何突破局限、如何实现离线识别等前沿技术 |

（续表）

| 课程章节 | 重要思政元素 | 相关联的专业知识或教学案例 |
| --- | --- | --- |
| 知识表示 | 中国智慧<br>真理的相对性<br>文化自信 | 在知识的特点分析中，引入苏东坡、王安石撰写的菊花诗得出知识的相对正确性，引入《三国演义》火烧赤壁故事得出知识的不确定性；在产生式系统中，结合《三国演义》介绍冲突、冲突消解的基本概念以及冲突消解方法，通过弘扬中国文化与中国智慧，培养学生的家国情怀 |
| 推理方法 | 科学精神<br>科技报国<br>社会责任 | 1. 在自然演绎推理中，对于假言推理、拒取式推理易犯的两种错误，引入伽利略在证明哥白尼的日心说时违反了经典逻辑的逻辑规则的例子，启发学生追求逻辑推理的严密精确及其体现的科学研究的内在精神。<br>2. 对于证据理论的合成公式，引入“Zadeh 悖论”对其合理性进行质疑，通过例子说明证据理论在某些情况下得到的结果违背常理，启发学生树立质疑问难以及纠错臻美的科学精神。<br>3. 中国在模糊理论及应用方面的研究起步较慢，但发展较快，通过 1988 年我国汪培庄教授研制成功第一台模糊逻辑推理机（推理速度为 1 500 万次 / 秒）以及 2005 年刘应明院士被国际模糊系统协会（IFSA）授予“Fuzzy Fellow”奖，增强学生科技报国的家国情怀和使命担当 |
| 搜索求解策略 | 科技创新<br>辩证思维 | 1. 针对状态空间图搜索策略，从盲目的搜索策略到爬山法、最佳优先搜索、A 搜索算法等启发式搜索算法，再到最优的 A* 搜索算法及其特性分析；针对博弈树搜索策略，从一字棋的极小极大搜索到 α－β 剪枝搜索，再到蒙特卡洛树搜索以及围棋程序 AlphaGo 算法解读，引导学生发挥创新思维以及精益求精的工匠精神。<br>2. 在蒙特卡洛树搜索中，对于 UCB1 置信区间，引入挖矿的例子，启发学生运用辩证思维思考对过去奖励和未来奖励的平衡 |
| 智能计算及其应用 | 科技创新<br>职业精神 | 1. 通过进化算法与达尔文的进化论（物竞天择，适者生存）、鸟群觅食与粒子群算法、蚁群觅食与蚁群算法，培养学生人工智能与生物学科交叉创新思维，以及向大自然不断学习的创新精神。<br>2. 从粒子群算法、蚁群算法等的基本思想，即通过群体中个体之间的协作和信息共享来寻找最优解，培养学生的团队协作精神 |
| 专家系统与机器学习 | 家国情怀<br>民族自信<br>职业精神 | 1. 从专家系统的产生与发展到专家系统的建造，分析什么情况下开发专家系统是合理的；结合我国研制开发的关幼波肝病诊断等专家系统，针对老中医等人类专家诊断经验不断丢失，甚至人类专家的知识即将要失传的情况下，通过建造专家系统这一有效的途径来收集、管理和运用专家经验知识，培养学生的家国情怀。<br>2. 在专家系统开发环境中，通过对“天马”（中科院数学所牵头 1990 年完成）的介绍，以及机器学习的应用中百度成功预测了 2014 年世界杯所有比赛结果等，建立学生的民族自信。<br>3. 在机器学习算法中，通过一些算法的来历，如“回归”这一术语的来历，以“人以群分，物以类聚”为主要思想的聚类算法等，激励学生在特定算法上优化，提倡质疑精神；结合谚语“三个臭皮匠顶个诸葛亮”讲解集成学习，让学生分析通过团队协作策略如何提升机器学习算法的性能 |

（续表）

| 课程章节 | 重要思政元素 | 相关联的专业知识或教学案例 |
|---|---|---|
| 人工神经网络及其应用 | 科学精神<br>科技创新<br>科技伦理<br>法治意识 | 1. 从神经网络研究的曲折道路，感悟科学研究坚持不懈的精神，引导学生树立远大抱负和脚踏实地的科学精神。<br>2. 通过从人的视觉机理提出卷积神经网络，从人的对抗思维提出生成对抗网络，以及计算机作画、动漫设计、产品设计、诗歌写作机器人、AI 主持人、医学影像识别，引导学生建立人工智能与生物学科、认知学科、艺术学科、文学学科、医学学科等多学科的交叉创新思维。<br>3. 结合新冠疫情，开展相关技术的伦理边界讨论，让学生分析计算机视觉监控识别等相关技术与隐私的界限，如何在保证隐私的情况下实现技术的有效利用与合理、合法使用。<br>4. 就深度学习的可解释性展开讨论，分析如何提升深度学习在医学、金融等领域应用中的可解释性，培养学生积极思考、勇于创新的精神 |

## 四、实践案例

### （一）案例 1：从智能芯片、人工智能开源框架等入手，提升人工智能发展危机感和研究热情

宣传贯彻国务院《新一代人工智能发展规划》，让学生从国家发展战略的高度认识人工智能；以人工智能的硬件基础——智能芯片入手，从华为 2017 年 9 月发布的世界首款搭载专用人工智能的手机芯片到 2020 年 9 月华为芯片断供，建立危机感，提升国家安全意识；再到 2020 年华为开发者大会，本课程教师带队的由 1 名研究生和 1 名本科生组成的队伍参加华为人工智能开源框架 MindSpore 网络模型挑战赛并获得奖项的案例（图 2-7-1），对比讨论国外知名人工智能开源框架谷歌的 TensorFlow、微软的 PyTorch 等，并结合我国百度的 PaddlePaddle 框架，激发学生投身人工智能基础研究的热情。

图 2-7-1 “国家安全教育”思政案例

## （二）案例 2：以科幻电影、自动驾驶等为例，辩证认识人工智能伦理

深度挖掘提炼人工智能知识体系中蕴含的思想价值和精神内涵，以生动的科幻电影和电视剧为例，比如智能计算机，思考有自由意志的人工智能操控政治经济所带来的对人工智能伦理问题的认识，从人工智能发展的三个层次——弱人工智能、强人工智能、通用人工智能（超级人工智能），讨论人工智能的最终目标（图 2-7-2），让学生从辩证唯物主义等哲学高度认识人工智能的本质及双面性；从 2016 年 5 月 7 日特斯拉自动驾驶汽车在美国佛罗里达州发生车祸到 2017 年 12 月 18 日北京交通委正式印发《北京市关于加快推进自动驾驶车辆道路测试有关工作的指导意见（试行）》，建立人工智能对社会、环境、法律等影响的认识。

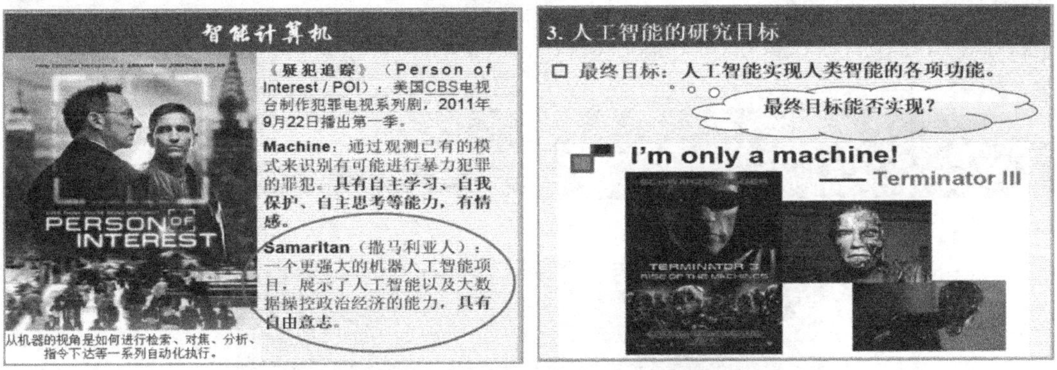


图 2-7-2　“人工智能伦理”思政案例

## （三）案例 3：围绕国内人工智能重要成就及商业应用，增强学生科技报国的家国情怀和使命担当

宣传吴文俊等杰出的中国科学家以及中国在超级计算机、量子计算机、人工智能方面的成就，如 2017 年 7 月百度宣布开源自动驾驶系统 Apollo（图 2-7-3），阿里人工智能设计师鲁班在 2017 年的“双 11”完成“千人千面”效果的淘宝海报，阿里妈妈的人工智能文案等，增强学生科技报国的家国情怀和使命担当。

图 2-7-3　“科技报国”思政案例

## （四）案例 4：通过线上线下相结合的课程实验，倡导独立自主的科技创新精神

通过线上的课程虚拟仿真实验（实验仿真程序是由课程组教师协同相关学生自主研发的，包括启发式搜索算法、智能计算算法和深度学习算法等虚拟仿真实验）（图 2-7-4）以及线下的自主实验（以小组为单位，学生自主完成一个人工智能新技术的应用程序）等，让学生从人工智能底层算法做起，并结合我国新冠疫情防控中人工智能新技术的应用，倡导独立自主进行科技创新的精神，增强学生解决实际问题的能力。

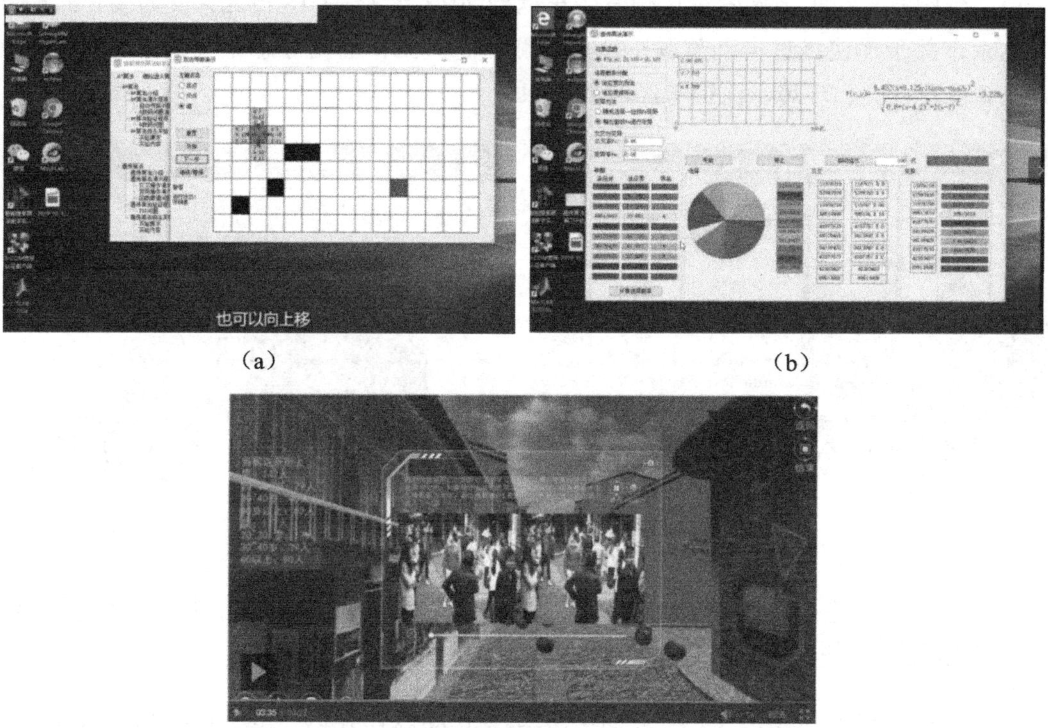


（a）　　（b）

（c）

**图 2-7-4　课程虚拟仿真实验**

（a）A* 算法虚拟仿真实验操作说明；（b）遗传算法虚拟仿真实验操作说明；（c）深度神经网络虚拟仿真实验操作说明

# 五、教学效果

浙江工业大学计算机科学与技术学院每年有 400 多名本科生必修或选修本课程，本课程已成为最受学生欢迎的课程之一。自 2018 年 4 月起结合“中国大学 MOOC”平台开展了 4 个学期的 MOOC+ 翻转课堂教学，考核采用线上线下混合模式评价。学生始终保持强烈的兴趣，表现出良好的应用创新意识，涌现出一批优秀的学生作品，例如基于深度学习的安全帽检测系统（含人脸识别）（图 2-7-5）、基于 YOLOv3 的口罩佩戴检测应用（图 2-7-6）、基于古诗知识图谱的智能问答系统、基于生成对抗网络的动漫生成等。

图 2-7-5　基于深度学习的安全帽检测系统（含人脸识别）（学生作品）

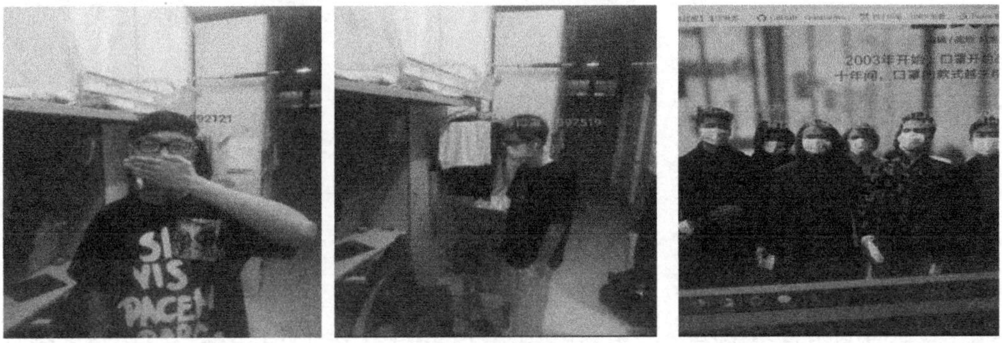

（a）　　（b）　　（c）

图 2-7-6　基于 YOLOv3 的口罩佩戴检测应用（学生作品）

（a）用手遮挡口鼻（b）单人侧脸（有口罩）（c）多人检测视频示例

为满足浙江工业大学其他学院学生对人工智能的学习需求，自 2018 年 9 月开始，本课程作为校级公选课已开设 6 个学期，采用线上 24 学时、线下 8 学时的混合模式，考核采用线上模式评价。校内已有 30 多个专业的学生选修，包括视觉传达设计、汉语言文学、广告学等艺术类和文科类专业。学生普遍认为本课程极大地激发了他们在本专业领域应用人工智能的兴趣。

本课程已经在中国大学 MOOC 平台上面向全国高校以及社会学习者开展了 8 期教学。据前 3 次的开课统计，选课学生来自南京大学、哈尔滨工业大学、浙江大学、东南大学、同济大学等 985 高校，以及武汉理工大学、苏州大学等 211 高校，共计 39 所高校，见图 2-7-7。学习者对课程的参与度较高，其中第 2 ～ 3 期有 19 863 人选课，参与讨论的人数有 3 480 人，发帖总数近 21 000 帖。该课程在全国的影响正在迅速增长。

图 2-7-7　“人工智能导论”国家一流课程建设与教学方法研讨会

# 第八节 网络攻防技术

**课程负责人：**陈铁明

**教学团队：**朱添田、陈波、江颉、吕明琪、王婷

**所在院系：**计算机科学与技术学院

兵者，国之大事，死生之地，存亡之道，不可不察也。

——［春秋］孙武《孙子兵法》

## 一、课程概况

### （一）课程简介

“网络攻防技术”是网络空间安全领域专业性最强、实操性最强的一门课程，是国家网络强国战略背景下培养网络实战型人才的必修课，同时也是一门在教学过程中最需要关注把控学生技术伦理和思政状态的专业课，成为引导专业学习支撑政府网络空间治理能力现代化的必要手段。本课程内容兼顾理论与实践，通过自编教程、线上微课、课外实践等多样化教学形式，系统全面地讲授网络安全技术原理，利用云实验平台提供技能实训环境，通过组织课堂网络攻防技能竞赛提升自主学习的兴趣和参与度，将专业技术知识全面融合到课程实战演练教学中，使学生全面了解网络安全基本原理与技术，掌握常见的网络攻击技术与防御方法，学习体会网络安全战场上知己知彼的重要性，领略一线的攻防手段及技术工具，解密没有硝烟的神秘战场。

教学团队长期致力于网络安全攻防实战型人才培养，融合网络安全与工业互联网、区块链、时空大数据和高级持续性威胁（APT）防御等新技术，致力于打造集攻防理论学习、攻防技术提升、攻防能力对抗于一体的网络安全新工科教学生态，不仅培养学生理解掌握基本的网络攻防原理，更为熟练应用网络安全方法、技术与工具等技能奠定实践基础。课程倡导独立自主的科技创新实践探索精神，注重科技伦理与国家安全战略的底线思维能力培养，引导学生增强网络强国建设的爱国主义情怀，理解网络空间安全命运共同体，树立正确的国家网络安全观。

网络攻防技术是网络安全领域的核心技术，不仅适应现代互联网安全技术飞速发展的需要，符合国家政策的指导方向，也是未来人才必备的技术之一。

团队致力于网络安全攻防实战型人才培养，成立了浙江省网络空间安全创新研究中心，精心编著网络攻防技术相关教材，结合课程教学、竞赛，教授各类攻防实战对抗技术，结合网络安全与工业互联网、区块链、时空大数据和APT攻击，致力于打造集攻防能力学习、攻防能力提升、攻防能力实战为一体的网络安全教学生态，培养学生掌握主流网络攻防技术，熟悉攻防技术原理。在人才培养计划中，该课程可面向计

算机学院、软件学院、信息学院等本科生开设，开设时间在第四、第五学期，一般在学生学习了“操作系统”“计算机网络”“C语言程序设计”“数据库系统”等基础课程后开设。

### （二）教学目标

#### 1. 知识目标

（1）了解网络空间安全对抗技术的国内外现状，掌握网络攻防的基本理论、技术流程及相关法律法规；

（2）掌握密码学、Web应用攻防技术、App安全、操作系统安全和基础网络攻击技术；

（3）分析国内外典型APT攻防实例，理解黑客精通构造恶意代码的手段，进而掌握安全专家防御网络攻击的技术。

#### 2. 能力目标

掌握内网渗透、权限提升等渗透技术，能够应用所学知识使用Metasploit、Cobalt Strike、Burp Suite等网络攻击工具，使用Wireshark分析网络流量数据包，搭建虚拟网络攻防靶场，对目标站点进行SQL注入攻击、对目标系统进行持久性操作等。

#### 3. 价值目标

（1）树立总体国家安全观和网络安全法治意识；

（2）具备运用网络攻防技术分析问题和解决问题的思维方法；

（3）增强学习创新意识，践行精益求精、严谨细致、追求卓越的网络强国工匠精神。

## 二、主要思政元素

在“网络攻防技术”课程的学习过程中，第一，凸显学习该课程的重要性，让学生意识到没有网络安全就没有国家安全，维护网络安全是维护国家安全的基本保障，体现出爱国情怀与社会责任；第二，介绍网络安全法的基本内容，培养学生的法治意识；第三，介绍密码学原理，凸显科技创新精神；第四，介绍程序开发中的安全编程规范、网络协议中应规避的安全风险和操作系统运行时应遵循的安全管理措施，并将网络攻击理论与实战结合，提高网络安全保护能力，体现社会责任和知行合一；第五，介绍基础网络攻击由浅入深进阶至APT攻击，以攻促防，利用日新月异的网络攻击手段掌握与时俱进的防御措施，凸显精益求精的精神；第六，通过网络安全技术守护网络文化生态安全，传承中华文明，引导网络文化健康发展，体现文化自信。

**爱国情怀：**国家采取措施，监测、防御、处置源于我国境内外的网络安全风险和威胁，保护关键信息基础设施免受攻击、侵入、干扰和破坏，依法惩治网络违法犯罪活动，保障网络安全，维护网络空间主权和国家安全、社会公共利益，保护公民、法人和其他组织的合法权益，促进经济社会信息化健康发展。将构筑“第五空间”国家网络安全战略融入课程，基于工业界最新的ATT&CK知识库，搭建完整的攻击链场景，开展网络攻防实战，激发建设网络强国的使命感。

**社会责任**：在新一代信息技术支撑下网络蓬勃发展之时，网络安全风险挑战不断增大，网络空间威胁和风险日益增多。学习习近平总书记关于网络强国的重要思想，全力维护网络空间环境的健康安全，构建覆盖全国的境内应急协作体系，致力于构建国际网络安全协作体系，加强网络安全信息共享和技术合作，增强建设网络安全强国的社会责任意识。

**法治意识**：课程以《中华人民共和国网络安全法》（以下简称《网络安全法》）为导向进行普法教育，深入挖掘该法与本课程的共鸣点，认真剖析课程章节的知识点，找到切入点，将法治内容融入信息系统安全的教学中，通过实际案例与知识点相结合的方式，分析《网络安全法》对信息系统安全的影响，对学生进行知法、懂法、守法思政教育，提高学生的信息安全意识和法律法规意识。在专业知识学习中融入法律知识，有利于提升学生的法律素养，从而推动普法教育工作在高校的开展。

**科技创新**：一个国家的网络安全和信息化，在很大程度上决定了国家安全和科技产业的水平。在中国，网络信息领域科技自立自强的重要性不可忽视，需沉着应对中美“科技脱钩”威胁。在当前这场科技大变局中，网络安全首当其冲，是全球技术创新的竞争高地。坚持创新在我国现代化建设全局中的核心地位，把科技自立自强作为国家发展的战略支撑。课程将国内外典型APT网络攻击技术延伸至课堂内，从网络攻击中学习网络安全，将攻防之间的博弈淋漓尽致地呈现给学生，启发学生的创新思维和科学探索精神。

**文化自信**：课程帮助学生充分认识文化自信之于网络文化生态建设的重要性，坚持以主流文化推动网络文化建设。文化安全是网络安全的题中应有之义，在网络空间大力传播中华文化，是对中华文化的守护和传承，也是在西方文化强势冲击下确保我国精神家园屹立不倒的重要举措。鼓励学生积极营造健康的网络文化，宣传中华民族仁爱、守信、正义等精神，用健康的价值观引导激发网络正能量。

**辩证思维**：辩证思维是反映和符合客观事物辩证发展过程及其规律性的思维，是指以变化发展视角认识事物的思维方式。在学习网络攻防技术的过程中，不仅要从防御者的角度出发研究防御方法，也要从攻击者的角度出发，根据攻击的方式、过程、技术来逐一对应地设置安全策略，加强安全防护。在攻击和防御的不断博弈中，利用辩证思维多角度看待技术与问题，以此不断提高网络攻防的技术。

**科学精神**：主张科学认识来源于实践，实践是检验科学认识真理性的标准和认识发展的动力；重视以定性分析和定量分析作为科学认识的方法，提倡怀疑、批判、不断创新进取的精神。在学习的过程中，理论与实际相结合，不断利用实际的案例去验证知识。鼓励学生多用实践来检验理论知识；鼓励学生学会怀疑、批判，并不断创新；鼓励学生发扬科学的钻研精神，在努力进取中获得成长。

**创新精神**：网络攻防技术的学习是一个不断创新的过程。在攻防的博弈演化中，攻击者与防御者都在进化，永远会有新的补丁去修补旧的漏洞，也永远会有新的漏洞出现在旧的系统中，故步自封只会让对手得逞，只有学会不断创新才能持续与之较量。

在课程学习中，不能仅局限于课本知识，更要不断培养学生的创新意识，让学生学会如何创新攻防思路、方法和技能，在不断的创新中实现进步。

**知行合一**：既要加强理论学习，走在前列；又要结合实践，干在实处。学生不仅仅要在理论层面了解学习网络攻防技术，更要结合实践进行运用；在课程中会安排实验课来帮助学生加强实践应用。同时培养学生的网络安全意识，让学生们真正意识到网络安全的重要性，并在实际生活中做好网络安全基线，加强安全维护的意识与措施，以降低遭受网络攻击的概率。

## 三、设计思路

“网络攻防技术”课程各章节涵盖网络安全法、密码学、软件安全、网络安全和APT攻击等教学内容，充分挖掘思政元素，发挥学科优势，进一步做好全方位育人的工作。本课程思政设计思路如表2-8-1所示。

**表 2-8-1 “网络攻防技术”课程思政设计思路**

| 课程章节 | 重要思政元素 | 相关联的专业知识或教学案例 |
| --- | --- | --- |
| 绪论 | 爱国情怀<br>理想信念<br>文化自信<br>社会责任 | 网络安全的基本概念、含义 |
| 第一章<br>网络安全法 | 法治意识<br>家国情怀<br>社会责任<br>知行合一 | 网络安全的威胁挑战和现状形势；发生在身边的真实案例 |
| 第二章<br>密码学 | 法治意识<br>科技创新 | 经典加密技术；分组加密、流密码；公开密钥加密；哈希函数 |
| 第三章<br>程序安全 | 精益求精<br>科技创新<br>创新精神<br>团结协作 | 缓冲区溢出；格式化字符串；代码混淆与逆向工程；代码安全静态分析；开源代码的安全开发与审计 |
| 第四章<br>Web应用安全 | 法治意识<br>社会责任<br>辩证思维 | SQL数据库注入；XSS跨站攻击；服务器解析漏洞；恶意插件漏洞；CSRF攻击 |
| 第五章<br>App安全 | 社会责任<br>知行合一 | App应用攻击；设计实现一个简单的包含SQL注入漏洞的网站，并完成一次注入攻击 |
| 第六章<br>操作系统安全 | 家国情怀<br>创新精神 | 操作系统安全威胁和防御机制；虚拟机和安全沙箱；配置审计数据进行攻击检测 |
| 第七章<br>网络安全 | 法治意识<br>社会责任 | ARP欺骗攻击；TCP会话劫持；DNS污染攻击，安全信道中间人攻击；防火墙穿越与Wi-Fi安全 |
| 第八章<br>基础网络攻击技术 | 科学精神<br>创新精神 | 利用Metasploit、Cobalt Strike工具进行基础网络攻击 |

（续表）

| 课程章节 | 重要思政元素 | 相关联的专业知识或教学案例 |
|---|---|---|
| 第九章<br>高级可持续攻击模型 | 家国情怀<br>社会责任<br>知行合一 | 构建基于 ATT&CK 框架的网络攻防参考模型；理解网络攻防中用到的战术、技术与过程；尝试对特定版本的 Linux 内核进行提权；尝试利用远程访问木马（RAT）获取目标机器上的键盘记录 |
| 第十章<br>高级持续攻防实例解析 | 家国情怀<br>创新精神<br>精益求精 | 真实案例实践演示利用开源工具 the Harvester、Infoga 进行邮箱搜集并验证有效性；利用 Pupy 完成代码执行战术，尝试 10 种以上的代码执行功能；搭建 Web 应用，利用 WebShell 完成持久访问 |

# 四、实践案例

## （一）案例 1：计算机病毒与生物病毒的类比

在讲解“计算机病毒”这一知识点时，将计算机病毒的特性通过生物病毒进行类比，使学生深刻理解抽象的计算机病毒概念和特性，见图 2-8-1、图 2-8-2。

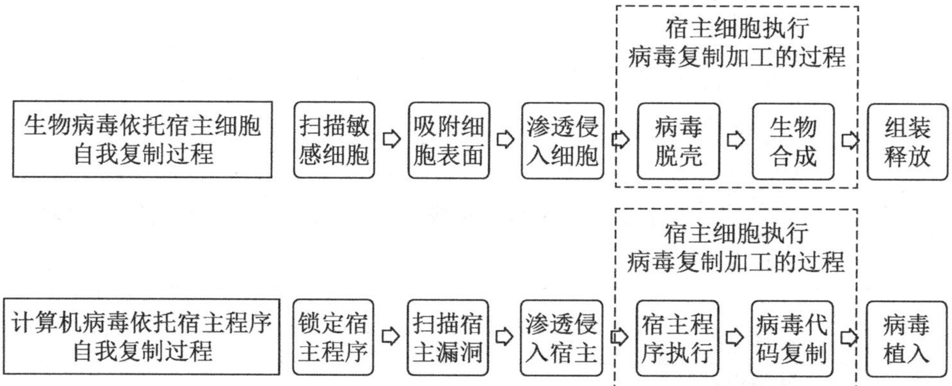


图 2-8-1　与生物病毒类比，介绍计算机病毒的自我复制过程

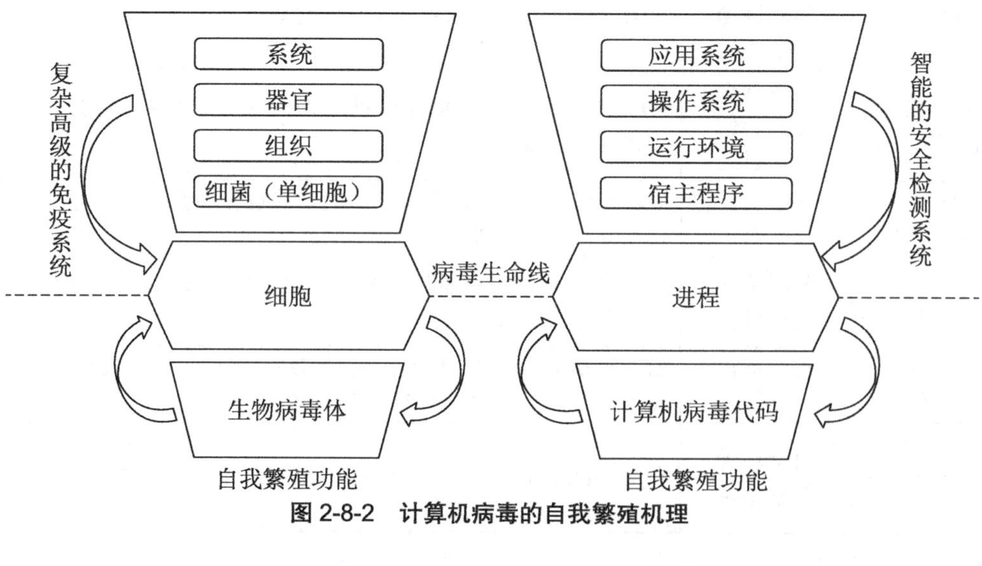


图 2-8-2　计算机病毒的自我繁殖机理

（1）通过类比侵害和困扰人类的生物病毒与计算机病毒，发现在其功能方式上有着类似的特征，如图 2-8-3 所示的自我复制过程、感染和入侵危害系统宿主的原理，可以理解两者在本质上是一致的。

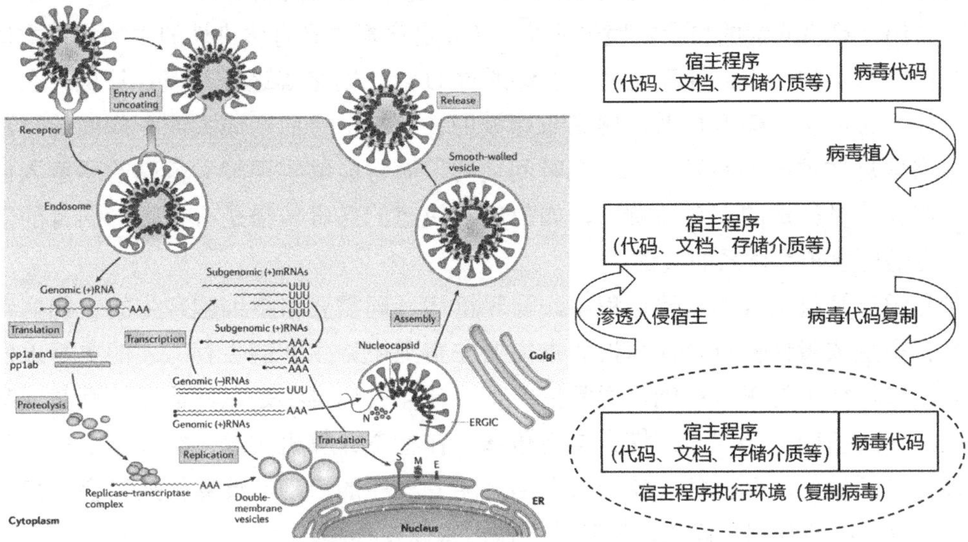


**图 2-8-3　与新冠病毒感染类比，介绍计算机病毒的入侵过程**

（2）通过将生化战与网络战进行类比，如图 2-8-4 所示，将研究生物病毒如新冠病毒的有关原理及其防范技术移植于对计算机病毒，特别是对 WannaCry 等勒索病毒、僵尸木马的防治研究，可为防范信息盗窃和商业竞争攻击，维护网络安全提供全新的探索性途径，可以增强学生网络安全的法治意识和计算机病毒的防范意识。

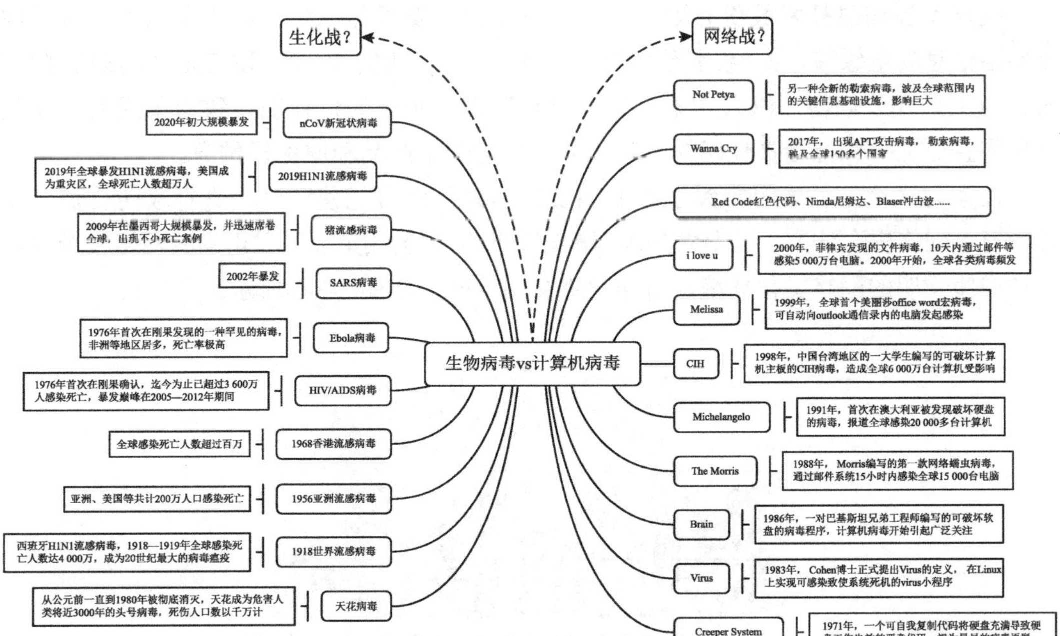


**图 2-8-4　与生物安全类比，介绍网络安全国家战略**

病毒的最大特点是其传染性，而传染性的原因是其自身程序不断复制。计算机病毒是利用计算机系统使用过程中频繁出现中断，通过修改地址使病毒指令程序插入中断与正常程序之间。因此，感染计算机病毒后，计算机在每次运行正常程序之前，均先运行一次病毒程序，将病毒程序循环往复地读入内存或执行病毒的指令。

在介绍计算机病毒的自我繁殖过程中，计算机病毒与具有传染性的生物病毒类似，也具有自我繁殖的特点。计算机病毒能够通过 U 盘、网络等途径入侵计算机。在入侵之后，往往可以实现病毒扩散，感染未感染的计算机，进而造成大面积瘫痪等事故。随着网络信息技术的不断发展，在短时间之内，病毒能够实现较大范围的恶意入侵。因此，在计算机病毒的安全防御中，如何应对快速的病毒传播是有效防御病毒的重要基础，也是构建防御体系的关键。

在介绍计算机病毒的入侵过程中，计算机病毒同需要宿主细胞寄生的生物病毒类似，具有寄生依附性特点。计算机病毒需要在宿主中寄生才能生存，才能更好地发挥其功能，破坏宿主的正常机能。通常情况下，计算机病毒都是在其他正常程序或数据中寄生，在此基础上利用一定媒介实现传播。在宿主计算机实际运行过程中，一旦达到某种设置条件，计算机病毒就会被激活，随着程序的启动，计算机病毒会对宿主计算机文件进行不断复制、修改，使其破坏作用得以发挥。

通过将网络安全与生物安全知识的对比，引发学生的思考，帮助学生理解，提高学生能力，使学生在收获知识的过程中增强网络安全的法治意识和不忘初心的爱国情怀。

## （二）案例 2：与行业龙头企业开展技术交流与联合党建融合学习活动

杭州安恒信息技术股份有限公司（以下简称“安恒信息”）自成立以来一直专注于网络信息安全领域，以“数字经济的安全基石”为企业定位，将“诚信正直，成就客户，责任至上，开放创新，以人为本，共同成长”作为企业的价值观，致力于成为一家具有优秀企业文化和社会责任感的新时代网络信息安全产品和服务提供商。

在学习之余，教学组带领学生参加安恒信息的联合党建活动，进行攻防交流。宣传学习《网络安全法》，让学生深入理解国家网络安全政策，树立正确的网络安全观，营造健康文明的网络文化环境，引导学生文明上网，如图 2-8-5 所示。

**图 2-8-5　安恒信息党建交流**

让学生与网络安全工程师面对面交流，一起讨论前沿的安全技术，从 Web 安全到二进制安全，从SQL注入到堆栈溢出，从CVE利用到漏洞挖掘。在服务杭州亚运会之前，安恒信息先后参与了北京奥运会、广州亚运会、深圳大运会、武汉军运会等众多国际综合性体育赛事的网络信息安全保障工作，积累了丰富的大型体育赛事网络安全保障经验。在杭州亚运会中，安恒信息以最高层级赞助企业的身份，为赛事提供不可或缺的网络安全服务。而通过党建活动，可以让学生近距离接触到目前市场上所使用的安全技术，了解目前市场的需求和现状，有助于更深入地理解在课堂上学到的理论知识。图 2-8-6 为参观安恒信息攻防平台。

图 2-8-6　参观安恒信息攻防平台

## 五、教学效果

**（1）基于“重知识、强技能、拓视野”的教学理念，构建“线上＋线下”混合式“三维实践”课程思政教学模式。**本课程依托安恒信息、阿里云等头部企业引领的网络安全产业生态环境，打造网络攻防理论知识和能力实训相结合的创新课程。通过科研创新项目（依托浙江省网络空间安全创新研究中心）、校企合作专业实践实训项目（依托浙江工业大学—安恒信息联合创新中心），并融入“职业道德教育、网络强国、技术与伦理科普”等思政元素，在凝练出课程内容中蕴含的文化基因和价值范式的同时，从不同维度强调学生学习习惯、科研素养、职业能力养成，形成一套理论课程与安全能力提升全流程的“人才挖掘—人才培养—人才输出”的全链条式培养体系，为浙江乃至国家网络安全领域培养一专多能、综合实力较强的网络安全科技创新人才。“网络攻防技术”混合式“三维实践”课程思政教学模式如图 2-8-7 所示。

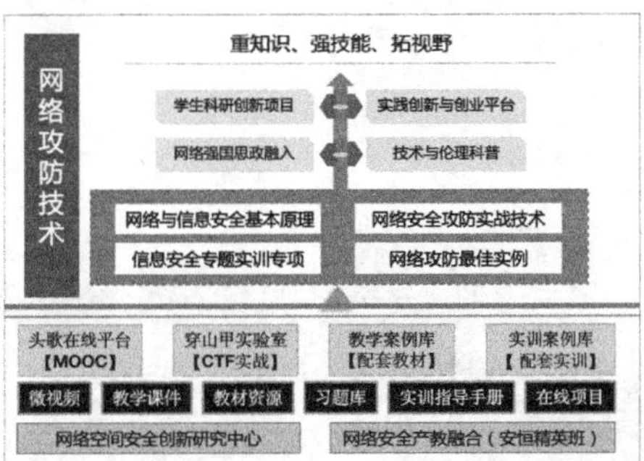


图 2-8-7　“网络攻防技术”混合式“三维实践”课程思政教学模式

（2）**专题设计融入思政元素，开发工作手册式教材，配套多端富媒体在线资源，面向社会免费开放。**本课程通过知识传授、能力培养与价值引领相结合，专题设计将网络强国战略、底线思维等思政元素融入课程，并自主研发课程实验平台，开设具有浓厚国防安全教育元素的网络攻防竞赛实训。针对网络安全职业工作素养目标，专题设计融有思政元素的课程标准、整体教学设计、教案、思政案例和优质课件等，落地到课程建设实践中。同时深化产教融合，邀请企业技术人员参与课程建设与教材编写，对实训项目任务单进行工作手册式设计，打造可实时更新的产教融合工作手册式教材，教材获2021年浙江省计算机学会优秀教材奖。本课程目前已在头歌平台以及穿山甲实验室平台上建设线上课程资源，包括课程教学微视频36个、课件47个、实训25个、试题库、思政拓展资源库等各类在线资源，打造“互联网+”课堂，推进知识在线、师生在线、课堂在线，实现线上仿真教学与线下实践实训相融合，平台资源建设见图2-8-8、图2-8-9。借助混合式教学的优势，融入网络强国思政元素，开展思政教学，创新专业课程教学模式，打造网络安全领域“为党育人、为国育才”卓越本科课程。

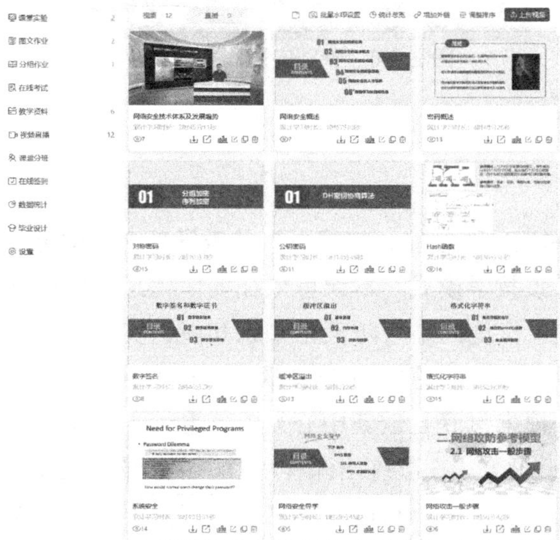


图2-8-8　头歌课程平台资源建设

图2-8-9　穿山甲实验室资源建设

**（3）学生培养成效显著，校企合作成果多，课程建设受益面和辐射面广。**学生运用网络攻防专业知识，设计开发网络钓鱼、网络诈骗、恶意U盘等安全创新实验，对网络犯罪进行全方位研判，增强网络空间法治意识。通过实训公开选拔奖励具有全面且深入网络安全技术对抗实践能力的参赛团队，并鼓励学生和网络安全技术爱好者在竞赛过程中锻炼实际网络安全对抗技能与团队协作能力。通过网络攻防竞赛实训，打造攻防实战网络安全人才培养体系，培养攻防兼备网络安全创新人才，提升网络安全人才技术水平，构建产学研用的网络安全生态。

课程建设模式率先在浙江工业大学计算机学院实施，后逐步推广到其他高校相关专业。课程团队成员多次在全国及省级会议上做特邀报告，在十几所紧密合作学校推广应用。2018年以来接待全国数十批次来访单位共计1 000多人次进行交流推广。

课程配套系列教材应用于浙江工业大学校内的教学、网络安全特长生培养与竞赛指导。配套教材初步统计覆盖10多所学校，1 000以上学生，代表性学校包括浙江工业大学、贵州大学、浙江传媒学院等。教材资源除了在本科院校以及部分高职院校的课堂教学中使用外，还在学校的特长生培养、竞赛指导以及校外的社会培训，如山西公安网警培训、国家电网网络技术培训中使用，师生反响良好。

# 第九节　土木工程材料

**课程负责人：**施韬

**教学团队：**杨杨、孔德玉、顾春平、刘金涛

**所在院系：**土木工程学院

合抱之木，生于毫末；九层之台，起于累土；千里之行，始于足下。

——［春秋］老子《道德经》

## 一、课程概况

### （一）课程简介

土木工程材料是一切土木工程的物质基础，正确选择和合理使用材料，对土木工程的安全性、实用性和耐久性具有重要意义。本课程主要学习常用土木工程材料的原材料与生产工艺、基本组成及结构、技术性质与工程应用等基本理论及应用技术，主要内容包括土木工程材料的基本性质、无机气硬性胶凝材料、水泥、混凝土、砂浆、沥青与沥青混合料、建筑钢材、墙体与屋面材料、建筑功能材料、建筑装饰材料等。通过本课程的学习，学生掌握扎实的土木工程材料基本知识与基本理论，为

后续的专业课程学习以及毕业后能够在土木工程领域从事相关专业技术与管理等方面的工作提供坚实的基础。课程倡导创新精神和绿色发展理念，培养学生的工匠精神和社会责任感，坚定学生的爱国主义情怀。

“土木工程材料”是浙江工业大学相关专业大类的专业基础课程，面向土木工程学院、设计与建筑学院、管理学院等 4 个学院的本科生开设。在人才培养计划中，课程开设在第三学期或第四学期，计 1 ～ 3 学分。

### （二）教学目标

#### 1. 知识目标

（1）掌握主要土木工程材料的生产工艺、组成结构、技术性质及其相互关系；

（2）掌握主要土木工程材料的主要用途和适用环境；

（3）掌握主要土木工程材料的性能检测方法和质量控制方法。

#### 2. 能力目标

（1）通过对土木工程关键工程材料水泥混凝土和沥青混合料基本性能的学习，具备依据实际需求设计和调整水泥混凝土与沥青混合料配合比的能力；

（2）充分了解土木工程材料性能特点，具备依据实际工程要求合理选择和使用土木工程材料的能力；

（3）通过实验教学与工程实践相结合，锻炼、培养分析与解决工程实际问题的能力。

#### 3. 价值目标

（1）结合我国一些典型的土木工程材料应用案例、大型工程建设成就，以及行业杰出前辈不懈奋斗的事迹介绍，培养学生正确的人生观和价值观，提升学生的家国情怀；

（2）通过土木工程材料性能特点和耐久性问题等方面的学习，结合工程质量通病和质量事故分析，培养学生的工匠精神、社会责任感和节能环保意识。

## 二、主要思政元素

“土木工程材料”是理论和实践并重的课程，课程中有大量的实践案例，思政内容丰富，在讲解材料生产的过程、性能和应用的过程中均可引入思政元素。通过介绍我国土木工程材料的光辉发展历史以及我国土木工程取得的伟大成就，坚定学生的理想信念，增强学生的家国情怀；土木工程材料的质量问题是引发工程事故的重要原因，通过相关案例介绍，引导学生树立正确的职业道德观，培养学生的工匠精神和社会责任感；低碳、环保、节能是新型土木工程材料的发展方向，通过大量案例，展现绿色土木工程材料的发展，培养学生的环保意识和创新精神。

**“四个自信”、家国情怀：**通过介绍典型案例中所采用的土木工程材料选用和设计原则，不断激发学生的学习兴趣。其中，我国重大工程（如港珠澳大桥、杭州湾大桥、

“鸟巢”国家体育场等）的顺利完工是土木工程领域广大科学技术人员和普通劳动者共同攻坚克难、努力奋斗的结果。土木工程材料是各种重大基础设施建设的物质基础，我国土木工程材料制备和应用技术处于世界领先地位，通过对重大工程中先进土木工程材料的介绍，坚定学生的“四个自信”，激发学生的民族自豪感和爱国情怀。

**社会责任、工匠精神：**人们所熟知的“豆腐渣工程”“楼歪歪”“楼倒倒”等工程质量问题都与土木工程材料的质量有关。通过相关工程破坏事故的介绍，分析事故原因及其带来的惨痛教训和影响，使学生深刻了解土木工程材料质量的重要性。从业人员的责任心和敬畏心是保证土木工程材料质量的关键因素，通过系统讲解，使学生树立基本的敬业精神和责任意识。通过介绍先辈们在极其艰苦的条件下，坚持开展土木工程材料科学研究，解决工程难题的先进事迹，使学生树立坚持不懈的奋斗精神和追求卓越的工匠精神。

**创新精神、生态文明：**大部分土木工程材料，如水泥、石灰、石膏、砖、瓦、玻璃等，在生产过程中均会消耗大量能源和不可再生资源，产生大量碳排放，对环境影响较大。因此，现如今各种环境友好型土木工程材料发展迅速、层出不穷，为提升建筑结构的绿色化程度作出了贡献。通过介绍土木工程材料生产、应用过程中对自然生态环境的重大影响和环境友好型土木工程材料的研究进展，培养学生的创新精神，引导学生养成保护生态环境的意识。

## 三、设计思路

深入挖掘土木工程材料的生产过程、性能特征和应用案例中的思政元素，在“土木工程材料”课程的相关章节中引入思政元素，培养学生的家国情怀、工匠精神、责任意识、职业道德和环保意识，全面提升学生综合素质。本课程思政设计思路如表2-9-1所示。

**表 2-9-1　“土木工程材料”课程思政设计思路**

| 课程章节 | 重要思政元素 | 相关联的专业知识或教学案例 |
| --- | --- | --- |
| 绪论 | 中国智慧<br>爱国情怀 | 展示采用不同材料建造的经典建筑物图片，如万里长城、“鸟巢”国家体育场、三峡大坝、港珠澳大桥等，增进学生的学习热情，提高学生的专业自信心和成就感，增强学生民族自豪感和爱国情怀 |
| 第一章<br>土木工程材料基本性质 | 职业道德<br>社会责任 | 从土木工程材料性能角度，揭示由于从业人员职业道德缺失造成的各种工程事故或质量问题，比如哈尔滨阳明滩大桥，从而引导学生养成严肃、认真、负责的工作态度，树立责任意识和社会责任感 |
| 第二章<br>气硬性胶凝材料 | 鞠躬尽瘁<br>艰苦奋斗 | 基于石灰生产过程的介绍，引入明朝名臣于谦的故事，于谦为官清廉、公正，土木之变，不畏艰险，力挽狂澜，从而引导学生养成坚韧、正直的性格和品质 |

（续表）

| 课程章节 | 重要思政元素 | 相关联的专业知识或教学案例 |
| --- | --- | --- |
| 第三章<br>水泥 | 环保意识<br>人类命运共同体 | 传统水泥生产消耗大量能源、资源，并产生大量碳排放，对生态环境影响较大；由国家提出的碳达峰和碳中和目标，引出水泥行业为降低环境负荷所做的科技创新，从而培养学生的环境保护意识，普及人类命运共同体理念 |
| 第四章<br>混凝土 | 职业道德<br>工匠精神 | 混凝土结构各类质量问题，如开裂问题和耐久性问题等，可能导致重大经济损失，危及人民生命财产安全；通过相关介绍，使学生了解混凝土材料质量至关重要，而混凝土的质量与其生产、施工和养护等工序息息相关，从而引导学生树立精益求精的工匠精神和高尚的职业道德 |
| 第五章<br>沥青和沥青混合料 | 艰苦奋斗<br>时代精神 | 介绍大型道路、桥梁工程（如青藏高速、港珠澳大桥等）建设过程中从业人员艰苦奋斗、从无到有的时代精神，引导学生树立艰苦奋斗的信念 |
| 第六章<br>墙体材料与屋面材料 | 文化自信<br>环保意识 | 结合秦砖汉瓦的生产，讲述中国历史文化，坚定学生的文化自信；详细解释墙体材料现今的发展趋势——节能环保，培养学生的环境保护意识 |
| 第七章<br>建筑功能材料 | 与时俱进<br>创新精神 | 介绍具有各种特殊功能的功能材料，穿插各种先进功能材料的研发过程，使学生了解相关的科学原理和应用场景，紧跟建筑功能材料最新发展趋势，培养学生的创新精神 |
| 第八章<br>建筑装饰材料 | 精益求精<br>工匠精神 | 装饰材料对材料本身的质地、色泽等有严苛的要求，在教学过程中引导学生在材料或产品研发过程中养成精益求精的工匠精神 |
| 第九章<br>土木工程材料实验 | 实事求是<br>科学精神 | 要求学生试验数据处理必须坚持严谨的科学态度，不造假，不抄袭，培养学生实事求是的科学精神 |

## 四、实践案例

### （一）案例 1：绪论——家国情怀

#### 1. 教学内容

“土木工程材料”课程绪论部分的教学内容主要包括土木工程材料的基本概念、发展历史、发展趋势、课程的重要性、课程的主要内容和考核方式等。

#### 2. 思政元素

我国土木工程材料的飞速发展和在基础设施建设中取得的伟大成就是本节开展爱国主义教育的绝好素材。教师在介绍土木工程材料发展历史的过程中，可以展示中国长城（石材）、三峡大坝（混凝土）、“鸟巢”国家体育场（钢材）等代表性工程的图片，并穿插我国科学技术人员为土木工程材料发展和基础设施建设所作出的伟大贡献，体现中国智慧，提升学生爱国情怀。

3. 教学方法

本节教学以多媒体授课为主，在授课过程中通过必要的问答和讨论加强与学生的互动，激发学生的学习兴趣，营造轻松活跃的气氛，使学生自发地增强爱国意识。

在教学过程中图文并茂地展示工程实例，通过图片、动画等让学生直观地了解土木工程材料的种类和发展历程。在介绍相关案例过程中，通过提问与学生互动，如请同学列举不同土木工程材料建造的建筑结构。在学生答案的基础上，引出如图 2-9-1 所示不同土木工程材料建造的典型建筑，并重点讲述这些建筑建造过程中所蕴含的中华民族的勤劳和智慧。

**图 2-9-1　石材、木材、钢材和混凝土应用典型案例**

4. 课堂实效

在“绪论”教学过程中，学生积极参与互动，激发了学生的学习兴趣。学生能很好地掌握本节的学习内容，体会了中国智慧，提升了家国情怀。从课堂反馈来看，学生对“土木工程材料”课程的学习热情明显提高。

## （二）案例 2：混凝土的耐久性——工匠精神

1. 教学内容

混凝土耐久性的教学内容主要包括混凝土各类耐久性问题的成因、破坏特征、影响因素和防治措施等。

2. 思政元素

混凝土耐久性问题与混凝土的质量息息相关。混凝土结构耐久性问题导致巨大的国家经济损失和资源能源消耗。通过介绍解决混凝土工程耐久性问题过程中的先进人物故事，向学生展现我国土木工程行业科学技术人员的爱国情怀、工匠精神和职业责任感。

3. 教学方法

本节教学以多媒体授课形式为主，通过案例分析和课程讨论增强教学效果。教师在介绍混凝土具体的耐久性问题时，引入对青藏铁路、港珠澳大桥、杭州湾大桥等重大工程的介绍，通过图片展示、课堂提问等方式，使学生了解上述工程均面临复杂严酷的服役环境，以及对混凝土耐久性的极高要求，培养学生立志解决国家重大工程问题的理想信念。混凝土具体耐久性问题如图 2-9-2 所示，在此基础上，组织学生课堂讨论：混凝土耐久性问题的主要影响因素和延长混凝土耐久性的益处，引出混凝土的质量是影响耐久性的重要因素。进而介绍在解决上述工程耐久性问题过程中涌现的先进人物故事和创新材料设计，强调我国土木工程行业科学技术人员的爱国情怀、工匠精神和职业责任感。

图 2-9-2　典型耐久性问题

### 4. 教学实效

通过典型案例介绍和课堂讨论，引发学生们深入思考“如果我参与了国家重大工程的建设，我该怎么做？”“我们的专业、我们未来的工作对国家和人民有什么贡献？”，从而使学生自发地形成爱国意识和工匠精神。

## （三）案例 3：墙体材料——生态文明

### 1. 教学内容

墙体材料的教学内容主要包括墙体材料的种类、生产方法、技术性质和适用条件等。

### 2. 思政元素

普通烧结砖的生产需要消耗大量能源和不可再生资源，产生大量碳排放，因此国家已基本在墙体材料中禁用，可使学生了解国家保护自然环境的决心。墙体材料最主要的性能之一是保温隔热性能，墙体材料的保温隔热性能对于提升建筑物的节能效果极为重要。新型墙体材料的发展趋势是节能环保、降低生产能耗和资源消耗。通过上述内容的教学，潜移默化地提升学生的环保意识。

### 3. 教学方法

本节教学以多媒体授课形式为主，辅以课堂提问和讨论。教师详细介绍普通烧结砖的生产过程，并向学生提问：普通烧结砖生产过程中消耗了哪些不可再生资源和能源？对环境产生何种影响？从而使学生了解普通烧结砖生产过程的环境负荷。进而介绍蒸养砖、免烧砖等相对更为节能环保的墙体材料，使学生了解节能环保是新型墙体材料的发展趋势。

在介绍墙体材料基本性能时，通过图片、动画演示，强调保温隔热性能是墙体材料最主要的性能，并组织学生讨论墙体材料的保温隔热性能与建筑节能的关系，并以此培养学生的节能环保意识。

### 4. 课堂实效

在课程内容讲解过程中，学生兴趣浓厚，参与课堂答题和讨论积极，较为深刻地理解了墙体材料生产和应用过程对环境的影响，提高了学生的环保意识。

## 五、教学效果

### （一）学生学科竞赛项目

土木工程材料与工程结构安全性直接相关，并且随着国家对环境保护的日益重视，各种环境友好的土木工程材料层出不穷。本课程教学团队多次以工程结构安全和节能环保为主题，辅导学生参加国家、省、市、校、学院等各级别学科竞赛和本科生科研项目，包括中国“互联网+”大学生创新创业大赛、国家级大学生创新创业项目、“台界杯”全国土木工程材料创意作品大赛、国际大学生混凝土龙舟邀请赛、浙江省大学生科技创新活动计划（新苗人才计划）项目、浙江工业大学大学生节能减排社会实践与科技竞赛、浙江工业大学“运河杯”大学生课外学术科技作品竞赛、浙江工业大学健行创新基金、浙江工业大学“运河杯”大学生课外学术科技基金等。多人在“台界杯”全国土木工程材料创意作品大赛、浙江工业大学“运河杯”大学生课外学术科技作品竞赛等学生竞赛中获奖。学生在课堂学习的基础上，对土木工程材料有了更直观且深入的认识，在锻炼实践能力的同时，磨炼了工匠精神，增强了节能环保意识。

### （二）学生学术论文

[1] 罗晓雷，施韬，顾元 . 基于原子力显微镜 PeakForce QNM 模式下的水泥基材料微区力学性能研究 [J]. 科技通报，2019, 35(5): 159-166.

[2] ZHAO Y, SHI T, CAO L, et al. Influence of steel slag on the properties of alkali-activated fly ash and blast-furnace slag based fiber reinforced composites[J]. Cement and Concrete Composites, 2021, 116: 103875.

[3] 倪彤元，周若虚，杨杨，等 . 基于智能手机 APP 的图像法检测混凝土表面裂缝

研究 [J]. 计量学报，2021,42(2):163-170.

[4] LIU Y, SHI T, ZHAO Y, et al. Autogenous Shrinkage and Crack Resistance of Carbon Nanotubes Reinforced Cement-Based Materials[J]. International Journal of Concrete Structures and Materials, 2020, 14(1): 43.

# 第十节　环境保护概论

**课程负责人：**林春绵

**教学团队：**金赞芳、张明、岳思青、陈景欢

**所在院系：**环境学院

*川渊者，龙鱼之居也；山林者，鸟兽之居也。*

*川渊枯则龙鱼去之，山林险则鸟兽去之。*

——［战国］荀子《荀子·致士》

## 一、课程概况

### （一）课程简介

“环境保护概论”是为环境科学和环境工程专业新生开设的大类基础课。课程从环境问题开始，向学生介绍本专业涉及的方方面面，包括环境问题及其产生和发展过程，全球范围内的环境现状，人类活动引起的大气、水、固体废弃物等方面的污染及控制污染的基本方法和原理，协调环境与发展的方式方法等。通过本课程的学习，强化学生环保意识、可持续发展的观点、辩证的思维和积极的行动措施，熟悉世界范围的环境状况及环境问题，了解学科发展的动向和最新研究成果，掌握环境学基本理论，从而对环境科学或环境工程专业的内涵有初步且全面的了解，进而领悟环境工程职业道德规范和从业人员的责任，为学习后续课程奠定必要的基础，并为有志于继续深造的学生指明方向。

### （二）教学目标

#### 1. 知识目标

（1）认识环境，了解环境问题的产生和发展；

（2）理解、掌握环境科学与环境工程的基本概念、理论、研究内容和方法；

（3）明确环境保护的基本方法、法律和法规。

### 2. 能力目标

（1）利用学习的专业基本知识分析复杂的环境工程问题；

（2）通过文献的检索、搜集和总结，自学新知识，分析新的环境问题；

（3）具有自主学习和终身学习的意识。

### 3. 价值目标

（1）认识环境问题的危害，理解在工程实践中遵守工程职业道德和规范、履行责任的重要意义，增强环境专业从业者的社会责任感；

（2）能够理解复杂工程实践对环境、社会可持续发展的影响；

（3）能够分析环境工程建设项目对社会、健康、安全及文化方面的影响。

## 二、主要思政元素

在传授专业知识和培养能力的基础上，充分发挥价值引领作用，实现知识传授和价值引领有机统一。本课程主要从生态文明、科学素养、法治意识、家国情怀、人文精神、社会责任、文化自信、理想信念这八个维度挖掘相应的思政元素。

### 1. 知识与能力目标相关

**生态文明：**以绿色发展、循环发展、低碳发展、可持续发展、清洁生产等生态文明为主，突出体现“生态兴则文明兴”的生态思想。包括但不限于以下方面：“人与自然和谐共生”的科学自然观、“绿水青山就是金山银山”的绿色发展观、“良好生态环境是最普惠的民生福祉”的基本民生观、“山水林田湖草是生命共同体”的整体系统观、“实行最严格生态环境保护制度”的严密法治观、“共同建设美丽中国”的全民行动观、“共谋全球生态文明建设之路”的共赢全球观。

**科学素养：**科学、客观、理性、辩证、唯物地看待环境问题，看清现象背后的环境科学和环境工程原理，辨别环保谣言。例如，科学问题不盲目相信普通大众传媒，参考专业知识及权威专业期刊的最新报道和论证，给出客观、科学的判断。传递科学知识是更新的、进步的这一思想。

**法治意识：**该维度重点强调公民、企业、政府部门等应当知法、守法、用法的意识。在讲解环境保护和管理的相关法律制度时，充分结合时事和案例对其逐一解析。

### 2. 价值目标相关

**家国情怀：**通过引入与环境工程和环境科学专业基础知识相关的案例，强化学生对国家的归属感；通过讲述国家为治理污染开展的工作，展现在党的领导下我国“生态文明建设”“环境污染治理”的成就，例如蓝天保卫战、五水共治等。

**人文精神：**强调“以人为本”的理念。人、动物和生态的健康对于整个生态系统具有极其重要的意义，在环境工程和环境科学的理论和实践中必须充分考虑生命权、生存权、健康权等。



**社会责任：**社会责任包括公民、企业和政府的社会责任。需要重点强调青年学生、公民应尽的社会责任，如垃圾分类，鼓励、引导学生积极主动自觉践行。通过案例，给出“履行社会责任”的行动建议；讲解“企业社会责任”，强调学生走上工作岗位后需要承担社会责任；明确企业的经济责任、持续发展责任、法律责任和道德责任构成。

**文化自信：**从环境专业的角度充分体现社会主义先进文化、中华优秀传统文化、革命文化、制度优越性。

**理想信念：**在各章节中，发掘相关案例中有社会影响力的主人公事迹，如为保护祖国西北水土资源奉献青春和热情的科学家、致力于解决突发环境事件的环境工作者，树立先进典型人物，讲解人物及其事迹中值得学习的元素，鼓励青年学生向先进人物榜样学习。

## 三、设计思路

本课程以可持续发展的观点、辩证的思维和积极的行动措施为出发点，让学生熟悉世界范围的环境状况及环境问题，进而掌握环境学基本理论，了解学科发展的新动向和最新研究成果，了解环境科学或环境工程专业的思政内涵，领悟环境工程职业道德、规范与环境工程从业人员的责任，为学习后续课程奠定必要的基础。在系统讲授环境学基本理论的同时，适度引导学生认识各相关领域的前沿进展，培养学生的自主学习能力。课程思政设计思路如表 2-10-1 所示。

**表 2-10-1　“环境保护概论”课程思政设计思路**

| 课程章节 | 重要思政元素 | 相关联的专业知识或教学案例 |
|---|---|---|
| 第一章<br>环境和环境问题 | 家国情怀<br>生态文明 | 在讲述震惊世界的“八大公害事件”过程中，比较西方和我国在经济发展中对待环境的两种态度——我国把保护环境定为基本国策之一，主张“预防为主，防治结合”，而西方是“先污染后治理”的发展道路；使学生认识到中国对环境保护的重视和对人民的高度负责，要让学生认识到中国践行“绿水青山就是金山银山”的生态发展理念 |
| 第二章<br>生态环境与健康 | 科学素养<br>人文精神 | 通过对转基因食品安全性正反两方面的讨论，使学生运用专业知识独立思考、独立判断，能多角度、辩证地分析问题，作出选择和决定等；通过观看环境荷尔蒙的危害等视频，引导学生关切人类的生存和人类命运，培养学生的科学素养和人文精神 |
| 第三章<br>大气环境保护 | 文化自信<br>家国情怀 | 通过讲述我国雾霾成因和在综合防治、温室气体减排和全球气候治理方面的贡献，引导学生以正确的观点看待发达国家和发展中国家在全球性环境问题治理中的责任，宣传我们的大国担当；更加坚定道路自信、理论自信、制度自信和文化自信 |
| 第四章<br>水环境保护 | 科学素养<br>社会责任 | 通过引入我国太湖、滇池等重要内陆湖泊蓝藻绿藻水华，渤海和黄海的绿潮和赤潮等案例，帮助学生理解人类的社会生产活动如何加速自然界的水体富营养化；认识到目前中国乃至世界水体富营养化的严重性，使学生懂得，解决水体富营养化问题需要采取科学措施，更需要个人、企业、社会组织和政府的齐心努力；以化工高盐高有机物废水处理为切入点，采用生物接触氧化法这一种典型的好氧生物处理方法进行处理，并得到提高处理效果的耐高盐菌种；通过讲解案例激发学生学习掌握技术的兴趣和意愿，锻炼学生的工程思维，并懂得将创意和方案转化为有形物品或对已有物品进行改进与优化的重要性 |

（续表）

| 课程章节 | 重要思政元素 | 相关联的专业知识或教学案例 |
| --- | --- | --- |
| 第五章 固体废弃物的处理及资源化 | 社会责任 | 通过对垃圾分类工作的分析，鼓励学生积极参与生活垃圾分类，大力传播生态文明思想和理念，自觉成为生活垃圾分类的参与者、践行者、推动者，增强学生的社会责任感 |
| 第六章 土壤环境保护 | 科学素养 | 课前布置学生调查“中国土壤修复行业发展现状与发展前景”，让学生从专业角度正确认识土壤质量监测与调查的重要性、我国土壤污染的严重形势、土壤修复的刻不容缓以及土壤修复技术的革新；以杭州农药厂旧址的土壤修复案例为例，讲解土壤修复的难度和攻克难题的方法 |
| 第七章 物理性污染与防治 | 社会责任 | 通过“建筑施工如何避免噪声扰民”的案例，探讨经济发展与社会生活之间的平衡，增强学生的社会责任感 |
| 第八章 清洁生产 | 科学素养<br>生态文明 | 通过“学校如何实施清洁生产”问题的提出，在学生回答的过程中，培养学生运用环境科学与工程的思维方式认识事物、解决问题、指导行为，实现学生科学素养的培养；就大学化学实验室可能产生的污染给出控制措施，并担负起一定的公共宣传作用，培养学生的生态理念 |
| 第九章 环保法规与标准 | 法治意识 | 以典型的环境违法案件为切入点，使学生熟悉环保行业相关的规范、标准，并能在工程实践中准确应用；能够基于环保法规、标准和环境工程相关背景知识分析工程建设项目对社会、健康、安全及文化方面的影响 |
| 第十章 环境管理与监测 | 家国情怀<br>社会责任 | 从联合国气候变化大会上中国代表的表现出发，培养学生的全球意识和责任心，了解人类文明进程和世界发展动态，关注人类面临的全球性挑战，理解人类命运共同体的内涵与价值，培养学生的责任感；在讲授环境监测内容时，明确环境监测是科学管理环境和环境执法监督的基础，让学生意识到环境监测的重要性，培养学生的责任感 |
| 第十一章 可持续发展 | 人文精神<br>理想信念 | 通过对中国古代朴素的可持续发展思想的介绍，使学生了解中国古代人文思想的先进，能理解其中所蕴含的认识方式和实践方法；通过对中国人口、能源可持续发展的讨论使学生深刻理解中国国情，引导学生成为环境的守卫者，树立保卫祖国绿水青山的远大理想 |

## 四、实践案例

### （一）案例 1：“八大公害事件”与家国情怀、生态文明

在过去 100 多年中，工业发达国家以牺牲环境为代价谋求经济发展，形成了震惊世界的“八大公害”事件，包括洛杉矶光化学烟雾事件、伦敦烟雾事件、水俣病和骨痛病等（以视频展现）。伦敦烟雾事件 5 天内死亡 4 000 人，过去数年间共发生 12 起，

死亡近万人。当污染形成公害，引起广大民众的强烈反对并影响经济顺利发展时，政府才被迫去治理，付出了昂贵的代价。我国在吸取他国教训的基础上将环境保护定为基本国策。《中华人民共和国宪法》中明确规定：国家保护和改善生活环境和生态环境，防治污染和其他公害。中国政府坚持从根本上解决污染问题，宁可经济发展慢一点，也要把调整经济结构、转变生产方式落实下去，做到既争经济发展之先，又创生态环境之优。通过对比，使学生认识到中国对环境保护的重视，让学生意识到中国政府对人民的高度负责，这也是14亿人口的中国为地区和世界环境保护事业发展作出的重大贡献，学生作为中国人的自豪感油然而生。通过案例“NASA推特截图”的介绍可以让学生认识到中国以切实行动支持区域和全球环境保护，已经从过去的参与者、贡献者，逐渐转变为引领者。中国践行“绿水青山就是金山银山”的生态发展理念，绿色将成为中国发展最动人的色彩。

## （二）案例2：“全球性大气污染问题”与家国情怀、文化自信

温室效应、臭氧层破坏和酸雨是目前全球性大气污染的主要问题，尤其是温室气体排放及其产生的全球气候变化问题。作为负责任的发展中大国，我国一直积极应对气候变化，推动绿色低碳发展，引导构建公平合理、合作共赢的全球气候治理体系。习近平总书记在2020年9月22日召开的联合国大会上表示：“中国将提高国家自主贡献力度，采取更加有力的政策和措施，二氧化碳排放力争于2030年前达到峰值，努力争取2060年前实现碳中和。”这是中国在《巴黎协定》承诺的基础上，对碳排放达峰时间和长期碳中和问题设立的更高目标。中国设立的这一行动目标，是以中国多年来致力于低碳转型的努力和成效为基础的。“2030年前碳达峰，2060年前碳中和”的气候行动目标，展现了中国作为一个负责任的大国，对建设人类命运共同体的担当。通过对上述案例的分析，不仅使学生理解存在全球性大气污染问题，而且引导学生以正确的观点看待发达国家和发展中国家在全球性环境问题治理中的责任，宣传我们的大国担当。让学生深刻理解大气污染治理不仅是污染控制技术方面的事情，还需要立足环境问题的区域性、系统性和整体性，结合区域空气质量控制目标，采取多种手段和措施，从而实现综合防治的目的。更重要的是，让学生深刻领会社会主义制度的优越性，更加坚定社会主义道路自信、理论自信、制度自信和文化自信。

## （三）案例3：“水体富营养化控制”与科学素养、社会责任

通过展示水体氮、磷含量测定这一专业基础实验的视频，引入水体富营养化的定义和本质，即由于水体中氮、磷营养物质的富集，在光照和温度适宜的条件下，引起藻类及其他浮游生物大量繁殖，水体溶解氧下降，水质恶化。明确水体富营养化的判断标准，水华对水生态系统、人类健康、国民经济的危害。介绍典型的水体富营养化治理手段——治污与截污相结合：一方面，采用物理、化学、生物、生态等方法进行点源和面源污染治理；另一方面，控制氮、磷营养盐的输入，加快湖体换水周期，适

当改善水体生态系统。给出具体案例：中国第五大淡水湖——巢湖每年都发生严重的蓝藻水华污染，常年来难以有效控制。中国科学技术大学微尺度物质科学国家研究中心和生命科学学院长期致力于研究巢湖中噬藻体分布及其侵染蓝藻细胞机制，最终成功从巢湖中分离得到了一株全新的长尾噬藻体，可有效控制巢湖蓝藻水华。该案例不仅说明用科研解决水环境问题是科研工作不断深入的动力，也启示我们，解决水体富营养化问题，不能指望毕其功于一役，要有水滴石穿的耐心和坚持。在这一过程中，需要采取科学措施，更需要个人、科研人员、企业、社会组织和政府的齐心努力。由此，激励学生努力学习，提升自身能力素质，积极参与技术创新活动，适应新时代发展的需求，为环境保护事业献计献策，增强学生的社会责任感。



### （四）案例 4：“杭州垃圾分类”与社会责任

以杭州城市生活垃圾分类处理为例，引入“社会责任”思政教育。我国自 2019 年起在全国地级及以上城市全面启动生活垃圾分类工作，到 2020 年年底，46 个重点城市将基本建成垃圾分类处理系统。到 2022 年，各地级城市至少有 1 个区实现生活垃圾分类全覆盖；其他各区至少有 1 个街道基本建成生活垃圾分类示范片区。2025 年年底前全国地级及以上城市将基本建成垃圾分类处理系统。我们可以看到，越来越多的人开始关注垃圾分类，越来越多的家庭参与到垃圾分类中来，他们通过自己的行动，带动周围更多的人投身到垃圾分类行列中，节约资源，变废为宝，改善环境。在讲解本知识点时，鼓励学生积极参与生活垃圾分类，自觉成为生活垃圾分类的参与者、践行者、推动者，增强学生的奉献意识和社会责任感。

### （五）案例 5：“中国人口、能源可持续发展”与人文精神、理想信念

可持续发展不仅要强调对环境的保护，而且应包括解决在人口高度密集、人均资源相对匮乏、自然生态环境十分脆弱的条件下，如何实现经济的长期高速发展，同时又要保护环境的这样一个史无前例的社会实践问题。20 世纪 80 年代，为了应对人口快速增长、人口与自然及社会其他方面矛盾激化的问题，我国逐步建立起以生育调节为核心的计划生育制度，也让中国为世界人口的控制作出了巨大贡献。我国为促进能源可持续发展，制定了长期坚持节能优先战略，适应终端能源需求的变化趋势，实现能源结构的转变，加快发展天然气；从实际出发，实施煤炭的清洁利用；系统考虑电源结构，水电、核电要实施长期的发展计划；推动环境保护，为可持续发展能源战略的实施创造必要的外部条件；做好可再生能源发展的战略安排等一系列举措。中国政府科学决策，精准施策，正确处理经济发展同人口、资源、环境的关系。在中国共产党的领导下，我们有信心把中国建设成为富强民主文明和谐美丽的社会主义现代化强国。在此过程中引导学生争做环境的守卫者，树立保卫祖国绿水青山的远大理想。

## 五、教学效果

### （一）学生学习体会

**同学1：**随着本门课程学习的逐渐推进，当我得知磨砂膏也是微塑料污染源的时候，当我和组员讨论是否应该放松对企业的治理要求的时候，当我们讨论现如今的垃圾分类是否合理，又是否值得继续争论的时候，当我们分析电动汽车与清洁生产的时候，我被触动了。环境保护就在我们身边，是生活的方方面面，像千万条细细的线，把我们和地球连接在一起。作为一名环境科学专业的学生，这正是与我未来职业密切相关的事情。

**同学2：**通过学习本门专业基础课，我能够从专业角度解读很多生活中的污染问题和生态问题，比如PM2.5的本质、河道黑臭的原因、基因工程对人类生活的利与弊、生产生活中的清洁生产思想、垃圾分类的科学意义等。这让我对自己所学的专业产生了更大的兴趣，希望在后续的专业课上能够对上述内容有更加深入的学习和理解。这些年来谈得最多的大概就是对环境的保护意识了，但环境保护问题又不单纯是环境保护问题，环境科学和环境工程正慢慢地掺杂进越来越多复杂的社会甚至政治问题。民族、经济、无政府主义、被夹杂在环保里的生存问题、发达国家与发展中国家在碳排放权上的激烈争辩。作为一名环境学院的学生，通过对本门课程的学习，我掌握了专业基础知识，更强化了自己的民族自信、社会责任，明确了未来从事环境保护事业的理想。

**同学3：**本课程结合当下国内外的污染现状及采取的措施来讲授环境科学和环境工程的专业基本知识，内容丰富。让我们了解了国内外相关环境政策的开展及实施，以及未来的走向；认识了常见的环境污染物，以及代表性环境污染物的环境迁移转化过程、污染机制以及污染防治措施等。作为一名来自宁夏地区的同学，通过自己的日常所见和对本门课程的学习，我深刻体会到“塞上江南”的称号真的是这几年大家共同努力和维持的成果。我的家乡地广人稀，近年来得到了国家的重视，丝绸之路、中阿论坛、蚂蚁森林等项目的实施，我学习环境工程的初衷就是为了日后在家乡的环境治理和水土资源保护事业中贡献自己的一份力量。

**同学4：**通过学习本课程，我第一次从科学和专业角度认识并理解了“环境”“污染控制”“环境修复”“物理性污染”等重要的专业概念，系统认识了各环境介质的污染和控制技术，更理解了环境保护在我国法律和建设中的重要地位，让我对自己作为一名环境工作者充满了自豪感。我们人类生活在自然环境中，就要对环境负责，不能一味地向环境索取而不去维护它。经济发展过程中，不能忽视环境的存在，坚持经济与环境共同发展才是当今社会正确的发展方式。只有经济与环境共同发展，人民才能真正实现共同富裕。

### （二）学生课程论文

学生在课程论文中充分体现了课程思政的效果，举例如图2-10-1所示。

环境问题引起的深思

学完环境保护概论课后，我有了些许思考和见解，就请允许我一一陈述吧。

深入环境问题首先要清楚环境的定义。据我所知，环境（environment）是相对于某项中心事物而言的周围情况。环境与健康所研究的环境是人类生存的环境，它是人类生存发展的物质基础，也是与人类健康密切相关的重要条件。与人类健康关系密切的环境包括自然环境与社会环境。 环境既包括以空气、水、土地、植物、动物等为内容的物质因素，也包括以观念、制度、行为准则等为内容的非物质因素；既包括自然因素，也包括社会因素；既包括非生命体形式，也包括生命体形式。环境是相对于某个主体而言的，主体不同，环境的大小、内容等也就不同。 而我们主要学习的是有关于自然环境的事物，我通过查阅资料得知，自然环境（natural environment）是指环绕于人类周围的一切客观物质条件。 它包括原生环境（primary environment）（指天然形成的、未受或少受人为因素影响的环境）和次生环境（secondary environment）（指在人类活动影响下，其中的物质交换、迁移和转化以及能量、信息的传递等都发生了重大变化的环境）。人类与环境的关系十分密切，不可分割。人作为生物的一分子，生存于环境中，理应去保护、爱护它。而随着工业的发展，一些环境问题不可避免地产生。那么什么是环境问题呢？

环境问题可分为两大类：一类是由自然因素的破坏和污染等原因所引起的。如：火山活动、地震、风暴、海啸等产生的自然灾害，因环境中元素自然分布不均引起的地方病，以及自然界中放射性物质产生的放射病等。另一类是人为因素造成的环境污染和自然资源与生态环境的破坏。在人类生产、生活活动中产生的各种污染物（或污染因素）进入环境，超过了环境容量的容许极限，使环境受到污染和破坏；人类在开发利用自然资源时，超越了环境自身的承载能力，使生态环境质量恶化，有时会出现自然资源枯竭的现象。

简单来说，环境问题分为自然因素和人为因素。其中人为因素对人类的日常生活及工业生产影响最大也最广泛。从日常生活举例，比如生活垃圾的堆积、未及时处理会对日常生活产生不便，而垃圾的处理也是一个问题。而随着科学技术的进步，如今已有多种垃圾处理方法，而最常用的就有焚烧法和填埋法。它们各有利弊，焚烧法快速处理垃圾，但弊端是产生的有害气体会威胁到人的身体健康。填埋法成本低，但是垃圾要几十年甚至上百年的时间才能降解，因此不适合长期的处理。

（a）

土壤环境的保护

土壤环境是指岩石经过物理、化学、生物侵蚀和风化的作用，以及地貌、气候等因素长期作用，形成的土壤生态环境。土壤是生态环境的主要组成部分，是地球上最重要的自然资源之一。人类获得的食物大部分都是从土壤中生长的。从人类诞生的那天开始，土壤就成为人类赖以生存的物质基础。

土壤对地理环境具有重大意义。土壤是结合陆地环境各个要素的枢纽，还是联系有机界和无机界的中心环节。土壤能够生长植物，从而导致陆地环境及整个地球面貌发生根本的改变，使地表由岩石裸露变为草木丛生。土壤对保护生物多样性也具有重大意义。

然而随着人类社会的发展，随着人类需求的日益增大，土地资源压力也日益突出，因土地利用而产生的生态环境问题日益突出：土地退化，土地沙漠化，土壤污染等。土地退化会导致生产能力下降、人口迁移、粮食不安全、基本资源和生态系统遭到破坏，以及由于物种和遗传方面的环境变化而造成的生物多样性 损失；土地荒漠化会导致土地生产力的下降和随之而来的农牧业减产；土壤污染会导致严重的直接经济损失、农作物的污染、减产，导致生物品质不断下降，危害人体健康，导致其他环境问题。

土壤污染是指人类活动产生的环境污染物进入土壤并积累到一定程度，引起土壤环境质量恶化的现象。土壤污染的实质是通过各种途径进入土壤的污染物，其数量超过了土壤的自净能力，速度超过了土壤自净的速度，引起土壤组成、结构、功能的变化，土壤质量下降，破坏了自然动态平衡，微生物活动受到抑制，有害物质或其分解产物在土壤中逐渐积累，影响到作物的生长发育，引起产量和质量的下降。土壤污染也包括由土壤污染物质的迁移转化引起的大气或水体污染，并通过食物链，最终影响人类的健康。

土壤污染根据污染物来源可以分为水污染型、大气污染型、固体废物污染型、农业污染型。根据污染物类型又可以分为：重金属污染型、残留农药污染型、病原体污染型、放射性污染型。

全国土壤环境状况总体不容乐观，部分地区土壤污染较重，耕地土壤环境质量堪忧，工矿业废弃地土壤环境问题突出。各地的自然因素和人为因素不同，形成各种不同类型的土壤环境。中国土壤环境存在的问题主要有农田土壤肥力减退、土壤严重流失、草原土壤沙化、局部地区土壤环境被污染破坏等。随着我国经济社会的快速发展，工业化和城市化进程不断加剧，我国面临的土壤污染形势也越来越严峻。因此，从当前的土壤环境面临的问题出发， 探讨土壤污染的防治迫在眉睫。

在土壤污染防治尤其是土壤污染修复的过程中，必须妥善处理修复活动导致的二次影响问题，必须走可持续的风险管控和治理修复路径。把握土壤污染防治需求与机遇，借鉴发达国家土壤污染治理修复的经验，走绿色可持续风险管控与修复之路。除此之外，我们还要采取行之有效的保障措施，强化政府的主导责任，加大资金投入，提升技术水平，加大宣传力度。

当下我国的土壤污染防治工作面临着各种各样的困难，尤其是监测水平、法律法规、防治技术和资金等方面，所以当下必须要提升监测水平、完善法律法规、创新防治技术、保障资金，这样才能确保土壤污染防治的有效性，并实现土壤污染防治卓有成效的目的。

（b）

图 2-10-1　学生课程论文示例

## （三）翻转课堂与课堂讨论

学生课堂讨论展示与记录，如图 2-10-2、图 2-10-3 所示。

图 2-10-2　学生课堂讨论展示

**讨论课记录表**（2020.04.22）　　**姓名：李直坤**

| ①如何理解生物多样性？为保护生物多样性您可以做些什么？ |
|---|
| 主要论点：<br><br>生物多样性是生物及其环境形成的生态复合体以及与此相关的各种生态过程的综合，包括动物、植物、微生物和它们所拥有的基因以及它们与其生存环境形成的复杂的生态系统。生物多样性包括遗传多样性，物种多样性，生态系统多样性。<br>我们应该合理开发利用生物的多样性，也可以建立自然保护区，对野生动物进行针对性的保护。提高生物意识，拒绝野生动物交易，保护环境，从人类自身来保护生物多样性。人类更要控制住自己的欲望。制作出适合自己国家国情的保护工作。 |

| ②请简述中国的人口问题，您认为要实现人口的可持续发展有哪些对策？ |
|---|
| 主要论点：<br><br>中国的人口问题 1.人口基数大，人口数目多，增长速度快。2.人口结构存在问题，老中青三代人口数量不成比例，男女性别比例失调。3.巨大的流动人口，影响人们的正常生活和社会秩序。留守的儿童妇女老人们的生活都在成为社会的问题。大量的流动人口也会使社会的管理问题，变得更加困难。<br>对策 1.打造高质量的养老服务。2.解决计划生育中存在的某些问题，让计划生育政策与时俱进。3.进一步改善医疗卫生条件。4.保护环境，保护这个人类赖以生存的家园。5.夯实以及提高国家对人口政策的完善。 |

| ③请简述中国的能源问题，并列举新能源的发展现状及前景。 |
|---|
| 主要论点：<br><br>目前我国能源两大问题：<br>1，能源结构不合理，旧能源占比太高，新能源和清洁能源占比较低,可持续发展趋势不明显，存在很大的隐患。<br>2，能源供给不足。一、单位产品能耗大，技术水平不过关，环保和检查不足。二、国内能源供给较少，大多依靠外来进口资源。<br>举例：生物质能具有可再生性、清洁低碳性、替代优势、原料丰富等优点，是继煤炭、石油、天然气后第四大利用能源，是最为广泛的可再生资源，每年我国产生的废弃农作物总量丰富，若不对其进行合理化利用，容易产生资源浪费、利用率低的现象，因此发展生物技术就显得尤为重要，目前我国正在发展的生物能利用技术主要有热化学转化技术、生物化学转化技术、生物质压块细密成型技术等，主要产生可燃气体、焦油、木炭、沼气、酒精、高密度固体燃料等，并且通过制定相关政策来进一步支持发展生物质技术，以此来拓宽领域，大力发展新能源技术。<br>因为其丰富的储量，以及我们日益增长的技术含量，在未来生物质很可能会成为我国主要利用的能源之一，做到资源合理充分利用，不浪费，并且有效地保护环境。 |

图 2-10-3　学生课堂讨论记录

## 第十一节　环境保护与生态文明

**课程负责人：**孙建强

**教学团队：**周庆华、王倪鸣、林春绵、陈金媛、马云、郭金特、罗宏伟、陈景欢

**所在学院：**环境学院

问渠那得清如许？为有源头活水来。

——［南宋］朱熹《观书有感·其一》

## 一、课程概况

### （一）课程简介

“环境保护与生态文明”是一门面向全校本科生开设的社会责任模块的通识选修课程，共32学时，计2学分。课程主要阐述生态环境保护、可持续发展战略、生态文明建设等主题，主要内容包括生态文明、环境问题、环境健康、水环境、大气环境、土壤环境、生态系统、固废问题、噪声控制、环境管理、生态理念、碳中和、绿色能源等。通过本课程的学习，学生能够牢固树立生态文明理念，能够理解未来行业发展对绿色理念的要求，能够结合各自专业特点进行科学的环境保护实践。

本课程设立于1999年，2006年被认定为省级精品课程，2018年建设省级精品在线开放课程，并列为首批校级课程思政试点课程；2019年获得浙江省高校“互联网+教学”优秀案例特等奖；2020年被认定为首批国家级一流课程。

### （二）教学目标

#### 1. 知识目标

（1）深入了解当今社会人类面临的环境问题及其产生过程、应对策略；

（2）理解环境保护相关概念，了解大气、水、土壤等主要生态环境的现状和污染控制技术。

#### 2. 能力目标

（1）从法治角度准确认识环境问题，并科学地理解绿色发展理念、环境保护科学原理和技术；

（2）结合专业特点，分析不同专业存在的潜在复杂环境问题，以适应未来各行各业对生态文明的要求。

#### 3. 价值目标

（1）结合我国生态环境保护的巨大进步和生态文明建设的重要成就，深入理解习近平生态文明思想的内涵，增强政治认同，培养家国情怀；

（2）具有内化的环境保护意识和生态文明理念，并面向行业发展和社会活动，外化于专业实践和社会生活，践行社会责任。

## 二、主要思政元素

本课程以习近平生态文明思想为核心指引，以家国情怀、科学素养、社会责任、法治意识等思政元素为教育目标，从知识传授、能力培养、价值引领三个层面开展教学设计，帮助学生在全面学习生态环境保护科技发展和社会进步的同时，深入理解习近平生态文明思想。

**家国情怀**：通过我国政府在环境保护中的决心、举措和成效（例如蓝天保卫战、浙江省“五水共治”行动等）及其在全球环境治理中的大国担当，增强家国认同感、提升民族自豪感，进行爱国主义教育。

**科学素养**：通过讲授水环境、大气环境和土壤环境的污染问题所涉及的物理、化学和生物基础科学，介绍污染防治技术和对策，培养学生的科学素养。

**社会责任**：通过对环境保护中涉及公民行为的公众参与主题、涉及专业范畴的职业社会责任的介绍和讨论，结合生活和学生不同的专业背景，提供面向未来工作和社会活动的践行环保理念的行动建议，实现对学生的社会责任教育。

**法治意识**：强调国家法治建设的进步在生态环境保护和生态文明建设进程中的关键作用。通过学习我国《大气污染防治行动计划》《水污染防治行动计划》和《土壤污染防治行动计划》等涉及的法律法规以及环境标准体系，使学生了解法律法规在环境保护中的作用，培养学生的法治意识。

## 三、设计思路

本课程以“绿色课程传递红色能量”为课程思政教学设计核心理念，从 3 个层面开展课程思政建设。第一，在理念层面，通过重点讲述习近平生态文明思想在我国生态环境治理进程中的重要指引作用，传播绿色理念和红色思想。第二，在知识层面，讲述近年来国家生态文明建设的成就、环境治理体系的完善，增强学生的家国认同感和民族自豪感，实现爱国主义教育。第三，在行动层面，结合社会生活和不同专业特点，通过提供面向未来绿色发展的行动倡议和行动建议，对学生课外践行环境保护理念提出要求，实现公民素质教育。课程采用线上线下结合的方式开展，本课程思政设计思路如表 2-11-1、表 2-11-2 所示。

**表 2-11-1　“环境保护与生态文明”课程思政设计思路（线上课程）**

| 课程章节 | 重要思政元素 | 相关联的专业知识或教学案例 |
| --- | --- | --- |
| 第一章<br>生态文明新思想 | 家国情怀 | 讲授习近平生态文明思想的定义和内涵、国家生态文明建设的巨大成就，培养学生的家国情怀 |
| 第二章<br>环境问题产生与发展 | 家国情怀<br>社会责任 | 讲授中国环境保护事业发展史、全球环境问题、国际环境治理中中国政府的大国担当等，培养学生的家国情怀；通过讲述“丁仲礼谈节能减排”等案例，强调每一位公民在社会环境治理背后的社会责任 |
| 第三章<br>环境污染与健康 | 科学素养 | 讲授全球环境公害事件及其对人类健康的影响，使学生能够科学、准确、客观地认识环境污染的过程 |
| 第四章<br>水环境保护 | 家国情怀<br>社会责任 | 讲授城市污水治理工程、海洋环境污染等问题，强调近年来国家在环境污染治理过程中的重要举措和巨大成就，激发学生的家国情怀；讲授小区“零直排”工程与居民阳台洗衣机，特别是阐述水污染物问题背后的每个公民的排放，强化社会责任意识教育 |

（续表）

| 课程章节 | 重要思政元素 | 相关联的专业知识或教学案例 |
| --- | --- | --- |
| 第五章<br>大气环境保护 | 科学素养<br>家国情怀 | 讲授大气污染控制技术等内容，认识到其中的科学原理，培养科学素养；通过强调公众参与与公众防护等内容，讲授体现国家环境治理意志的蓝天保卫战等成就案例，传递正能量，激发爱国情怀 |
| 第六章<br>土壤环境保护 | 科学素养<br>家国情怀 | 科学地认识我国土壤污染现状、典型土壤污染修复技术，阐述国家对土壤环境污染治理的重要成就，加强爱国情怀教育 |
| 第七章<br>生态系统保护 | 科学素养 | 科学地认识生物多样性、生物入侵等知识，强调“山水林田湖草是共同体”的生态观、整体观、系统观 |
| 第八章<br>固体废弃物污染 | 社会责任<br>家国情怀 | 讲授固体废弃物的处理、生活垃圾分类要求等内容，实现社会责任意识教育；通过讲述垃圾跨国转移过程中，中国固体废弃物进口管控的严格实施，激发家国情怀 |
| 第九章<br>噪声污染 | 法治意识<br>社会责任 | 讲授噪声的基本知识和控制方法、环境噪声标准制定与使用，强调社会治理过程中的环境问题处理需要以法律为准绳的法治意识；讲授公众参与，提供减少噪声污染的行动建议，践行社会责任 |
| 第十章<br>环境管理体系 | 法治意识<br>家国情怀 | 讲述我国的环保法规体系逐渐完善的过程、国家“水土气十条”等法律法规制度的健全，是国家生态文明制度建设的巨大成就，既可实现法治意识教育，又能激发家国情怀 |
| 第十一章<br>生态理念应用 | 社会责任<br>家国情怀 | 深入分析“共享单车”等案例，强调人人参与减排，实现社会责任教育；通过分析“巴黎协定”等案例，体现中国在全球环境治理中的大国担当，强化家国情怀 |
| 第十二章<br>绿色能源 | 社会责任<br>科学素养 | 讲授能源结构与清洁能源概述等内容，科学辩证地看待新能源汽车环保问题；鼓励学生尽量使用公共交通工具，用行动践行社会责任 |

**表 2-11-2 “环境保护与生态文明”课程思政设计思路（线下专题）**

| 课程章节 | 重要思政元素 | 相关联的专业知识或教学案例 |
| --- | --- | --- |
| 专题一：生态文明思想与内涵 | 家国情怀 | 以生态文明思想、建设美丽中国、生态文明体制等作为中心词，通过思维导图教学等形式展现其对生态文明理念和国家生态文明建设成就，引导学生结合自己的专业特点进行思考 |
| 专题二：环境问题与人类健康 | 科学素养 | 科学地看待环境污染对民众健康的危害与影响途径、环境公害事件及它们发生的缘由和对人类的影响；垃圾跨国转移、全球气候变暖等全球性环境问题的解决方案需要“人类命运共同体”的全球生态观 |
| 专题三：水环境保护 | 社会责任<br>家国情怀 | 讨论黑臭水体整治及其相关水体治理技术，家用饮水机对饮用水安全的影响；探讨普通公民对水体污染的影响，传递社会责任；通过浙江省“五水共治”案例，充分展现党和政府对民众安全饮水问题的高度重视、治理决心、科学举措，传递家国情怀，引导学生讨论水环境保护中的每位公民的行动影响、结合专业特点和未来职业进行实践层面的行动设计，践行社会责任 |
| 专题四：大气环境保护 | 科学素养<br>家国情怀 | 讨论中国雾霾问题及大气污染防治工作的科学原理；针对温室效应、臭氧层破坏、酸雨等全球性大气污染问题的治理，强调我国在全球环境治理进程中的大国担当；讲述蓝天保卫战等案例，展现国家生态文明建设成就，传递家国情怀 |

（续表）

| 课程章节 | 重要思政元素 | 相关联的专业知识或教学案例 |
|---|---|---|
| 专题五：土壤环境与生态系统 | 科学素养 | 讨论家乡或周围土壤污染的情况及相关防治措施；从生态系统的角度，科学地看待外来物种对本地生态的影响，从生态理念进行科学地认识、客观地判断、独立地思考，增强科学素养 |
| 专题六：固体废物与噪声污染 | 社会责任 | 分析垃圾填埋与垃圾焚烧的利弊、对垃圾分类的看法和建议、身边的噪声干扰和解决方案，深入研讨“邻避效应”等案例，鼓励学生用生态、科学、理性的视角去理解问题，增强使命担当 |
| 专题七：环保法规与管理制度 | 法治意识 | 对新环保法实施后的典型违法案例进行分析，进一步研讨国家生态文明制度的完善，强化法治意识 |
| 专题八：清洁生产与节能减排 | 家国情怀<br>社会责任 | 分析巴黎气候协定及我国在巴黎协定中的责任与担当，培养家国情怀；讨论电动汽车与节能减排的案例，鼓励学生在行动中积极践行社会责任 |

## 四、实践案例

### （一）案例 1：通过思维导图教学法围绕习近平生态文明思想进行线下研讨教学

习近平生态文明思想是线下研讨课的重要议题，如何生动有效地将之根植于学生的知识结构中，是一个富有挑战性的教学实践。在研讨课之前，学生需在慕课平台上自主完成“生态文明思想”专题学习，并同步完成相关测验、作业和互动。研讨课上，教师首先就“生态文明思想”线上专题进行知识回顾、拓展和答疑；随后，教师将学生现场分组，采用思维导图方式展开研讨，以加深学习效果，如图 2-11-1 所示。学生可以把生态文明思想、建设美丽中国、生态文明体制等通过思维导图形式展现，并结合我国的生态文明建设的巨大成就，将专业教育、课程思政、理想成才结合在一起。研讨过程中，教师参与到各个小组的讨论中去，帮助学生把握方向，挖掘讨论深度；在了解小组研讨思路的基础上，教师引导并鼓励学生引用案例进行深入分析，以作为后续作品展示的支撑。研讨结束后，各组学生上讲台展示本组作品，教师作点评。

图 2-11-1　学生小组讨论，教师参与其中

### （二）案例 2：通过户外实景教学法开展生态环境设施线上慕课讲解教学

为生动展现课程思政元素，课程组通过摄像机镜头，把课堂搬到了户外实景，提升学生学习的兴趣，激发学生学习的主动性。例如，为了讲解“绿水青山就是金山银山”专题内容，课程组专门到安吉余村拍摄讲解其发源的故事，在农村小微水体边上讲解黑臭水体科技治理措施。为了讲解城市建设中的环境问题，课程组专门去西溪国家湿地公园，通过热气球从高空拍摄，讲解绿色城市建设理念，讲解“人与自然和谐共处”的生态理念。户外实景教学法与慕课教学的深度融合，并通过镜头展现国家建设的进步、环境治理的成绩，进一步增强学生的家国认同感。生态实景讲解课堂如图 2-11-2 所示。鼓励学生无论身处任何行业，都要积极践行环保理念，为国家建设积极作贡献。

**图 2-11-2　生态实景讲解课堂（线上慕课视频）**

### （三）案例 3：通过分层递进教学法开展“电动汽车与节能减排”线下研讨教学

本课程第 8 研讨专题是“清洁生产与节能减排”，对应了线上的“大气环境保护”“生态理念应用”“绿色能源”“全球环境问题”等章节内容。在线上线下教学内容的衔接引导下，安排学生分成五个小组，进行分层次逐步递进的主题研讨。第一层次议题“电动汽车是不是真正环保？”安排两组学生正反方阐述；第二层次议题“你是否愿意购买电动汽车？”安排两组学生正反方阐述；第三层次议题“公民如何践行节能减排？”安排第五组学生主题展示。

研讨过程中，融入丰富的课程思政元素。例如，引用“丁仲礼质疑 IPCC 报告”案例，引导学生科学地看待减排问题，培养科学素养；引导学生要从国家利益层面考虑问题，认识“中国人的发展权”，培养家国情怀。例如，引用“知乎：电动汽车碳排放更高？”案例，引导学生科学、客观、辩证地看待问题，鼓励学生要刻苦学习，早日成长为国家栋梁。例如，引导学生在条件允许的情况下，将来使用电动汽车，践行社会责任。例如，讲述“电动汽车”“节能减排”“国家能源安全”之间的关系，培养学生家国情怀。

## 五、教学效果

目前，“环境保护与生态文明”课程覆盖校内所有本科专业，每年有 1 000 余名学生受益，成为校级热门的通识选修课；同时，与本课程同名称的线上慕课受益面覆盖了全国112所高校的40 000余名慕课学生（截至2021年9月），选课学校包括中国科学技术大学、杭州师范大学、浙江树人学院、大连工业大学、青岛科技大学、广州大学新华学院、天津工业大学、南昌工程学院、大连交通大学、南京工业职业技术大学、内蒙古工业大学等。学评教满意度数据为98.6%。此外，2021年，课程还入选中国科学技术大学线下学分通识课程，教学团队每周赴该校进行线下授课。

自2018年2月，课程开始实施“线上线下混合、大班小班结合、课程思政融合”的教学改革，并以“绿色课程传递红色能量”为课程思政教学理念，努力提升教学效果、强化课程育人的价值目标，在学生的满意度、知识获得感等方面都进一步得到了提升。在浙江省高等学校在线开放课程共享平台上，该课程综合评价为五星；在中国大学慕课平台上，学生评分4.9/5.0，且正面评价率达100%；中国科学技术大学线下授课少年班等学生非常满意率达99%。

在省内高校生态文明通识课研讨会上，参会的课程使用代表一致认为：“该课程的教学形式新颖、课程思政深刻是最主要的特点，课程质量也很高、可用性很强。”基于本课程教学所总结凝练的课程思政教学法，在全校、全省、全国层面的教学会议上多次得到展示，包括全国慕课创新大会、浙江省本科院校课程思政研讨会等。此外，课程还获评浙江省课程思政示范课程，入选“学习强国App”课程、国家教育行政学院课程思政专题培训资料库等。

## 第十二节　大气污染控制工程

**课程负责人：**成卓韦

**教学团队：**於建明、王家德、叶志平

**所在院系：**环境学院

天行有常，不为尧存，不为桀亡。应之以治则吉，应之以乱则凶。

——［战国］荀子《荀子·天论》

### 一、课程概况

#### （一）课程简介

“大气污染控制工程”课程通过讲授污染气象学与大气扩散、颗粒污染物和气态污染物控制技术的基本理论与设计计算，培养学生具备大气污染控制工艺设计、设备开发及技术研发能力。作为环境工程专业核心课程，“大气污染控制工程”课程对推动污染

控制的科学发展和面向未来培养具有创新意识的蓝天卫士有着不可替代的作用。课程十分重视引导学生树立系统观，形成严谨的工程思维，并能运用科学的思想与方法观察问题、分析问题和解决问题，增强环境保护意识。本课程是高等学校环境工程类和环境科学类的主干课程和专业课程，在人才培养计划中，该课程开设在第六学期，计 3 学分。

### （二）教学目标

#### 1. 知识目标

（1）理解和掌握大气污染与污染气象学的基本概念、大气污染物迁移扩散的基本理论、典型污染物的产生理论、颗粒物与气态污染物控制的基本理论；

（2）理解和掌握颗粒物、挥发性有机物（VOC）、硫氧化物、氮氧化物等主要大气污染物的控制技术、工艺及设备原理和特点。

#### 2. 能力目标

（1）具有对一般大气污染实际问题进行分析、计算、总结，提出初步解决方法的能力；

（2）具备一定的国际视野，并能就全球性大气污染问题进行初步的表达与交流；

（3）形成严谨理性的工程素养，能运用科学思维认识大气污染原理、掌握解决大气污染问题的思路，并不断学习行业发展动态，形成自主学习的能力。

#### 3. 价值目标

（1）具有大气污染控制系统设计应用的初步思想，培养学生工程思维；

（2）掌握治理技术的最新研究进展，培养学生勇于创新的科学素养；

（3）体会打赢蓝天保卫战和生态文明建设的深刻内涵，培养学生承担守护一方蓝天的责任感和使命感，增强维护人类命运共同体的发展意识，积极践行习近平生态文明思想。

## 二、主要思政元素

课程从理想信念、法治意识、科学素养、生态文明、团队协作、职业道德、知行合一、社会责任等维度挖掘相应的思政元素。

**理想信念：**通过讲授中国大气污染防治发展历程、相关科研工作者的艰苦奋斗经历、中国与全球大气环境问题等，激发学生爱国爱家的情怀，学习优秀科研工作者的奋斗精神，从全球化的角度去看待问题，保护区域和全球环境空气质量，树立争做蓝天卫士的理想信念。

**法治意识：**通过剖析我国颁布的与环境空气质量、废气排放相关的法律法规，了解如何选用合适的法律法规去规范单位或个人的行为等，培养学生自觉养成在日常工作和生活中遵守法律法规或行业标准的习惯，并形成运用法律法规或行业标准去合规合理评判事物的意识。

**科学素养：**对工艺设计计算、模型推导演算等进行重点分析，让学生在参与式学习过程中体会严谨细致的工作作风，在师生讨论、生生讨论的过程中形成科学素养，培养计算、设计、分析和应用能力，为终身学习、自主学习等奠定基础。

**生态文明：**通过讲授大气污染等环境公害事件背后的故事，让学生真正体会环境保护与人类生活的密切关系，逐渐领会生态文明的内涵，并自觉肩负起宣传保护环境的责任，作为环保工程师守卫好一方蓝天的责任。

**团队协作：**通过团队学习，协作完成课程任务，让学生充分体会个人在团队中的作用、团队对于个人发展的作用，形成团队意识；善于在公开场合表达自己或团队的观点，懂得欣赏自我与欣赏他人。

**职业道德：**培养学生热爱科学研究、勇于攀登高峰、勇于承担社会责任，具备诚实、守信、敬业的优良品德；引导学生不仅要关注工程项目的经济效益，更要关注工程项目的环境和社会效益，将人民的安全、健康和福祉放在首位，培养良好的职业道德。

**知行合一：**通过将污染控制理论、方法等应用在实际问题的解决中，体会理论对实践的指导作用，实践又引发理论创新和验证理论的作用，加深对知识的理解和掌握，做到知行合一。

**社会责任：**通过研讨与蓝天工程相关的热点问题，让学生知责任和明责任，锻炼学生的是非判断能力，培养学生主动承担社会责任的意识。

## 三、设计思路

围绕“一课四维八元素，多元立体全方位”的教学设计理念，组织开展融入思政的教学活动，见图 2-12-1。“一课”即课堂教学，“四维”则指课外学习形式，包括团队维、线上维、实践维和探索维，“八元素”即八大思政元素，包括生态文明、家国情怀、社会责任、法治意识、科学探索、工程伦理、团结协作、职业精神。结合与课程知识相关的重要人物、关键事件、经典理论、大德公德等作为切入点，打造有温度的课程。思政效果评价采用多元的过程性评价方法，课前思政话题讨论，让学生一触心灵；课中渗透思政讲授，让学生再触心灵；课后实践思政活动，让学生三触心灵。

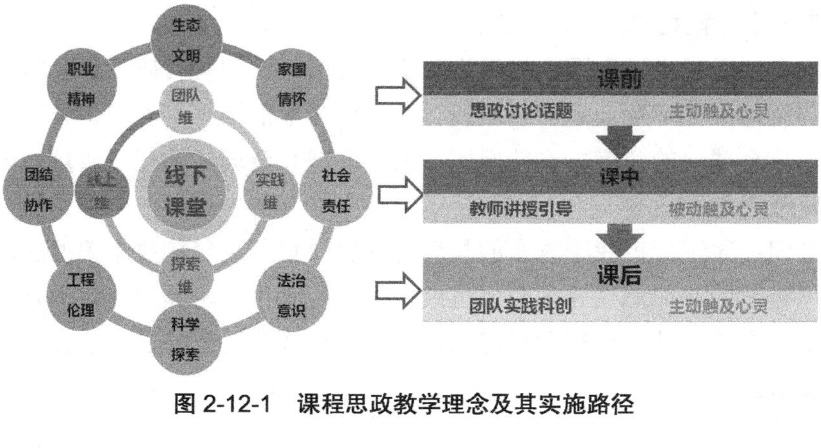


**图 2-12-1　课程思政教学理念及其实施路径**

课程充分挖掘梳理了各章节知识点蕴含的思政元素和案例，运用类比教学法、启发式教学法、讨论教学法等，实现课程思政有机融入专业教学。本课程思政设计思路如表 2-12-1 所示。

**表 2-12-1 "大气污染控制工程"课程思政设计思路**

| 课程章节 | | 重要思政元素 | 相关联的专业知识或教学案例 |
|---|---|---|---|
| 第一章 绪论 | 我国空气污染治理防治历程及成效 | 理想信念 生态文明 | 通过介绍我国环境空气质量管理及污染防控工作历程，结合常态蓝等环境空气治理成效典型案例，触动学生对生态文明的内化理解，激发学生爱国爱家情怀，树立立志成为蓝天卫士的理想信念 |
| | 环境空气质量相关法律法规 | 法治意识 | 通过介绍与大气污染及大气污染治理相关的法律法规，培养学生树立相关法治意识，在从事与专业相关工作时能自觉遵守并运用这些法律法规，去规范自己或他人的行为；列举环境违法事件及处罚方案，让学生体会与环境污染相关的法律法规日趋严格，环境违法事件情节严重时需承担刑事责任 |
| | 可歌可敬的蓝天卫士事迹介绍 | 理想信念 | 通过讲授郝吉明、刘文清等院士守护祖国蓝天的奋斗事迹，把爱国爱家、科技报国、脚踏实地的工作作风展现在学生面前，引起学生共鸣，激发学生向老一辈蓝天卫士学习，努力学好专业知识，树立守护一方蓝天的理想信念 |
| 第二章 大气污染控制工程设计 | 工程设计的规范和程序 | 职业道德 | 通过对工程设计相关规程规范的学习，培养学生形成按照规程规范去设计工程的意识，并在工程设计时首先考虑安全、健康和人类福祉，了解并遵守工程师的职业道德，立志成为一名业务素质过硬、胸怀天下的现代工程师 |
| | 污染物产生量和浓度计算 | 科学素养 | 通过对燃烧方程及其相关知识的学习，让学生能辩证地看待普通化学方程式和燃烧方程式之间的区别与联系，培养学生能用辩证的思维认识事物；在理解有组织和无组织排放在计算源强时差异的基础上，熟练掌握源强的计算方法，从而形成严谨理性的科学素养 |
| | 工程技术经济 | 科学素养 | 通过学习工程经济，让学生从多角度辩证地分析效果和投资之间的内在关系，进而能合理处理经济效益和污染物处理效果之间的关系；在设计污染治理设施时尽量实现经济效益、社会效益和环境效益三者统一，培养学生形成批判质疑的科学素养，深刻理解环保投资就是一把"双刃剑"的内涵 |
| 第三章 颗粒污染物控制技术基础 | 颗粒粒径分布函数 | 科学素养 知行合一 | 通过由浅入深地介绍粒径分布函数，让学生体会科学是在不断验证中发展的，理论是在不断修正下接近现实的，从而让学生理解科学的严谨性、理论的实践性，培养学生具备严谨踏实的科学素养和勇于实践的知行合一精神 |
| | 颗粒物在流体中的运动 | 科学素养 理想信念 | 流体力学伴随着生产实践和科学技术的发展而发展，其中涌现了不少我国著名的历史人物和科学工作者，通过讲授他们的故事，使学生树立"不忘初心，勇于担当"的情怀和境界，并能利用发展的眼光来看待流体力学的发展史，深刻体会社会是在不同观点的碰撞中螺旋式向前发展的 |

（续表）

| 课程章节 | | 重要思政元素 | 相关联的专业知识或教学案例 |
|---|---|---|---|
| 第四章机械力除尘器 | 重力沉降室——单层与多层 | 科学素养 | 由单层重力沉降室的局限性引出多层重力沉降室，通过类比分析获得多层重力室的相关计算公式，并让学生归纳总结单层和多层重力沉降室异同，体会处理效率、装置复杂性和处理费用之间的内在辩证关系，培养学生严谨理性的科学素养 |
| | 旋风除尘器除尘效率公式 | 科学素养<br>团队协作 | 通过与重力除尘设备净化效率的类比，让学生理解掌握旋风除尘器除尘效率计算公式的推导过程；通过团队活动归纳总结机械力除尘器的效率公式及特点，培养团队合作意识，充分体现崇尚实践、用发展眼光看待问题的科学素养，并培养学生自主学习的能力 |
| 第五章电除尘器 | 粒子荷电类型 | 科学素养 | 通过对粒子荷电类型及荷电过程的学习，让学生理解颗粒物荷电过程中两种荷电的区别与联系；根据颗粒物粒径大小判断荷电类型，并能应用正确的公式进行荷电量的计算，培养学生批判质疑和全面看待问题的科学素养 |
| | 电除尘器的除尘效率 | 科学素养<br>团队协作<br>知行合一 | 基于机械力除尘器除尘效率公式的推导过程，通过类比学习和团队学习获得静电除尘效率的计算公式，并对比多依奇（Deutsch）电除尘效率公式，体会不同过程可以获得相同结果，强调人的主观能动性；培养学生敢于探索的科学素养和乐于实践的知行合一精神，力争将复杂过程简单化 |
| | 烟气调质实现高效电除尘 | 科学素养<br>团队协作 | 通过查阅工程案例与团队协作，归纳总结烟气调质的措施及效果，力求实现高效电除尘；基于静电除尘理论，深入探究分析烟气调质和高效电除尘效率之间的理论原理，培养学生科学求真、崇尚实践并主动将理论和实践相结合的科学素养 |
| 第六章过滤式除尘器 | 尘滤尘相关知识 | 科学素养 | 通过讲授尘滤尘与高效除尘、清灰之间的辩证关系，有助于学生更好地掌握理解过滤除尘设备的特点与性能，体会矛盾的两个方面及矛盾调和措施，培养学生运用辩证唯物主义观点看待问题，体现批判质疑和崇尚实践的科学素养 |
| | 过滤式除尘器压力损失 | 科学素养 | 了解压损对于污染治理设备的重要性，掌握过滤式除尘器压损的组成及其计算过程，能够判断压损的决定因素，获得解决高压损的措施及方法，体会事物的多个方面与一个方面的内在辩证关系，形成实证求真的科学素养 |
| | 电袋复合除尘器 | 科学素养<br>团队协作 | 通过团队学习电袋复合除尘器的特点及其应用场景，理解电袋复合除尘器出现的必要性及其特点，体会技术革新在社会发展中的重要性；通过三类电袋复合除尘器介绍，培养学生辩证地看待一个事物的多面性，形成严谨的科学素养 |
| 第七章湿式除尘器 | 文丘里及文丘里效应 | 科学素养<br>知行合一 | 通过讲述文丘里以及他所发现的文丘里效应，举例说明文丘里效应在日常工作和生活中的广泛运用，并向学生传递实践在理论发展过程中作用举足轻重、技术创新是源于多次实践的知行合一理念，培养学生实践探究的意识和能力，从而形成良好的科学素养 |

（续表）



| 课程章节 | | 重要思政元素 | 相关联的专业知识或教学案例 |
|---|---|---|---|
| 第七章湿式除尘器 | 湿式除尘器吸收液产生的二次污染 | 生态文明<br>团队协作 | 引导学生主动思考除尘器产生吸收液的处理处置方法，并通过讨论提出切实可行的解决措施，培养学生形成在开展污染治理时也要防治二次污染并进行有效消除的意识，树立良好的预防污染的生态理念，能在今后的工作中自觉主动维护生态环境 |
| | 各种除尘器的优缺点 | 科学素养<br>团队协作 | 在总结各种除尘器的优缺点和应用场景的基础上，形成选择依据和选择过程，通过绘制思维导图理解掌握除尘设备的研究现状及发展趋势，并能理解除尘器发展趋势的理论基础，掌握理论对于发展变化的重要性，培养学生自我学习的科学素养以及团队协作的学习精神 |
| 第八章气态化合物控制技术基础 | 两类典型化学反应器推导 | 科学素养<br>知行合一 | 通过类比教学法让学生在典型化学反应器反应速率公式的推导过程中体会技术创新和发展的漫长和艰辛，同时深刻理解技术进步也是源于多次实践的结果，体会技术与实践之间的辩证关系，形成勇于实践创新的科学素养 |
| | 气体吸附理论的发展史 | 知行合一 | 通过教师引导讲授吸附的发展历史及多种吸附理论，让学生体会理论的发展应当是百家争鸣、百花齐放，这样获得的理论才会无限接近真理；同时让学生体会理论是不断发展和修正的，要用辩证发展的眼光看问题，体会人的主观能动性对科学发展的推动作用，体会实践的重要性 |
| 第九章VOCs污染控制技术 | VOCs防治政策 | 理想信念<br>生态文明 | 通过介绍国家开展VOCs整治的必要性、相关政策与法律法规等，提升学生对现阶段我国环保国情的认识、对人类面临全球性挑战的认识，深刻理解人类命运共同体的内涵与价值，体会生态文明在中国的践行，从而树立起守卫祖国蓝天的理想信念 |
| | VOCs污染控制技术比选原则 | 科学素养 | 通过讲授高浓度和低浓度VOCs治理技术的原理、工艺特点等，让学生知道工艺的选择都是有理有据的，要根据污染物的成分、浓度、污染控制要求等去进行工艺比选和技术筛选，培养学生严谨理性的科学素养，形成工程师应具有的工程化思维 |
| | 生物净化VOCs的研究进展 | 理想信念 | 通过介绍浙工大教师在废气生物净化领域所取得的研究成果，科研反哺教学，让学生体会技术的变革以及科研工作者潜心研究、勇于探索的品质，同时增强学生作为浙工大环境学子的自豪感，树立科研创新的理想信念，并愿为守护祖国蓝天贡献自己力量而努力学习 |
| 第十章含硫气态污染物控制 | 硫氧化物长距离传输 | 生态理念 | 通过介绍硫氧化物长距离迁移会造成全球环境问题这一现象，引发学生思考对策措施，提升学生对人类面临的全球性挑战认识，深刻理解人类命运共同体的内涵，体会部分与整体之间的辩证关系，并能在未来的生活中自觉用生态文明的意识去约束行为，共同守护同一片蓝天 |
| | 石灰石/石膏湿法脱硫相关知识 | 科学素养<br>知行合一 | 通过湿法脱硫工艺及其改良措施，让学生理解技术的发展是一个辩证的过程，技术不是一成不变的，而是在不断创新和应用实践中发展的，同时让学生理解技术创新及其改良是源于多次实践的结果，培养学生形成勇于实践和勇于创新的科学素养 |

（续表）

| 课程章节 | | 重要思政元素 | 相关联的专业知识或教学案例 |
|---|---|---|---|
| 第十章含硫气态污染物控制 | 各种脱硫技术综合比较 | 团队协作<br>职业道德 | 采用团队学习的教学形式，让学生通过归纳总结烟气脱硫工艺的特征和优缺点，掌握各种脱硫技术的比选原则，在团队学习合作中灵活运用并能根据实际工况正确选择合适的工艺，培养学生合作意识，并能公开表达自己的观点；另外，在工艺比选中要首先考虑安全和健康的因素，理解安全和健康是企业的生命线 |
| 第十一章氮氧化物污染物控制 | 三种类型 $NO_x$ 的辨析 | 科学素养 | 通过讲授三种 $NO_x$ 形成过程，让学生能够明晰热力型和瞬时型 $NO_x$ 的形成原因，体会热力型 $NO_x$ 对于 $NO_x$ 控制的重要性，培养学生能用辩证的观点看待问题，形成批判质疑的科学素养；同时通过学习热力型 $NO_x$ 的控制措施，理解其有效控制的三个阶段，培养形成科学治气的思维 |
| | SCR 催化剂研究进展 | 科学素养<br>知行合一<br>理想信念 | 通过讲授国内外选择性催化还原（SCR）催化剂研究的最新进展，让学生体会催化剂制备技术是在不断实践中改良和发展的，体会实践推动技术变革，形成勇于创新、勇于实践的科学素养；尤其重点讲授我国科研工作者在 SCR 工艺上所做的工作，突出技术的新颖性和领先性，培养学生自豪感，立志从事科学研究、推动科技进步的理想信念 |
| 第十二章移动源废气污染控制 | 中国机动车污染防治历程 | 理想信念<br>生态文明 | 通过归纳总结我国机动车污染防治历程和油品质量不断改善过程，让学生体会社会经济发展与环境保护之间的辩证关系，不能以牺牲环境的代价来换取社会经济发展，培养学生立志保护环境；同时，能用发展的眼光看待问题，能主动探寻社会发展和环境保护之间的平衡点 |
| | 控制机动车污染的政策措施 | 社会责任<br>生态文明<br>团队协作 | 通过团队讨论和学习，让学生清楚目前我国和浙江省对机动车污染控制采取的措施和管理经验，同时发挥学生的主观能动性，提出一些更有效可行的措施，培养学生主动承担社会责任，主动保护环境、保护自然的意识 |
| 第十三章气体收集输送系统的设计 | 有限空间的通风换气量 | 职业道德<br>法治意识 | 通过讲授工程设计案例，让学生体会在计算通风换气量时，必须经过实际调研，了解所处有限空间的类型、污染物种类等信息的重要性，进而通过查阅相关标准或规范获得相关信息，在工程设计和实践中准确应用，培养学生形成工程思维并具有良好的职业道德 |
| | 管网系统设计 | 科学素养<br>知行合一 | 通过管网设计讲解及训练，培养学生不畏困难、坚持不懈的探索精神，培养学生勇于实践的精神，让学生切身体会只有亲身实践，才能对所学知识的掌握程度进行评判，让学生通过实践形成实证求真的科学素养，体会实践是检验真理的唯一标准 |
| | 风机的选型 | 职业道德 | 通过安全系数及相关计算，让学生能够基于工程相关背景知识分析建设项目对社会安全、工程运行稳定等方面的影响，培养学生在工程设计时首先考虑安全、健康和人类福祉，知道安全是生命线，往往一点疏忽就会造成巨大损失，从而培养学生自觉遵守工程师的职业道德 |

（续表）

| 课程章节 | | 重要思政元素 | 相关联的专业知识或教学案例 |
|---|---|---|---|
| 第十四章污染物扩散和排气筒设计 | 影响大气污染扩散因素 | 理想信念<br>生态文明 | 全球气候变暖的过去与未来是基于历史观测和模型预测获得的，历史观测充分体现了人类的主观能动性，可以通过科学手段获得气温的发展历史，特别是我国学者在历史气温观测方面所作的贡献，培养学生立志从事科学研究的理想信念；同时也要培养学生作为环境工作者的使命感，时时刻刻践行并宣扬生态理念 |
| | 大气污染扩散的预测 | 科学素养 | 通过对几种大气扩散和预测模型推导过程的讲授与讨论，让学生理解掌握模型简化的重要意义及其合理性，体会事物发展的必然性，并体会复杂事物简单化所带来的工作便捷和优点，培养学生能运用辩证思维认识事物、解决问题等严谨理性的科学素养 |
| | 排气筒的高度及计算 | 科学素养<br>法治意识 | 排气筒高度的确定是一个非常烦琐的过程，需要学生理解后去计算求解；通过对这一知识点的讲授，使学生能够养成不畏困难、坚持不懈的探索精神，形成实证求真的科学素养；同时，培养学生主动查阅规范或标准，获取关键信息来规范指导工作的意识 |

## 四、实践案例

### （一）案例 1：颗粒物在流体中的运动与科学家的家国情怀

在讲授颗粒物的受力分析及运动轨迹知识点时，必然会涉及流体力学的相关知识。流体力学是力学的一个重要分支，与其他自然科学一样，流体力学也是随着生产实践的深入和科学技术的进步而发展起来的，离不开许多研究者艰辛而卓越的探索，其中包括我国的一些著名历史人物和科学家，如李冰、周培源、钱学森等。“两史教育”与颗粒物运动分析如图 2-12-2 所示。通过讲授他们奋斗的故事，激发学生的民族自豪感，形成文化自信意识，并引导学生作为新时代的大学生，要积极汲取知识，要有“不忘初心，勇于担当”的情怀和境界。同时，通过叙述流体力学的发展史，让学生体会科学技术是不断发展变化的，经典理论只有一次次修正才能无限接近真理，要有探索和创新精神，要有批判质疑的态度，只有这样，社会才能不断发展进步。

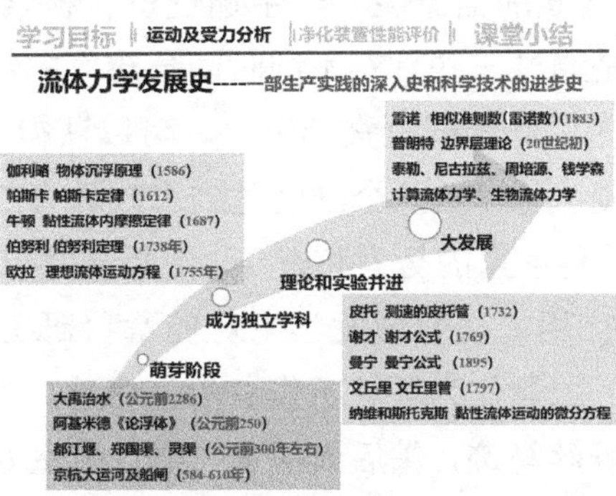


图 2-12-2 “两史教育”与颗粒物运动分析

该知识模块采用类比教学法和启发式教学法。类比已掌握的知识，加深对新知识的理解；通过启发式教学，让学生在一问一答的互动中主动获取知识，提升对课程的兴趣。

## （二）案例 2：废气生物净化研究进展与使命担当

结合浙江工业大学环境学院在废气生物净化领域持续开展 20 余年的研究过程及成果介绍，如图 2-12-3 所示，让学生切身体会到科研就在身边、创新就在眼前的科研转化过程，强化学生爱国爱校的意识，树立勇于探索、不畏困难的信心。教师通过介绍研究团队围绕改善污染物水溶性和可生化性两个角度开展的持续研究工作及研究成果，从问题诊断—基础研究—应用研究—实际工程展开介绍，重点突出科研成果的转化，突出研究团队瞄准实际工程问题开展的研究性和创新性工作，“把论文写在祖国大地上”，激发学生努力学习的热情。

结合具体实例介绍废气生物净化研究进展，提高学生对科学研究的认识并引导学生树立正确的科研与实践观。通过师生讨论，体验科学研究的各个阶段的关键问题及解决方法，为今后有志于从事科学研究的学生奠定一定的知识实践基础。

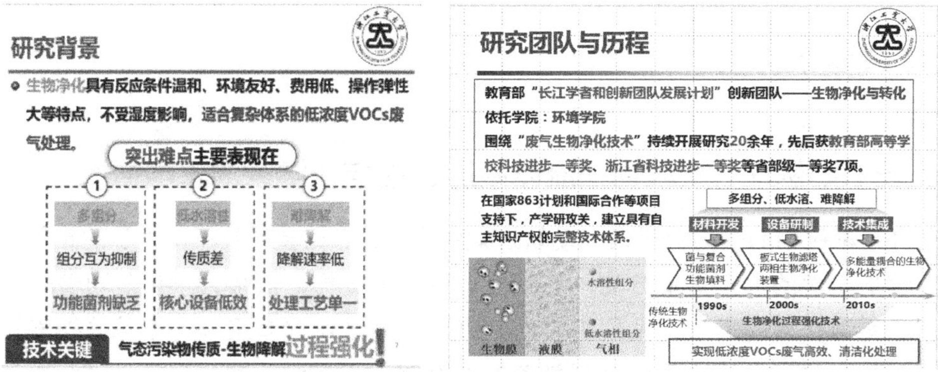


图 2-12-3　浙工大特色的科研成果介绍

## （三）案例 3：历史气温信息获取与创新精神

全球气候变暖已经是不争的事实。许多研究者都想迫切地了解未来气候或气温是如何变化的，其基础是基于过去气候的变化过程。而气象观测的记录只有近一二百年的历史，那如何获得古代气候的信息呢？学生通过资料检索等可以获得相应的方法。在这些方法中，最常用的是通过一些具有不同时间分辨率的物体，如冰芯、树木年轮、黄土等，利用现代分析技术，结合同位素分析等，可以获得时间尺度 $10^0$ ～ $10^6$ 年的气温信息。通过该案例的讲授，可以从两个维度达到思政教育的目的。一是创新的力量。一些看似不可能的事，通过科学家的努力和奋斗，不断开发出新的技术，达到预期效果，充分说明了主观能动性的作用，从而激发学生对前辈科研工作者的敬佩之心，树立爱国爱家爱人类的家国情怀。二是作为环境工作者的使命感。“人过留名，雁过留声。”过去的事情总会留下种种蛛丝马迹，供后人探索。结合温室效应及气温研究这一案例，让学生进一步认识到在学习、生活中的言行都会留下不可磨灭的印迹，因此要铭记初心，坚持理想，脚踏实地地走好每一步，时时刻刻牢记环境工作者的初心，肩负起工程师的使命，积极践行生态文明。

通过讨论式教学法，要求学生查阅相关资料以获得气温变化趋势曲线，并要求了解几百年前的气温是如何获得的，进而引发学生思考，让学生体会人类的伟大，增强自豪感；结合讨论，作为环境工作者，如何通过自己的努力去减缓全球变暖进程，身体力行，践行生态理念。

## 五、教学效果

在专业内容与思政元素同向同行的实施过程中，课程教学团队探索出了一条适合工科专业课程的教学模式，真正实现了“育人有温度，润物细无声”。

### （一）学生科研和实践能力逐年增强

近 5 年来，学生参与的与废气相关的科研项目、省级及以上学科竞赛获奖数目每年都在增加，表现出了良好的专业素质和创新意识。如李傲狄、徐展鸿等科技作品“景观式恶臭废气净化系统”获第三届浙江省大学生环境生态科技创新大赛一等奖，郭涛等科技作品“有机废气的‘清道夫’——真菌－细菌复合菌剂的构建及其应用”获第十五届“挑战杯”全国大学生课外学术科技作品一等奖，徐丹华等科技作品“新型复合菌剂和生物填料——杭州博派汀生物技术有限公司”获第五届浙江省“互联网＋”大学生创新创业大赛银奖，如图 2-12-4 所示。

**图 2-12-4　学生竞赛获奖及科研立项情况**

依托学生社团绿色环保协会，开展了一系列与“蓝天”有关的环保公益活动和志愿活动，学生所学的课程知识为这些活动提供了强有力的专业支撑，见图 2-12-5。如 2019 年 12 月 8 日绿色环保协会组织了第十届在杭高校绿色论坛暨杭州市“蓝天保卫战　我是行动者”环保知识讲师赛，旨在选拔一批蓝天保卫战代言人，向社会公众宣传相关政策；制作了蓝天保卫战相关视频，进社区、入学校，为社区居民、小学生普及科学知识，让“蓝天行动”深入民心，让小学生从小就树立争做蓝天小卫士的理想抱负。另外，学生还在《中国环境报》等媒体平台发表了环境类文章，以体现环境人应有的社会责任。

**图 2-12-5　课程知识支撑学生社团活动**

## （二）课程效果评价

课程学习成绩优良率和满意度显著提高。2017 级和 2018 级课程总评成绩 80 分以上的比率分别为 18% 和 31.8%，提高了约 1.8 倍；课程完全满意人数比例提高了 1.25 倍，如图 2-12-6 所示。

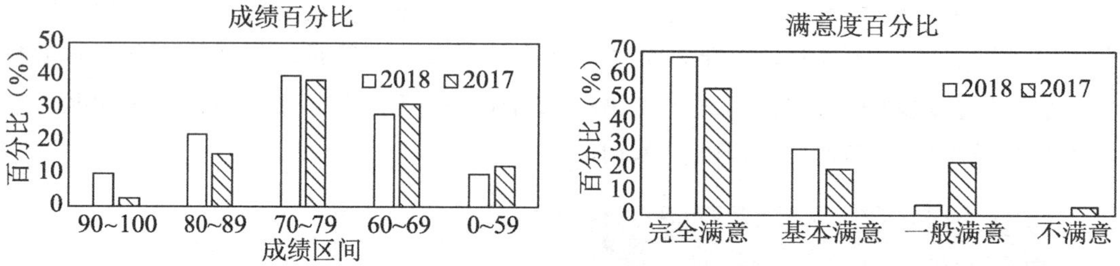


**图 2-12-6　学生成绩及对课程满意度**

# 第十三节　生物工程设备

**课程负责人：** 王远山

**教学团队：** 牛坤、程峰、吴哲明、郑裕国、徐建妙、宋晓菲

**所在院系：** 生物工程学院

工欲善其事，必先利其器。

——［春秋］孔子《论语·卫灵公》

## 一、课程概况

### （一）课程简介

“生物工程设备”是生物工程专业的主干课程，是在“微生物学”“生物化学”“物理化学”和“化工原理”等课程学习的基础上，开设的有关生物加工过程设备的原理、构造、设计及应用的一门专业课。“生物工程设备”主要研究生物工程及设备的相关问题，即从生物工程的研究内容和范畴出发，根据生物工程设备共性技术，阐述生物生产过程中主要设备的工作原理、设计方法和设备的选型等内容，具有明显的工程化特色。通过课程着力培养学生具有创新精神、实践能力和社会责任感，具有解决复杂生物工程问题的能力，能够引领生物技术产业发展的高素质工程技术人才。

本课程经过近40年的持续建设，先后入选浙江省精品课程（2007年）、国家精品课程（2010年）、国家精品资源共享课程（2013年）、浙江省一流课程（2019年）、国家一流本科课程（2020年）和浙江省首批课程思政示范课程（2021年）。自2017年根据工程教育认证要求全面推行设计能力强化以来，毕业班学生都要进行毕业设计或毕业小设计，其主要内容就是生物工程设备的选型。在浙江工业大学生物工程学院生物工程专业人才培养计划中，该课程于第六学期开设，共40学时，计2.5学分。

### （二）教学目标

#### 1. 知识目标

掌握复杂生物工程问题的设计、研发等所需的生物加工过程与装备设计、选型、应用操作等知识。

#### 2. 能力目标

能够将生物加工过程与设备的知识和设计规范等用于生物工程产品市场方案和生产工艺的设计；能够针对复杂生物工程问题中的设备选型等问题，根据对象特点，设计生物工程设备并进行优化、调整和改进。

#### 3. 价值目标

具备引领生物技术产业发展、服务人民需求的家国情怀、社会责任感和奉献精神，树立爱国、敬业的人生观和价值观，确立求真、务实、创新、担当的科学精神和创新精神，并能够践行社会主义核心价值观。

## 二、主要思政元素

生物技术产业是我国战略性新兴产业，也是国民经济新的增长极，近年来发展迅速。生物工程设备是我国生物技术成果产业化的核心和关键，关系着国计民生，也是无数科研工作者奉献爱国、勇攀高峰、奋发进取的成果结晶，蕴含着丰富的思政元素，如图2-13-1所示。作为一门专业主干课程，“生物工程设备”课程组坚持立德树人和社会主义核心价值观育人理念，根据生物工程专业教学质量国家标准和工程教育认证要求，秉持“以学生为中心、产出导向和持续改进”的教学理念，致力于激发学生内在潜力和学习动力，培养学生的科研精神、创新创业意识和社会责任感。

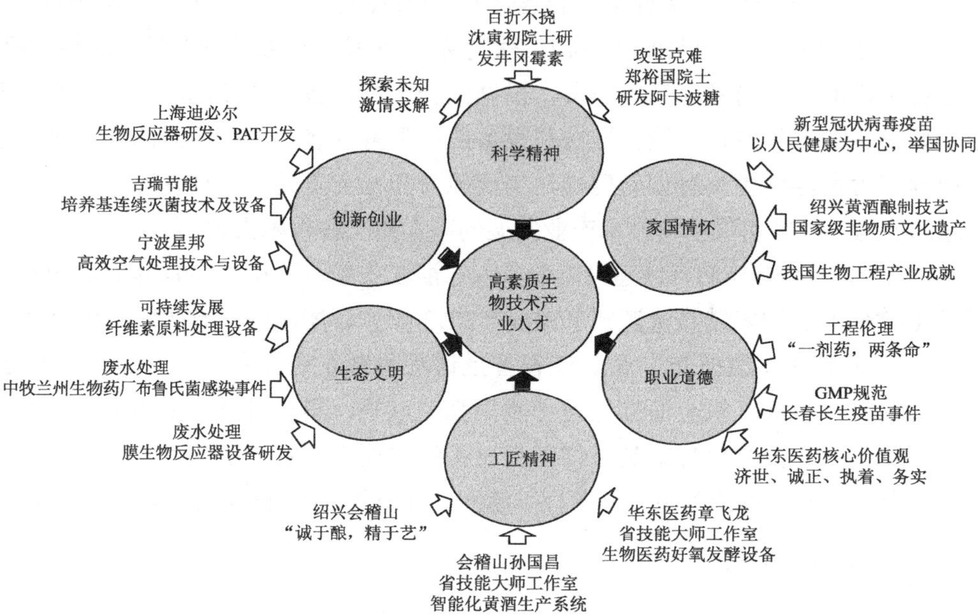


**图2-13-1　由课程相关知识点凝练的课程思政元素**

**家国情怀**：党和政府高度重视生物技术产业，将其列入战略性新兴产业，生物技术产业也将成为国民经济的主导产业和新的增长极。经过不懈努力，我国生物技术产业取得了巨大的成就，为经济社会发展作出了重大贡献，也凸显了社会主义制度的优越性。部分领域已从改革开放前的落后到目前领跑，初步实现了“Me too”到“Me better”和“Me first”的转变。在工业生物技术和生物工程设备研发方面也是如此。通过介绍这方面的发展历程和成就，强化学生的爱国情怀。

**理想信念**：我国社会主义建设成就和生物技术产业发展充分彰显了社会主义制度的优越性和中国共产党领导的先进性。通过新型举国体制进行新型冠状病毒疫苗高效、快速研发和生产，并免费提供给人民群众使用，有效地减缓了疫情传播等典型案例，让学生了解为什么中国共产党“能”、马克思主义“行”、中国特色社会主义“好”，坚定其爱国主义精神并献身社会主义建设事业。

**科学精神**：在我国生物技术产业赶超过程中，广大科研工作者夙兴夜寐，攻坚克难，秉持实事求是精神，勇攀科研高峰，树立了座座丰碑。通过向榜样学习，培养学生探索未知、激情求解的科研精神和奉献意识。

**辩证思维**：生物技术产业是一个多学科交叉融合的领域，而辩证思维方法则是科学研究中常用的思维方法。通过案例学习，培养学生的归纳和演绎、分析和综合、抽象和具体等能力，进而养成辩证的思维方式，能够从多个方面认识和理解生物技术产业实践中的各种问题并针对性加以解决。

**职业道德**：生物技术产业产品关系国计民生，覆盖人类生活的方方面面，尤其是在医药和食品领域，与健康密切相关，法律法规有着严格的规定，要求从业人员具有良好的职业道德素养。通过现场调研、专家授课和专题研讨等形式，了解产业发展与社会可持续发展的关系，体会良好生产规范（GMP）等法规对和谐社会建设的重要性，培养学生的法规意识和职业道德素养。

**创新精神**：生物技术产业的迅速发展离不开广大企业家、研发骨干等有志之士的艰苦付出和拼搏，通过企业现场调研和专家进课堂授课，了解产业发展与国际先进技术的差距，了解企业发展面临的挑战和人才需求，强化学生的工程创新能力和使命意识，培养学生创新创业的精神。

## 三、设计思路

课程教学依托国家精品课程、国家精品资源共享课程和国家一流线下课程建设，结合课堂授课，构建了以课堂教学为主、线上学习为辅的线上线下有机结合的教学模式。在教学过程中将思政元素有机融入课堂教学，如在生物工程设备研发历史上挖掘的励志素材，能使学生不仅了解生物技术产业典型成果和重大突破中的中国元素，还能培养其爱国情操和励志精神；通过案例教学对设备研发、科研攻关中的失败、弄虚作假等现象进行批判教育和辩证分析，引导学生主动思考，培养学生的诚信理念和挫折耐受能力；强化生物工程实践中的“环境—健康—安全”（EHS）、良好生产规范（GMP）等教育，并结合典型案例分析，培养学生的职业道德素养和法治意识；组织研讨教学，先布置相关主题，让学生预先查阅文献，然后进行研讨，在学生发言、小组讨论后，教师进行点评，进一步强化思政教育；进行教学效果评估与追踪，根据学生反馈进行改进。同时，课程对接产业需求，通过校外实践基地现场教学、企业专家进课堂等形式引导学生主动学习，培养学生的家国情怀、职业道德精神和创新创业意识。本课程思政设计思路如表 2-13-1 所示。

**表 2-13-1　“生物工程设备”课程思政设计思路**

| 课程章节 | 重要思政元素 | 相关联的教学案例 |
|---|---|---|
| 绪论 1<br>我国近 20 年来工业生物技术成就 | 制度自信<br>家国情怀 | 教师以新型冠状病毒疫苗研发、供给为典型案例，突出我国以人民健康为中心、举国协同的制度优势，并与国外混乱乃至争抢疫苗的现象对比，彰显社会主义的制度优势 |
| 绪论 2<br>生物工程设备推动生物技术产业发展：我国第一个生物农药品种井冈霉素的研究和开发 | 科学精神<br>知行合一 | 课前让学生查阅并在课堂上介绍井冈霉素的故事，教师予以引导，并从“探索未知、激情求解”院训引出沈寅初院士经过数万次努力才发现井冈霉素，并致力于其推广应用的事迹，让学生讨论什么是科学精神 |

（续表）

| 课程章节 | 重要思政元素 | 相关联的教学案例 |
| --- | --- | --- |
| 第一章<br>生物质原料预处理设备 | 可持续发展 | 拓宽学生视野，举例说明哪些可以作为生物质原料用于生物技术产业，课程教学中引入可再生生物质预处理加工过程与设备 |
| 第二章<br>培养基连续灭菌过程及装备 | 锲而不舍<br>艰苦奋斗<br>工匠精神<br>辩证思维 | 以全国创新创业优秀企业石家庄吉瑞公司年逾七旬的董事长再创业开发的超节能超高温连续灭菌系统等为范例进行点评，让学生们体会其艰苦奋斗精神；根据培养基灭菌的一对主要矛盾（杂菌杀灭程度和培养基营养成分破坏），让学生通过计算和举例，了解绝对与相对的关系，建立辩证思维，从不同角度分析问题并解决问题 |
| 第三章<br>生物反应器设计基础：生物工程产品生产装备、流程及合规要求 | 社会主义核心价值观<br>工程伦理 | 生物技术产业产品生产对设备要求严格，但有些企业蓄意造假，以降低成本、牟取私利，此种行为害人害己，必将受到严惩；课前让学生查阅疫苗生产规范并了解长春长生公司违法违规生产冻干人用狂犬病疫苗事件，其造假造成的严重后果及受到的强制退市和重罚，让学生了解生物工程设备的规范性及重要性，确立工程伦理意识和社会主义核心价值观 |
| 第四章<br>生物反应器设计结构 | 创新精神<br>使命感<br>四有新人 | 以上海迪必尔公司为创新创业范例，让学生了解生物反应器行业从业人员创新精神和使命感；以郑裕国院士 20 余年潜心攻关低高径比气升式反应器为例，让学生查阅文献，了解郑院士从实验室研究直至建立基于新型低高径比生物反应器，年产 1 200 吨中华被毛孢菌丝体智能生产线的事迹，树立以国家需求为导向的科研攻关精神 |
| 第四章<br>厌氧发酵及厌氧生物反应器 | 传统文化<br>工匠精神 | 参观会稽山黄酒博物馆、会稽山绍兴酒股份有限公司智能化酿造车间，体验中国非物质文化遗产——绍兴黄酒酿制技艺，领略“诚于酿，精于艺，集大成者于会稽”的工匠精神 |
| 第五章<br>生物反应器放大与检测 | 职业道德<br>社会责任感 | 采用迪必尔公司开发的 T&J Dynamix 生物反应器模拟放大软件模拟放大过程，了解我国在生物反应器研发及过程放大等方面的突出成就；介绍我国著名生物化工专家张嗣良教授及团队开发的生物过程工程多尺度理论体系，成功应用后打破国际垄断，实现进口替代并占领国际市场的先进事迹 |
| 第六章<br>生物工程产品分离纯化设备：生物工程产品质量要求 | 职业道德<br>社会责任感<br>底线意识 | 课前让学生查阅了解药品生产 GMP 规定及其必要性，并带领学生赴华东医药公司现场参观，领略公司发展成就及其“济世、诚正、执着、务实”的企业核心价值观，体会“一剂药，两条命”的职业道德感、社会责任感和底线意识 |
| 第六章<br>生物产品分离纯化设备 | 爱国主义<br>专业认同 | 从膜材料在分离纯化设备中的应用，延伸到我国膜材料的飞速发展及取得的成就，如何通过科技创新解决膜材料的“卡脖子”技术，让学生领会爱国主义精神、创新精神并强化专业认同 |
| 第七章<br>空气供给工程与设备 | 创业精神<br>工匠精神 | 宁波星邦公司总经理、兼职教师陆飞浩高工进课堂讲授空气处理技术及设备的同时介绍其创业经历，让学生了解空气预处理设备对生物技术产业的重要性，感受相关领域从业者的创业精神和精益求精的工匠精神 |
| 第八章<br>生物工程企业发酵尾气的处理 | 社会责任感<br>法治精神 | 让学生课前查阅生物产业企业 EHS 规范等资料及新闻，了解发酵尾气成分、环境影响及处理工艺和设备，教师以兰州中牧生物药厂布鲁氏菌感染事件为反面案例，让学生体会“法治、敬业、诚信”的要求，并培养其社会责任感 |

## 四、实践案例

### （一）案例 1：榜样引领——培养学生的科研精神和积极的人生观、价值观

**课程知识点：**我国生物技术产业发展及成就。

**教学目的：**引导学生了解我国生物技术产业的榜样人物，促进科学精神和积极的人生观及价值观的养成。

**教学设计：**以我国“生物农药之父”、生物化工专家沈寅初院士的科研生涯为例，以学术报告及沙龙的形式和学生进行交流，见图 2-13-2。通过沈寅初院士的事迹，彰显一名老党员的爱国之情和对科研事业的热爱，他的成功不是偶然的，而是面向国家和人民的需要，长期全身心投入，坚持探索未知、激情求解的结果。

**图 2-13-2　沈寅初院士与师生共话成长成才**

**教学内容：**沈寅初院士长期从事生物农药和生物化工的研究，几十年如一日，始终保持探索未知、激情求解的科研精神，在生物化工领域不断拓展深耕，并将科研成果产业化，为中国生物农药工业奠定了基础。在 20 世纪 60 年代，沈寅初院士针对水稻纹枯病发病严重的情况，经历了上万次的实验失败后，在位于井冈山革命老区的吉安县发现了一种微生物，它的代谢产物能高效防治水稻纹枯病，这种代谢产物由此命名为井冈霉素。作为一名党员和科研工作者，他也总是这样教导自己的学生：“科研选题要有创新性，要能够解决有关国计民生的重大需求，成果要有产业化前景，教师和科研人员一定要摸准国民经济发展的脉搏，一定要了解国家的需要和世界的前沿。”在工作中，沈寅初院士甘为人梯、不计得失、无私奉献，帮助青年教师成长，不仅学术造诣高深，气度更宽宏，自称只是个科研成果转化的启动因子。

**课程思政：**沈寅初院士几十年如一日探索未知、激情求解，成功开发了井冈霉素等生物农药，也开创了我国生物化工技术在大宗化学品中应用的先河。秉持科学报国、服务国家和人民、团队精神是他成功的基础。通过让学生学习老一辈科学家攻坚克难、知行合一、勇攀高峰和无私奉献的精神，有助于学生科研精神、爱国情怀的养成。

## （二）案例 2：实践教学——职业道德教育

**课程知识点：**GMP 管理。

**教学目的：**通过范例让学生了解生物技术产业产品的生产过程，以及生物医药生产过程中遵守规范的重要性。

**教学设计：**通过对生物医药行业龙头企业华东医药股份有限公司等现场调研和学习交流，了解生物工程产品质量控制、企业质量管理及建立健全监督体制的重要性，帮助学生树立生物技术产业的职业道德。

**教学内容：**生物技术产业产品尤其是作为特殊商品的药品，与人的健康息息相关。而药品的重要性和特殊性，更决定了在药品研究、生产、流通和使用全过程中，必须建立严格的质量管理及监督体制。“一剂药，两条命”，既是以产品零缺陷为基础的质量总目标，也是企业质量文化建设的要求。课程将其作为企业文化案例引入教学，并在 GMP 管理知识点教学中组织学生到华东医药股份有限公司等行业龙头企业现场调研，了解生物技术产业市场的职业规范和企业担当，引导学生将个人发展融入健康中国战略，见图 2-13-3。

**图 2-13-3　实践教学**

**课程思政：**我国已成为生物技术产业大国，多种产品产量尤其是抗生素等长期位居世界第一。生物技术产业的发展和成功取决于企业遵循 GMP 管理和各项法规以及从业人员坚持职业操守的基础之上。“一剂药，两条命”是企业的生死底线，而 GMP 等法规从源头确保了产品质量。这些法规意识和职业道德对于企业的发展壮大至关重要，也是个人成功的关键因素。

## （三）案例 3：研讨式教学——通过兰州布鲁氏菌感染事件和长春长生疫苗事件进行职业道德教育和法治教育

**课程知识点：**空气净化调节设备、GMP 管理。

**教学目的：**通过反面事例介绍让学生了解生物技术企业空气洁净度控制以及遵守 GMP 管理的重要性。

**教学设计：**以 2018 年长春长生疫苗事件和 2019 年兰州中牧生物药厂布鲁氏菌感染事件及其带来的严重后果为反面案例，说明生物技术产业企业遵守 GMP 管理和发酵尾气净化处理规程的意义，并帮助学生树立职业道德观和法治意识。

**教学内容**：生物工程产品如果违规生产，会造成严重后果。2018年，长春长生生物科技有限责任公司编造冻干人用狂犬病疫苗的生产记录和产品检验记录，随意变更工艺参数和设备，影响恶劣，被强制退市并受到严惩重罚。2019年，兰州中牧生物药厂在兽用布鲁氏菌疫苗生产过程中使用过期消毒剂，致使生产发酵罐废气排放灭菌不彻底，携带含菌发酵液的废气形成含菌气溶胶，造成大范围布鲁氏菌感染，被关停车间、撤销药品生产许可证。课程分别在空气净化调节设备知识点和GMP管理知识点引入兰州布鲁氏菌感染事件和长春长生疫苗事件为反例，要求学生查阅相关资料并进行研讨，以认识违法违规对患者生命和企业生命带来的严重后果，强调职业道德和规范，增强底线意识，见图2-13-4。

图 2-13-4　课程组教师组织同学们进行研讨

**课程思政**：依法依规生产是生物技术企业的立业之本，当企业疏忽大意乃至利欲熏心、弄虚作假时，必将害人害己。长春长生生物科技有限责任公司是蓄意造假的反面典型，而兰州中牧生物药厂则是没有严格执行操作规范的反面典型，两者都造成了极大的社会危害，企业也受到了严厉的惩处。这再次说明了遵守职业道德和法律法规的重要性。

## （四）案例4：产教合作、协同育人，培养创新创业精神

**课程知识点**：生物反应器设计基础和生物反应器放大等。

**教学目的**：通过产教合作、协同育人，培养学生创新创业精神及环境保护意识。

**教学设计**：邀请生物技术产业设备研发和制造的企业专家走进教室，介绍相关设备的研发历程、企业发展心得体会、社会责任感等，帮助学生树立创新创业精神和环境保护意识。

**教学内容**：课程内容与生物技术产业生产实际联系密切，为深化产教融合育人，课程邀请企业领导和专家为学生讲授相关章节知识点，并介绍企业创新创业历程（见图2-13-5）。如邀请宁波星邦生化设备有限公司负责人讲授“空气供给工程与设备”章节、邀请阿法拉伐公司技术专家进课堂讲授固液分离设备。宁波星邦生化设备有限公司是生物工程学院校友创建的一家专业从事生化工程装备和环保装备设计、制造的科技型

企业，拥有多项具有竞争力的核心专有技术，获国家专利授权十多项，在国内外同行中处于领先地位。针对“生物反应器设计及工程放大”等章节内容，邀请了迪必尔生物工程（上海）有限公司创始人兼总经理进行授课。该公司为国内首家将小型平行生物反应器商业化并整合到实验室自动化流程中的创新型科技公司，研发领域包括生物过程工程微小型化、智能化及过程分析技术和一次性生物反应器以及高级过程控制和过程信息管理。企业负责人和专家的讲授，让学生密切接触了产业生产，了解创新创业应具备的素质和能力，提升学生的创新创业精神和环境保护意识。

**图 2-13-5　企业专家进课堂进行专题讲座**

**课程思政：** 在我国生物技术产业多年来的发展过程中，涌现了众多优秀企业以及从业人员，正是由于他们的不懈努力、奋发图强和积极参与竞争，研发出了众多设备，在多个领域打破了进口产品的垄断，创造了显著的经济效益和社会效益。学习企业家及研发骨干的创新创业精神，以体会“社会主义是干出来的，幸福是奋斗出来的”。

## 五、教学效果

自 20 世纪 80 年代开课以来，“生物工程设备”课程就开始面向生物工程等专业进行授课，受益学生千余人。课程组坚持立德树人，充分挖掘思政元素，注重通过课程组建设、教研活动、培训等方式提高教师思政素养和教学能力，着力打造“有理想信念、有道德情操、有扎实学识、有仁爱之心”的教学团队。教学团队教师坚持立德树人和“三全育人”理念，遵循人才培养规律，注重通过线上和线下与学生的互动，培养学生的工程创新能力和意识，取得了显著的教学效果。

# 第十四节　生物化学

**课程负责人：** 吴石金、邱乐泉、张彦璐

**教学团队：** 汤晓玲、汪琨、林欣大、牛坤、周海岩、胡青莲、李骏、金维华、李彤彤、许孔亮

**所在院系：**生物工程学院、药学院



浩荡离愁白日斜，吟鞭东指即天涯。落红不是无情物，化作春泥更护花。

——［清］龚自珍《己亥杂诗》

## 一、课程概况

### （一）课程简介

“生物化学”是高等学校生命科学类、生物工程类和医药类专业课程体系中的主干课程、专业基础课程和必修课程。它以化学、物理和生物学为主要理论基础，揭示以蛋白质、核酸为主的生命物质的结构、功能及其在生命活动中的化学变化，以及从分子水平阐明生长、分化、繁殖、遗传等生命现象的化学本质。本课程坚持以科学方法论和辩证唯物主义的观点学习研究生物体的结构、性质和功能，旨在培养具有家国情怀、创新精神、科学思维的优秀生化人才。

本课程面向浙江工业大学生物工程学院、环境学院、食品工程学院、药学院和绿色制药协同中心等 5 个学院的 10 个专业本科生开设。在课程组全体老师近 40 年持之以恒的努力下，历经校优秀课程建设（1987 年）、校一类课程建设（1992 年）、校主干课程综合改革（2000 年）、浙江省精品课程建设（2004 年）、浙江省精品在线开放课程建设（2017 年）、国家级精品在线开放课程建设（2018 年）等各层次多项目的培育和建设，在课堂教学模式、教学手段、教学方法以及实验教学等多方面取得了丰硕的成果，课程的整体水平有了显著提高，并于 2019 年通过国家级精品在线开放课程认定。

### （二）教学目标

#### 1. 知识目标

（1）系统掌握生物化学的基本理论及基本的生物化学技术原理；

（2）掌握生物有机体的组成、生物大分子结构与功能的关系；

（3）掌握生物物质在体内的代谢规律和遗传信息的表达与调控；

（4）了解生物工程、生物技术、食品工程、制药、环境等相关专业的概况和发展状况。

#### 2. 能力目标

（1）能运用所学生物化学原理识别、表述生物工程相关问题；

（2）具备自主学习的能力、获取和整合信息的能力、联系实际的能力、科学分析问题和解决问题的能力。

### 3. 价值目标

（1）具备正确运用辩证唯物主义分析问题和解决问题的思维方法；

（2）培养实事求是、求真务实、勇于创新的科学精神；

（3）树立社会责任意识、诚信意识、环保意识和科技伦理意识，培养高尚的职业道德和家国情怀，激发作为未来科技工作者的责任担当意识，增强继承发扬祖国科学事业的历史使命感。

## 二、主要思政元素

本课程中天然蕴含着丰富的思政元素，可深入挖掘提炼出爱国情怀、社会责任感、科学精神、职业道德、团结协作、文化自信等诸多思政元素。如理论教学中蕴含的辩证思维、科学精神；实验教学中蕴含的求实诚信、职业道德等。通过深入挖掘思政案例与生化知识点的联系，将其有机融入课程教学中，并使知识传授与价值观教育相结合，可更好地发挥课程的育人功能。

**创新意识：**通过将生物化学相关诺贝尔奖中的科学精神、创新精神融入课堂教学，激发学生的求知欲，活跃课堂气氛，拓宽专业视野，培养学生对科学的热爱和创新思维意识。此外，生物化学的发展史也是无数生物学家的研究成果、探索过程和伟大人格的集中体现。无数的创新与进步是在前人研究成果基础上获得的，但有时也走过一些弯路，这些生动的事例可以引导学生树立正确的科学发展观，培养学生不畏艰苦和顽强拼搏的意志品格，同时也培养学生运用批判思维进行分析的科学素养和追求真理的创新精神。

**家国情怀：**通过搜集我国生化学家突出的研究成果以及科学研究背后的故事，将其融入相关的专业知识点中，在讲授理论知识的同时，将知识的创新价值上升到国家、社会的层面，既展示了我国过去、现在的高水平科研成果，增强“四个自信”，又使学生感受科学家们的家国情怀。

**和谐共生：**生物化学中有诸多与实际生活相关的知识点蕴含和谐共生唯物辩证法思政素材，例如糖类、脂类、氨基酸、核苷酸等生物分子在生命活动中有重要作用，但是在代谢过程中，如果出现过多或过少就会导致机体物质和能量代谢紊乱，从而引起很多代谢疾病。通过分析生活中的具体案例，既学习了代谢相关知识，又引导学生了解和谐共生、平衡发展的生存之道，树立敬畏自然的理念。

**责任担当：**通过案例剖析，增强学生对人民群众的感情、对社会发展的理解、对国情意识的认知，促进其服务社会的历史责任感和使命感，从而把个人价值和社会价值结合起来，培养学生诚信意识和恪守职业道德规范的素养，遵守国家法律，维护法治权威的思想观念。

**文化自信：**中华优秀传统医药文化与现代生化知识之间存在诸多交汇点。例如，屠呦呦从中草药古籍中获得启发，进而发现用于治疗疟疾的青蒿素；我国古代医书就记录过多种与维生素缺乏症有关的治疗方法；此外，我国现代科学家在多个生化研究方向上攻坚克难、勇攀高峰，为生命科学作出了杰出贡献。以这些思政案例为切入点，将其有机融入生化知识点，培养学生的文化自信，增强文化认同感。



## 三、设计思路

（1）挖掘知识点相关的诺贝尔奖案例，与育人有机融合。自 1901 年诺贝尔奖开始颁布以来，有关生物化学方面共产生诺贝尔化学奖、生理学或医学奖合计 70 余项，是获得诺贝尔奖最多的一个学科，可见生物化学在医学和生物学领域的重要地位。本课程以重要知识点为线索，梳理其中相关的诺贝尔奖，通过选择恰当的案例故事，既能很好地联系课程教学内容，又可以学习其中的科学精神等，让专业知识和思政元素有效地融合在一起。

（2）运用启发式教学方法，锻炼学生的辩证分析问题和科学思维能力。生化知识点中有诸多与实际生活相关的案例，例如糖类与甜味剂、反式脂肪酸、脂类代谢与减肥、代谢紊乱病等，引导学生透过现象分析本质，辩证分析实际问题，培养不盲从、独立思考的科学思维。

（3）结合混合教学模式，提高课程思政效果。混合式教学结合了传统教学模式和数字化或网络化辅助教学的优势，既体现了教师的主导作用，又凸显了学生作为学习过程主体的主动性和积极性。本课程将移动学习与课堂教学有机结合，进行了混合式教学模式改革，通过学生发言、小组讨论，结合教师点评，加深课程的思想性，引导学生的专业认同感和社会责任感。

（4）发挥新媒体功能，建设融入思政元素的线上教学资源。由于新媒体的传播性和开放性，学生容易受一些不正确的信息渠道和内容的影响，因此在新形势下更应该重视线上专业资源的思政建设，既要坚持传播专业知识，也要结合现代形式，引入思政元素，才能有效引导学生学习。将蕴含思政元素的内容与课程微信公众号和线上慕课的建设有机融合，在辅助生化知识学习的同时，又发挥了课程的育人功能，扩大了受益面。

本课程思政设计思路如表 2-14-1 所示。

**表 2-14-1 “生物化学”课程思政设计思路**

| 课程章节 | 重要思政元素 | 相关联的专业知识点或教学案例 |
|---|---|---|
| 第一章<br>绪论 | 社会责任感<br>家国情怀 | 课程重要性：通过讲述我国生化工业与国外的差距以及生化的前景，引出课程学习的重要性。<br>通过讲述新中国在生化领域的成就及科学研究背后的故事，使学生感受科技工作者爱国、创新、求实、奉献的精神，增强学生的国家荣誉感，激发学生乐于奉献和勇于创新的精神 |
| 第二章<br>蛋白质 | 刻苦钻研<br>爱国情怀<br>无私奉献 | 蛋白质的化学性质：引入中国科学家在 1965 年一穷二白的时代背景下，人工合成具有全部生物学活性的结晶牛胰岛素的工作介绍，使学生感受到老一辈科学家们在强烈的民族责任心和高度的国家使命感的驱动下，艰苦奋斗、无私奉献、锐意创新、勇攀高峰的科学精神 |

（续表）

| 课程章节 | 重要思政元素 | 相关联的专业知识点或教学案例 |
|---|---|---|
| 第三章<br>核酸 | 创新思维<br>团队协作<br>敬畏生命 | DNA 的结构：讲述 1962 年诺贝尔生理学或医学奖关于发现核酸的分子结构（DNA 双螺旋）的内容，增强学生创新意识。<br>通过介绍我国科学家参与完成人类基因组计划，培育学生自强不息、改革创新的科学精神，增进自信心。通过基因编辑婴儿的反面案例，树立学生敬畏生命的职业道德和法治意识 |
| 第四章<br>糖类 | 和谐共生<br>身心健康 | 寡糖：介绍乳糖和乳糖不耐症、寡糖与 ABO 血型的相关内容，引导学生树立健康生活的理念。<br>通过举例食品外包装上标注的“0 蔗糖”，实则添加果糖和赤藓糖醇等甜味剂；配合化学结构式，使学生学会用所学知识，辩证分析问题，建立合理饮食的健康生活方式，关注生命健康 |
| 第五章<br>脂类与生物膜 | 和谐共生<br>身心健康 | 脂肪酸：介绍反式脂肪酸的结构与性质，引导学生树立健康生活理念。<br>通过举例食品外包装上标注的诸如人造奶油、起酥油等原料，揭示反式脂肪酸对人体健康的危害。通过举例所谓脑黄金的原料就是二十二碳六烯酸，引导学生学会用所学知识分析解决问题，并培养追求真理真相，反对伪科学，关注生命健康 |
| 第六章<br>酶 | 爱国精神<br>文化自信<br>社会责任感 | 酶的抑制剂：介绍 2015 年诺贝尔生理学或医学奖，讲述屠呦呦带领团队攻坚克难，从中草药古籍中获得启发，进而发现青蒿素，解决疟疾治疗难题的过程，培育学生的文化自信、文化认同感，激发爱国热情、社会使命感和责任感 |
| 第七章<br>维生素与辅酶 | 和谐共生<br>文化自信<br>身心健康 | 水溶性维生素：介绍 B 族维生素的发现与缺乏症，引导学生树立健康生活理念。<br>通过介绍孙思邈在《千金要方》中记载用动物肝脏治疗夜盲症、米糠熬粥治疗脚气病，增强学生对中医药、中华传统文化的认知，强化文化自信和认同感 |
| 第八章<br>新陈代谢与生物氧化 | 创新思维<br>敬畏自然 | 氧化磷酸化和 ATP 合酶：通过介绍关于 Mitchell 建立化学渗透理论，并获得 1978 年诺贝尔化学奖，引导学生不畏艰难，敢于挑战的精神；介绍 1997 年诺贝尔化学奖关于 ATP 酶促合成机制的内容，增强学生创新意识，引导学生树立正确的自然观 |
| 第九章<br>糖代谢 | 挫折教育<br>坚持探索 | 糖的有氧氧化与糖代谢异常：介绍 Krebs 在关于柠檬酸循环的研究论文发表过程中，遭遇拒稿，但仍坚持研究，最终获得 1953 年诺贝尔生理学或医学奖过程，引导学生不怕挫折，坚持探索的精神。<br>通过对糖尿病的解释，促使学生关注人类代谢病，将医学人文精神渗透到课程教学中，培养具有仁心仁术的医药人才 |
| 第十章<br>脂类代谢 | 团队协作<br>身心健康 | 脂肪酸的生物合成：通过介绍脂肪酸合酶复合体的结构以及脂类代谢紊乱，引导学生的协作精神和树立健康生活的理念。<br>通过和学生一起分析市场上五花八门的减肥产品和减肥方法，引导学生应用所学知识辩证分析问题，建立合理饮食的健康生活方式，关注生命健康 |
| 第十一章<br>氨基酸代谢 | 关爱生命<br>身心健康 | 氨基酸代谢缺陷：结合氨基酸代谢途径，介绍苯丙酮尿症、白化病等氨基酸缺陷症，引导学生关爱生命和健康生活的理念 |

（续表）

| 课程章节 | 重要思政元素 | 相关联的专业知识点或教学案例 |
|---|---|---|
| 第十二章<br>核苷酸代谢 | 关爱生命<br>身心健康 | 核苷酸代谢缺陷：结合核苷酸代谢途径，介绍美国“泡泡男孩”大卫患有先天性严重联合免疫缺陷症（SCID），在无菌环境中生活了12年，最终仍然离开人世的故事，引导学生树立正确的生命观和健康生活的理念 |

## 四、实践案例

### （一）案例1：酶的抑制剂与我国第一位诺贝尔生理学或医学奖获得者

**教学目的：**掌握不可逆抑制剂与酶蛋白之间的关系。

**教学设计：**通过举例引导学生掌握不可逆抑制剂与酶蛋白反应中心的活性基团以共价形式结合，可引起酶的永久性失活。

**课程思政：**在讲授知识点“酶的抑制剂”时，以屠呦呦在获奖感言《青蒿素——传统中医药献给世界的礼物》一文为切入点，介绍以屠呦呦为代表的抗疟药研究团队从1969年开始，经过大量的反复筛选后，工作重点集中到了中药青蒿，又经过多次提取失败后，屠呦呦从传统中医古籍文献中获得启示，于1971年9月重新设计了提取方法，创新性地提出了用乙醚回流或冷浸，而后用碱溶液除掉酸性部位的低温萃取法，获得了青蒿乙醚中性提取物样品，动物实验发现其抑制率甚至可达100%，并在此后的临床试验中疗效显著。1972年11月研究团队获得了单体化合物的结晶，将其命名为青蒿素；并在之后的研究中确定了青蒿素的结构，明确了青蒿素结构中的过氧基团是抗疟活性基团。此后，科学家们不断深入研究青蒿素的抗疟机理，发现青蒿素在亚铁活化后，可以与抑制恶性疟原虫钙ATP蛋白6不可逆结合并抑制其活性，使疟原虫胞浆内钙离子浓度升高，引起细胞凋亡，从而发挥抗疟作用。在该案例中，教师既讲授了抑制剂与蛋白质的关系，又向学生介绍屠呦呦带领团队攻坚克难，研究发现青蒿素、解决疟疾治疗难题的过程；其中蕴含了多种思政元素，例如有抗疟科研团队的艰苦奋斗精神，有传统中草药和中医古籍文献的智慧所激发的文化自信，也有屠呦呦采用低温萃取法的探索创新精神等；让学生在获得相关专业知识的同时，也激发了勇担中医药现代化的使命感，无形中受到热爱祖国和社会责任感的影响。

### （二）案例2：蛋白质结构与我国首次人工合成结晶牛胰岛素

**教学目的：**通过天然活性蛋白举例，引导学生进一步熟悉蛋白质的结构。

**教学设计：**总结蛋白质结构的特点，以胰岛素结构为例，帮助学生掌握蛋白质结构与功能之间的关系。

**课程思政：**在讲授第二章“蛋白质”的内容时，将1965年我国首次人工合成结晶牛胰岛素成功的相关故事结合进去：3 个研究单位数十位科研工作者在前人对胰岛素结构和肽链合成方法研究的基础上，克服困难，经过 6 年多的艰苦工作，最终将 A 链和 B 链通过氧化重新组合形成二硫键，实现了人类有史以来第一次人工合成有生物活性的蛋白质。虽然该工作成果最终并没有获得诺贝尔奖，但仍具有十分重要的意义。让学生了解中国在当时艰苦的条件下，仍然作出了杰出的贡献，不仅学习了蛋白质功能与其结构的关系，还有利于激发爱国情操，培养励志精神。

### （三）案例 3：日本小保方晴子的学术造假事件与职业道德和学术诚信

**教学目的：**要求学生重视实验数据的记录及其可靠性。

**教学设计：**在第一次正式进行生化实验之前，需要讲解生化实验课程的注意事项。作为实验科学，数据的真实可靠性至关重要；通过讲解典型的学术造假案例，引导学生重视学术诚信并养成良好的职业道德素养。

**课程思政：**在开始第一次正式做生物化学实验之前，需要讲解生化实验课程的要求和注意事项。生物化学是一门实验科学，实验教学是生物化学课程非常重要的组成部分，在培养计划中占据重要地位。在实验教学中进行课程思政有助于培养实事求是的科学精神和诚实守信的优良品德。教师以日本小保方晴子的学术造假事件造成的严重后果为思政切入点，介绍了 2014 年 1 月她在国际顶级学术期刊《自然》上连续发表了两篇轰动性的论文，报道了在强烈外界刺激下，可诱导体细胞转化为多能细胞，这种细胞被命名为 STAP 细胞，并将 STAP 细胞与胚胎干细胞进行了比较。然而，就在这两篇论文正式发表的当天，有学者提出了关于实验可重复性的疑问，随后更多学者认为论文涉嫌造假；2014 年 4 月，日本理化学研究所调查发现小保方晴子的实验记录质量低下，有修改电泳图片等行为，认定她在 STAP 细胞论文中有篡改、捏造等造假问题，属于学术不端行为，并于 2014 年 7 月正式撤回 STAP 细胞论文。研究所还要求她自证清白，由于无法重复实验结果，小保方晴子只能辞职，其博士学位亦被早稻田大学取消。该案例让学生感受到实验数据的真实可靠对于科学工作者的重要性，引导学生必须重视学术诚信和养成良好的职业道德素养。当学生了解到同年 8 月，小保方晴子的导师，也是论文共同作者之一的笹井芳树因该事件自杀身亡时，更是感受到学术诚信对于科研工作者甚至贵如生命，必须坚持实事求是的科学精神，克服浮躁心态，遵守学术规范、摒弃学术不端行为。

### （四）案例 4：RNA 剪接机制与施一公团队的创新性研究

**教学目的：**通过举例，引导学生掌握 RNA 转录要点。

**教学设计：**RNA 剪接机制的研究是生物化学和分子生物学领域中最前沿的研究课题之一。通过介绍我国科学家在这一领域的重要贡献，培养学生的创新精神，增强文化认同感。

**课程思政：**在学习“RNA 转录”一章时，介绍施一公团队解析高分辨率酵母剪接体的研究。施一公研究组成为世界上首个，也是唯一一个成功捕获并解析了 RNA 剪接过程中所有完全组装剪接体高分辨率三维结构系列成果的团队，这是中国科学家在世界基础生命科学领域的重大原创性突破，是对世界科学的重大贡献。通过介绍本专业我国杰出科学家的研究经历和突出贡献，使学生了解中国科学家奋发图强的科学精神，增强文化自信和认同感。

## 五、教学效果

在生化课程学习结束后，课程组将课程中最核心的"蛋白质""酶""代谢生化"三部分内容综合起来，要求学生以"我的本命酶"为主题，选择一个酶蛋白作为自己的"本命酶"，结合该酶的催化特点和代谢中的作用，对其进行点评。同学们纷纷以一首诗或几句话，表达了自己在学习、生活中的人生感悟。例如有同学以磷酸果糖激酶 I 为"本命酶"，做了一首小诗，把该酶的特点与工程师、科学家的"贡献、严谨"等精神相关联；有同学为肉碱脂酰转移酶制作了一份简历，既介绍了其催化性质和所涉代谢途径，还产生了即使平凡岗位上也可以发挥自我价值的感悟；有同学由 DNA 聚合酶 I 的催化特点，联想到应该改正错误，不断进步；有同学通过 5-α 还原酶与脱发的关系，提醒大家要关注身心健康；还有同学对 ATP 合成酶辛苦劳动，努力工作，日夜不停地合成 ATP 心生感慨。从这些案例中，学生能自发地对所学知识进行深入的思考和内化，在学习专业知识的同时，思想上也无形中受到了正面、积极的启发。

此外，通过对课程微信公众号和慕课线上资源的持续建设，发挥新媒体功能，引入思政元素，也明显扩大了受益面。利用本课程的移动学习平台——课程微信公众订阅号"ZJUT 生物化学"，课程组在生物化学科学史、生活中的生化等栏目发布蕴含思政元素的文章。如"Krebs 的完美报复"一文通过讲述诺贝尔奖得主的退稿过程，让读者了解到科研工作不是一帆风顺的，需要有百折不挠的奋斗精神；在"酶有意思"栏目中将生化课程中 7 种重要的酶比喻为 7 种武器，让读者在了解 7 种酶的催化特性的同时，感悟到坚持、创新、团结协作等精神；在"脑黄金（DHA）"一文中渗透健康生活等理念。目前关注人数近 6 700 人，关注者中既有本校的师生，也有外校的学生和其他高校教师、医生、相关从业人员，其中外校关注者约占 90%，已发布原创文章近 100 篇，文章点击量最大的达 12 000 余次，说明该文章具备了较强的影响力。

课程组从 2017 年开始建设生物化学慕课课程，并于 2018 年在爱课程网上线运行。在线上教学大纲中，除了生化课程各知识点内容外，还增加了多个拓展知识点，并录制了近 30 个拓展知识视频，包含"跑步与 ATP""蚕豆病与 PPP""核酶与癌症治疗"等科普性内容，如图 2-14-1 所示，涉及食品安全、和谐共生、科学精神等思政元素，在加强科普的同时，扩大了受益面。生物化学慕课上线 7 期，总计学习人数近 80 000 人，最近一期近 19 000 人，在全国同类课程中名列前茅。

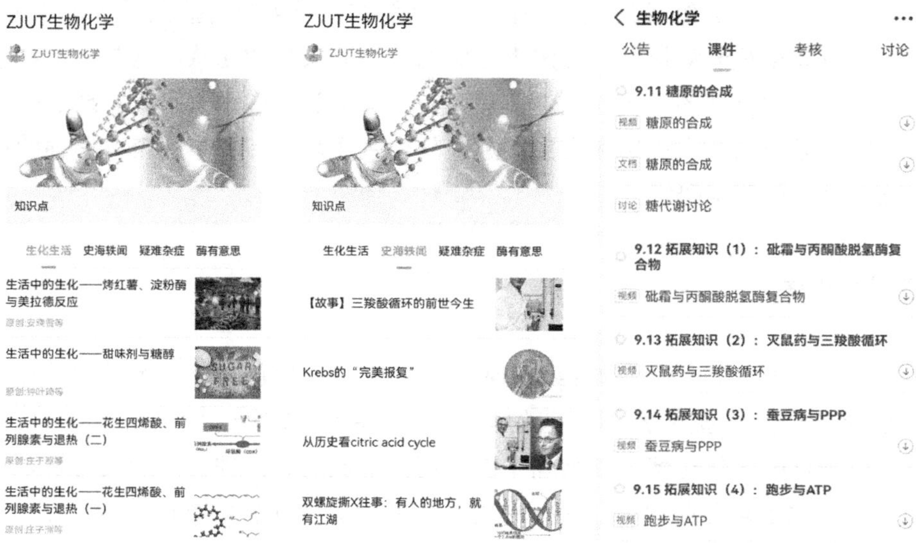


**图 2-14-1　生化课程微信公众号和生物化学慕课中的部分思政内容**

# 第十五节　植物生物技术

**课程负责人：**赵嫚

**教学团队：**朱廷恒

**所在院系：**生物工程学院

疾风知劲草，板荡识诚臣。勇夫安识义，智者必怀仁。

——［唐］李世民《赠萧瑀》

## 一、课程概况

### （一）课程简介

“植物生物技术”是一门研究植物遗传规律、探索植物生物发育机理，应用现代生物技术改良遗传性状、培育新品种、创造新种质的课程。课程具有很强的实践性，要求学生具备生物化学、分子生物学、细胞生物学等先修课程基础。课程内容设置 4 个模块，分别是植物组织培养、植物基因工程与基因编辑、植物细胞工程和分子标记辅助育种。课程从科学发展的脉络展开，结合国际专业发展前沿进展，实现现代生物技术与传统方法的结合，与时俱进，提高学生专业发展的多样性和专业认知，是培养新时代具有创新思维、辩证思维和国际视野的生物技术专业人才的基础课程。

本课程在教学内容上紧跟科学发展步伐，涉及传统教学内容关注的杂交、诱变、原生质体融合等方法，细胞工程、基因工程和基因编辑技术，以及利用现代分子技术的精准育种方法。在教学方法上不断改革，2017 年“植物生物技术混合式教学模式的探索与实践”获校级教改立项，推动从讲授为主转变为教学科研、课内课外、师生多方问答相结合的混合式教学。近年来，在课程组老师的共同努力下，一体化推进了课程思政建设与教学模式和教学方法改革，实现了知识、能力与素质目标的综合提升。

“植物生物技术”是生物工程学院生物技术专业的一门专业基础课，面向本科生开设，该课程开设在第五学期，计 2 学分。

### （二）教学目标

#### 1. 知识目标

（1）了解现代植物生物技术的基本理论、研究方法和技术等；

（2）理解植物胚胎发育的过程和现象，包括其遗传机理、过程和生物学意义；

（3）形成植物生物技术的基本理论观点，掌握植物生物技术的基本原理及其应用。

#### 2. 能力目标

（1）获得现代生物技术的基本技能和方法，具备将植物生物技术与传统方法相结合、与发展现实相结合，经世致用，获得改良植物、培育新品种的能力；

（2）培养发现和提出植物科学与植物育种中问题的能力，并通过植物遗传与发育机制以及植物育种方法的学习和实践，建立分析问题和解决问题的能力；

（3）学会自主学习，探寻植物生物前沿技术和创新，培养敏锐的观察力和洞察力。

#### 3. 价值目标

（1）树立文化自信，坚定理想信念，形成正确的价值观和人生观；

（2）体会人与自然和谐相处，养成辩证思维和追求真理的科学精神；

（3）激发自主学习意识和探索热情，体会与人交流、分享的重要性，培养良好的职业道德和社会责任感。

## 二、主要思政元素

本课程以科学正确的大生命观实现生物工程学生“生物、生命、生活”的三生教育理念，秉持“智者必怀仁”的理念，推进专业知识技能学习与思政教育一体化，培养德智体美劳全面发展的高层次专业人才。

**“四个自信”与理想信念：**科学的发展起源于西方，我国作为后起之秀，对科学的发展也作出了巨大的贡献。在植物生物技术方面，杂交水稻之父袁隆平、理想水稻提出者李家洋，以及耐盐碱甜高粱培育育种者谢旗等所作出的成就，不仅解决了中国人民的温饱问题，而且在世界范围内都具有很大的影响。他们立足中国本土，脚踏实地，艰苦奋斗，以解决社会重大需求为己任，不断发现问题、解决问题，创新培育出中国品种，体现了中华民族不断进取创新的民族精神，反映了社会主义制度的优越性，中国人民有能力也有自信不断超越科技高峰。在课堂上讲好中国科学家的故事，激发学生的爱国热情和民族自豪感，树立自立自强的自信心。

**天人合一与辩证思维：**科技的发展是一把“双刃剑”，除了给人类带来福祉外，也可能存在潜在的危害。科技的发展应该符合自然规律。近年来，植物生物技术中最为突出的热点问题是转基因食品的安全性。将这些热点问题融入课堂，引导学生从生物学的角度反思何为真正的天然，天然的就一定是好的吗？转基因的过程是什么？转基因存在的危害在哪里？公众对转基因的过度关注会带来哪些后果？等等。从不同的角度引导学生辩证综合地看待问题，既了解科学技术是社会进步的关键力量，同时又能用系统思维、辩证思维考虑目标和后果以及存在的伦理和人文问题，使学生在走出校门服务社会时，除了具有家国情怀外，还具有客观、科学、理性地分析事物的能力，并加强学生对科研诚信和科学道德的全方位认知。

**创新精神与科学精神：**植物生物技术的发展从原始的选种、杂交、诱变、细胞工程、基因工程再到现在的基因编辑育种，本身就是一个曲折和启迪智慧的过程。学习知识探索过程中科学家的科学精神及其表现出的伟大人格和素养，是引导学生不畏艰苦、顽强拼搏、追求真理，树立正确的科学观和职业素养的最好素材。

**经世致用与知行合一：**植物生物技术与人类日常生活联系非常密切。通过本课程，让学生了解食物的来源、现状和生产过程的艰辛，教育学生学会尊重他人的劳动成果，注重节约粮食，从小事做起。此外，“植物生物技术”是一门学科，作为专业的从业人员，将所学知识直接应用于职业发展，学以致用，不仅要有提升国内植物生物技术产业水平的使命感，而且要为人类作出更大的贡献。

**职业道德与法治精神：**植物育种已经从传统的选择、杂交、基因工程发展到基因编辑技术，技术进步及其应用的速度已经远超法律法规的出台速度。南方科技大学原副教授贺建奎等直接将不完全成熟的基因编辑技术应用于人类胚胎，引发科学伦理界轩然大波，被《科学》杂志评为2018年三大“科学崩坏（Science Breakdown）”事件，深圳市南山区人民法院一审公开宣判其构成非法行医罪，被依法追究刑事责任，教育学生坚守科技伦理、法律和职业道德的底线。在创制植物新品种的过程中，也存在类似的问题，必须经过技术、产品、生态、试验和检测等多年的验证审批才有可能投入市场。

**理想信念与团结协作：**以育种是一个漫长且艰苦的工作为例，学习杂交水稻之父袁隆平一辈子坚守一件事，把解决中国人民的吃饭问题作为自己的理想抱负；技术和育种工作的创新发展都极其复杂，需要多方合作，才能攻克“卡脖子”难关，因此必须具备良好的团队协作能力，才能实现技术上的大跨越。

## 三、设计思路

植物本身的特点是不能运动，因而为了适应生存而不断进化。我国有许多赞美植物优秀品质的诗句："疾风知劲草""战地黄花分外香""咬定青山不放松，任尔东西南北风""墙角数枝梅，凌寒独自开""野火烧不尽，春风吹又生"等。植物的这些品质也是思政元素，可以有机融入专业知识和案例教学中。本课程思政设计思路如表 2-15-1 所示。

**表 2-15-1 "植物生物技术"课程思政设计思路**

| 课程章节 | 重要思政元素 | 相关联的专业知识或教学案例 |
|---|---|---|
| 绪论 | 文化自信<br>科学素养<br>理想信念<br>职业道德 | "咬定青山不放松……任尔东西南北风"。植物生物技术的发展历程是一个曲折的探索过程，从植物选种、杂交、细胞工程、基因工程、基因编辑的技术发展历程，经历无数科学家的默默坚持和奋斗，我国科学家在育种和科研工作取得的成果激发学生努力学习，不断攀登科技高峰，我国科学家所展现的科学素养与创新精神是学生成才的必备素质 |
| 第一部分<br>植物组织培养 | 科学精神<br>学以致用 | "稻花香里说丰年"。通过植物组织培养技术在实验室操作方面的要求，愈伤组织的诱导与分化培养以及植株再生的基本原理及其与其他生物的对比分析，引导学生科研工作注重理论联系实际，养成严谨的工作作风，学以致用 |
| 第二部分<br>植物基因工程和基因编辑 | 社会责任感<br>使命感 | "化作春泥更护花"。通过转基因技术的原理、方法、检验，基因编辑技术的原理和应用，以及目前存在的问题等，引导学生关注社会热点问题，培养社会责任感和使命感，养成良好的职业道德 |
| 第三部分<br>植物细胞工程 | 人生观<br>价值观 | "野火烧不尽，春风吹又生"。通过植物胚胎发育与培养，体细胞无性系变异与植物改良，单倍体细胞培养，原生质体培养与细胞工程相关的原理、技术、意义和未来的发展及其在培养过程中出现的问题，感同身受，树立正确的价值观、人生观和方法论 |
| 第四部分<br>分子标记辅助育种及应用 | 与时俱进<br>创新思维 | "人间四月芳菲尽，山寺桃花始盛开"。通过在育种工作中分子标记辅助育种的方法以及植物基因组和功能基因组的相关研究，引导学生要与时俱进，不断打破思维限制，不断创新 |

## 四、实践案例

### （一）案例 1：精准分子育种原理方法和中国科学家育种案例，展现科学精神、爱国精神和科学素养

精准分子育种是在传统育种工作的基础上发展起来的现代育种方法。精准育种依据现有的基因组、转录组、代谢组等组学研究，在功能基因组学研究的基础上设计分子标记，在分子标记辅助下进行育种，可以实现特异性状的直接实现。本课程内容与育种一线的工作结合紧密，介绍以袁隆平、李家洋、谢旗等为代表的优秀科学家和育

种专家的事迹，学习他们将现代生物技术与中国实际相结合的专业精神和创新精神（见图 2-15-1）。中国科学院遗传与发育生物学研究所科学家谢旗立足西北干旱盐碱地实际情况，研发出耐寒、耐盐碱的高产甜高粱品种，并不断改良，在此基础上研发出抗病虫、利于收割和套种的品种，并将其推广到全国，既提高了我国盐碱地的利用率，也极大地提高了农民的收入。课程学习时从基因的角度揭示这些性状的分子机制。谢旗老师团队还进一步观察到有些甜高粱特别受麻雀喜欢，有些则不受麻雀喜欢。通过代谢组和遗传学比较研究发现，这些甜高粱的差异主要与其丹宁和脂肪酸的含量有关。丹宁含量越多，脂肪酸含量越少，越不吸引麻雀。这些基础研究为育种工作提供科学依据，新品种的培育也为科学研究提供了原材料。育种工作必须从现实出发，立足基础研究，不断发现问题、解决问题，创新培育中国品种，是科技创新的体现，也是中国特色文化优越性的体现，体现出中华民族是一个不断进取创新的民族，树立学生的文化自信，激发学生的爱国热情和民族自豪感，增强自立自强的自信心。

图 2-15-1　中国科学家育种案例

## （二）案例 2：植物的生理特性、细胞工程、胚胎培养的原理和方法，联系和解释生活现象与常识，学以致用，知行合一

课程的植物细胞工程部分，包括植物的胚胎培养、原生质体融合等方面内容，首先要对植物自身的发育过程及其发育特点进行全面了解，才能学以致用。比如：植物的自交不亲和性内容通过“黄金玉米为什么会被杂交”“苹果为什么只开花不结果”等案例导入，见图 2-15-2，并通过类比自交亲和性，明确自交不亲和性概念；接着通过引导启发突破自交不亲和性的遗传机理的难点，引申自交不亲和性的现实意义，在提高杂种优势和作物育种上的意义，提高植物杂合度及其环境适应性，以及在生物进化中的意义。整个过程中采用探究式的教学模式，即提出问题—分析问题—解决问题—总结应用。教师以一位引导者的身份，启发和引导学生思考现实问题，引导学生应用所学知识解决实际问题，培养学生提出问题、分析问题和解决问题的能力，真正实现理论联系实际，学以致用。

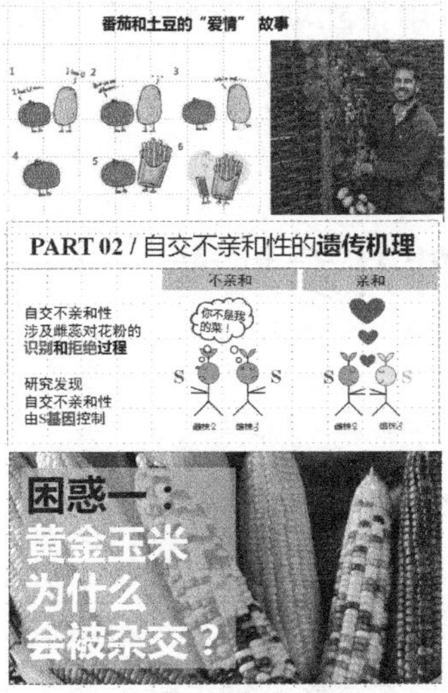


图 2-15-2　自交不亲和性的遗传机理案例

### （三）案例 3：植物转基因和基因编辑育种，建立辩证思维，树立社会责任感、职业道德和法治观念

转基因和基因编辑育种是基于基因工程技术对植物品种进行改良，从而在短时间内实现精准分子育种，培育出品质好、产量高且耐逆性强的优质品种的方法。尽管如此，基因工程育种中存在的一些诸如物种引入、基因侵入、基因漂移、生态因素等风险，也可能会造成很大影响，比如产生毒性或过敏等物质威胁人类和动物健康；引起生物多样性降低、产生超级杂草和性状不稳定等因素引发生态环境和农业问题；以及通过水平基因转移、重组和种子污染等给非目标生物带来风险。转基因环境评价要点见图 2-15-3。通过对知识的介绍与讨论，帮助学生增强辩证思维能力，建立风险意识和科技伦理意识，增强社会责任感和职业道德。

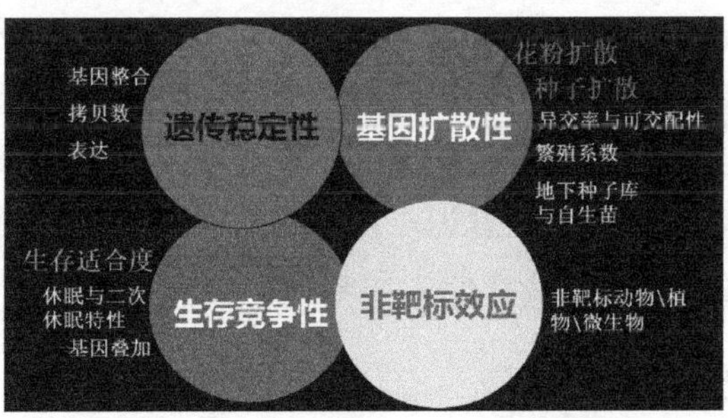


图 2-15-3　转基因环境评价要点

## 五、教学效果

2017 年，沈明宇等的“苔藓在墙体绿化中的研究与应用”项目获得大学生节能减排项目二等奖；2021 年，徐鸿扬等申报立项“运河杯”科技项目“转基因发光矮牵

牛的培育”；2021 年，周斌等申报立项“运河杯”科技项目“植物反应器生产牛乳铁蛋白肽的研究与应用”。

## 第十六节　移动软件开发技术

**课程负责人：** 李浩君
**教学团队：** 陈宏
**所在院系：** 教育科学与技术学院

古人学问无遗力，少壮工夫老始成。纸上得来终觉浅，绝知此事要躬行。

——［南宋］陆游《冬夜读书示子聿》

### 一、课程概况

#### （一）课程简介

“移动软件开发技术”是一门技术应用型课程，旨在介绍基于 Android 操作系统的应用软件开发。课程理论部分主要包括资源访问、用户界面、组件使用、数据存储、图形处理、互联网应用、特色应用等；实践部分包括理论知识专项应用实践以及综合案例实践。

课程是面向教育技术学（师范）专业、计算机科学与技术（师范）专业本科生开设的移动软件应用领域的专业课，一般是在学生学习了数据结构（C 语言）、面向对象的程序设计（Java 语言）等课程后开设，共计 3 学分。本课程主要讲授 Android 系统界面布局、数据存储原理、网络互联运行原理、高级程序设计等，使学生学会运用辩证的思维看待移动软件技术的发展与不足，在实践练习中，逐步培养科学精神、社会主义核心价值观，建立科技伦理意识，同时通过同伴协作完成真实综合案例项目，进一步提升学生创造能力、团队合作能力和知识综合应用能力。

#### （二）教学目标

##### 1. 知识目标

（1）了解 Android 开发环境构成与主要应用类型；

（2）理解并掌握 Android 用户界面相关开发方法及数据存储相关方法；

（3）理解 Android 生命周期概念与作用；

（4）理解 Android 常用控件、对话框、Fragment 等主要设计原理与运行过程机理。

### 2. 能力目标

（1）能够应用所学知识，完成基于 Android 平台的控件设计、Fragment 功能开发、数据库创建与运行等；

（2）能够在小组合作过程中，根据实际场景和所学知识，实现基于 Android 平台的典型应用服务的开发。

### 3. 价值目标

（1）能够在学习过程中，通过比较各项技术，学会从辩证的角度看待技术发展及其自身优劣势；

（2）能够在了解技术发展变化及开发真实案例的过程中，树立不断探索的创新精神和职业精神；

（3）能够在小组合作完成开发项目过程中，践行团结奋进、合作共赢的合作精神和勇于探索、勤勉认真的职业精神。

## 二、主要思政元素

本课程始终坚持以精神引领、以时代引领、以发展引领，融入先进典型技术案例，强化创新发展、协作共赢、精益求精、大国工匠精神等，同时以多种形式组织教学活动，最终实现教学目标、教学内容、思政元素三者的深度融合。

**爱国情怀：**“移动软件开发技术”课程中不仅将技术作为一个工具进行讲授，而且对其起源、发展、现状进行系统性讲授，让学生在了解技术工具的同时，明确技术的创新发展，明确我国技术的发展变化。因此，在授课过程中，教师通过展示我国优秀技术，侧面说明我国技术创新能力快速提高，激发学生的民族自豪感和民族自信心。同时，在课程教学过程中将技术引领发展的理念贯穿始终，通过讲述技术行业顶尖人才为国效力的事迹，增强学生爱国情怀，更自觉地肩负起祖国复兴重任。

**辩证思维：**本课程讲授过程中包含大量技术方案、创新思维等的对比分析。由于技术发展的复杂多样性，技术发展过程中存在利与弊的双面特性，课程讲授中利用软件功能升级变化以及各软硬件间性能的对比分析，在明确技术发展以及技术特性的同时，让学生学会从不同视角理性认知技术。通过 Android 平台与其他系统平台等在各方面技术上的对比分析，让学生从辩证角度看待 Android 平台应用现状，明确技术发展优势与其局限性。在技术遍布生活的当代，让学生在应用技术、惊叹于技术的快捷高效时，也能理性认识技术发展的利与弊，学会从辩证的角度看待事物发展。

**知行合一：**本课程不仅将理论知识的掌握作为学生学习目标，而且通过相应实践让学生将理论知识与操作技能对接起来。以理论为指导，以实际操作为导向，课程讲授过程中始终将理论知识讲授与实际项目操作结合起来，通过设计真实项目，让学生在真实项目引导下，实现知识与能力的结合，增强学生理论与实际操作结合的能力。同时，在授课过程中，本课程鼓励学生对现有研发不足的现状提出相应解决方案，并进行自主尝试，从而使理论知识更好地联系实践，以理论促发展，以实际操作更好地完善学生理论素养，促进学生知行合一理念的发展。

**创新意识：**本课程讲授过程中蕴含着大量技术更新发展的优秀案例，体现着只有创新才能不断引领发展、才能保持旺盛生命力的理念。课程教学过程中将创新意识和创新能力的培养注入学生日常学习中，通过科技力量与国际地位的联系变化，以及工作岗位需求变化的讲解，激发学生创新意识；同时通过让学生在知识学习和实践训练中不断优化升级技术功能、改进项目方案等方式，逐步增强自身创新思维和创新能力。

**职业精神：**职业精神能促进知与行、思维与意志的统一。软件技术开发成功，往往是技术人员持之以恒、坚持不懈的奋斗结果。因而在“移动软件开发技术”课程中，要将职业精神贯穿整个学习过程。职业热情是促进职业长久发展的保障。通过对技术研发过程中攻坚人员相关案例的介绍，使学生明确职业精神的重要作用；同时通过综合项目的设计与开发，让学生切身感受职业实际研发过程，让学生将自身职业与社会进步紧密联系起来，明确未来职业发展与社会发展的关系，增强学生职业责任感。

## 三、设计思路

课程针对不同类型技术，采用多种教学方法，实现信息技术与教学内容的深度融合，采用任务式、案例式、合作式、思辨式等教学方法，体现以教师为主导、学生为主体的教学理念，以满足学生需求为导向，打造教师引领、学生积极参与的课堂体系和教学氛围。在教学手段方面，课程运用多种教学手段，创新教学模式，改进教学方法，提高课程思政教学的有效性和可行性。主要运用的教学手段有以下 4 种。

（1）思辨讨论式。比如在介绍 Android 应用程序时，让学生从自身已有经验出发，讨论分享 Android 应用程序的优劣势，在明确 Android 应用程序主要特征的同时，引导学生运用思辨方式看待事物。

（2）案例穿插式。比如将共享经济发展背景下共享单车的快速发展展开，延伸结合“一带一路”倡议以来我国及共建国家的发展成果，筑牢学生共享发展理念根基。

（3）项目探究式。以真实项目为依托，开展小组合作设计、实施、修改、市场评估、反馈修改等集体探究合作项目，在相互合作过程中，明确职业要求，激发职业热情，同时在不断的修正过程中，切身感悟大国工匠精益求精的精神，并能逐步培养良好的职业道德。

（4）画龙点睛式。比如在讲述组件从相互独立设计到互联互通设计转变时，明确组件转变背后蕴含的创新引领发展的内涵。

本课程思政设计思路如表 2-16-1 所示。

表 2-16-1 “移动软件开发技术”课程思政设计思路

| 课 程 章 节 | 重要思政元素 | 相关联的专业知识或教学案例 |
|---|---|---|
| 第一章<br>Android 平台概述 | 爱国情怀<br>创新精神 | 以华为鸿蒙系统的开发为例，说明中国自主创新能力在逐步增强，凸显大国科技能力的强大，激发学生的民族自豪感，增强学生民族自信心；同时进一步以系统的不断更新升级明确创新的重要作用，激发学生创新精神 |
| 第二章<br>Android 应用程序介绍 | 辩证思维<br>职业精神 | 通过对 Android 应用程序优劣势的探讨，使学生辩证看待应用程序作用，在全面了解 Android 应用程序的同时，学会用发展眼光看待事物发展；同时在移动应用程序编写开始阶段，通过俄罗斯程序编写错误导致火箭发射失败的案例，引导学生注意程序编写过程中的细节，注重培养细心、严谨的意识和态度，树立与发扬职业精神 |
| 第三章<br>Android Activity 界面布局 | 科学精神<br>创新意识 | 学生在了解 Android 界面布局的基础上，提出 Android 界面布局的现有不足，以及可能的解决方案，在提问与讨论活动过程中激发学生不断探究创新的科学意识；同时通过比较 Android 界面布局的发展变化，在了解 Android 界面设置同时，感悟创新是保证持续发展的生命力，进一步增强自身创新意识 |
| 第四章<br>常用控件界面及其应用 | 精益求精<br>工程创新 | 通过比较 Android 常用控件与其他软件常用控件，明确 Android 常用控件特点与局限，并针对已有不足，让学生尝试提出 Android 控件改进方案，并进行实践操作，在功能比较—不足查找—尝试解决过程中培养学生不断改进、不断创新的意识和能力 |
| 第五章<br>对话框、菜单栏和状态栏 | 知行合一<br>求真务实 | 通过实际动手操作实现对话框、菜单栏、状态栏的设计，将逻辑理论知识与实践操作结合，以真实任务情境为依托，在团队合作式学习过程中，不断改进优化设计，实现理论学习与实践操作的有效融合，并在实践过程中切实感受程序各项工作流程，逐步树立起脚踏实地的职业精神 |
| 第六章<br>Fragment 及其应用 | 人类命运共同体<br>职业热情 | 用唇亡齿寒的历史典故，类比 Fragment 生命周期与其所在 Activity 的密切关系，让学生更好理解 Fragment 与 Activity 相关关系的同时，融入合作共赢的理念，同时结合中国“一带一路”发展成果，明确合作与个人发展乃至国家发展的重要关系；此外，在 Fragment 功能设计开发过程中，通过设计、开发、售卖等模拟活动，让学生在模拟真实情境中感受产品从研发到最终实现价值的过程，激发培养学生职业热情与职业兴趣 |
| 第七章<br>Service 与 Broadcast Receiver | 互联互通<br>创新发展 | 服务器间的信息共享能更好地支持用户体验，这与沃尔玛和宝洁由相互竞争损失惨重到合作实现共赢的实例有异曲同工之处，蕴含着合作共享、互联互通的发展理念，让学生在服务器原理学习与案例分享过程中明确互联互通发展在当代社会的重要意义，树立互通意识；同时组件从相互独立到互联互通的设计理念与功能原理的转变，也蕴含着不断创新才能更好适应发展的理念，让学生通过组件的设计变化明确创新才能立于不败之地的发展哲理，树立创新发展、不断革新的意识 |
| 第八章<br>数据的存储与访问 | 技术强国<br>共享发展 | 通过中国“天网”系统中数据库运行原理的展示，让学生在数据库实际应用，将技术与生活实际联系起来，增强技术责任意识；通过数据间的共享实现访问高效，结合共享经济时代的共享单车、共享汽车等生活案例，说明共享发展的重要作用，同时通过学生在合作过程中的资源共享活动，切身感受共享发展的作用，并逐步将共享发展理念贯彻到日常生活和未来职业发展中 |

（续表）

| 课程章节 | 重要思政元素 | 相关联的专业知识或教学案例 |
|---|---|---|
| 第九章<br>Android 应用 | 合作能力<br>职业热情 | 小组合作共同完成 Android 典型应用设计，在与小组成员共同完成实践项目的过程中，进一步增强合作意识和合作能力；同时在设计过程中，通过实践感受项目设计到实现的过程，加深对技术开发的了解，进一步激发学生对未来职业的兴趣与热情 |

## 四、实践案例

### （一）案例 1：技术力量变化与国际影响力的提升增强“四个自信”

在讲述 Android 操作系统在智能手机市场中的地位时，教师通过带领学生分析 Android 系统在市场中的利润分配占比，结合 Android 系统研发之前和研发成功之后的市场利润占比变化，突出 Android 系统巨大成功的同时，帮助学生明确掌握核心技术力量的重要性。结合 20 世纪冷战时期，苏联突然撤回技术专家，导致我国工厂一度陷入瘫痪的实例，让学生再次明确掌握核心技术能力的关键作用。如今，华为鸿蒙系统研发成功，应对国外市场的冲击，以及对本国国际影响力的提升，更加印证了掌握创新能力和核心技术的重要作用；同时，鸿蒙系统的成功，也在一定程度上证明了中国自主研发能力的提高，说明中国创造能力的不断增强。

### （二）案例 2：优劣评判与辩证思维萌发

在讲述 Android 系统应用服务时，教师首先明确服务的基本概念，即服务是没有可视化的用户界面，而是在后台运行的程序。比如，一个服务可以在用户做其他事情的时候在后台播放背景音乐，或从网络上获取一些数据。随后通过学生分组讨论 Android 系统应用服务、iOS 系统应用服务的特点及各自在应用服务上的优劣势，明确 Android 系统应用服务的发展现状，让学生从辩证角度出发，正确认识 Android 系统应用服务，正确看待应用服务作用。这不仅是移动软件开发技术课程中常用的对比认知学习方法之一，更是马克思主义哲学的根本方法，是适应当前时代和社会发展需要的内在要求。从多维度观察和分析，既能知道已有知识的局限，也能看到“未知”，从而获得更加全面的知识。

### （三）案例 3：编写程序的规范性与培养职业精神

在讲授 HelloWorld 的 Manifest 文件编写过程中，教师在明确 Manifest 编写语句结构、语法格式以及其中特殊符号的使用时，说明各类错误可能引起的程序问题，结合俄罗斯由于输错火箭发射点的方位和坐标，导致俄罗斯流星火箭 M2-1 发射失败，损失数百万美元并直接影响俄罗斯火箭商业发射业务的实例，让学生体会一个小小错误就可能引起无法逆转的损失，树立起认真、踏实、严谨的学习态度和职业精神。中华民族历来有敬业乐群、忠于职守的传统，敬业是中国人民的传统美德，同时培育学生敬业精神是自身成长、成才的需要，是用人单位发展壮大的需要，也是培育践行社会主义核心价值观的必然要求。培养严谨认真的学习态度和职业精神，不仅是学生日常学习的需要，更是学生未来职场长足发展的根本需求。

### （四）案例 4：唇亡齿寒与共同发展理念构筑

在 Fragment 生命周期的讲述中，Fragment 生命周期与其所在 Activity 密切相关；如果 Activity 处于停止状态，这个 Activity 中所有的 Fragment 都不能被启动，如果 Activity 被销毁，那么其中所有的 Fragment 都会被销毁，其中蕴含着和谐共生的理念。教师可以结合战国时期虢国与虞国唇亡齿寒的典故，让学生明确合作共赢的理念，同时结合中国“一带一路”建设以来沿线各国的经济发展变化，使学生进一步感受到共同发展理念在当今时代发展过程中的重要性。人类命运共同体是世界发展的必然趋势，人类生活在同一个地球村里，生活在历史和现实交汇的同一个时空里，越来越成为你中有我、我中有你的命运共同体。在谋求个人发展的同时，通过合作构建共同体求取最大化利益也已成为社会发展常态。明确共同发展理念，在共同发展中更好地发展自己，是学生未来发展的重要基础。

### （五）案例 5：合作项目与职业热情激发

在设计与开发诗画家乡主题 App 项目设计中，学生通过小组成员间的相互合作，动手设计完成 App 作品（见图 2-16-1），并向其他小组进行展示和讲解，有效激发了学生的学习热情，也激发了学生对相关职业的热情，引导学生热爱自己的专业，提升专业学习动力，在未来技术发展道路上贡献自己的力量。

图 2-16-1　诗画家乡主题 App

## 五、教学效果

“移动软件开发技术”课程自开课以来，始终坚持以实践为导向，注重运用相关案例、讨论辨析、合作探究等多种方式培养学生健全人格，在教学中取得了较好成果，并获得了学生的广泛好评。

## （一）学生学科竞赛项目

课程以实践为导向，提升学生的思考能力和实际问题解决能力，鼓励学生积极参加各类设计与竞赛活动，近 4 年累计组织 40 余名学生参加浙江省多媒体大赛移动应用组赛项，获得一等奖作品 3 项、二等奖作品 5 项、三等奖作品 9 项，见图 2-16-2；申请 App 类软件著作权 8 项，学生课后体会也给予本课程高度评价。

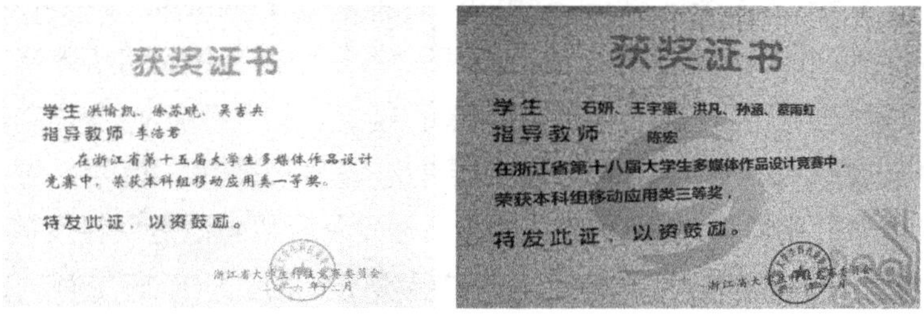

图 2-16-2　浙江省多媒体大赛移动应用组学生获奖证书

## （二）优秀学生论文与学生作业

优秀学生的论文与作业见图 2-16-3 和图 2-16-4。

前沿论坛　《中国教育信息化》编辑部：mis@moe. edu. cn

移动设备知识传播服务情境影响因素研究 *

——以高校移动就业知识服务为例

俞姝玥，李浩君，许　靖

（浙江工业大学 教育科学与技术学院，浙江 杭州 310023）

摘　要：已有研究表明，当前大多数高校就业知识服务平台采用的内容匹配个性化推荐算法并不能在最大程度上满足用户需求。为提升高校移动就业知识服务质量，本文将“情境”引入移动设备知识服务领域，对高校移动就业知识服务过程中对知识服务质量具有重要影响的情境因素及其相互间的作用关系进行了探究，最终构建了高校移动就业知识服务的情境影响因素分析模型，以期为高校就业知识服务中个性化知识推荐过程的设计提供参考。

关键词：知识服务；移动知识服务；就业知识；情境；影响因素

中图分类号：G250　文献标志码：A　文章编号：1673-8454(2019)09-0006-06

图 2-16-3　学生论文

图 2-16-4　学生作业

# 第三章

# 医 学 类

# 第一节　药物分析

**课程负责人：**单伟光
**教学团队：**应优敏、傅璐璐、马列峰
**所在院系：**药学院

或许还有时光在被氧化中衰老的无奈 / 或许牵手了雨打芭蕉 / 仍还有无法割舍与还原的离别苍白 / 岁月早已滴定了青涩的终点 / 变色的曲线突跃着始终不变的理想信念

——单伟光

## 一、课程概况

### （一）课程简介

“药物分析”是我国高等药学专业教育计划中的一门专业课，是药学类本科专业的必修课。它旨在培养学生利用现代分析技术与方法研究药物质量的一般规律，对药物进行全面质量检验与控制的能力。通过学习，学生能够建立有效的药物质量控制方法和标准，以保证药品的质量稳定与可控，保障药品使用安全、合理、有效。药物分析的性质是一门“眼睛学科”“方法学科”，哪里有药物，哪里就有药物分析，任何药学工作都离不开药物分析学科的帮助。通过对本课程的学习，学生可以获得药品全面质量控制的相关知识技能，具有探索解决药品质量问题的基本思路和能力，从而能胜任药品研究、生产、供应和临床使用过程中的分析检验工作。

药品是特殊的商品，药品的质量关系着人类的生命与健康。因此，药品检验工作人员科学严谨的工作态度、责任心、职业道德、价值观等均对药品安全影响重大。基于此，“药物分析”课程思政倡导智商、情商、德商全面发展的“三商”人才观，引导学生树立辩证唯物主义世界观，以德为先，重民本，运用辩证唯物主义的思想与方法观察问题、分析问题和解决问题；培养学生严格执行国家药品标准，恪守职业道德，遵纪守法，践行社会主义核心价值观，内化法治观念，树立积极向上的人生观，并增强社会责任感。

### （二）教学目标

#### 1. 知识目标

（1）掌握药物分析的性质和任务，学习药物分析课程内容，了解药典与药品标准、药品质量管理规范等知识；

（2）学习各类药物的性状、鉴别、杂质检查与含量测定的试验方法与相关规定；

（3）学习药物制剂与中药及其制剂分析的特点、质量分析要点，以及常用的杂质检查项目和含量测定方法；

（4）了解药品质量标准制定的目的和原则，药品质量标准的主要内容和要求。

### 2. 能力目标

（1）具备强烈的药品全面质量控制观念以及相应的知识技能，掌握药物分析的基础理论知识和基本实验技能；

（2）掌握药物及其制剂的性状、鉴别试验、杂质检查、含量测定的基本规律和代表性药物的分析方法，具备思考和自主学习的能力；

（3）掌握药物分析的基本思路和研究方法，具有探索解决药品质量问题的能力；具备在药品研究、生产、供应和临床使用过程中分析检验及药品标准制定等环节的工作能力。

### 3. 素质目标

（1）树立正确的价值观，在科学研究过程中能发扬务实创新、探索未知的精神；

（2）具有科学思维，学会透过现象看本质，掌握药物分析学科的科学内涵，具备实事求是、追求真理的科学态度；

（3）增强法治意识，以药典规定为准则，恪守职业道德；深刻理解并自觉践行药品行业的职业精神和职业规范，增强职业责任感和社会责任感；

（4）增强文化认同与民族自信，树立家国情怀。

## 二、主要思政元素

药物分析是利用各种分析测定手段，根据药物的物理或化学性质，制定药物分析方法，研究药物的质量规律，对药物质量进行全面检验与控制的一门学科。药品的研发、生产、流通及临床使用各个环节都需要进行药品质量控制和质量保障，药物分析工作贯穿始终。“药物分析”课程思政教育目标是围绕知识目标、能力目标、素质目标“三位一体”构建课程思政体系。该课程的学习，除了可以培养学生药品检验的基本知识和基本技能、对药品进行质量控制外，还能深入挖掘药物分析中蕴藏的思想政治教育元素，将辩证唯物主义哲学思维的认识论、方法论与世界观，理想信念与家国情怀，“以人为本、创新精神、文化自信”的药师精神、职业精神与工匠精神，社会责任与法治意识等思政元素与专业知识有机结合，实现思政与专业教育有机连接，让思政教育如春雨般润物无声。

**辩证唯物主义：**药品归根结底是化学物质，用它治愈人类疾病，原理在于这些物质作用于同样物质性的人体所产生的化学反应。药物分析的理论基础亦是物质之间的相互作用。药物的结构决定理化性质，根据性质选择分析方法。相关原理的学习，可以培养学生建立辩证唯物主义的世界观和实事求是的思维方法；结合唯物论的物质观、意识观、实践观，更好地帮助学生理解药物分析的基本原理；学会如何运用哲学思想透过现象看本质，掌握学科的科学内涵，培育实事求是、追求真理的科学态度。

**职业精神：**药品质量关乎人民生命健康，因此，需要培养学生“以人为本、敬佑生命、救死扶伤、甘于奉献、大爱无疆”的药师精神。课程要将教学内容与弘扬社会主义核心价值观相结合，通过讲述药物分析专家的奋斗精神和先进事迹，开展药师精神的思政教育，鼓励学生继承科学家不忘初心、热爱祖国、不懈奋斗、勇于创新、淡泊名利、无私奉献的精神，增强学生的理论自信和文化自信，为祖国的文化传承和科技发展努力学习，弘扬药师精神。

**工匠精神：**药物分析与药品生产的质量息息相关，因人为风险而引发的药品质量问题是极为严重的。因此，要通过案例教学，教育学生恪守职业道德，明确职业责任与操守，完善职业技能与知识，谨记职业的荣誉与理想；引导学生升华职业价值取向，优化行为表现，追求卓越的创造精神、精益求精的品质精神，践行药品行业敬业、精益、专注、创新的工匠精神。

**法治精神：**《中华人民共和国药典》（简称《中国药典》）作为药品质量标准，具有法定效力。将质量标准和“天人合一、循理精炼”院训结合，能够让学生树立敬畏职业、遵守药典规范的意识。药学专业知识的掌握与应用，必须建立在遵守职业道德与承担社会责任的基础之上。借助一些药害事件的典型案例分析，以加强学生思想政治意识、价值观及职业道德等方面的教育，引导学生感悟职业道德素养对药学工作者的重要意义，培养学生社会责任感。

**党史教育：**结合药物与药物分析技术发展史，融入党史教育，在增加理论学习趣味性、增强学生学习兴趣的同时，让学生感受信仰的力量，引导学生了解世情、国情、党情、民情，增强对党的政治认同、思想认同、情感认同。

## 三、设计思路

本课程性质既是“眼睛学科”，亦是“方法学科”，具有鲜明的理论联系实际的特点与学习要求。思政课程教学中应将马克思主义立场观点的教育与科学精神的培养结合起来，以提高学生正确认识问题、分析问题和解决问题的能力。同时，课程研究对象——药品具有特殊性，因此思政设计要注重科学思维方法的训练和科学伦理的教育，培养学生建立探索未知、追求真理、勇攀科学高峰的责任感和使命感。

本课程思政设计思路如表 3-1-1 所示。

表 3-1-1 "药物分析"课程思政设计思路

| 课程章节 | 重要思政元素 | 相关联的专业知识或教学案例 |
|---|---|---|
| 第一章<br>绪论 | 药师精神<br>以人为本<br>创新精神<br>文化自信<br>社会责任<br>职业道德 | 阐述药物分析的性质和任务，使学生确立学习目标和奋斗方向，增强药学人的使命感 |
| 第二章<br>分析方法学习主线 | 辩证唯物主义；<br>科学精神；<br>世界观 | 药物的化学结构决定理化性质。根据性质选择分析方法，借此引导学生在方法论上要坚持一切从实际出发，实事求是，使主观符合客观，在认识规律的普遍性与客观性的基础上，鼓励学生发挥主观能动性，利用规律改造客观世界 |
| 第三章<br>《中国药典》的内容与进展 | 民族自豪感<br>职业精神<br>社会责任<br>法治观念 | 从《中国药典》的出版年份分析看，只有社会安定、国力强盛，经济、科技才能快速发展；药品质量标准具有法律效力，应让学生树立敬畏职业、遵守药典规范的意识；依据药典沿革与药品质量标准制定的先进性原则，培养学生从发展的角度看问题，并依据"神农尝百草"到现代色谱技术的应用，展示我国药学事业的发展，增强学习热情与信念 |
| 第四章<br>药物的杂质检查 | 辩证唯物主义<br>科学精神<br>世界观<br>职业精神<br>法治观念<br>社会责任 | "欣弗"事件；因灭菌、无菌检查和热源检查不合规操作，造成十几人死亡；华海药业缬沙坦亚硝胺毒杂质事件。应以此类案例教育学生必须具有药学工作者的使命感和职业素养，同时培养不畏艰难、逆境不屈的品格 |
| 第五章<br>滴定法、比色法 | 对立统一规律 | 阐述亚硝酸钠滴定法、酸性染料比色法实验影响因素时，融入辩证法的对立统一规律，指出任何事物都包含矛盾，以培养学生辩证思维，增强解决实际问题的能力 |
| 第六章<br>苯乙胺类拟肾上腺素药物的分析 | 法治意识<br>文化自信<br>家国情怀<br>民族自豪感<br>职业精神 | 1924 年，陈克恢在中药麻黄中分离出了拟肾上腺素类药物麻黄碱，并在此基础上合成了一系列与麻黄碱结构相似的化合物，其是从天然产物中开发新药的典范；而鉴于麻黄碱与冰毒结构相似，麻黄碱被限制销售。这一实例不仅能够培养学生的学习兴趣和法治意识，还能增强学生的爱国情怀及民族自豪感，同时，也警示学生需要养成良好的职业素养和职业道德 |
| 第七章<br>巴比妥类镇静催眠药物的分析 | 法治意识<br>社会责任<br>追求真理<br>科学精神 | 巴比妥类药物能抑制桥脑网状结构，减少眼快动睡眠，而停药后会引起眼快动睡眠的反跳，表现为噩梦连绵不断，所以一旦服用巴比妥类药物后，较难停下来，容易形成依赖。借此案例讲解麻醉药品滥用导致的后果，以培养学生的法治意识、社会责任感，让学生树立讲科学、不盲从、追求真理的态度 |
| 第八章<br>胺类药物分析 | 党史教育<br>信仰力量<br>理想信念<br>家国情怀<br>文化自信 | 胺类药物对治疗疼痛有重要作用。人类难以忍受疼痛的折磨，在麻醉药发现之前，手术是恐怖的，关公的刮骨疗毒只是表明华佗的麻醉术高明。而通过了解刘胡兰、江竹筠、陈然等共产党人面对敌人严刑的故事，通过感受刘伯承元帅在接受眼部手术时的坚强，使学生体会到共产党人信仰的力量 |

（续表）

| 课程章节 | 重要思政元素 | 相关联的专业知识或教学案例 |
| --- | --- | --- |
| 第九章<br>青蒿素类抗疟药物的分析 | 团队协作精神<br>创新精神<br>爱国主义情怀<br>工匠精神 | 中国自然科学领域问鼎诺贝尔生理学或医学奖第一人屠呦呦，因她对创制抗疟药物青蒿素和双氢青蒿素的杰出贡献，荣获2015年诺贝尔生理学或医学奖。屠呦呦团队在从中药青蒿提取青蒿素的过程中，经历了将近200次失败才获得成功，这个成功也离不开将近3 000人参与的“523”项目的整体付出。教育学生学习我国杰出科学家的团队协作精神、创新思维能力、献身科学精神和爱国主义情怀 |
| 第十章<br>抗生素类药物的分析 | 科学精神<br>党史教育 | 以抗生素类药物的抗菌抗病毒功效，为学习主要的内容结合人类抗疫历史和对白求恩的介绍，使学生在了解药物历史，在了解抗菌药物的发展与分子结构特征的同时，宣扬抗日战争期间抗生素的使用与党的历史上的优秀人物，教育学生做一个纯粹的、脱离低级趣味的、高尚的人 |
| 第十一章<br>药物制剂分析 | 药师精神<br>社会责任<br>职业道德<br>法治精神<br>以人为本 | “齐二药”事件，因为采购员见利忘义、检测员疏忽职守，将能引发急性肾衰竭的二甘醇当作丙二醇购回齐齐哈尔第二制药厂作为辅料，导致注射了该公司生产的亮菌甲素的十几人不幸死亡。就此案例，教育学生作为药学工作者，要谨记药师精神，要有使命感、责任感，牢牢把持住自己的职业操守与道德底线 |

## 四、教学方法与手段

“药物分析”是药学专业的核心课程，它旨在培养学生的药品质量观念，使其初步具备运用现代分析技术对药物进行全面质量控制的能力，并能够胜任药品检验、质量控制相关技术工作。该课程安排在第三学年下学期，学生在学完本课程后，将进行药物分析实验及相应的生产实习。因此在课程中引入课程思政，旨在从爱国主义教育、辩证唯物主义、药师精神、职业价值观、社会责任感等多方面对学生进行引导，这对其未来的职业生涯会产生重要影响。

### （一）挖掘“药物分析”课程思政元素

根据“药物分析”课程教学大纲，结合专业岗位特点，收集典型案例，将现代医药发展及社会责任融入教学，总结归纳出课程思政教学内容。

### （二）建立基于网络平台的线上线下课程思政教学体系

课程思政过于生硬或突兀都容易引起学生反感，不能达到预期效果。因此，在“互联网+”时代背景下，充分利用网络平台，设置“政策解读”“药害事件反思”“榜样力量”等专栏，创新课程思政教学方法，建立线上线下课程思政教学体系。将典型案例、阅读材料做成碎片化资源并上传，以文档、视频、音频、动画等多种方式呈现。同时，实验课要求学生将实验原始记录上传到相关平台，并在课后进行讨论分析。基于网络平台的视频、图片反馈模式极大地提高了学生实验操作的规范性，确保了实验数据的真实性，并加强了对工匠精神、职业道德和人文素质的培养。

### （三）“药物分析”课程思政的思考

课程思政仅仅靠专业教师个人的努力是不够的，应联合思政课教师并组成教学团队，积极开展集体备课，就教学内容、教学设计、教学手段、教学评价等方面进行深入探索。专业课教师作为课程思政的践行者，必须加强思想政治理论学习，在拥有丰富专业基础知识的同时，还要树立正确的道德观、价值观、职业观，发挥言传身教的作用。同时，要积极建设课程思政资源库，开发与知识点结合紧密、学生易于接受的创新课程思政方法，并探索以学生为主体、润物细无声的浸润式教学模式。

## 五、实践案例

### （一）案例 1：将辩证唯物主义方法融入教学过程

（1）将辩证唯物主义基本思想融入药物内涵的解读中，指出世界是物质的同时，强调物质是化学的物质，是由化学分子组成的。药品质量的体现最终归结为对药品化学杂质、结构与含量的测定，引导学生用唯物主义方法去思考、分析和解决问题，透过现象看本质，见图 3-1-1。

（2）以辩证唯物主义世界观作为主要思政元素贯穿分析方法学习主线，以学习“药物结构决定理化性质，决定分析方法”“药物杂质检查”“维生素类药物分析”等知识点为载体，引导学生坚持一切从实际出发，实事求是，在认识规律的普遍性与客观性的基础上，鼓励学生发挥主观能动性，利用规律改造客观世界，并用辩证的思维看待问题。

### （二）案例 2：《中国药典》与药师精神、法治精神

（1）依据《中国药典》的出版年份分析，引出社会安定、国力强盛与经济、科技发展的关系，激发学生的民族自豪感与文化自信。

（2）《中国药典》作为药品质量标准，具有法律效力。药品质量直接关乎人民生命和健康，因此，应当建立正确的药品质量观。遵纪守法，遵循《中国药典》的标准，狠抓药品质量，这是制药人最基本的职业道德，也是敬畏职业、尊重生命的具体体现，见图3-1-2。

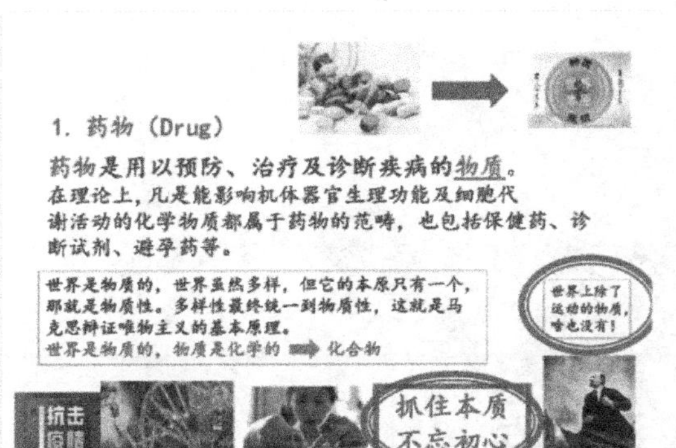


图 3-1-1　辩证唯物主义观点融入教学过程

图 3-1-2　药品质量至关重要

（3）借助药害事件的案例讲解，教育学生作为药学工作者，要谨记药师精神、职业精神，以人为本，保持自己的职业操守与道德底线，同时增强创新精神，不断开拓进取。

## （三）案例 3：企业视质量为生命

以校友企业为典型案例，介绍其如何视质量为生命，宁可遭受重创，全球召回问题产品，在质量上跌倒，又如何从质量上崛起，坚韧不拔，走出困境的生动实例，加深学生对药品质量是百姓生命、是企业生命、是个人前途的重要性的认识，教育学生不畏艰难、逆境不屈，作为药学工作者要始终葆有职业精神和职业使命感，注重高度社会责任感和心理素质的品格培养，以及人的自身质量提升。此外，借此案例也能激发学生以校友为荣，以母校为荣的集体荣誉感和以报效祖国医药事业的实际行动回报母校的民族优秀传统理念，树立崇高的理想信念，见图 3-1-3。

图 3-1-3　校友企业典型案例

## （四）案例 4：在实验课程中有机融入课程思政

在“药物分析”实验课程中引入课程思政，充分挖掘实验课程中蕴含的思政元素，将思想政治教育贯穿于“药物分析”课程教学的全过程，引导学生树立正确的职业操守与价值观，见图 3-1-4 和表 3-1-2。

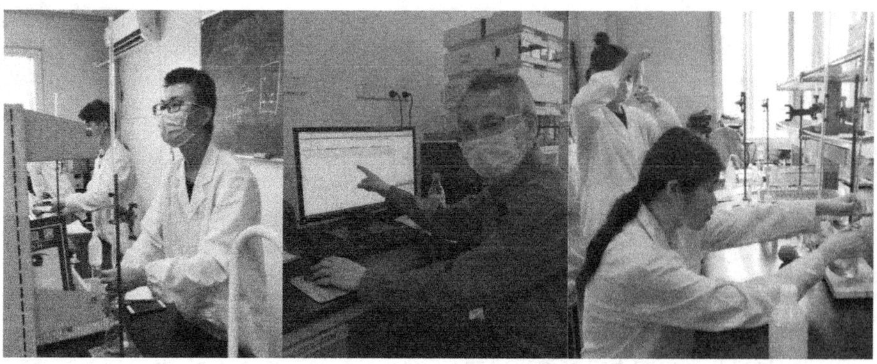

图 3-1-4　“药物分析”实验课程

表 3-1-2 “药物分析”实验课程中的思政元素挖掘设计

| 实验项目 | 思政素材 |
| --- | --- |
| 药物检验的规范操作及基本要求 | 吉林长春长生生物疫苗案件：教育学生严守职业道德，实事求是，守好药品质量控制的最后一道防线 |
| 盐酸普鲁卡因注射液中对氨基苯甲酸检查 | 亮菌甲素注射液事件、“欣弗”事件、毒胶囊事件：作为药学从业人员，必须严格按照《中国药典》的标准操作规程进行生产、检验，鼓励学生认真学好专业知识，实事求是地填写检验结果 |
| HPLC 测定尼莫地平含量 | 含量测定技术发展史：教育学生在科技发展的大背景下，以高度社会责任感、自豪感和自信心投入到新时代医药事业中 |

## 六、教学效果

“药物分析”课程设置已有 10 多年，面向药学专业、药物制剂专业、制药工程专业的学生授课，受益学生人数已达上万。学生对这门课程反响热烈、印象深刻。普遍认为：本课程不仅学到了专业知识，也培养了信仰、文化、党史、科学精神以及质量至上的理念和法律意识。

自 2016 年习近平总书记在全国高校思想政治工作会议上指出坚持把立德树人作为中心环节，“使各类课程与思想政治理论课同向同行，形成协同效应”以来，本课程教学团队的教师们树立育人意识，明确了在教学过程中对学生进行思想政治教育以培养全面发展人才的重要意义；积极参加课程思政的相关培训，不断提升自身的思想政治素质，及时更新和补充教学内容，使得教学具有时效性和亲和力；注重人文情怀的培养及以人为本的意识，尊重、维护人的尊严和价值，将药物分析为人类社会不断增长的对于健康和生命安全的需求服务，需要在药物分析教学过程中对学生进行人文情怀的培养。此外，“药物分析”课程配套药物分析实验与相关生产实习，实现了在实践中学习、在学习中实践。

# 第二节 中医药与中华传统文化

**课程负责人：**李行诺
**教学团队：**张慧、颜继忠、吕华伟
**所在院系：**药学院

学之广在于不倦，不倦在于固志。

——［东晋］葛洪《抱朴子·崇教》

# 一、课程概况

## （一）课程简介

“中医药与中华传统文化”是一门面向全校各专业开设的通识核心课程，采用小班研讨教学—实践基地认知的授课模式，将理论与实践有机融合，以中医药传统文化为主线，结合典型案例和实践基地进一步增强学生的文化认同感、历史责任感和民族自豪感，提升学生的文化自信，树立良好的生命道德观与和谐人生的健康观。该课程每个学期都开设一个教学班，共 32 学时，其中教学 16 学时、研讨 16 学时，每个班级学生人数约 30 人。

“文化是一个国家、一个民族的灵魂。文化兴国运兴，文化强民族强。没有高度的文化自信，没有文化的繁荣兴盛，就没有中华民族伟大复兴。”该课程作为我校中药教研室开设的一门通识核心课程，重要任务就是守正创新，大力传承发扬中医药传统文化，坚定文化自信，使学生深刻理解中华民族伟大复兴的历史使命，赋予其新的时代内涵和表达形式，让文化精神薪火相传。

本课程以中医药文化为支点，弘扬中华传统文化的精髓，将思政元素融入教学大纲、教学计划、课件、教案和学生作业，获得了 2017 年浙江工业大学首批课程思政建设立项，并于 2021 年入选浙江省首批课程思政示范课程。这门通识课程不仅在教学形式上进行了新的尝试，采用了思政案例＋翻转式教学模式，而且在教学内容上不断推陈出新，让学生从中医药的视角认识中华传统文化精髓，对继承和发展中医药与中华传统文化具有重要意义。

## （二）教学目标

### 1. 知识目标

（1）掌握中医药学核心理论、特色思想，启蒙中医药学，了解其在世界现代医学体系中的地位；

（2）掌握中华传统文化的起源和分支，以及相关核心思想与理论，了解其对我国乃至世界的影响；

（3）熟悉中医药学中的主要中华传统文化基因，传承中医药文化，并了解其局限性。

### 2. 能力目标

（1）能够运用辩证思维方法认识我国传统文化和中医药成就，剖析文化根源、文化特色及其对世界文化的贡献；

（2）能够在学习和生活中利用相关的思想和理论进行独立思考，分析各种社会现象和社会热点问题；

（3）能够运用中医药原理和知识，培养和谐人生的健康观，合理规划生活、学习和工作。

### 3. 素质目标

（1）具有整体观和辩证思维，对中医药和中华传统文化有清醒、客观的认识；

（2）进一步增强文化自信、制度自信，借助文化的浸润，培养社会责任感和爱国情怀；

（3）进一步树立良好的生命道德观与和谐人生的健康观，珍惜生命、敬佑生命。

## （三）课程沿革

本课程自 2014 年开课以来，已有 10 届 327 名全校各专业学生参与其中；入选浙江工业大学 2017 年“课程思政”改革试点课程以来，已在 7 届 217 名学生的教学中进一步将课程思政元素渗透其中，进一步提升了课程的引领性。

# 二、主要思政元素

中华传统文化博大精深、源远流长。中医药作为中华传统文化的精髓，蕴含着丰富的哲学思想和人文精神，是文化软实力的重要体现。通过思政案例 + 翻转式教学，结合学生课外自主学习，给学生熏陶“天人合一、阴阳五行”的中医药整体观和“人民至上、生命至上”的中医药大局观，可以培养学生的爱国情怀、文化自信、制度自信和诚实守信精神。

**整体观与辩证思维：**整体观是中医药文化的灵魂，而辩证思维是中医药治疗疾病的指导思想，通过“天人合一、阴阳五行”的中医药整体观教导学生以辩证思维看问题。“天人合一”最基本的含义在于，天地本自然，我们人也是自然的一部分，大自然是统一的，天人一体。它要求我们每个人应遵循宇宙自然的规律去做事，人的言行举止完全合于道的一种生活方式。

本课程以“中医药特色思想”为主线，涵盖“医生张仲景与瘟疫”“神农、孙思邈和李时珍的时空重叠”“从宋慈到李昌钰”“扁鹊再生、华佗再世”等案例。通过案例讲解，学生能认识生命的本质，了解人与自然的关系，能更好地顺应可持续发展的思想，提升自己的中医药辩证思维。

**爱国情怀：**中华五千年的历史长河孕育了古老悠久、博大精深的中医药文化。中医药学是中华文明的结晶，是我国优秀文化遗产中的瑰宝，推动着一代又一代青年人继承中华优秀传统文化、积极弘扬爱国主义精神。从神农尝百草以身试药，到李时珍编著《本草纲目》，到屠呦呦获得诺贝尔奖，再到张伯礼院士荣获“人民英雄”国家荣誉称号，一个个鲜活的案例，引导学生了解古老而神奇的中医药文化，激发他们爱科学、懂科学，增强他们的社会责任感、民族自豪感、爱国主义精神。

**文化自信：**中医药文化与其母体中华文化一样底蕴愈厚、韵味愈醇。中医药学根植于深厚的中华民族哲学智慧和优秀传统文化土壤，是融入中华民族血脉的文化基因，是中华文明的一个重要标志。正如习近平总书记所说：“中医药学凝聚着深邃的哲学智慧和中华民族几千年的健康养生理念及其实践经验，是中国古代科学的瑰宝，也是打开中华文明宝库的钥匙。”中医药文化作为中华先贤认知人的生命整体、身心奥秘和人与外界关系的一种世界观、方法论、价值论和实践论高度统一的文化范式、文化体系，有着超越时代的先进之处。

本课程以“中医药的起源和发展”为主线，涵盖中华民族的上古传说、“炎黄子孙”“神农尝百草与临床试验”“葛洪与诺贝尔奖”“扁鹊与治未病”等素材，结合最新的张伯礼院士、黄璐琦院士等案例，以及中医药在抗击新冠疫情中的优异表现和突出贡献，深刻讲述中医药领域的“学科精神”和“创新精神”，以增强学生的文化自信。

**制度自信：**全国抗击新冠疫情取得胜利，中国共产党坚强而英明的领导和中国特色社会主义集中力量办大事的制度优势，以及充分彰显社会主义核心价值观的勇敢“逆行”驰援湖北之人民战“疫”精神，发挥了决定性作用。中医药不仅是独立的中华文化形态，而且是具有一定辐射性、渗融性的文化要素。它不仅辐射到中华文化的其他领域，甚至成为中国人特有的一种思维方式。它也无时无刻不在接受着中华文化母体的思想滋养，中医药体系中的认知和诊疗模式源于中华文化的世界观、方法论、价值观、修养论和践行论。课程以“新冠疫情”为切入点，结合中医药历史上的一系列事件，能够让学生意识到中医药文化有其独特的世界观和思维范式，以增强学生对中国共产党和社会主义制度的自信。

**诚实守信：**“诚信者，天下之结也。”从古至今，“诚实守信”一直都是个人和企业得以安身立命的根本。中医药老字号企业是中医药文化形象的重要代表，其产品与服务质量更关乎人民群众的健康与生命安全。

本课程要以本土资源“戒欺”教育为主线，结合“胡庆余堂中药博物馆”和“胡雪岩故居”实践，通过组织学生参观胡庆余堂，让学生切身体会胡庆余堂的“戒欺”精神，宣扬诚实守信、知行合一的中医药人精神，因为这也是中华传统文化的集中体现。

## 三、设计思路

本课程以中医药文化为支点，实行线上线下相结合的模式，采用启发式、互动式、案例式、讨论式等多元教学法组织教学。以经典案例为依托，践行思政案例 + 翻转式教学，将思政元素融入教学大纲、教学计划、课件和教案。本课程思政设计思路如表 3-2-1 所示。

**表 3-2-1 “中医药与中华传统文化”课程思政设计思路**

| 课程章节 | 重要思政元素 | 相关联的专业知识或教学案例 |
| --- | --- | --- |
| 第一章<br>绪论 | 文化自信 | 以中华民族的先古文化和屠呦呦获诺贝尔奖为切入点，使学生了解其内在联系 |

（续表）

| 课程章节 | 重要思政元素 | 相关联的专业知识或教学案例 |
|---|---|---|
| 第二章<br>走进中医药 | 传承创新<br>科学精神<br>对立统一规律 | 1. 以抗疫为切入点，结合中医药历史上的一系列事件，使学生意识到事物的发展不是一帆风顺的，而是一个螺旋上升的过程。<br>2. 结合针灸乃至中医药学走向世界的一些案例，讲解中医药特色以及肯定中医药的疗效。<br>3. 从历次反对或取消中医药的风波和批评中医药学的诸多历史名人观点出发，讨论中医药面临的生存危机，引发学生思考中医药的局限性及如何发展中医药学和文化传承。<br>4. 介绍上古至现代著名中医药学家的生平事迹和思想特色及中医药学贡献，以及一些名人与中医药的不解之缘 |
| 第三章<br>中医药传统文化 | “戒欺”精神<br>中医药辩证思维 | 1. 以胡雪岩创办胡庆余堂成为“江南药王”的案例，并组织学生参观胡庆余堂中药博物馆和胡雪岩故居，切身体会中华老字号胡庆余堂的“是乃仁术”“真不二价”“戒欺”精神正是中华传统文化的集中体现。<br>2. 以同仁堂的安宫牛黄丸为案例讨论中医药的发展规律和求真意识，凸显“诚信”这一核心价值观的重要性 |
| 第四章<br>中药文化 | 民族文化<br>制度自信<br>守正创新 | 1. 从李时珍、张仲景、华佗、葛洪等中国古代名医的实例延伸至“人民至上，生命至上”的精神，并以抗疫中药的“三药三方”为引领，与我国抗疫中的先进事迹相联系，进一步说明中华民族文化的韧性和生命力。<br>2. 讨论中医药产品创造、创新的文化基础，使学生理解传统文化在中医药产品守正创新中的作用。<br>3. 结合桑蚕、姜桂医药文化及平凡草药文化探讨中药文化的历史背景和民间基础，以及结合医草、仙草、金石医药文化等方面探讨中医药文化的历史背景和民间基础 |
| 第五章<br>中医药学说 | 整体观<br>辩证思维<br>中华传统文化 | 1. 如何辨析“天人合一”？<br>2. 结合五行概念演变、五行思想基本内容及其与人体健康和中医药的关系探讨中医五行思想的优越性和不足。<br>3. 阐述人体结构的中医认识，包括脏、腑、经络的定义、分类和功能，介绍药性的基本概念，包括四气、五味、升降沉浮和毒性，分析其与现代医药学的根本区别 |
| 第六章<br>中华传统文化 | 文化自信<br>民族自信 | 1. 介绍三皇五帝时期的一些代表性人物，从中延伸出与现代文化，特别是中医药文化的联系。<br>2. 大禹治水，正是中华民族“多难兴邦”的集中体现，是中华民族历史上历次战胜“瘟神”的内在精神。<br>3. 中华民族的起源涉及了许多文化细节，特别是对现代社会起到奠基作用的一些文化 |
| 第七章<br>生活中的中医药 | 科学人生观<br>中医药思维 | 1. 介绍中医药养生、治未病思想的文化和医药学背景，结合常见的中医药养生方法探讨、分析一些具体的中药在日常生活中的养生应用。解答何为养生、何为治未病，探讨养生目的和范畴。<br>2. 从顺应自然、动而中节、注重调摄精神和三因制宜等四个方面探讨中医养生的基本原则 |

（续表）

| 课程章节 | 重要思政元素 | 相关联的专业知识或教学案例 |
|---|---|---|
| 第八章<br>中医药再认识 | 制度自信<br>辩证唯物主义观<br>民族自信 | 1. 介绍中医药在抗击疫情中发挥的重要作用，以及张伯礼院士荣获“人民英雄”国家荣誉称号的故事；对中药的临床使用进行介绍，并且将临床使用与日常生活联系，对中药进行再认识。<br>2. 从整体思维、辩证思维、直觉思维等角度认识中医药学的思维特点，使学生更好地理解中医药与现代医药学的差异和联系。<br>3. 通过与两河流域、古埃及、古希腊、古印度以及玛雅传统医药的比较，使学生认识到中医药是迄今思想理论最完整、依然在发挥重要作用的传统医药，应该更好地继承和发展，以增强文化自信 |

## 四、教学方法与手段

在传授专业知识时，结合教学和实践内容，找准切入点，采用画龙点睛式、隐性渗透式、案例穿插式、讨论辨析式等形式将德育贯穿于课堂中。例如通过屠呦呦团队与青蒿素抗疟药、抗击新冠疫情的中药“三药三方”等案例，让学生增强民族自豪感和继承发扬祖国医药文化的历史使命感，增强学生文化自信，培养他们爱祖国、爱专业的精神；通过课堂交流讨论，结合学生的自主选题，强化学生对于中医药和中华传统文化的认识，使学生能够在生活中辨识文化问题，并将相关理论应用于实践，进一步增强自己的历史责任感和文化自信。

### （一）线上平台丰富课程教学资源

本课程采用了超星和对分易等线上教学平台，利用这些网络教学平台可以便捷地满足一键点名签到以及批改作业等需求。在网络教学模式下，学生作为学习的主体，可以通过视、听等多种方式对学习资源进行积累和掌握，同时可以根据自己的学习进度，进行合理的学习安排。这种灵活的教学环境可以有效促进学生积极主动地参与到教学中，显著提高学习效率。

超星是一个为中国教师量身定做的新型教学平台，其凝聚了中国数百位一线教师的集体智慧，可以解决教学中细致而烦琐的工作，简洁明快、实用好用，适合各种教学模式，是对分课堂的官方教学平台。超星为师生提供作业布置、考勤统计、分组、创建讨论区、制定成绩册、回复微信消息、拓展课程资源等教学功能服务，支持师生在计算机和手机上同步使用超星平台的所有功能与服务（见图 3-2-1 和图 3-2-2）。

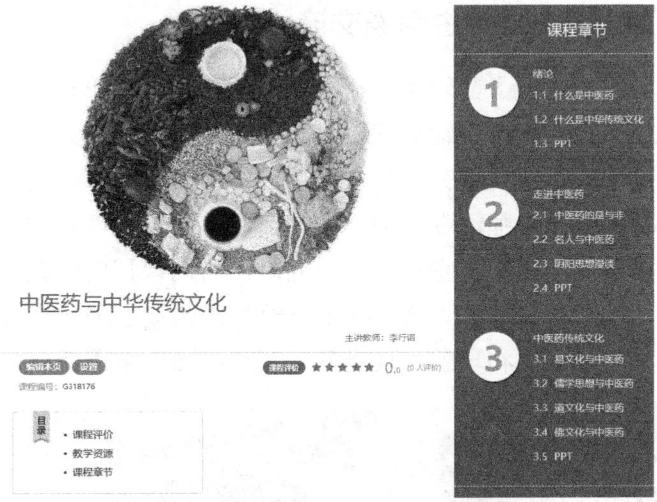


**图 3-2-1　超星网络教学平台的课程章节设置**

课程章节资源

| 课程章节 | 文件类型 | 修改时间 | 大小 |
|---|---|---|---|
| 1.1 什么是中医药 | 文档 | 2024-09-21 | 11.43MB |
|  | 视频 | 2024-09-21 | 36.97MB |
| 1.2 什么是中华传统文化 | 视频 | 2024-09-21 | 28.11MB |
| 1.3 PPT | 文档 | 2024-09-21 | 26.80MB |
| 2.1 中医药的是与非 | 视频 | 2024-09-21 | 39.13MB |
| 2.2 名人与中医药 | 视频 | 2024-09-21 | 40.83MB |
| 2.3 阴阳思想漫谈 | 视频 | 2024-09-21 | 8.31MB |
| 3.1 易文化与中医药 | 视频 | 2024-09-21 | 25.59MB |
| 3.2 儒学思想与中医药 | 视频 | 2024-09-21 | 22.76MB |
| 3.3 道文化与中医药 | 视频 | 2024-09-21 | 35.89MB |
| 3.4 佛文化与中医药 | 视频 | 2024-09-21 | 30.58MB |
| 4.1 中药产品文化特征 | 视频 | 2024-09-21 | 109.55M |
| 4.2 话说补益中药 | 视频 | 2024-09-21 | 265.79M |
| 4.3 中医文化拾零 | 视频 | 2024-09-21 | 252.93M |
| 5.1 五行学说探析 | 视频 | 2024-09-21 | 16.42MB |
|  | 视频 | 2024-09-21 | 19.23MB |
| 5.2 脏腑经络浅说 | 视频 | 2024-09-21 | 10.77MB |
|  | 视频 | 2024-09-21 | 13.13MB |
| 5.3 药性理论浅析 | 视频 | 2024-09-21 | 17.64MB |
|  | 视频 | 2024-09-21 | 17.80MB |
| 6.1 三皇五帝 | 视频 | 2024-09-21 | 20.51MB |
| 7.1 中医养生治未病思想 | 视频 | 2024-09-21 | 218.02M |
| 7.2 中医养生之道 | 视频 | 2024-09-21 | 247.23M |
| 7.3 中医养生之术 | 视频 | 2024-09-21 | 179.81M |
| 7.4 药食同源的饮食文化 | 视频 | 2024-09-21 | 266.59M |
| 8.1 中药临床使用辨析 | 视频 | 2024-09-21 | 246.61M |
| 8.2 中医药学思维特点 | 视频 | 2024-09-21 | 315.14M |

**图 3-2-2　超星网络教学平台的线上共享资源**

## （二）线下教学加强师生沟通交流

本课程的线下教学采用了翻转课堂模式，每次两节课，第一节课以老师讲解案例和知识点为主，第二节课为学生针对案例进行论述性分析和研讨，即充分发挥不同专业学生的思维特点，从不同角度分析思政案例的知识模块和学习精髓。线下面对面的交流和灵活的教学可以让老师清晰了解学生的需求，制定人性化的教学模式，强调学生的主动性，可以有效促进学生主动学习。同时，借助课程的实践基地，学生能够更加直观地学习课程的相关知识点。图 3-2-3 是学生在课堂上采用多媒体的方式分析自己对中医药传统文化的认识和理解，现场师生互动，课堂氛围活跃。

图 3-2-3　同学们在课堂上积极探讨

# 五、实践案例

## （一）案例 1：辩证思维——树立中医药整体观

辩证思维蕴含着丰富的哲学义理，对中医的理论思维、认知模式和价值取向有着深刻影响。课程通过“什么是生命”“如何处理人与自然的关系”“如何实现生态可持续发展”等问题，引发学生的深入思考，增强学生的文化认同感，帮助学生树立良好的生命道德观、和谐人生的健康观以及中医药的整体观，从而推动中华传统文化积极发展（见图 3-2-4）。

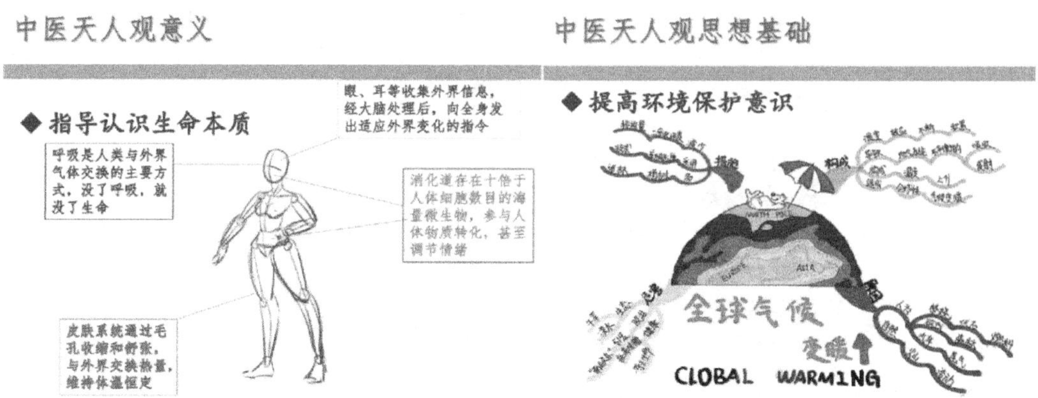


图 3-2-4　中医天人观和环境可持续发展的思考

## （二）案例 2：葛洪与屠呦呦的故事——增强民族自豪感和文化自信

以“中医药的起源和发展”为主线，以中华民族的上古传说为起始，结合“炎黄子孙”“神农尝百草与临床试验”“扁鹊与治未病”等素材，通过“葛洪与诺贝尔奖”“医圣张仲景与瘟疫”“从宋慈到李昌钰”“如果扁鹊、华佗再世”等育人素材，增强学生的文化认同感、历史责任感，树立良好的生命道德观与和谐人生的健康观。葛洪的《肘后备急方》与屠呦呦获诺贝尔奖的深层思考如图 3-2-5 所示。

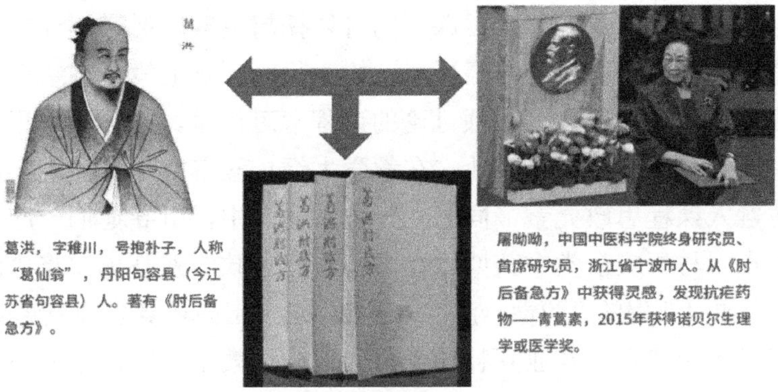


**图 3-2-5　葛洪与屠呦呦获诺贝尔奖的深层思考**

## （三）案例 3：胡庆余堂与“戒欺”——培养诚实守信的中医药人精神

与胡庆余堂中药博物馆共建课程思政实践基地，在胡庆余堂中药博物馆、胡雪岩故居让学生切身感受“戒欺”的丰富内涵，深刻理解诚信为本、以德为先的中医药人精神内涵。同时，借助中药研究所与方回春堂等省内知名企业的校企合作，带领学生亲身参与中药膏方的制作过程，感受方回春堂“许可赚钱、不许卖假”的祖训内涵，在宣扬中医药传统文化的过程中，充分激发学生的社会责任感和民族使命感（见图 3-2-6）。

**图 3-2-6　与胡庆余堂中药博物馆共建课程思政实践基地**

## 六、教学效果

本课程教学团队由颜继忠教授、李行诺教授、张慧副教授和吕华伟副教授四位专业教师组成。课程教师坚守教书育人的职责，认真负责地投入教学，注重课堂互动，培养学生独立思考能力，激发学生的学习兴趣，始终将“三全育人”理念贯穿教学全过程。

近几年本课程的思政工作持续开展，依托智慧树平台的相关网络课程，结合浙江工业大学学生的实际情况进行线下授课。同时依托超星学习通搭建课程平台，将相关课程思政内容制作成视频资料上传至平台，构建起一个线上线下相结合——线上基本知识学习，线下课堂专项学习、专项讨论的课程学习体系。施行课程思政元素的“三进两现”（进课堂、进课件、进作业，在教学大纲、教案中均有体现），在课程的各个环节全方位融入课程思政元素，同时让学生参与其中，引导他们一起来发现、研讨课程思政闪光点；与胡庆余堂中药博物馆共建课程思政实践基地，将“两个课堂”有效融合，进一步加深课程的“两性一度”。学校以“全国高校党建样板党支部”为依托，组建了一支老中青相结合、专业互补的党员先锋队型教学团队，定期与课程思政辅导员集体备课，并根据时事政治对思政元素及时进行凝练和更新，以提升课程的可读性，教学效果显著。

“中医药与中华传统文化”通识课程自开设以来，选课情况良好，课程的受益面广，每个学期选课的学生均来自不同学院、不同专业、不同背景，学生在上课讨论过程中总能推陈出新，提出新的创意，为本课程的持续改进提供了极大的支持。本课程的学习可以培养学生科学地认识中医药的历史地位、研究和利用价值，理解中医药的中华传统文化基础及其对中华文化乃至世界文化的重要贡献；能够培养学生从正反两方面认识我国传统文化和科技成果，增强独立思考能力和批判继承能力，并树立良好的生命道德观与和谐人生的健康观。

# 第四章

# 哲 学 类

# 第一节 中国道路

**课程负责人：** 易继苍

**教学团队：** 周文、赛北、张丽娟、凌加英

**所在院系：** 马克思主义学院

中国欢迎各国优秀青年来华学习深造，也希望大家多了解中国、多向世界讲讲你们所看到的中国，多同中国青年交流，同世界各国青年一道，携手为促进民心相通、推动构建人类命运共同体贡献力量。

——习近平

## 一、课程概况

### （一）课程简介

在教育全球化的趋势和“一带一路”倡议的大背景下，前来我国求学的海外留学生规模越来越大。浙江工业大学作为改革开放先行地浙江的省属第一高校，吸引了大量海外人才前来求学。本课程就是面向全体来华留学生开设的通识类必修课，共 32 个学时，计 2 学分。“中国道路”课程的开设遵循了《来华留学生高等教育质量规范（试行）》和习近平总书记“重要回信”精神，旨在立足中国现实，向国际学生系统介绍中国从积贫积弱中“站起来、富起来、强起来”的伟大历程，以及中国人民在中国共产党的领导下百年寻梦、追梦、筑梦和圆梦的不屈奋斗，让来华留学生系统掌握中华民族精神与情感的内核、中国发展道路的逻辑、中国特色社会主义的优势、中国共产党的初心和使命、中国近年来取得全方位进步的动力、中国人民与世界人民的深厚友谊、中国希望与各国携手构建人类命运共同体的渊源等问题，增进他们对中国的理解和信任，培育他们知华、友华、爱华的情怀，从而真正使他们成为促进民心相通的力量。2021 年，本课程入选浙江省国际化一流课程。

### （二）教学目标

#### 1. 知识目标

让来华留学生熟悉中国近代、当代的历史、政治、社会、经济等基本知识，了解中国政治制度和外交政策，理解中国人的民族情感，以及中国社会主流价值观和公共道德观念。

#### 2. 能力目标

让来华留学生在知华的基础上，产生友华、爱华的情感，从而尊重并自觉遵循中国社会规范。

3. 素质目标

让来华留学生增强对中国发展和人类命运共同体理念的理解和认同，具备讲好“中国故事”、传播“中国好声音”的意愿和能力，在国际舆论场自觉澄清并反击境外反华势力炮制的谣言，成为推动构建人类命运共同体的积极力量。

## 二、主要思政元素

**人类命运共同体：**通过挖掘中国在革命、建设和改革阶段与来华留学生祖国结成的历史友谊，介绍中国的发展趋势和经济、外交政策，以及中国同来华留学生祖国当下的合作与共赢案例，让来华留学生掌握人类命运共同体理念。

**公序良俗：**通过对国外环境下习以为常，但在中国可能是犯罪的行为，如黄赌毒、宗教渗透等进行专门强调，让学生了解并遵守中国法律法规。通过介绍中华优秀传统文化、红色文化和社会主义先进文化中能体现中华民族气节、品格、高尚情操的案例，让来华留学生尊重中国社会习俗和中华民族的情感。

**各美其美，美美与共：**通过介绍不同于西方资本主义国家的中国式现代化道路，让其他文明、其他国家领略中国智慧。

## 三、设计思路

本课程思政设计思路如表 4-1-1 所示。

**表 4-1-1 “中国道路”课程思政设计思路**

| 课程章节 | 重要思政元素 | 相关联的专业知识或教学案例 |
|---|---|---|
| 绪论<br>中国道路及其世界意义 | 和平发展；各美其美，美美与共 | 中国共产党带领中国人民，在从“站起来”到“富起来”再到“强起来”的过程中，走出了一条迥异于西方各国的社会主义现代化道路，一条同世界各国合作共赢的和平发展之路。通过向来华留学生简要勾勒中国道路的概貌，展现中国人的道路自信与制度自信，增强其对中国道路与中国智慧的理解和认同，从而推动他们成为构建人类命运共同体的积极力量。此外，通过展现中国迥异于西方资本主义现代化道路的“中国道路”的成功经验，让来自其他国家的留学生认识到，现代化的道路不止一条，必须结合本国国情探索适合自己的现代化道路，并防止他们陷入西方的话语陷阱中 |
| 第一章<br>中国现代化的艰难开局 | 反对霸权主义；自立自强 | 通过林则徐虎门销烟、三元里人民自发抵抗英国侵略、老将冯子材抬棺上阵抵抗法国侵略、晚清士大夫阶层提倡“开眼看世界”、洋务派提倡“师夷长技以制夷”、孙中山领导辛亥革命、五四运动反帝反封建、中国共产党成立等能够展现中华民族气节和品格的事迹，唤起来自曾遭受过西方殖民侵略的第三世界国家留学生对中国近代屈辱历史的理解与共情，以及对中华民族先进分子忧国忧民、不甘落后的精神的尊重和崇敬，激励来华留学生同以中国为代表的国际进步势力一起，反对西方霸权主义 |

（续表）

| 课程章节 | 重要思政元素 | 相关联的专业知识或教学案例 |
| --- | --- | --- |
| 第二章<br>中国人民争取解放的不屈奋斗 | 团结协作；<br>锲而不舍 | 通过展示包括东北抗联、共产党人、川军、国民党爱国将领等中国各阶层人民在抗击日本侵略中表现出来的高尚爱国情操，以及那些同仇敌忾的英勇事迹、海外华人华侨捐款捐物的感人行为，展现中华民族天下兴亡匹夫有责的担当精神；通过讲述中国共产党根据社会主要矛盾的变化建立并领导抗日民族统一战线、中国与其他反法西斯国家合作对抗法西斯势力等事迹，展现中国人民团结协作的品质；通过展示14年抗日战争里中国人民艰苦卓绝的努力，尤其是中国共产党开辟敌后抗日根据地的故事，让来华留学生感受到中华民族锲而不舍的坚韧精神 |
| 第三章<br>改革开放前中国对社会主义道路的探索 | 捍卫和平；<br>反对强权；<br>自力更生 | 通过讲述在新中国刚成立、百废待兴时，面对帝国主义侵略者强加给中国人民的战争，中共中央毅然作出抗美援朝、保家卫国的历史性决策，以大无畏的英雄气概果敢承担起保卫和平的历史使命，在极不对称、极为艰难的条件下，英勇的中国人民志愿军高举正义旗帜，同朝鲜人民和军队一道，历经两年零九个月舍生忘死的浴血奋战，赢得了抗美援朝战争伟大胜利的故事，充分证明习近平总书记所说的“抗美援朝战争的胜利，是正义的胜利、和平的胜利、人民的胜利”，向来华留学生表明中华民族不畏强暴、维护世界和平的坚定决心和坚强力量。通过展现在20世纪50年代中期，面对国际上严峻的核讹诈形势和军备竞赛的发展态势，为尽快增强国防实力，保卫和平，新中国在物质、技术基础十分薄弱的条件下，发挥“热爱祖国、无私奉献，自力更生、艰苦奋斗，大力协同、勇于登攀”的精神，在较短的时间内成功地研制出“两弹一星”，创造了人间奇迹，让中华民族挺直腰杆站起来的事例，唤起来华留学生对中华民族宝贵品质的尊重和敬佩 |
| 第四章<br>中国通往富裕与现代化的独特道路 | 解放思想；<br>大胆探索 | 通过介绍真理大讨论的故事，展示中国共产党解放思想、实事求是，勇于自我革命的优秀品格，让来华留学生充分理解习近平总书记所说的“中国共产党的伟大不在于不犯错误，而在于从不讳疾忌医，敢于直面问题，勇于自我革命，具有极强的自我修复能力”。通过介绍改革开放后中国各行业各领域群众大胆探索、在实践中不断改革创新的故事，加深来华留学生对中国发展内生动力的理解 |
| 第五章<br>中国未来发展的宏伟蓝图 | 人类命运共同体；<br>合作共赢 | 通过中国同亚非发展中国家共同召开万隆亚非会议、中国援建坦赞铁路等案例，挖掘中国在革命、建设和改革阶段与来华留学生祖国结成的历史友谊。通过介绍中国的发展趋势和经济、外交政策，中国同来华留学生祖国当下的合作与共赢案例，尤其是近年的“一带一路”倡议，让来华留学生深入理解并认同人类命运共同体理念，鼓励他们在毕业后投身到同中国合作共赢的事业中 |

## 四、实践案例

### （一）案例1：展现鸦片危害，介绍中共百年禁毒努力，使留学生自觉遵守相关法律法规

首先以电影《林则徐》中“虎门销烟”的片段作为导入，请来华留学生讨论林则徐为何要销毁鸦片，并请他们讲述自己国家有关毒品的法律法规，以及普通人对待毒品的态度。

讨论完后，教师向学生展示“东亚病夫”“晚清鸦片馆”等老照片，讲述“虎门销烟”的原因，即以英国为代表的帝国主义国家为获取高额利润，不惜走私贩卖鸦片到中国，摧残中国人民身心健康。“虎门销烟”后，英国以自由贸易为借口，对中国发动“鸦片战争”，中国由此从独立自主的国家沦为半殖民地半封建社会。因此，以推翻旧制度、改变中国命运为己任的中国共产党自诞生之时，就将禁毒斗争看作反帝反封建斗争的重要组成部分。

接下来，教师向来华留学生展示中国共产党诞生百年来的禁毒努力：大革命时期，中国共产党领导各地农民开展禁烟活动，组织工人纠察队打击殖民主义者在华贩毒行为；土地革命战争时期，各个革命根据地根据自身情况，灵活地开展禁毒斗争，闽浙赣革命根据地的赣东北特区颁布《赣东北特区苏维埃暂行刑律》，在中国共产党历史上第一次将毒品犯罪列入刑法；抗日战争时期，面对日本侵略者妄图通过毒品控制中国民众的图谋，中国共产党领导的各抗日根据地政府相继颁布各种禁毒法规法令，成立专门禁毒机构，发动和依靠广大群众，积极开展禁毒斗争；解放战争和新民主主义革命时期，各主要解放区政府先后颁布禁毒的法律法规，继续坚持禁毒政策，成立各级禁毒机构，开展群众运动，进行深入的宣传教育；中华人民共和国成立后，中国共产党和中央人民政府领导全国各族人民，面对毒品这种旧社会留下的污泥浊水，颁布《严禁鸦片毒品的通令》，开展了声势浩大的禁毒斗争，并获得了巨大的成功；改革开放后，由于境外毒品的渗入和贩卖毒品的暴利诱惑，毒品在中国开始死灰复燃，党和政府高度重视禁毒工作，运用展览、影视等多样化方式加强禁毒宣传教育，并完善禁毒相关法律法规，严厉惩治毒品违法犯罪，开展国际禁毒合作，取得了卓越成效。对这些史实的介绍，能促使来华留学生理解和认同中国社会对毒品的“零容忍”态度。最后通过加拿大公民罗伯特·谢伦伯格在中国贩毒被判死刑的案例，介绍《中华人民共和国刑法》中的相关规定，促使来华留学生了解并自觉遵守相关法律法规。

### （二）案例2：介绍中国共产党诞生的故事与意义，使留学生深刻理解中国人民选择中国共产党领导下的新民主主义革命道路的历史必然性

调查班级学生的国籍组成（浙江工业大学留学生主要来自非洲、中亚、中东、东南亚等地区，历史上几乎都曾遭受过帝国主义的侵略与掠夺），然后查阅资料，了解

每个国家历史上所遭受的殖民压迫与剥削、该国在第一次世界大战前后（或其他时期）进行的民族解放运动和涌现出的英雄事迹，譬如印尼共产党在20世纪20年代进行的反荷兰殖民者的起义斗争，1921年西属摩洛哥爆发的反对西班牙殖民军的里夫起义等。

带着这些知识，课堂上先用电影《我的1919》里中国外交官顾维钧在巴黎和会怒斥日本代表的片段作为导入，随即播放2024年叙利亚外交官贾法里在联合国大会怒斥英法美霸权行为的视频片段。而后，教师向留学生讲授中国民众在辛亥革命失败后遭受的沉重压迫，然后请留学生发言，陈述他们国家相关历史故事或现实遭遇，唤起留学生对北洋政府时期中国人民的共情与共鸣。

讨论结束后，教师播放《十月革命》电影片段，随后引入十月革命的意义，即它使中国的先进分子把目光从西方转向东方，从资产阶级民主主义转向社会主义。讲述结束后，教师组织来华留学生讨论先进文化对本国的启迪。

讨论完成后，教师展示2002年10月习近平调任浙江后专程到嘉兴南湖瞻仰红船的照片，以及2017年10月31日党的十九大闭幕一周后，习近平总书记带领中共中央政治局常委赴浙江嘉兴瞻仰南湖红船，追溯党的根脉的照片，讲述中国共产党的诞生和“红船精神”的内涵，即开天辟地、敢为人先的首创精神，坚定理想、百折不挠的奋斗精神，立党为公、忠诚为民的奉献精神。

最后布置课堂实践作业，将留学生分成小组，请他们查询中国政府机构下辖的各类英文网站、CGTN等外宣资源，从中国近期的热点新闻中，寻找能够体现中国共产党初心和使命的案例（可引导学生研究精准扶贫、乡村振兴、共同富裕等方面的案例）。

## （三）案例3：“一带一路”是互利共赢之路

由于浙江工业大学留学生主要来自“一带一路”国家，教师课前先进行详细的学情分析，摸清班级学生的国籍组成。然后查阅资料，了解1～2个中国同该国的典型合作项目，如中国修建的“西欧－中国西部”国际公路（简称双西公路）的哈萨克斯坦境内路段改造工程，中国与肯尼亚合作修建的连接肯尼亚首都内罗毕和东非第一大港蒙巴萨港的蒙内铁路，等等。

将“四海一家”的互动小活动导入课堂：拿出一张世界地图，请不同国籍的学生分别上台，在地图上指出自己祖国的位置，并简要介绍该国的历史、该国近年来经济发展成就、支柱性产业等信息。随后，教师介绍古代“丝绸之路”，并以此为载体，介绍古代中国发达的手工业、商业与和平共赢的外交理念。

随后，教师介绍和平共处五项原则、求同存异等新中国外交理念，以及习近平总书记提出的人类命运共同体和“一带一路”倡议的具体内容。然后拿出“一带一路”地图，分别向不同国籍的留学生介绍中国同该国的合作项目，以及这些项目为该国带来的好处，并一一介绍参与这些项目的中国企业，为来华留学生今后就业提供相关指引。此外，教师还可以通过留学生中的杰出校友，如埃塞俄比亚前总统穆拉图·特肖梅、刚果（金）前总统卡比拉、纳米比亚前总统努乔马等，鼓励学生努力学习知识、努力了解中国文化，以成为中外友谊的桥梁纽带。

# 第二节 哲学视野下的爱情理论

**课程负责人：**周文
**教学团队：**周文
**所在院系：**马克思主义学院

这一代的男子一生中将永远不会用金钱或其他社会权力手段去买得妇女的献身；而这一代妇女除了真正的爱情以外，也永远不会再出于其他某种考虑而委身于男子，或者由于担心经济后果而拒绝委身于她所爱的男子。

——［德］恩格斯

## 一、课程概况

### （一）课程简介

爱情是人类独有的一种文化现象，也是社会生活中的一个重要方面，更是大学生现在或将来必定会面临的人生问题。如果不能树立正确的爱情观，势必影响大学生的顺利成长成才。本课程是面向全校本科生开设的一门人文素养类通识选修课，共32学时，计2学分，力求在哲学视野下考察爱情现象。一方面，本课程在历史唯物主义的视角下，简明扼要地向学生系统介绍人和人之间的情爱关系如何随着生产力与生产关系的变化而变化；另一方面，本课程还系统介绍了古今中外重要思想家将爱情作为研究对象的理论发展史。此外，本课程还适当结合心理学、社会学等其他学科针对“爱情”这一主题的研究成果，引导学生探讨爱情的本质、特性、起源等重要问题。本课程尤其侧重于展现马克思、恩格斯和当代西方马克思主义者对爱情的研究，并梳理和介绍了社会主义国家保障婚恋自由的政策措施。总之，本课程能够帮助大学生理性地认识和对待爱情，树立健康的、符合社会主义核心价值观的爱情观，更好地成长成才。

### （二）教学目标

#### 1. 知识目标

熟悉哲学视野下爱情理论的发展史，了解爱情研究中的基本主题，深入阅读重要思想家关于爱情、婚姻问题的论述。

#### 2. 能力目标

能够掌握与运用历史唯物主义的立场、观点和方法，运用科学、理性的思维工具和思想资源看待爱情，对爱情的本质、在不同历史时期的表现及其原因等问题有所掌握。

### 3. 素质目标

理性地认识和看待爱情，树立健康的、符合社会主义核心价值观的爱情观，自觉抵御各种消极腐朽的性爱观与婚恋观，正确处理恋爱过程中遇到的挫折，更好地成长与全面发展。

## 二、主要思政元素

**公序良俗：**改革开放40多年来，随着市场经济的发展，一些腐朽的西方价值观也进入了国内。作为“数字时代原住民”的“00后”，容易受互联网上颓废思潮和影视娱乐节目的影响，在爱情与婚恋问题上产生错误的观念，譬如认为“宁愿坐在宝马车上哭，也不愿坐在自行车上笑”“爱情的保鲜期只有三个月”等，并进而导致错误的行动。

本课程一方面引导学生运用历史唯物主义方法认识爱情与婚姻，树立健康的、符合社会主义核心价值观的爱情观与婚姻观；另一方面对网络上一些颓废婚恋观进行有针对性的批判，鼓励学生弘扬青春正能量。

**身心健康：**青年学生人际交往环境较为简单封闭，性心理尚未完全成熟，外加情感冲动，若不能正确处理恋爱相关问题，如“失恋”“三角恋”“单恋”等，容易产生痛苦而激烈的情绪，甚至郁结成疾，或是因为冲动而伤人伤己。本课程一方面通过介绍爱情相关理论，引导学生正确认识爱情、理解爱情，理性看待婚恋问题；另一方面通过案例分析、情景再现等课堂教学形式，培养学生正确处理爱情相关问题的能力，有助于学生保持身心健康。

**性别平等：**马克思主义一向提倡妇女解放和性别平等，恩格斯在《家庭、私有制和国家的起源》中指出了性别压迫与阶级压迫同源，揭示了资本主义父权制下妇女作为男性私有财产和“玩偶”的悲惨境遇，并将阶级解放作为妇女解放和爱情解放的根本条件。中国共产党自成立起就积极推进妇女解放、性别平等的实践，努力革除统治了数千年的“男尊女卑”的封建礼教。本课程通过介绍马克思主义经典作家对性别平等的论述，以及中国共产党人在两性平等问题上的思想和实践，包括邓颖超、申纪兰、张桂梅等一大批卓越的共产党员为妇女解放作出的卓越贡献，培养学生树立男女平等的观念。

## 三、设计思路

本课程思政设计思路如表4-2-1所示。

表 4-2-1 “哲学视野下的爱情理论”课程思政设计思路

| 课程章节 | 重要思政元素 | 相关联的专业知识或教学案例 |
|---|---|---|
| 绪论 | 性别平等<br>人的自由而全面发展 | 引导学生从历史唯物主义的视角看待爱情，即爱情是一种精神现象，是人类社会中的某种交往关系（情爱关系）在头脑当中的反映，归根结底是由人们的生产方式所决定的。引导学生认识到，马克思主义将爱情解放视为人类解放的一个方面，将获得幸福爱情作为人的自由而全面发展的一个维度，从而自觉抵制资本主义社会的异化爱情观 |
| 第一章<br>情爱关系的自然缘起 | 尊重自然<br>劳动光荣 | 带领学生仔细阅读恩格斯《家庭、私有制和国家的起源》中对于原始人类生存状态的描绘，即人类为了在发展中脱离动物状态，必须以“群”（多个成年雄性共同居住）的联合力量和集体行动弥补个体能力的不足。因此，人类的群落除了人类自身的生产（繁衍后代）之外，还具有生活资料生产（食物、衣服、住房以及为此所必需的工具的生产）的功能，所以分工更为复杂。由此引导学生深刻领悟人是自然的一部分，又通过劳动改造自然这一现实 |
| 第二章<br>情爱关系的萌芽在人类思维中的早期反映 | 大气包容<br>社会公德 | 女巫美狄亚的丈夫伊阿宋贪图富贵，变心另娶，美狄亚由爱生恨，杀死丈夫新婚妻子和自己的两个孩子作为报复。通过这一悲剧故事，倡导学生要遵守社会公德，不要像伊阿宋那样玩弄别人的感情，并提倡学生要大气宽容，正确处理因恋爱受挫而产生的情绪，避免意气用事，作出极端行为 |
| 第三章<br>对人类情爱关系的初步哲学反思：概念与规范 | 公平正义<br>爱国主义 | 引导学生从历史唯物主义的视角，分析柏拉图、亚里士多德著作中所倡导的遵循严格等级制的婚姻制度，指出其根源是古希腊城邦社会生产方式导致的阶级分工与性别分工，并同社会主义核心价值观进行对比，引导学生更深入地理解公平正义的问题。通过《会饮篇》《尼各马可伦理学》等文献中反映出的古希腊人将“好的爱情”同维护城邦社会秩序相联系的价值观，以及古希腊社会中以爱情激励战士保卫祖国的习俗，潜移默化培育学生的爱国主义情操 |
| 第四章<br>古罗马到中世纪：纵欲主义 VS 禁欲主义 | 公序良俗<br>身心健康 | 以古罗马贵族中流行的骄奢淫逸的纵欲主义及其给罗马社会带来的恶劣影响，以及中世纪基督教神学统治下严格的禁欲主义造成的危害作为反面教材，鼓励学生在婚恋生活中遵循公序良俗，理性看待自身生理需求，保持身心健康 |
| 第五章<br>从“骑士之爱”到“人的发现”：现代爱情观的萌芽 | 文化自信<br>人的现代化 | 将中世纪十字军东征时期基督教会参与塑造出的所谓崇尚虔诚、忠信、正义、仁慈、慷慨、礼貌的“骑士精神”同内涵更丰富、底蕴更深厚的中华民族优秀传统文化进行比较分析，破除以往西方影视作品中宣扬的“西方文化高贵论”的迷思，凸显文化自信。通过介绍文艺复兴时期“自然的再发现”与“人的再发现”，并将之同中世纪宗教世界观和禁欲主义身体观相对比，让学生认识现代化对人们生活方式和思维方式的影响，并对西方资本主义现代化和中国社会主义现代化两种不同现代化道路进行比较，凸显我们的制度优越性 |

| 课程章节 | 重要思政元素 | 相关联的专业知识或教学案例 |
| --- | --- | --- |
| 第六章“玩偶之家”、压抑之病与爱情解放的两种路径 | 制度自信<br>男女平等 | 19 世纪资产阶级“玩偶之家”式的婚姻、家庭、情爱生活状况，造成了普遍的“压抑之病”。教师通过对比弗洛伊德和恩格斯对这一问题剖析的不同视角与不同解决方式，分析资本主义社会和社会主义社会爱情解放路径的差异。弗洛伊德从心理学路径出发，着力于“性欲”问题的精神分析研究，由后来的学者发扬光大后带来了西方的“性解放”运动，而恩格斯从历史唯物主义的路径出发，力图从生产关系的变革来解放爱情。两者对比，并通过对中国共产党人保障婚恋自由和妇女解放措施的展示和分析，有利于增强学生对中国特色社会主义制度的自信。<br>引入某综艺节目女嘉宾所说的“宁愿坐在宝马车上哭，也不愿坐在自行车上笑”这一典型的受西方思潮影响的异化爱情观，指出这种爱情观是对女性的物化与矮化，并揭露出其背后的根源在于资本主义和消费主义，提倡男女平等、共同奋斗、相互支持的爱情观与婚恋观。当社会主义进入新时代后，以习近平同志为核心的党中央高度重视妇女工作，提倡男女平等、夫妻和睦的好家风，为健康爱情观和婚恋观的培养提供了进一步的指导和保障 |

## 四、实践案例

### （一）案例 1：揭露和批判资本主义私有制下父权制婚姻的本质

先以挪威剧作家易卜生的著名剧作《玩偶之家》故事梗概作为导入，请学生讨论“娜拉出走后怎么办”这一话题。随后引用鲁迅的分析：“但从事理上推想起来，娜拉或者也实在只有两条路：不是堕落，就是回来。”再请学生讨论为什么，并引出“海尔茂与娜拉的关系是否是平等的”这一问题，继续请学生讨论。

讨论结束后，教师开始运用历史唯物主义理论和视角分析这一问题的成因，即资本主义生产方式所形成的资本主义家庭的特质：①家庭逐渐丧失作为“生产单位”的功能，规模变小，“夫＋妻＋未成年子女”的核心家庭日渐成为主流。②资产阶级家庭由于担负着家庭财产管理与继承的功能，内部有明确分工：丈夫负责社会生产，妻子负责家庭生活，依附男性而生存。相比封建贵族，资产阶级男性在择偶（妻子）方面可在同阶级内部具备一定的选择权。③无产阶级由于几乎没有财产，因而家庭极易解体，尤其当女性和童工也可以自由进入就业市场后，除了父权制残余的对女性的压迫，妇女实际上已不在经济上依赖丈夫。

随后，教师引用恩格斯《家庭、私有制和国家的起源》中的内容：“现代的个体家庭建立在公开或隐蔽的妇女的家务奴隶制之上，而现代社会则是纯粹以个体家庭为分子而构成的一个总体……丈夫都必须是有收入的人、赡养家庭的人，至少在有产阶级之间是如此，这就使丈夫占据一种无须有任何特别的法律特权的统治地位。在家庭中，丈夫是资产者，妻子则相当于无产阶级……”以此来揭露与批判资本主义婚姻制度的不平等性质。

## （二）案例 2：展现社会主义国家保障婚恋自由和男女平等制度的优越性

先以鲁迅小说《伤逝》中涓生与子君的爱情悲剧作为导入，反映出五四时期提倡的“个性解放”的局限，让学生讨论“在根深蒂固的封建宗族制和父权制的压迫下，当时的青年人应当怎样才能保障婚恋自由”这个问题。经过充分讨论后，教师展示马克思主义经典作家的解决方案，即“生产资料公有制＋家务劳动社会化”。恩格斯在《家庭、私有制和国家的起源》中谈道，“只有在消灭了资本生产和由它所形成的财产关系，并把对选择配偶仍有巨大影响的经济因素消除以后，结婚的充分自由才能真正实现”。随后，教师通过邓颖超与新中国第一部《婚姻法》出台的案例，申纪兰推进“男女同工同酬”写入中华人民共和国第一部宪法的案例，“燃灯校长”张桂梅的案例，以及赵树理反映抗战时期解放区一对青年男女冲破封建家长束缚获得婚恋自由的小说《小二黑结婚》，展示中国共产党人所实行的一系列保障婚恋自由的措施，包括：①从法律上规定婚姻自由，尤其是离婚自由。②推进工业化，男女教育平权，为妇女创造参加社会劳动的机会，减少家务负担。③日常生活中反父权、反夫权的斗争。同时，将这些措施同西方国家女权主义思潮，尤其是目前在互联网上流行的、挑拨两性对立的西方激进女权主义进行对比，揭示社会主义中国的措施才能真正保障婚恋自由和两性平等。

## （三）案例 3：批判和揭露受西方消费主义思潮影响的异化性爱观

首先，以英国作家阿道司・赫胥黎的科幻小说《美丽新世界》中展现的发达资本主义社会中的异化性爱现象作为导入。小说中，纯粹的性快感和毒品成为维护资产阶级所实行的基因等级制的工具，用于麻痹底层人民：儿童从幼儿园起就被引导进行色情游戏，青年人被引导频繁更换约会伴侣和性伴侣，电影院公然播放淫秽作品以最大限度刺激人们的感官，男女之间健康自然的爱情反倒为社会所不容。接着，引入当代美国思想家尼尔・波兹曼在《娱乐至死》前言中运用赫胥黎理论提出的批判，即“赫胥黎担心的是我们的文化成为充满感官刺激、欲望和无规则游戏的庸俗文化”“在《美丽新世界》中，人们由于享乐失去了自由”。最后，引导学生从当代美国社会中寻找相应的现象。

经过充分讨论后，教师总结以美国为代表的发达资本主义国家的性爱观的特征：①普遍富裕＋异化劳动＋消费主义。②“感官主义”与“即时满足”。③“性解放”与“爱无能”。通过霍桑《红字》中对通奸者严酷惩罚、塞勒姆“女巫”迫害事件等案例，展现早期北美殖民地的清教伦理，同当代美国的性爱观进行对比，让学生讨论其中的差异，然后结合美国资本主义三百余年的发展历程，以及弗洛姆《爱的艺术》中的相关文本，揭示出当代西方异化性爱观产生的根源和实质。

19 世纪末 20 世纪初的弗洛伊德精神分析，改变了维多利亚时代严苛的清教禁欲观，人们开始为性欲正名。20 世纪上半叶爆发的两次世界大战，相继缔造了“迷惘的一代”和“垮掉的一代”，导致西方青年在残酷的战争洗礼下，开始追求“及时行乐”的生活观。

第二次世界大战后的经济繁荣和第三次工业革命创造了巨大的社会财富，导致消费主义和享乐主义思潮开始盛行，“嬉皮士”运动和马尔库塞鼓吹的“性解放”运动席卷青年世界。

我国改革开放后，这种异化性爱观也在一定程度上影响着青年一代，其原因在于：①市场经济造成了社会贫富分化，拜金主义开始侵蚀社会主义婚恋观，乃至出现“宁愿在宝马车上哭，也不在自行车上笑”等腐朽思想。②国企改革后，大量原本由社会承担的家务劳动和育儿服务被推向家庭，一定程度上损害了女性平等参与社会劳动的权利，滋生了“干得好不如嫁得好”的落后观念。③西方异化性爱观通过文学、影视作品、互联网等渠道渗透中国，催生出“一夜情”“PUA（Pick-up Artist，即‘搭讪艺术家’，现指‘精神控制’）”等不良现象。通过上述分析和论证，学生能深入理解西方异化爱情观的根源和实质，并对其进行自觉的批判和抵制。

# 第五章

# 经 济 学 类

# 第一节 国际贸易原理

**课程负责人：**程惠芳

**教学团队：**杜群阳、姚利民、俞斌、潘申彪、王莉、吴杰等

**所在院系：**经济学院

当今世界，各国相互依存、休戚与共。我们要继承和弘扬联合国宪章的宗旨和原则，构建以合作共赢为核心的新型国际关系，打造人类命运共同体。

——习近平（2015 年 9 月在纽约联合国总部发表重要讲话）

## 一、课程概况

### （一）课程简介

“国际贸易原理”课程以经济学为基础，研究国家（地区）之间商品与服务贸易的理论和政策，揭示贸易为什么发生、贸易利益来源与分配，以及中国贸易特色及优势。它是国际经济与贸易专业最主要的专业基础课程之一，为进一步学习“国际贸易实务”“国际金融”等专业课程打下理论基础。系统学习国际贸易基本理论与政策，学生能够了解国际贸易现象，掌握国际贸易基本理论与政策体系、贸易模式、贸易政策的经济影响等知识；提高学生应用经济学理论与方法分析国际贸易实际问题的能力，增进学生对中国开放经济特色与国际竞争优势的理解。

本课程建设经历了四个阶段：1990—2000 年，依据西方贸易理论，使用国内外教材阶段，以学习理论知识为主；2000—2013 年，初步结合中国实际，使用国外教材阶段，强调知识与能力的兼顾；2013—2017 年，引入前沿贸易思想，讲好中国故事阶段；2017 年至今，系统化融入全球视野、社会责任、制度自信和文化自信、人类命运共同体、合作共赢利益观等思政元素阶段。课堂学习与讨论、课外作业、课程报告撰写等方式，不仅能够提高学生专业知识应用能力、专业问题分析能力与论文写作能力，还可以培养学生的国际视野、爱国情怀、合作共赢意识、创新思维和社会责任感。本课程在浙江工业大学“国际经济与贸易专业培养方案”中安排在第四学期开设，计 3 学分。

### （二）教学目标

#### 1. 知识目标

（1）了解国际贸易理论发展脉络，了解国际贸易基本格局发展历史，了解中国贸易发展态势；

（2）掌握国际贸易基本概念、经典贸易理论思想、基本贸易原理的分析方法；

（3）掌握重要对外贸易战略与贸易政策工具的经济效应及分析方法，理解中国贸易发展战略与政策；

（4）掌握国际要素流动原理、新贸易理论，了解中国要素国际流动格局，理解中国要素流动基本战略与政策。

### 2. 能力目标

（1）能够运用经济学与贸易理论模型分析具体贸易现象与问题，具备基本的理论分析能力；

（2）能够应用国际贸易政策分析方法分析现实贸易政策的经济影响、政策措施的利弊，具备基本的政策分析与决策能力；

（3）能够根据世界各国贸易数据与贸易案例归纳中国与其他主要经济体的贸易特征，识别中国贸易特色与贸易优势的来源，撰写贸易分析报告，具备运用专业知识发现问题与解决问题的能力。

### 3. 素质目标

（1）通过对经典贸易理论下的国际合作共赢思想的讲解，提高学生在全球视野下的合作共赢意识，理解全球利益、地区利益、国家利益的多层次利益观；

（2）通过贸易数据的国际比较、最新贸易新闻和中国贸易故事，理解与宣传中国共产党和国家的开放贸易战略与政策，提升国家意识与爱国爱党情怀，增强中国崛起的制度自信和文化自信；

（3）通过贸易理论的拓展、综合性的课程报告（课程论文）撰写，拓宽学生的国际视野，激发理论创新、学术探索与专业理想；

（4）通过国际经贸合作中的中国方案和中国故事，增强学生对习近平总书记提出的构建人类命运共同体理念和国际责任的认识，培养学生的人类命运共同体意识与勇于承担社会责任的胸怀。

## 二、主要思政元素

在中国共产党的正确领导下，中国对外贸易发展取得了举世瞩目的成就，中国贸易故事是“国际贸易原理”课程最优秀的本土教学案例。中国的贸易优势来自哪里？除了要素禀赋和人口红利等传统优势外，制度优势显现，在实践中走出了中国特色的开放型经济发展道路，形成了基于自身比较优势的道路自信、理论自信、制度自信与文化自信。本课程在教学实践中始终坚持教学改革，坚持与时俱进，不断融入最新的中国贸易故事，将思政元素深度融入教学内容与教学目标。

**合作共赢：**合作共赢是人类社会的普遍规律，是大学生应该具备的基本品质与意识。在国际贸易基础理论中，从绝对优势论、比较优势论、H-O 模型到新贸易理论，根据不同的贸易基础阐述合作共赢思想与机制，让学生意识到只有参与全球合作，才能获取更大的全球利益。合作共赢是坚持多边主义、反对单边主义的基础，也是坚持团队合作、反对个人主义的基础。通过学习，学生可以更深刻地理解合作共赢的理论基础，坚定合作共赢意识。

**人类命运共同体**：2013 年 3 月，习近平总书记在莫斯科国际关系学院发表演讲时提出："这个世界，各国相互联系、相互依存的程度空前加深，人类生活在同一个地球村里，生活在历史和现实交汇的同一个时空里，越来越成为你中有我、我中有你的命运共同体。"通过分析世界贸易格局和新冠疫情的影响，引导学生深刻理解构建人类命运共同体的重要意义。

**爱国情怀**：结合中国经济成就与贸易战略及政策，形成国际贸易原理中的"中国故事系列"，培养学生的爱国情怀；结合金融危机、中美经贸摩擦等现实问题，唤醒学生的忧患意识，培育学生使命担当的精神，让学生能运用专业知识助力中国开放经济发展和中华民族的伟大复兴。

**制度自信**：比较中国贸易地位提升与国家崛起的有关国际数据，分析国际贸易优势理论，让学生在学习专业知识的同时，理解中国开放经济贸易战略与政策背后的理论逻辑与科学意义，引导学生认识中国贸易优势背后的道路、理论、制度与文化优势，培养学生的道路自信、理论自信、制度自信和文化自信。

**规则意识**：国际贸易协定是规范贸易行为、平衡各国利益关系的基本规则。微观贸易企业需要遵守其贸易合约才能实现双赢。与此类似，作为社会一员，每个人都有义务和责任遵守国家法规与社会规则。规则意识是大学生必须具备的基本素养。

**创新思维**：在国际贸易理论教学体系中，结合贸易发展实际，增加前沿文献思想介绍，引导学生拓展学习经典比较优势理论与 H-O 模型等，撰写课程报告与学术论文，培养学生的创新思维和科学探索精神。

## 三、设计思路

本课程基于全球化、区域化与国家高水平对外开放的新时代背景，围绕国际贸易理论的贸易利益创造、贸易利益分配、利益再平衡，以人类命运共同体、合作共赢、爱国情怀、制度自信、规则意识与创新意识为价值目标，将课程体系按照贸易理论、贸易政策、要素流动、贸易协定规则等四个模块来组织，通过理论与案例结合、课程报告撰写等教学设计以及线上线下协同等机制，保障课程教学知识目标、能力目标与素质目标的实现，见图 5-1-1。

本课程按照知识体系分为 12 章，在各章中设计思路融合了思政元素与专业知识。具体教学中任课教师可以根据教学时间选择性使用，也可以作为课外探索性作业和思考题，详见表 5-1-1。

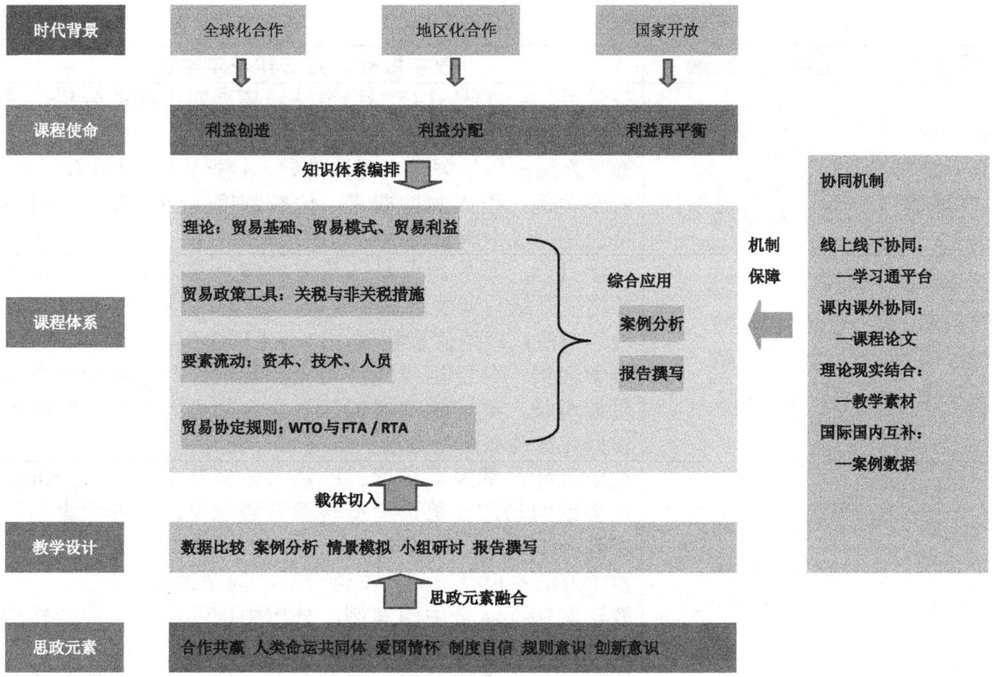


图 5-1-1　课程设计思路示意图

表 5-1-1　“国际贸易原理”课程思政设计思路

| 课程章节 | 重要思政元素 | 教学目标、方法和教学案例 |
|---|---|---|
| 第一章<br>导论 | 系统性<br>全球性<br>合作共赢<br>爱国情怀 | 教学目标：明确课程体系，了解中国贸易成就，增强爱国情怀与制度自信；<br>教学方法：比较贸易数据，讨论国际贸易格局变化；<br>教学案例：通过国际贸易数据的比较，展现中国贸易地位不断提高的独特优势 |
| 第二章<br>比较优势原理 | 合作共赢<br>探索精神<br>爱国情怀 | 教学目标：掌握比较优势原理，了解中美贸易问题中的中国立场，增强合作共赢意识与爱国情怀；<br>教学方法：模型推导，案例分析和讨论；<br>教学案例：根据中国现实修正理论假设，探索与展望中国发展前景 |
| 第三章<br>国际贸易标准理论 | 合作共赢<br>探索精神<br>爱国情怀 | 教学目标：掌握标准模型方法，探索大国小国利益差异，增强探索意识、爱国情怀与大国责任；<br>教学方法：情景假设，理论推导，问题讨论；<br>教学案例：修正标准模型假设，探索大国情景的利益分配，展示中国作为贸易大国的影响分析 |
| 第四章<br>国际供求与国际价格 | 利益观<br>互利共赢<br>探索精神<br>爱国情怀 | 教学目标：掌握贸易条件分析方法，了解中国贸易条件变化趋势，理解中国转型升级与高质量发展战略的意义，增强互利共赢意识、探索精神与爱国情怀；<br>教学方法：模型推演，数据展示，问题讨论；<br>教学案例：结合中国贸易条件变化，热点商品价格分析，讨论中国贸易问题 |

（续表）

| 课程章节 | 重要思政元素 | 教学目标、方法和教学案例 |
|---|---|---|
| 第五章<br>要素禀赋与H-O模型 | 创新思维<br>探索精神<br>制度自信<br>爱国情怀 | 教学目标：掌握H-O模型方法，拓展对制度的分析，提高制度自信与爱国情怀；<br>教学方法：情景假设，理论推导，数据比较，问题讨论；<br>教学案例：引入制度要素，比较制度优势，揭示中国体制特色是构成中国贸易优势的重要基础 |
| 第六章<br>规模经济贸易理论 | 探索精神<br>合作共赢<br>爱国情怀 | 教学目标：掌握新贸易理论主要观点与方法，理解中国贸易转型升级与高质量发展政策，增强探索精神、爱国情怀；<br>教学方法：理论假设拓展，结合中国案例，问题讨论；<br>教学案例：分析规模经济与大国优势、产品质量差异与高质量增长，更好地理解国际竞争中的大国优势与我国贸易转型升级及高质量发展的意义 |
| 第七章<br>经济增长与贸易 | 探索精神<br>合作共赢<br>爱国情怀 | 教学目标：掌握经济增长的贸易效应基本原理，分析比较优势论的动态趋势，理解转型升级意义，培养探索精神，增强合作共赢与爱国情怀；<br>教学方法：模型推导，案例分析，问题讨论；<br>教学案例：结合中国案例，分析中国经济增长动能转变与贸易转型升级、中美贸易摩擦与中国出口优势转换 |
| 第八章<br>贸易政策之一：关税 | 利益观与合作共赢<br>创新意识<br>爱国情怀 | 教学目标：掌握关税原理与分析方法，理解中美关税争端的后果，增强合作共赢、爱国情怀与创新意识；<br>教学方法：局部均衡分析，案例与文献分析，问题讨论；<br>教学案例：引用文献，比较中美关税争端的损失分摊，揭示合作共赢与中国优势 |
| 第九章<br>非关税壁垒与新保护主义 | 国际规则与多边主义<br>人类命运共同体<br>合作共赢<br>爱国情怀<br>创新意识 | 教学目标：掌握非关税措施与相关国际规则，增强规则意识，坚持多边主义与合作共赢，增强爱国情怀；<br>教学方法：协定规则介绍，案例分析，问题讨论；<br>教学案例：分析新疆棉事件、美国贸易政策等案例，展示中国反对贸易保护主义，坚持多边主义，勇于承担国际责任的原则 |
| 第十章<br>区域经济一体化 | 合作共赢<br>全球利益<br>地区利益与国家利益<br>利益与风险的辩证思维<br>爱国情怀 | 教学目标：掌握地区贸易协定原理，分析自贸协定效应，理解全球利益、地区利益与国家利益的辩证关系，理解中国“一带一路”倡议与自贸区战略，增强互利共赢与爱国情怀；<br>教学方法：模型分析，案例分析，问题讨论；<br>教学案例：理解中国“一带一路”倡议与中国自贸区战略、地区全面经济合作的意义 |
| 第十一章<br>国际贸易与经济发展 | 人类命运共同体<br>爱国情怀 | 教学目标：掌握贸易促进经济增长的机制与战略，理解贸易稳定与持续发展、中国贸易战略与政策的意义，增强爱国情怀、人类命运共同体意识；<br>教学方法：原理讲授，中国案例分析，问题讨论；<br>教学案例：分析中国经济增长的原因，经济与社会稳定的意义，和平崛起的意义 |
| 第十二章<br>国际资源流动与跨国公司 | 人类命运共同体国际责任<br>技术、知识国际转移与污染、风险的国际转移<br>爱国情怀 | 教学目标：掌握国际资源流动的原理，分析中国资源流动政策，增强互利共赢与爱国情怀；<br>教学方法：模型分析，案例分析，问题讨论；<br>教学案例：分析中国全面开放政策，中国国际资本、技术、人才的国际流动，中国跨国公司成长，理解全面经济合作的意义、开放利益与风险的关系 |

（续表）

| 课程章节 | 重要思政元素 | 教学目标、方法和教学案例 |
| --- | --- | --- |
| 第十三章<br>商品贸易分析报告 | 创新与探索精神家国情怀<br>制度自信 | 教学目标：综合应用国际贸易理论与方法，分析现实数据，理解互利共赢与中国优势，增强制度自信与探索精神；<br>教学方法：自主学习，讨论与交流；<br>教学案例：商品贸易分析报告。通过国际比较，归纳中国贸易优势 |

## 四、实践案例

### （一）案例 1：展现中国贸易地位的不断提高，增强对中国崛起的制度自信

利用世界贸易组织（WTO）贸易数据库数据，比较分析主要国家贸易数据变化，展示中国贸易地位不断提升的发展趋势。特别是中国加入 WTO 以来，中国商品出口占世界出口的比例不断攀升，从 1981 年的 1% 提高到 2019 年的 13.2%；制造业产品的出口显性比较优势指数（RCA）从 0.89 提高到 1.38，见图 5-1-2。数据显示，中国出口优势地位自改革开放以来得到显著提升，说明了中国改革开放的贸易战略与政策符合内外部环境，中国共产党领导中国人民走出了一条正确的开放型经济发展道路。

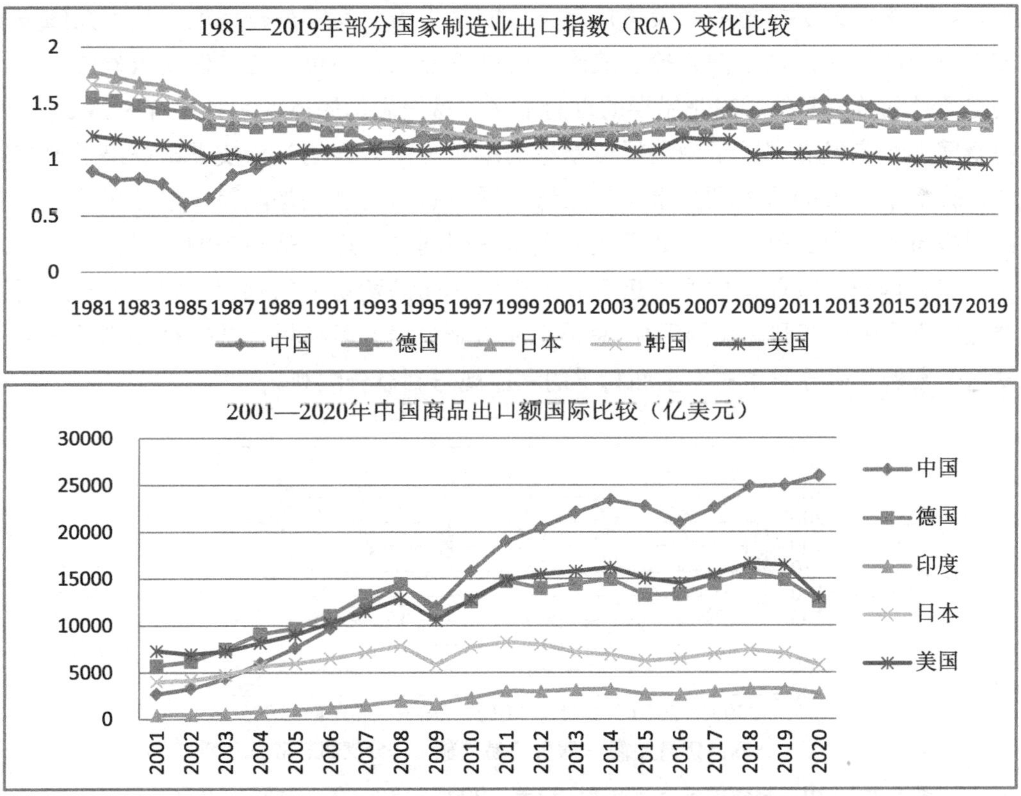


**图 5-1-2　中国与部分国家贸易数据比较**

数据说明：2008 年金融危机、2020 年新冠疫情，危机冲击下的中国出口地位反而提升。

数据来源：世界贸易组织（WTO）贸易数据库。

2008 年世界性的金融危机以及 2020 年的新冠疫情不能改变中国经济发展的良好态势。中国在世界上地位的提高，展示了中国道路、制度、理论与文化的国际优势。**在重大危机面前，中国制度更显优势**。为什么中国应对世界危机冲击的能力特别强？为什么在巨大的世界危机冲击下，中国的贸易优势反而得到进一步提升？引导学生深入思考与讨论上述问题。由此导出解释贸易优势的本课程理论体系和计划安排。

### （二）案例 2：在讲解重商主义贸易思想时，培养学生合作共赢意识，树立正确的财富观、利益观和大局观

在亚当·斯密提出绝对优势理论之前，重商主义的贸易理论十分流行。这一理论认为：使一国增加财富的唯一渠道是实现该国的贸易顺差，顺差使其获利而逆差使其受损；一国的贸易顺差就意味着另一国的贸易逆差，要保证贸易顺差只有采取贸易保护主义；贸易是零和博弈，不是双赢。

重商主义贸易理论的假设前提是错误的，因为财富等于金银货币的假设不符合实际。现在人们的财富观已经发生了巨大变化。我们当今的财富又包括哪些呢？可以引导学生讨论这一问题，最后引导到人力资源是当今世界最重要的财富，每个同学都要努力学习，重视人力资本投资，积累高质量的人力资本财富。

虽然重商主义的贸易理论是站不住脚的，但是重商主义贸易保护的政策措施仍十分流行。在中美经贸摩擦中，美国反复强调的是中美贸易的差额问题，认为美国贸易逆差是自己吃亏了，是中国人抢了美国人的制造业工人岗位。这种仅仅依赖贸易差额来判定贸易利益分配的逻辑是错误的重商主义贸易差额论的体现。2018 年 9 月 24 日国务院新闻办公室发布《关于中美经贸摩擦的事实与中方立场》白皮书，提出了中方的立场，分析了双方的经贸利益事实。虽然中国在商品贸易上是顺差，但是在服务贸易和跨国投资收益上都是逆差。如果认为顺差是获利的，逆差是损失的，那么美国在服务贸易和跨国投资收益上的顺差远远超过中国在商品贸易上的顺差。因此中美经贸的利益分配不是中国获利和美国受损，总体上应该是中美双赢和利益平衡的，详见图 5-1-3。依据这个案例，引导学生树立全面科学的利益观与利益分配观。

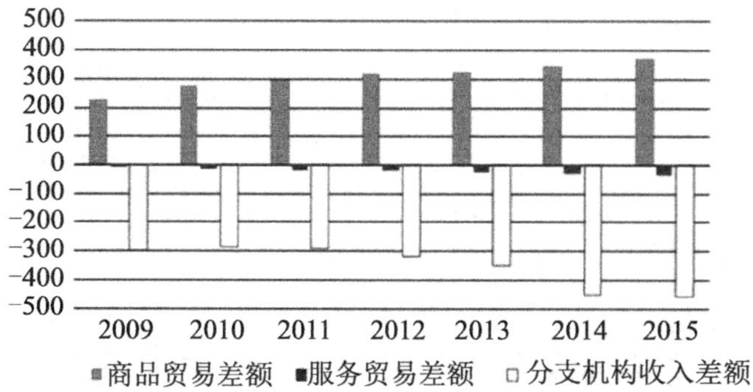


**图 5-1-3　中美经贸关系互有顺差和逆差（2009—2015 年，单位：10 亿美元）**

数据来源：美国商务部经济分析局，转引自国务院新闻办公室 2018 年《关于中美经贸摩擦的事实与中方立场》白皮书。

### （三）案例 3：大国经济增长类型、贸易条件变化与中美贸易战原因分析，增强学生爱国情怀

首先，介绍小国经济增长中的贸易效应，并与大国比较。大国顺贸易型增长会导致该国贸易条件变坏，而大国逆贸易型增长会改善该国贸易条件。大国顺贸易型增长和贸易条件变坏的情景见图 5-1-4。

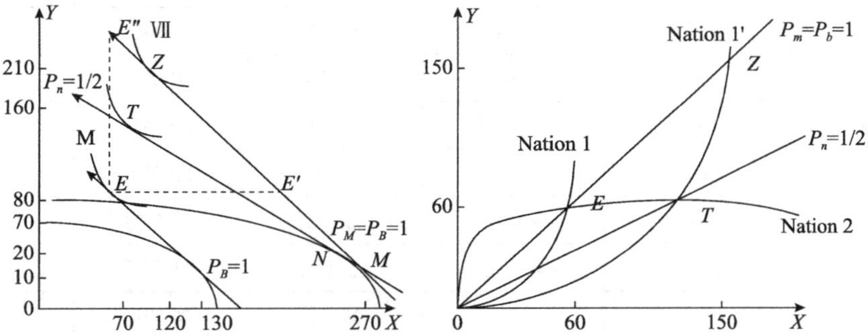


**图 5-1-4　大国顺贸易型增长与贸易条件变坏的情景**

图 5-1-4 与图 5-1-5，都是大国的顺贸易型增长情景。大国（Nation 1）的增长会影响世界市场的价格，大国出口产业的增长将导致贸易条件变坏，从 $P_m=P_b=1$ 变到 $P_n=1/2$。假定该国足够大，贸易条件变坏严重，则可能造成不幸的增长（消费水平下降，即消费点的下移，从 *A* 点下移到 *C* 点），见图 5-1-5。

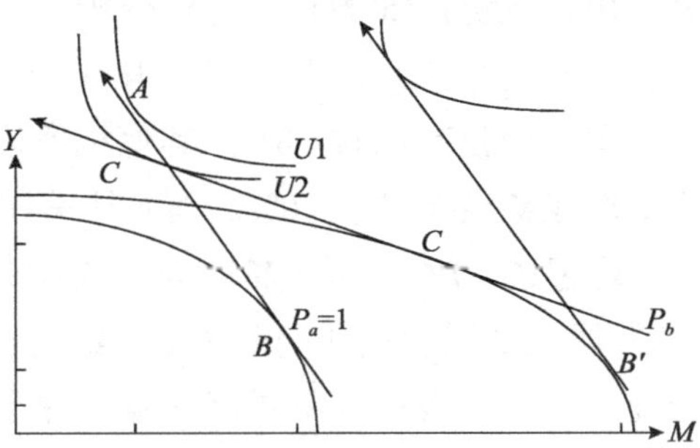


**图 5-1-5　大国不幸的增长**

而大国逆贸易型增长见图 5-1-6。该国逆贸易型增长会导致贸易条件改善，贸易条件从 $P_b=P_t=1$ 提高到 $P_s=2$。福利水平也会提高，消费点从 *E* 点提高到 *W* 点。

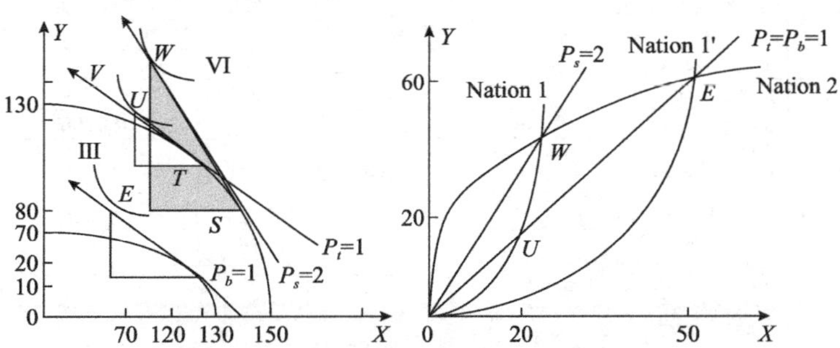


**图 5-1-6　大国逆贸易型增长与贸易条件改善**

问题：1. 哪些情景或原因会导致不幸的增长？

2. 中国为什么要进行贸易转型升级？如何转型升级？

提示：比较顺贸易型增长和逆贸易型增长的贸易条件效应差异和福利效应差异。2010 年传统大经济体与新经济体的相对经济规模比较如表 5-1-2 所示。

**表 5-1-2　2010 年传统大经济体与新经济体的相对经济规模比较**

| | 人口（百万人） | 土地面积（平方公里） | 国民收入（十亿美元） | 人均国民收入（美元） | 国民收入平均增长率（%） |
|---|---|---|---|---|---|
| 中国 | 1 338 | 9 598 | 10 132 | 7 570 | 10.8 |
| 印度 | 1 171 | 3 287 | 4 171 | 3 560 | 8.0 |
| 巴西 | 195 | 8 515 | 2 129 | 10 920 | 3.7 |
| 俄罗斯 | 142 | 17 098 | 2 721 | 19 190 | 5.4 |
| 南非 | 50 | 1 219 | 514 | 10 280 | 3.9 |
| 美国 | 310 | 9 632 | 14 562 | 47 020 | 1.9 |
| 欧盟（27 国） | 501 | 4 308 | 15 870 | 31 677 | 2.1 |
| 日本 | 127 | 378 | 4 432 | 34 790 | 0.9 |

说明：按照购买力平价（PPP）换算。
资料来源：世界银行《世界发展报告》2012 年。

其次，结合中国实际，中国作为大国，其顺贸易型的经济增长会导致贸易条件恶化和人民福利水平降低。中国化解贸易条件恶化的出路是必须实施产业转型升级与逆贸易型的增长。

最后，根据中国与美国出口优势产业的长期变化分析中美贸易战的原因。可以看出，2001 年中国出口份额超过 10% 的制造产业只有纺织与服装两个，而到了 2019 年，中国除了化学品与医药、汽车产业没有超过 10%，其他机器设备、电子产品等制造业都超过了 10%，通信设备制造业甚至超过了 40%。而对比美国，2001 年美国除了纺织与服装产业不到 10%，其他均超过 10%，但在 2019 年，美国只有化学品与医药产业超过 10%。可见经过 20 年的发展，中国制造业产业转型升级与出口结构明显改善，中国发展了美国以前的优势产业，这是引发中美贸易战的重要原因。中国出口结构变化比较如图 5-1-7 所示。

| Reporting Economy | Product/Sector | 1981 | 1991 | 2001 | 2011 | 2019 | 2019-2001 |
|---|---|---|---|---|---|---|---|
| China | SI3_AGG - AGFO - Food | 0.0000 | 0.0270 | 0.0322 | 0.0401 | 0.0464 | 0.0143 |
| China | SI3_AGG - MIFU - Fuels | | 0.0136 | 0.0139 | 0.0099 | 0.0199 | 0.0060 |
| China | SI3_AGG - MA - Manufactures | 0.0098 | 0.0220 | 0.0523 | 0.1538 | 0.1821 | 0.1298 |
| China | SI3_AGG - MAIS - Iron and steel | | 0.0161 | 0.0240 | 0.1055 | 0.1318 | 0.1078 |
| China | SI3_AGG - MACH - Chemicals | | 0.0126 | 0.0223 | 0.0578 | 0.0729 | 0.0506 |
| China | SI3_AGG - MACHPH - Pharmaceuticals | | | 0.0149 | 0.0234 | 0.0258 | 0.0109 |
| China | SI3_AGG - MAMT - Machinery and transport equipment | | 0.0110 | 0.0382 | 0.1568 | 0.1845 | 0.1462 |
| China | SI3_AGG - MAMTOTEP - Electronic data processing and office equipment | | | 0.0710 | 0.3928 | 0.3330 | 0.2620 |
| China | SI3_AGG - MAMTOTTL - Telecommunications equipment | | | 0.0886 | 0.3265 | 0.4237 | 0.3351 |
| China | SI3_AGG - MAMTOTIC - Integrated circuits and electronic components | | | 0.0206 | 0.1407 | 0.1959 | 0.1753 |
| China | SI3_AGG - MAMTAU - Automotive products | | 0.0013 | 0.0033 | 0.0291 | 0.0395 | 0.0362 |
| China | SI3_AGG - MATE - Textiles | | 0.0736 | 0.1136 | 0.3199 | 0.3915 | 0.2780 |
| China | SI3_AGG - MACL - Clothing | | 0.1045 | 0.1886 | 0.3666 | 0.3071 | 0.1186 |

**图 5-1-7　中国出口结构变化比较（占世界比重）**

注：红色为份额超 10% 的产品与年份。

### （四）案例 4：讨论中美关税战的利益分配效应，加深理解合作共赢，增强学生“四个自信”

首先，介绍关税的经济效应，以及大国与小国经济效应的差异，进一步分析中美关税战对中美两国利益分配的影响。

其次，阅读背景资料（凤凰网资讯“美媒：对中国产品加征的关税，92.4% 由美国消费者埋单”），并分组讨论相关问题：①根据关税理论，如果美国是小国，征收关税的经济效应如何？美国作为大国，征收进口关税的效应又如何？中美利益分配如何变化？②为什么美国对中国产品征收进口关税，反而美国消费者承担得多，而中国损失较少？可能的原因是什么？（提示：①用局部均衡方法分析美国关税的经济效应；②考虑到中国在新冠疫情防控中的工作比较成功，而世界其他国家疫情严重，在这种情景下，美国继续对中国产品征收进口关税，对两国影响又如何？）

最后，总结：①中美贸易战对双方都没有好处。②中美贸易战在特定形势下（如新冠疫情），对美国更为不利，对中国相对损害较小。根据中美关税争端的利弊分析，进一步增强学生的“四个自信”。

### （五）案例 5：分析非关税措施的经济效应，分析西方国家利用劳工标准实施贸易保护主义的险恶用心，培养学生爱国情怀

首先，介绍非关税壁垒，如劳工标准壁垒及其经济效应。非关税壁垒包括社会责任标准与劳工标准。社会责任标准认证成为外贸企业进入国际市场的前提条件。过度使用社会责任标准、政治化劳工标准，常常被西方国家作为打压发展中国家的工具。

其次，介绍新疆棉事件。外贸生产企业要成为发达国家品牌产品的供应商，必须获得相关社会责任标准组织的认证（劳动、人权、环境等社会责任标准认证）。由此，社会责任标准认证就成为一种影响出口贸易的非关税壁垒。新疆棉事件主要源于瑞士良好棉花发展协会（BCI）抵制新疆棉的公告。BCI 根据一些关于新疆棉生产的不实报告，认为中国新疆棉在生产过程中损害了劳动者权益，有歧视少数民族、强迫劳动等损害人权的行为，号召其会员抵制使用新疆棉作为原料来生产纺织服装产品。

再次，分组讨论下列问题：①劳动标准贸易壁垒的经济效应如何？②新疆棉事件的事实与本质是什么？③新闻媒体人与研究报告人的职业道德与底线是什么？提示：作为中国大学生，更不能以一己私利损害国家利益。

最后，总结：①劳工标准认证就是非关税壁垒的一种类型，劳工标准壁垒如同其他非关税壁垒，将增加贸易成本，减少贸易规模与贸易利益。②新疆棉事件的本质是西方政客借助劳工标准与人权问题毫无底线地打压中国崛起的又一个例证。③我们大学生要热爱自己的专业，要有专业理想与基本的职业道德。

## 五、教学效果

自 1988 年开办国际经济与贸易专业以来，“国际贸易原理”课程就是国际经济与

贸易专业最为重要的理论基础课。课程教学团队由 7 人组成，由国家教学名师程惠芳教授领衔，其中 3 位教授坚持教学一线。课程教师都坚守教书育人的职责，教学效果显著，多次获得优课优酬奖励，2020 年获得首批国家级本科线下一流金课立项。

## （一）学生发表论文，相关研究成果获省主要领导肯定性批示

在综合素质培养上，各授课教师注重课堂互动，以课程报告或课程论文为抓手，培养学生独立思考能力，激发学生专业理想。优秀课程论文经教师与学生多次深度探讨，修改完善，多篇论文得以公开发表，详见图 5-1-8。

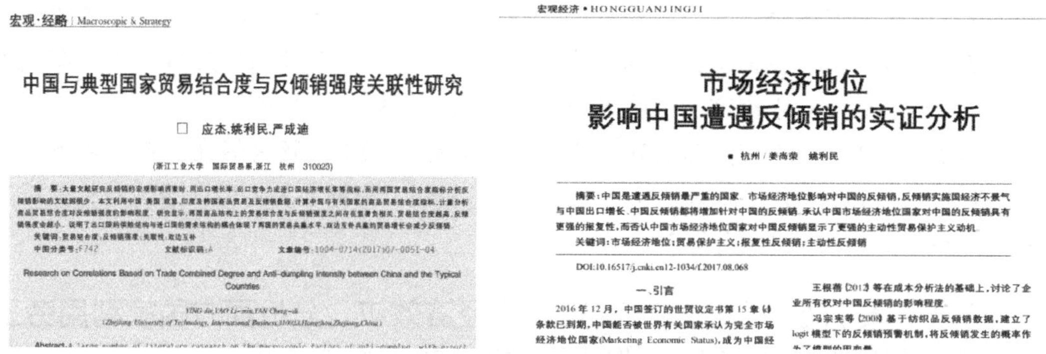

宏观·经略 | Macroscopic & Strategy

中国与典型国家贸易结合度与反倾销强度关联性研究

□ 应杰,姚利民,严成迪

Research on Correlations Based on Trade Combined Degree and Anti-dumping Intensity between China and the Typical Countries

宏观经济 • HONGGUANJINGJI

市场经济地位影响中国遭遇反倾销的实证分析

■ 杭州 / 姜尚荣 姚利民

DOI:10.16517/j.cnki.cn12-1034/f.2017.08.068

一、引言

图 5-1-8 发表的学生课程论文

## （二）学生课后体会

**国际经济与贸易专业 2017 级罗艺也同学：**“国际贸易原理”课程由浅入深，清晰易懂，为我们奠定了坚实的国际贸易理论基础。在学习过程中，印象较为深刻的章节是比较优势理论，其中大卫 • 李嘉图的比较优势理论为自由贸易政策提供了理论基础。我们在学习之后，才更加深刻地认识到：虽然比较优势理论对我们开展对外贸易、参加国际分工有指导意义，但是也存在局限。我们需要结合现实对比较优势理论进行重新审视，要提出新的契合全球化潮流和知识经济特点的理论和政策。例如，注重产业创新与产业结构的不断升级，将静态的比较优势转化为动态的比较优势，更好地提高竞争优势，避免陷入比较优势陷阱，等等。

**国际经济与贸易专业 2018 级胡丽红同学：**“国际贸易原理”课程解决了我许多关于国际贸易问题的困惑。首先，为什么国与国之间要进行贸易，是为了获取更多财富吗？重商主义理论告诉我们，一国的财富只能通过贸易顺差获得，但是一国的顺差就是另一国的逆差，因此国际贸易是零和博弈。国际贸易真的是零和博弈吗？如果是的话，那为什么还有那么多国家参与国际贸易？另外，一国凭借什么样的优势进入国际市场与其他国家开展贸易和竞争？亚当 • 斯密告诉我们，贸易的基础是绝对优势。李嘉图认为贸易基础是比较优势，而资源禀赋理论认为比较优势是来自该国的要素资源丰裕度。中国自 2001 年加入世贸组织以来，进出口贸易迅猛增长，与其他国家互惠互利，这证明了中国拥有自己的独特贸易优势。“国际贸易原理”课程让我理解了现实中许

多复杂的贸易现象与问题，令我受益匪浅。

**国际经济与贸易专业2018级孟鑫恬同学：**经过老师的悉心教导，我在这门课程中学习到了许多系统性的贸易知识。课堂上的内容总是很有意思且一点儿也不枯燥，老师会分析解读社会热点问题，从而丰富课堂内容，调动我们的听课积极性。比如在课堂上，我们讲到了中美贸易战，从两国制度差异、美国潜在的经济危机等多方面解析了中美经贸摩擦的必然性，也了解了中国当下所具有的贸易优势与不足。中美经贸摩擦具有长远性，中国应对经贸摩擦需要苦练内功，推进产业转型升级，加大“核高基”的投入。对外做到不断开放，实施自贸区战略与建设自贸区网络，以更大的开放性应对美国的打压。

## 第二节　宏观经济学

**课程负责人：**孙林

**教学团队：**陈春根、丁小义、汪彩君、朱振宁、潘申彪

**所在院系：**经济学院

为天地立心，为生民立命，为往圣继绝学，为万世开太平。

——［北宋］张载《横渠语录》

### 一、课程概况

#### （一）课程简介

“宏观经济学”是高等教育面向21世纪教学内容和课程体系改革计划的必修课程之一。它被列入高等学校经济类8门核心课程之中，是培养适应国家经济发展需要，富有社会责任感、国际视野和创新思维，从事经济管理、贸易金融类应用型高级专门人才的重要课程。

“宏观经济学”主要研究社会总体经济活动及其运行规律，着眼于国民经济的总量分析，通过对各种国民经济总量相互关系的研究，揭示宏观经济运行过程中的规律以及政府的经济政策对国民经济的影响。“宏观经济学”主要教学内容包括：国民收入核算与决定理论、失业理论、通货膨胀理论、经济周期理论、经济增长理论、宏观财政政策和宏观货币政策。“宏观经济学”课程除讲授宏观经济相关原理和方法等专业知识外，还需要学生学习应用一般均衡分析、局部均衡分析、边际分析等科学分析方法，解释复杂经济现象，尝试对现实经济中的问题提出解决方案。这有助于在课程

知识教学中激发学生的创新意识，培养学生的辩证思维能力。课程在每章案例分析中结合中国政府政策调控国民经济的成功实践，增强学生服务经济建设的使命感和责任感，努力将学生培养成为合格的社会主义建设者和接班人。

在浙江工业大学国际经济与贸易、金融学专业的人才培养方案中，“宏观经济学”是针对国贸金融（实验）班开设的专业基础必修课程，它是微观经济学的延伸，是学习“国际贸易原理”等其他经济学类核心课程的基础。课程开设在二年级第一学期，共48学时，计3学分。课程教学贯彻落实“以浙江精神办学，与区域经济互动”的办学宗旨，坚持“以学生为中心”的教学理念，培养学生发现问题、分析现象、解释现象的能力，并掌握现代宏观经济学分析方法。本课程积极融入课程思政元素，以社会主义核心价值观为引领，从新凯恩斯主义经济学入手，帮助学生熟悉国家高质量发展战略和宏观调控政策，弘扬中国经济建设中政府政策制定者的伟大创造精神和开拓意识，客观评价中国经济发展面临的形势和问题，激发学生的家国情怀和使命担当。

## （二）教学目标

### 1. 知识目标

掌握宏观经济学的基本理论观点，形成宏观经济学的理论知识体系，掌握宏观经济学分析工具。

（1）掌握国民收入核算方法，熟悉国民收入流量循环模型，能综合运用支出法阐释国家新发展战略的合理性；

（2）掌握 CPI 和 GDP Deflator 指数的内涵和计算方法；熟知两个指数的异同，科学认识这两个指数，并在科研报告中熟练应用这两个指数；

（3）掌握索洛模型关于资本积累作用的结论和论证思路，辩证看待索洛模型在经济增长模型中的重要价值，科学探究经济增长的源泉，能将理论联系实际解释中国长期经济增长现象；

（4）正确理解失业率概念及其影响因素。构建一般均衡模型理解 s 和 f 的具体经济含义及影响因素，能运用失业理论建立降低长期失业率的政策体系。

### 2. 能力目标

（1）具有思考分析能力，能应用知识深入思考和分析中国宏观经济问题；

（2）预测宏观经济未来发展趋势，解读中国复杂的宏观经济现象的能力；

（3）科学评估宏观经济政策效果，并具有合理判断、决策的能力。

### 3. 素质目标

（1）将课程思政元素融入“宏观经济学”教学内容，贯穿于课程教与学的整个过程，注重培养和树立全局观、科学观；

（2）在更宏观的层面理解世界，具有爱国情怀、制度自信与文化自信、国际社会责任感；

（3）学习古今中外宏观经济经典理论，具有远大理想，树立抱负和志向，积极为党和人民建言献策，担负起历史赋予的光荣使命。



## 二、主要思政元素

在教学内容中有机融入思政元素，将科学知识与研究方法有机结合，落实立德树人根本任务。课程思政元素主要以社会主义核心价值观为引领，塑造学生“四个自信”，培养学生创新意识和科学精神等。在课程中将创新、开放、共享的新发展理念，以及以国内大循环为主体、国内国际双循环的新发展格局融入课堂教学中，培育学生的正确价值观、发展观。

**社会主义核心价值观：**“宏观经济学”课程强调对学生的社会责任和个人责任的引导，将社会主义核心价值观融入宏观经济学的实际案例中，并进行通俗易懂、深入浅出的诠释，使学生充分认识到作为社会主义建设者和接班人，应如何通过知识、能力和素质的有效养成和全面提升推进经济社会的进步。比如，在“生产与增长”一章中，通过中国改革开放以来的经济增长奇迹，对学生进行爱国教育，树立制度自信；在“失业”这一章的高阶部分，通过学术论文 The Long and Short (of) Quality Ladders 的讲解，引导学生建立辩证思维，以分析低工资国家竞争为何不是导致美国失业问题的根源，间接驳斥“中国威胁论”，同时对学生进行爱岗敬业教育，帮助学生树立终身学习理念。

**民族自豪感：**在“经济增长”章节，讲述中国经济的辉煌历史，激发学生的民族自豪感。在公元 1 世纪，中国的汉朝和欧洲的罗马帝国处于同一发展水平，而且直到 1820 年，中国仍然是世界最大的经济体，国内生产总值（GDP）仍占世界较大份额。自改革开放以来，中国经济发展亮点纷呈，中国与世界的互利合作不断推进，中国成为世界经济增长的引擎。通过展示中国经济改革开放的成果，增强对当代中国改革发展的认识，并生动展现一个和平发展、多姿多彩、文明进步的中国。

**理论自信：**对中国宏观经济政策进行剖析，以理解政府在中国宏观经济中起到的重要作用。在此过程中，注意“破”和“立”的结合。例如，从“市场失灵”的章节入手，解释 1929—1933 年世界大危机的根源正是自由市场经济（破）。在政府与市场的争论中，提供新结构主义经济学的思维框架，引导学生认识政府在社会主义市场经济中不可替代的作用（立）。在这个过程中，增强学生对政府在稳定宏观经济中的重要作用的体会，引导学生建立理论自信。此外，依据这些素材，也可以进一步深化学生对“和谐”“公正”等社会主义核心价值观的理解。

**制度自信：**结合新冠疫情，对宏观经济的各个方面进行分析。如新冠疫情导致中国工业生产的暂时停滞，并影响了全球国际贸易的发展。但由于中国及时有效地针对疫情开展防控工作，中国的生产活动与对外贸易先于世界其他国家恢复。结合新冠疫情的防控，运用 AD-AS 分析框架，讲解其对宏观经济的冲击。运用这个案例讲解中国特色社会主义制度的优越性，讲好、讲透、讲懂中国故事，从而使学生能够自觉地把自身成长成才与国家未来发展命运紧密联系起来，潜移默化地培养学生的民族自信心和为国奋斗的使命担当。

**创新意识和科学精神：**在教学过程中，运用马克思主义的立场、观点和方法向学生讲解经济理论，以引导学生用科研的思维和方法思考问题。分步骤讲解比较静态分析和一般均衡分析方法，由表及里地挖掘经济问题的本质。这不仅能够帮助学生坚持正确的价值导向，还能够培养学生的创新意识和科学精神。

## 三、设计思路

为了促进“宏观经济学”课程思政的改革和建设，在课程授课中分阶段有序推进课程思政工作，将爱国情怀、民族精神、人文关怀、创新意识、科学精神等融入宏观经济学专业教育，讲好中国故事。总结提炼一系列可推广的课程思政教育教学改革典型经验和特色做法；逐步实现在授课内容中融入思政元素，促进思政教育与专业教育有效融合，从而实现立德树人根本目标。本课程思政设计思路如表 5-2-1 所示。

**表 5-2-1 “宏观经济学”课程思政设计思路**

| 课程章节 | 重要思政元素 | 相关联的专业知识或教学案例 |
|---|---|---|
| 引言 | 历史使命<br>时代责任 | 1. 宏观经济学的框架体系<br>2. 宏观经济学与微观经济学的联系与区别<br>3. 宏观经济学的目标<br>4. 宏观经济学的基本理论<br>5. 中国成为世界经济中心的预测<br>6. 当代大学生历史使命与宏观经济学学习的关系 |
| 第一章<br>国民收入的决定——收入支出模型 | 民族自豪感<br>制度自信<br>两山理论<br>政治认同<br>弘扬中国精神 | 1. 国民经济的收入流量循环模型<br>2. 国内生产总值的概念<br>3. 国民收入核算的基本方法，国民收入流量循环模型<br>4. 支出法核算 GDP 及各个部分构成<br>5. 国民收入核算的恒定关系<br>案例 1：中国经济改革开放的伟大成就；针对中国、日本和美国计算和比较消费占 GDP 的比重<br>6. 分析中国确立“以国内大循环为主体”发展战略的科学性和合理性<br>7. 绿色 GDP |
|  | 辩证思维<br>创新精神<br>制度自信 | 1. IS 曲线<br>2. LM 曲线<br>3. 产品市场和货币市场的同时均衡<br>4. IS–LM 模型的应用<br>5. 财政政策、货币政策与 IS–LM 模型<br>由 1929—1933 年大萧条，引入“市场失灵”，介绍凯恩斯经济学的兴起<br>6. 结合本章内容，系统介绍构建经济学理论模型的方法，介绍比较静态分析<br>7. 结合系统论，让学生从宏观经济总体做一般均衡市场分析<br>案例：“有为政府”与宏观经济政策 |

（续表）

| 课程章节 | 重要思政元素 | 相关联的专业知识或教学案例 |
|---|---|---|
| 第二章<br>国民收入的决定——AD-AS 模型 | 辩证思维<br>创新精神 | 1. AD 曲线<br>2. AS 曲线<br>3. 古典总供给曲线与凯恩斯总供给曲线<br>4. 均衡及其应用<br>案例：新冠疫情对经济的冲击分析 |
| 第三章<br>失业 | 爱国情怀<br>民族自豪感<br>社会主义核心价值观——敬业 | 1. 什么是失业率？如何衡量失业率？<br>2. 失业率的影响因素有哪些？<br>3. s 和 f 的具体含义及其影响因素<br>4. 政策含义<br>5. 失业与通货膨胀的权衡取舍：菲利普斯曲线，中国的失业保障体系<br>案例 1：欧洲失业率居高不下的原因解析<br>案例 2：美国的失业问题是低工资国家竞争导致的吗？<br>6. 驳斥“中国威胁论”，树立正确的价值观 |
| 第四章<br>宏观经济政策 | 四个自信<br>社会主义核心价值观——爱国<br>家国情怀 | 1. 货币政策及其效应<br>2. 财政政策及其效应<br>3. 货币政策和财政政策的混合<br>4.“洋为中用”，实时进行科学发展观与新时代中国特色社会主义思想教育<br>5. 中外对比，中国改革开放以来取得的伟大成就 |
| 第五章<br>经济增长 | 民族自豪感<br>制度自信<br>创新意识<br>社会主义核心价值观——爱国<br>中国精神 | 1. 长期和短期的区别<br>2. 长期经济增长模型<br>3. 为什么经济增长重要？<br>4. Solow 模型的基本思路<br>5. 扩展应用：中国经济增长的奇迹<br>案例 1：林毅夫出任世界银行副行长<br>案例 2：中国经济改革开放 40 多年的成功经验总结<br>6. 李约瑟之谜与破解之道 |
| 第六章<br>货币增长与通货膨胀 | 辩证思维<br>创新精神<br>科学精神 | 1. 货币和货币供给<br>2. 货币创造与货币乘数<br>3. 货币的需求<br>4. 货币市场的均衡及其对产品市场的传导机制<br>5. 古典货币数量理论通过构建货币市场的均衡，确定货币供给与价格之间的关系<br>6. 介绍铸币税和超级通货膨胀，说明负责任的政府的重要性<br>案例：津巴布韦和国民党政府时期的严重通胀问题<br>7. 政府也需要科学决策：激发学生应用科学知识服务大众的意识 |

# 四、实践案例

## （一）案例1：消费对经济的贡献与中国重大发展战略转型

中共中央政治局2020年7月30日明确指出："加快形成以国内大循环为主体、国内国际双循环相互促进的新发展格局。"这是新时期中国在面临新环境和挑战情况下提出来的，是发挥中国超大规模市场优势的内在要求。强大的国内市场是稳定经济发展和抵御外部风险的根本依托。这是重塑中国竞争新优势的重大发展战略转型。

### 1. 案例教学目标

帮助学生理解国家重大战略，增强文化自信和爱国情怀，弘扬中国精神是这个环节的课程思政教学目标。在课程中，结合GDP核算及其构成，进一步深入探讨国家在新时代作出的"加快形成以国内大循环为主体、国内国际双循环相互促进的新发展格局"重大战略决策的意义。中国在历史新时期实施的重大发展战略转型，体现了中央领导集体"以改革创新为核心的时代精神"，这是中国精神的具体表现。

案例旨在让学生实现：①对教学内容有更深刻的理解、掌握；②增进学生对国家重大战略的认知，增强文化自信和爱国情怀；③用中国精神激励学生努力学习、积极创新。

### 2. 课程思政案例教学过程

（1）在教学大纲和教学计划中嵌入对应的思政案例，具体见表5-2-1。

（2）课堂讨论。围绕"国内大循环与国内国际双循环"这一主题，学生以组为单位，在课堂上进行探究成果展示。

通过展示，学生围绕这一国家的重大战略进行了进一步的讨论，认为这一重大战略为国内的企业提供了非常好的机遇，只要把握住这次机会来提升产品质量，对产业进行变革就能够树立品牌，争取更大的市场份额。同时，这势必会刺激国内的投资市场，有利于投资市场的持续活跃，对于经济的稳定和提升有着非常重要的作用。从国际环境来看，世界经济停滞的状态可能会持续较长一段时间，中国经济对外部的依赖性需要重新审视，中国经济想要尽快复苏，这将是这一时期的必经之路。

### 3. 案例总结

在成果展示的过程中，学生主要从国内大循环、国内国际双循环、新发展格局这三个维度进行阐述。

从这三个维度，学生分别阐述了国内大循环就是对接供给侧结构性改革和扩大内需两大战略，实现供给和需求之间的循环；从区域看，要实现各类要素在全国自由流动；从产业链与供应链来看，是从生产到分配到流通到消费的全畅通，是产业配套体系的完整完善；这既是中国经济高质量发展的内在需要，也是全球经济发展新趋势的客观要求。

国内国际双循环就是以国内大循环为主体，两大循环相互促进，强调以国内经济循环为主不意味着关门封闭，而是通过发挥内需潜力，使国内市场和国际市场更好地联通、促进。这有利于确保中国的经济安全和经济社会的稳定，有利于把握中国经济建设和社会发展的主动权，有利于培育和提升中国参与国际合作和竞争的新优势。

学生通过这节课并结合自己所学的经济学知识，充分了解了国家的重要战略，对中国经济现行状态下实施的重大战略有了更深刻的认识和理解。

## （二）案例 2：来自低工资国家的竞争是导致美国失业问题的主要原因吗?

### 1. 案例背景

美国劳工部 2020 年数据显示：虽然首次申请失业救济的人数已经连续 11 周呈现下降趋势，但截至 6 月 6 日，全美仍有超过 2 000 万人在领各州政府发放的失业救济金。面对前所未有的失业潮，经济学家纷纷呼吁出台新一轮救济措施，但民主、共和两党对此意见不一，救济措施前景尚不明朗。

在美国国内尤其是政界经常存在一种声音，即美国的失业问题尤其是制造业失业问题是由对华贸易逆差造成的，对华贸易逆差是“罪魁祸首”。与此相反，不少学者的研究表明，美国的失业问题主因在于自身经济结构的调整，而非对华贸易逆差。美国明尼苏达大学和明尼阿波利斯联邦储备银行的 Timothy J. Kehoe、宾夕法尼亚州立大学的 Kim J. Ruhl 和多伦多大学的 Joseph B. Steinberg 等三位学者的文章《全球失衡和美国的结构性变化》2018 年发表于美国五大顶级经济学期刊之一的《政治经济学》。该文章建立了一个动态一般均衡模型，是第一个用理论模型研究贸易逆差对美国就业影响的文章。该文章发现，1992—2012 年美国货物部门的失业率下降仅仅 15.1% 是由贸易逆差引起的。考虑到对华贸易逆差仅占其总贸易逆差的一部分，对华贸易逆差对美国失业率的影响更小。

### 2. 案例教学目标

在课堂上将引入另一篇重量级的学术论文《质量阶梯的长短》（*The Long and Short (of) Quality Ladders*），以驳斥将美国存在的失业问题归咎于中国的观点。希望通过这个案例，用美国学者在美国权威期刊上发表的文章及美国失业率的数据，说明美国失业问题不是中国竞争导致的。

### 3. 课程思政案例教学过程

学生在课堂上先学习基础知识，以了解什么是失业、什么是自然失业率，决定自然失业率高低的因素有哪些。熟知这些基础知识之后，教学将进入应用的高阶环节，在这个环节，将介绍哥伦比亚大学 Amit Khandelwal 教授的重要论文《质量阶梯的长短》。

低工资国家的竞争对美国就业的影响为负，美国生产的产品与低工资国家在质量阶梯上存在显著的差别，低工资国家和美国之间不存在本质上的竞争关系，来自低工资国家的进口竞争并不是美国失业问题的主要成因。

随后介绍：奥巴马政府积极主动干预，实施了一系列力度空前的非常规财政政策和货币政策，把重振制造业、降低失业率作为经济复苏的突破口，明确提出“再工业化”“制造业回流”“五年出口倍增”“降低失业率”等目标。

然而，美国大量低端制造业转移海外，使得低学历劳动者就业机会显著下降。同时，随着高技术密集型产业的发展，劳动力成本和服务成本进一步上升，这种状况已大幅限制了传统制造业回归的空间。因此，我们也应该清醒地认识到，如何避免产业空心化，是发展中国家在经济快速增长过程中必须注意的问题。

### 4. 案例总结

西方国家的就业形势严峻。因为经济、技术、社会条件的变化，失业问题作为西方国家的普遍性问题将越来越难以解决。欧洲联盟执委会主席雅克·桑特称：“失业正在成为侵害我们社会的一种癌症，它破坏我们人民的团结，并产生出一个被剥夺的、‘失去希望的’、被排除在生活乐趣之外的群体。”经济合作与发展组织（OECD）的一份调查报告把失业称作“这个时代最普遍令人担忧的问题”。

长期以来，在开放宏观经济体系下，西方常常指责中国经济发展挤占了市场份额。本案例利用西方国家的研究，证明了导致美国失业问题的根本原因并不是来自低工资国家的竞争。这个论断对学生树立正确的发展观具有重要作用。

## 第六章

# 法 学 类

# 第一节　中国法律史

**课程负责人：** 徐惠婷
**教学团队：** 张翅、汪珍
**所在院系：** 法学院

法无古今，惟其时之所宜与民之所安耳。

——［明］张居正《辛未会试程策》

## 一、课程概况

### （一）课程简介

“中国法律史”是研究中国传统法律制度的内容、形式、本质、特点及其发展规律的课程，是高等学校法学专业课程体系中的主干课程。中华法系是世界公认的五大法系之一，在漫长的发展过程中，以其丰富的文化内涵而居于世界法制发展的前列。学习这门课程，能够加深学生对中国历史上法律思想、各项法律制度的发生发展演变的认识，真实准确地把握历史，训练历史思维，做到史论结合；有助于学生把握法律制度中的中国特色，准确理解中国古代法律制度的真实发展与实际作用，准确理解中国近代法律变革的经验教训，进一步理解中国特色社会主义法律体系的精髓。不仅如此，通过学习“中国法律史”，学生能深刻地感受中华文化的博大精深以及它的优越性和先进性，树立正确的历史观、国家观和法律观，培养爱国情怀、制度自信和文化自信。本课程内容涉及法学各分支学科，包括宪法、民法、刑法、行政法、诉讼法等，学好这门课程有助于学生加深对法学其他学科的理解。

自 2000 年面向法学本科学生开课以来，课程团队一直注重课程建设，课程负责人徐惠婷 2007 年主编出版了 21 世纪东部法学系列教材《中国法制史》，2015 年完成“中国法制史课程试题库（网络版）”的校级教学建设项目，2016 年完成“法制史课程中研究性教学方法的运用与实践”校级教改项目。目前“中国法律史”是浙江工业大学法学院法学专业、知识产权专业的基础理论课程，在人才培养计划中，该课程开设在第四个学期，计 3 个学分。

### （二）教学目标

#### 1. 知识目标

（1）掌握中国历代法律制度的主要内容；
（2）理解中国法制文明发展的基本脉络；
（3）掌握中国法律传统的基本特征和精神。

### 2. 能力目标

（1）培养学生运用逻辑思维的基本方法梳理和把握纷繁历史事件的能力；

（2）树立问题意识，培养正确理解和有效运用法学、史学知识的能力，形成分析中华传统法治理论问题的能力。

### 3. 价值目标

（1）树立勤奋、严谨、求真、务实和创新的治学精神；

（2）树立正确的历史观，弘扬中华优秀传统法律文化，古为今用、推陈出新，反对历史虚无主义；

（3）树立正确的人生观、世界观、价值观；强化家国情怀，做到知行合一、学以致用，具有高度的社会责任感。

## 二、主要思政元素

中华法制文明、中国法律传统是社会主义法治国家建设的优秀本土资源。五千多年的中华文明一脉相传，其中集聚了诸多与治国理政、社会进步相关联的民族智慧，形成了诸多优秀的法律传统。特别是中华文明所特有的一些制度措施规范，符合国情、适合社会，在规范社会秩序、推动社会发展方面起到了不可替代的积极作用。学习本课程，可以培养学生的爱国情怀、文化自信、制度自信、法治精神和创新精神。

**爱国情怀：**中国法律以其悠久的历史、完备的制度、鲜明的特色在世界法律史上独树一帜，为中国古代社会的长期发展、稳定、繁荣发挥了重要作用，也为世界法律文明作出了重大贡献。学习了解中华传统法治精髓，能够激发学生的民族自豪感，培养学生的爱国情怀。

**文化自信：**中国法律历史悠久，辗转相承、沿革清晰，缔造了世界公认的中华法系。中华法系凝聚了中华民族的精神和智慧，有很多优秀思想和理念值得我们传承。《唐律疏议》是世界封建法典的楷模，中华法系曾经以其先进性影响过东方世界。学习“中国法律史”课程，学生能更深刻地感受中华文化的博大精深和历史的厚重积淀，有助于促进对蕴藏着中华法制文明、中国法律传统中的中华优秀传统文化的高度认同，培养学生的文化自信。

**制度自信：**以史为鉴，可知兴替。中国法律史学研究的是过去，面向的是现在和未来，它以总结历史经验来启迪思维，丰富治国理政的策略与方法。课程深入基层调研，了解世情、国情、党情、民情，领悟中国共产党的基层治理创新智慧，感受社会主义法治国家建设对优秀本土资源的吸收和转化，能够坚定学生对党的创新理论的认同，增强学生的制度自信。

**法治精神：**独树一帜的中华法系积淀了深厚的法律文化。中华法制文明、中国法律传统是社会主义法治国家建设的优秀本土资源。学习和回顾中华法制文明所特有的价值取向和制度规范，有助于培养学生的法治精神，提高学生建设社会主义法治国家的自信心，丰富知识，增长才干。

**创新精神：**坚持以立德树人和创新型人才培养为本，帮助学生树立正确的世界观、人生观、价值观；具有家国情怀和社会责任感，知行合一，学以致用。突出创新导向，激发学生的创新精神，为国家培养优秀的创新型人才。

## 三、设计思路

“中国法律史”是一门基础学科，也是一门综合学科，内容的时间跨度大，涉及领域广，教学任务繁重。课程采用线上和线下教学相结合的模式开展，运用信息技术与教育教学深度融合的课程结构。采用任务式（让学生阅读老师指定的文献资料，完成老师布置的学习任务）、合作式、项目式（以小组为单位完成中国古代经典案例演绎展示）、探究式（组织课程科研小组，指导学生进行科研活动，积极申报各类项目，培养学生的科研兴趣，提升学生的科研能力）等方式，培养学生自主学习的习惯和能力。坚持以立德树人为根本，以社会主义核心价值观教育为主线，深入挖掘提炼本课程所蕴含的思政要素和德育功能，把知识传授与思想教育、道德教育结合起来，协同推进，做到知识传授、能力培养与社会主义核心价值观引领的有机统一，提高课堂教学质量，提升育人成效。

作为法学与史学的交叉学科，“中国法律史”课程既具备法学的特征，又具备史学的风格，需要学生有较为扎实的史学和法学的基础知识作为铺垫。学生在刚接触课程时往往会产生畏难情绪，为了激发他们的学习热情，可以通过开设田野式教学、专题讲座、读书会等形式培养和激发学生的学习主动性和积极性；用问题导入、生讲生评、案例点评、研讨辩论来提升课堂的教学效果。本课程思政设计思路如表 6-1-1 所示。

**表 6-1-1　“中国法律史”课程思政设计思路**

| 课程章节 | 重要思政元素 | 相关联的专业知识或教学案例 |
|---|---|---|
| 绪论 | 民族自豪感 | 通过讲解中国法律史的地位和特点、中华法系的历史地位和影响，激发学生的学习热情，培养学生对优秀传统法文化的认同 |
| 第一章<br>中国法律的起源和特点 | 爱国情怀<br>制度自信<br>文化自信 | 重点介绍中国法律的起源，包括中国法律起源的特征——刑“始于兵源于礼”，以及对良渚文化与中国法律起源关系的思考。通过课堂教学与田野式教学结合的教学模式，让学生感受中华法系文化的魅力，启发学生对国家与法律起源的思考和理解，增强民族自豪感，坚定文化自信 |
| 第二章<br>夏商法律制度 | 民族精神<br>文化自信 | 通过对古汉语“灋”的字源意义和“獬豸”传说、夏商神权法思想、夏商司法制度等内容的介绍，激发学生的民族精神和文化自信 |
| 第三章<br>西周法律制度 | 文化自信<br>制度自信<br>诚实守信 | 通过对西周的立法指导思想“以德配天”“明德慎罚”、周公制礼、礼与刑的关系、刑罚适用原则、刑事政策、婚姻制度、司法制度的介绍，使学生理解、掌握“礼”在中国古代社会发展中的重要作用，使他们认识到，西周法律制度不仅影响了周代近 800 年，还影响了中国古代社会几千年 |
| 第四章<br>春秋战国法律制度 | 依法治国<br>制度自信<br>文化自信 | 通过对诸子百家的争鸣与交锋、成文法的公布、《法经》的历史地位、商鞅变法等内容的介绍，使学生理解法家思想在中国古代的地位和作用 |

（续表）

| 课程章节 | 重要思政元素 | 相关联的专业知识或教学案例 |
|---|---|---|
| 第五章<br>秦朝法律制度 | 法治精神<br>科学精神<br>文化自信<br>制度自信 | 通过对秦朝立法指导思想、秦朝的法律形式、刑法原则、睡虎地云梦秦简、秦朝的官吏制度和监察制度的介绍，使学生理解、掌握秦朝完备的法律形式和丰富的法律内容，为国家统一、巩固中央集权奠定了坚实的法律基础，培养学生的文化自信和制度自信 |
| 第六章<br>汉朝法律制度 | 文化自信<br>制度自信 | 通过对西汉“黄老无为”到“独尊儒术”立法指导思想的转变，西汉刑制改革的背景、内容和影响，西汉的司法制度，“春秋决狱”等内容的介绍，使学生理解、掌握在“内儒外法”统治方针指导之下确立的汉朝法律制度的地位和影响 |
| 第七章<br>魏晋南北朝法律时期制度 | 文化自信<br>制度自信<br>创新精神 | 重点讲解魏晋南北朝时期律学的成就、法律的儒家化的表现、刑讯制度化、司法制度的变化。点评服制定罪、留养制度的相关案例，使学生感悟先人的智慧及社会和谐的重要性 |
| 第八章<br>隋唐法律制度 | 制度自信<br>文化自信<br>爱国情怀 | 通过对唐代的立法指导思想、《唐律疏议》的制定及成就、唐代法律的主要内容、唐代法制的特点与历史地位、唐代的司法制度等内容的介绍，使学生理解、掌握唐律是中国传统法律的集大成者，是世界封建法典的楷模，激发学生的爱国情怀、文化自信和制度自信 |
| 第九章<br>宋朝法律制度 | 制度自信<br>文化自信<br>爱国情怀<br>科学精神 | 通过对《宋建隆重详定刑统》的立法成就，宋代的编敕、编例、官吏制度，宋慈的《洗冤集录》为代表的法学专著，务限制度，宋代的司法勘验制度等内容的讲解，培养学生的文化自信、科学精神和对传统文化的认同 |
| 第十章<br>辽金元法律制度 | 制度自信<br>文化自信 | 通过对辽金元法律制度的主要内容、元代民事法律制度、元代司法制度的变化等内容的介绍，使学生理解少数民族的法律是中华法律文明的重要组成部分 |
| 第十一章<br>明朝法律制度 | 依法治国<br>制度自信<br>文化自信 | 通过对明代的立法思想、立法活动、《明大诰》的编撰、明代的监察制度、禁榷制度、明代的申明亭制度、明代的会审制度等内容的介绍，使学生对明代的重典治乱世、明代的行政制度和民间纠纷解决机制有一个基本的了解 |
| 第十二章<br>清朝法律制度 | 文化自信<br>制度自信<br>科学精神 | 通过对清代的立法指导思想、主要立法活动、少数民族立法、会审制度、民间纠纷解决机制、司法制度的介绍，启发学生思考中国传统法律制度中值得借鉴和商榷之处 |
| 第十三章<br>清末法制改革 | 法治精神<br>制度自信<br>爱国情怀<br>文化自信 | 通过对清末变法修律的背景和指导思想、变法修律的发展进程、清末法制改革的主要成果和意义等内容的学习，使学生掌握清末法制改革是中国法律走向近代化的标志 |
| 第十四章<br>中华民国的法律制度 | 法治精神<br>制度自信<br>文化自信 | 通过对《中华民国临时约法》的主要内容和历史意义、北洋政府时期的制宪活动和宪法文件、南京国民政府的法律制度的介绍，使学生理解、掌握中国法律近代化的发展历程 |
| 第十五章<br>新民主主义革命时期民主政权法制 | 法治精神<br>制度自信<br>公平公正<br>平等自由<br>创新精神 | 重点讲解“红船精神”在新民主主义政权和法制建设中的具体体现、新民主革命时期的宪法、刑事法律、民事经济法律、民事司法制度、人民调解制度等内容。在长期的革命斗争过程中，民主政权建立了较为完善的法律制度，也确立了符合中国革命需要、有利于人民利益的法律原则 |

# 四、实践案例

## （一）案例 1：田野式教学——良渚文化与中国法律起源

良渚遗址是印证中华五千年文明史的圣地。良渚文化是中国长江下游环太湖地区的一个区域性早期国家的权力与信仰中心，有着发达的祭祀系统，能制作精美的玉器。从莫角山宫殿遗址的营建，可以推断出良渚时期已经具有组织大量劳动力进行大规模工程建造的社会权力。

玉器在良渚文化中具有崇高而特殊的地位，玉琮（图 6-1-1）、玉璧（图 6-1-2）是神与人沟通的媒介和信物，受到良渚先民的崇拜。玉琮既是神权的代表，又是权力的象征，部落的最高统治者才能够拥有，玉钺（图 6-1-3）则是军权的象征。

玉琮代表王权，玉钺象征军权，表明良渚时期社会已经分化为不同的等级，有维护社会秩序的社会权力；玉琮、玉璧又是良渚先民祭祀时的礼器，部落习俗通过祭祀则萌生了具有法律规则性质的“礼”。

课程通过现场教学（图 6-1-4）让学生感受先人勤劳的风尚和卓越的智慧，感受五千年中华文明的魅力，启发学生对国家与法律起源的思考和理解，坚定文化自信。

图 6-1-1　玉琮

图 6-1-2　玉璧

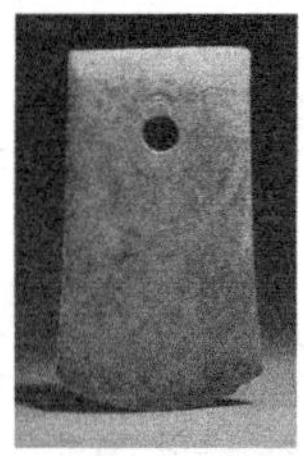

图 6-1-3　玉钺

图 6-1-4　徐惠婷老师在良渚古城遗址公园的南城墙发掘点给同学们讲解

### （二）案例 2：实地调研——走进“三治融合”先行地，感受基层治理之大智慧

中国特色社会主义法治道路是中国革命、建设和改革时期法治建设的经验结晶，也是中国传统优秀法律文化遗产的基础。乡土中国的治理模式，是中华先民留给我们的宝贵遗产。传统社会以追求稳定和谐为目标，注重调解，提倡无讼。自治、法治、德治融合的基层社会治理模式是在继承中国传统治理精华的基础上，富有时代特色的乡村治理体系的发展和创新，是实现乡村振兴的基础。

在本课程实践中，师生一同走进“三治融合”样板村——浙江省杭州市临安区板桥镇上田村，在村党总支书记带领下参观了上田文化广场（图 6-1-5）、上田乡治馆（图 6-1-6）、上田文武馆、上田国学礼仪馆、上田学堂、上田微法庭、四联民访会商室、志愿服务“6+X”等乡村治理机构。还走进村民家中随机发放问卷，对村民的幸福度、满意度进行调研。感受“党建树魂、文化归心、法治护航、自治安存、创富惠民”的乡村治理道路给村民带来的幸福生活，更深刻地理解中国共产党基层社会治理的创新理念，增强制度自信和道路自信。

图 6-1-5　村党总支书记在上田文化广场给师生介绍“三治融合”治理经验

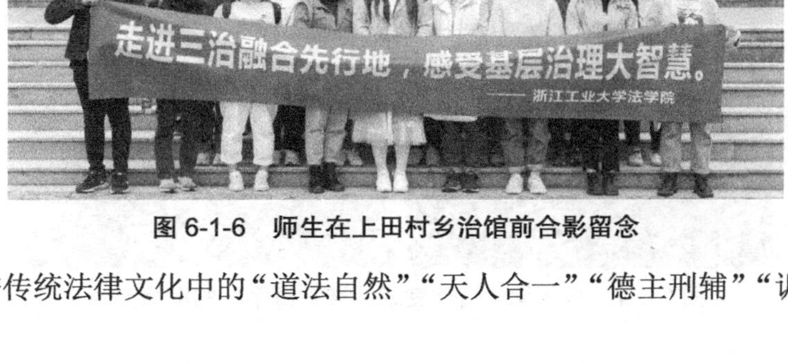


图 6-1-6　师生在上田村乡治馆前合影留念

中华优秀传统法律文化中的“道法自然”“天人合一”“德主刑辅”“诉轻和重”“民

贵君轻”“天下无讼”等智慧，规范了人们的行为，保障了社会的稳定发展，为治国理政提供了有益借鉴。历史和现实告诉我们，在“法治中国”的建设中，必须挖掘和传承中华法律文化精髓，汲取营养、择善而用。

## （三）案例 3：生讲生评——清代四大冤案之“淮安奇案”展示

组织学生收集、展示古代经典诉讼案例。通过对这些案例的剖析演绎，同学们不仅深刻地感受到中国传统法律制度的魅力，还切身领悟到司法公正对社会稳定的价值。通过回顾中国古代的制度规范与价值取向，挖掘了中华文明基因中的法治精神，培养了学生对法治精神的坚定信念，增强了学生在处理现实问题时自觉运用法治思维的意识和能力。

清代的主要法典是《大清律例》，由律和例组成。中央司法机关称为三法司，为刑部、大理寺、都察院。总督、巡抚对本省的死刑案件都有复审权，但终审权仍属中央。

案例：嘉庆十三年（1808 年）夏秋之际，淮河泛滥，淮安一带受灾尤其严重，致使几十万百姓受难。清朝廷下令向受灾地方下拨赈灾银数十万两，但赈灾银两被各级官吏层层克扣，到灾民手中已所剩无几。两江总督和江苏巡抚先后派出 9 名官员查赈，但都因被收买，没有查出结果，最后选中了李毓昌作为钦差大臣前往淮安查赈。李毓昌到淮安后，认真稽核，掌握了淮安府山阳县知县王伸汉贪污赈灾银两、收买之前 9 位查账官员的情况，并准备向朝廷上报。王伸汉收买了李毓昌的三位仆人，下毒害死了李毓昌，伪造了李毓昌自缢身亡的假象。李毓昌的家人发现李毓昌死得蹊跷，开棺验尸，结果证明李毓昌是中毒身亡，于是就进京告状，诉状诉至都察院（都察院是清代最高监察机关）。由于李毓昌是钦差大臣，都察院不敢怠慢，立即上报皇帝。嘉庆皇帝见到诉状，下令彻查，案件最终水落石出，山阳县知县王伸汉被判处斩立决，同谋淮安府知府王毂绞立决，出卖李毓昌的三个仆人凌迟处死。嘉庆皇帝御制《悯忠诗》三十韵表彰李毓昌的善举。

教师点评：依据各小组展示的情况做 3 个方面的总结：①各小组展示的案例不仅具有学术价值，对法治社会的建设还有一定的经验启示和实践意义。②讲解材料设计精美，排版合理，图文并茂，内容翔实。③团队成员分工明确，配合默契，充分展示了法学新青年的专业水平和精神风貌。

布置作业：请同学们结合本小组展示的案例，分析其历史意义和启示，小组同学合作完成“淮安奇案”的案情介绍，如图 6-1-7 所示。

**图 6-1-7　小组同学合作完成“淮安奇案”的案情介绍**

## 五、教学效果

自2000年浙江工业大学法学院成立以来，“中国法律史”课程就开始面向法学院的法学专业、知识产权专业、法学辅修专业和成人教育学院的法学专业学生授课，学生受益人数达6 251人。课程教学团队由3位专业教师组成。课程教师坚守教书育人的职责，始终将“三全育人”理念贯穿教学全过程，教学效果显著。

近年来，教师团队指导学生科研项目10余项，其中项目《“三治融合”治理体系下突发事件应对的机制研究——以“新冠”疫情期间基层治理为视角》（法学1802班罗逸宁主持）被立项为2020年国家级创新创业训练计划项目；项目《渠首——打造科学完善的一般未成年人犯罪预防体系》（法学1803班沈鑫云主持）获第六届浙江省“互联网+”大学生创新创业大赛选拔赛（校级）铜奖；《渠守——有料有趣青少年法治教育课堂引领者》（法学1803班沈鑫云主持）和《送法下乡——高校法律援助助力乡村振兴》（法学1903班付华昱主持）获第七届浙江省“互联网+”大学生创新创业大赛选拔赛（校级）铜奖。

# 第二节　民法总论

**课程负责人：**张友连
**课程团队：**侯银萍、刘承涛、孙科峰、叶水荣
**所在院系：**法学院

*法治精神是在民法原则的基础上形成的，民法最充分地体现了现代法治的价值。*

——张文显

## 一、课程概况

### （一）课程简介

“民法总论”是一门面向法学专业、知识产权专业本科生开设的专业基础课。课程以我国2020年颁布的《中华人民共和国民法典》（以下简称《民法典》）为基础，系统讲授民法的一般理论，使学生能够掌握《民法典》总则和相关司法解释，并能够结合司法实践中的相关案例进行实务案例分析。

本课程不仅是民法类其他课程，如物权法、合同法、侵权责任法、婚姻家庭继承法的先修课程，还是商法等课程的基础课程。本课程的教学内容主要包括：民法概述、民法基本原则、民事法律关系、自然人、法人、非法人组织、民事法律行为、代理、

诉讼时效和期限。

### （二）教学目标

#### 1. 知识目标

（1）系统掌握我国民事法律制度的主要规定，特别是《民法典》总则的相关规范；

（2）掌握民法学的基本概念和基本原理；

（3）理解民法的基本原则（平等、自愿、公平、诚实信用、公序良俗和绿色原则）；

（4）理解民法中的社会主义核心价值观要素。

#### 2. 能力目标

（1）通过学习民事法律关系及其构成要素（主体、客体、内容、民事法律事实），掌握法律关系的分析方法；

（2）提升对中国特色民法规范的理解，具备运用核心价值思维分析《民法典》相关条文的能力；

（3）通过典型案例分析、讨论等训练环节，初步具备解决复杂民事争议的能力。

#### 3. 价值目标

（1）加深对社会主义核心价值观的认识；

（2）加深对《民法典》作为“人民权利保障书”的理解；

（3）提升对习近平法治思想的价值认同和文化认同。

## 二、主要思政元素

“民法总论”课程不仅是法学专业和知识产权专业的大类基础课，还是一门高度体现习近平法治思想和人类优秀法治文明的课程。教学团队通过深入研究，精心设计了本课程的思政元素，实现了思政元素和专业性的结合，做到了思政元素对教学知识点的全覆盖。

**平等：** 平等指的是民事主体在法律面前一律平等，其价值取向除了形式上的平等之外，同时也要求不断实现实质平等。民事主体平等体现为不因年龄、地位、身份而有所区别，不因大企业与小企业、国有企业与民营企业而差别对待。主体平等体现为人人依法享有平等参与、平等发展的权利。

**自由：** 自由是指人的意志自由、存在和发展的自由，既是人类社会的美好向往，也是马克思主义者所追求的社会价值目标之一。民法尊重当事人的意思自治，通过民事法律行为制度为自由特别是契约自由的实现提供了充分的保障。

**公正：** 公正是人类社会的永恒追求，民法中的公正要求体现为公平原则。民事主体从事民事活动，应当遵循公平原则，合理确定各方的权利和义务。由当事人一方或第三方确定民事法律行为的内容时，只有符合公平的要求，才对他方产生效力。

**法治**：法治是治国理政的基本方式，依法治国是社会主义民主政治的基本要求。通过法治来维护和保障公民的根本权利，是实现自由、平等等法治精神的制度保证。

**诚信**：诚信即诚实守信，是人类社会千百年传承下来的道德传统，也是社会主义道德建设的重点内容。作为民法的一项基本原则，在整个民事法律关系领域强调要诚实劳动、信守承诺、诚恳待人。

## 三、设计思路

本课程按内容分成9章，各部分重要的思政元素、相关知识点和教学案例见表6-2-1。

**表6-2-1 “民法总论”课程思政设计思路**

| 课程章节 | 重要思政元素 | 相关联的专业知识或教学案例 |
|---|---|---|
| 第一章<br>民法概述 | 法治<br>平等 | “法律是治国之重器，良法是善治之前提”，良法和善治将开创中国法治的新时代。我国《民法典》第一条规定：“为了保护民事主体的合法权益，调整民事关系，维护社会和经济秩序，适应中国特色社会主义发展要求，弘扬社会主义核心价值观，根据宪法，制定本法。”充分体现了新时代良法和善治的要求。从调整对象上看，民法调整平等主体之间的人身关系和财产关系。从调整方法上看，民法调整以填平为原则。从主要内容上看，民事立法的根本目的是保护民事权利，民事法律制度是以权利为轴心而建立起来的。通过对第一章内容的学习，学生可以感受到民法所蕴含的法治精神和平等理念 |
| 第二章<br>民法基本原则 | 公正<br>自由 | 习近平总书记指出：“必须牢牢把握社会公平正义这一法治价值追求，努力让人民群众在每一项法律制度、每一个执法决定、每一宗司法案件中都感受到公平正义。”《民法典》第五条规定：“民事主体从事民事活动，应当遵循自愿原则，按照自己的意思设立、变更、终止民事法律关系。”第六条规定：“民事主体从事民事活动，应当遵循公平原则，合理确定各方的权利和义务。”通过本章的学习，分析最高人民法院公布的社会主义核心价值观典型案例，帮助学生深刻领会社会主义法治理念的内涵 |
| 第三章<br>民事法律关系 | 自由<br>法治 | “治国有常，而利民为本。”全面依法治国最广泛、最深厚的基础是人民。以人民为中心的发展理念最直接的体现就是通过民事立法赋予民众广泛的权利。权利就是在法律的范围内为或者不为一定行为的自由。根据权利的作用不同，可以将民事权利区分为支配权、请求权、形成权和抗辩权。民事权利保护的途径包括国家保护和自我保护。本章中关于民事权利的学习可以使学生充分理解我国《民法典》是人民权利的宣言书和保障书；学习关于民事责任的内容有助于学生树立权利行使的边界意识，提升对法治内涵的全面认识 |
| 第四章<br>自然人 | 自由<br>平等 | 加强人权法治保障，保证人民依法享有广泛的权利和自由。自然人的权利、能力一律平等，从出生时起到死亡时止，具有民事权利能力，依法享有民事权利，承担民事义务；涉及遗产继承、接受赠予等胎儿利益的保护，胎儿视为具有民事权利能力；监护是对未成年人和精神病人的人身、财产及其他合法权益进行监督和保护的一种民事法律制度。通过对自然人民事权利能力、民事行为能力、监护制度等内容的学习，组织典型案件网络庭审旁听，使学生体会我国民众享有的广泛自由 |

（续表）

| 课程章节 | 重要思政元素 | 相关联的专业知识或教学案例 |
| --- | --- | --- |
| 第五章<br>法人 | 公正<br>法治 | 依法保护企业家合法权益，依法保护产权和知识产权是依法治国的重要内容。法人是具有民事权利能力和民事行为能力，依法独立享有民事权利和承担民事义务的组织。法定代表人因执行职务造成他人损害的，由法人承担民事责任。在符合法定条件下，可以适用“法人人格否认”。授课过程中，引导学生通过本章内容的学习体会民法对各种所有制企业的一体保护，认识公正和法治之间的关系 |
| 第六章<br>非法人<br>组织 | 法治<br>诚信 | 大力推动创新创业创造、营造良好发展环境是当前法治建设的重要任务之一。合伙等非法人组织是创新创业的重要组织形式。非法人组织是不具有法人资格，但是能够依法以自己的名义从事民事活动的组织。合伙人不得自营或者同他人合作经营与本合伙企业相竞争的业务。通过本章学习使学生掌握我国非法人组织的基本形式，提高对法治作用的认识，加深对诚信的理解 |
| 第七章<br>民事法律<br>行为 | 自由<br>法治 | 通过法律行为可以实现民事权利的变动，是当事人实现自己自由意志的法律手段。《民法典》第一百五十三条规定：“违反法律、行政法规的强制性规定的民事法律行为无效。但是,该强制性规定不导致该民事法律行为无效的除外。违背公序良俗的民事法律行为无效。”第一百五十四条规定：“行为人与相对人恶意串通,损害他人合法权益的民事法律行为无效。”本章学习民事法律行为的成立与生效，民事法律行为的无效、可撤销及效力未定，可以帮助学生深刻领会自由的范围及限度，自由与法治的辩证关系 |
| 第八章<br>代理 | 诚信<br>法治 | 代理人在代理权限内，以被代理人名义实施的民事法律行为，对被代理人发生效力。代理是基于当事人之间的信任形成的法律关系，很多具体制度的设计体现了诚信的要求。通过本章内容的学习有助于提升学生对法治内涵的认识。比如，代理人知道或者应当知道代理事项违法仍然实施代理行为，或者被代理人知道或者应当知道代理人的代理行为违法未作反对表示的，被代理人和代理人应当承担连带责任。反之，在表见代理中，行为人没有代理权、超越代理权或者代理权终止后，仍然实施代理行为，相对人有理由相信行为人有代理权的，代理行为有效。依托学院法律援助基地，组织学生参加实际的案件代理，体会其中的诚信要求 |
| 第九章<br>诉讼时效<br>与期限 | 公正<br>法治 | 本章学习，使学生认识到法律中的公正是有条件和程序的。比如，关于民事权利的保护要受到时效制度的制约。诉讼时效是指权利人在一定期间内不行使权利，即在某种程度上丧失请求利益的时效制度。诉讼时效期间自权利人知道或者应当知道权利受到损害以及义务人之日起计算。法律另有规定的，依照其规定。通过诉讼时效的限制，促使权利人积极地实现其权利，及时结束民事法律关系的不确定状态，稳定社会经济秩序 |

“民法总论”坚持多样化的课程组织形式，创新教学模式，改进教学方法，提高课程思政教学的针对性和实效性。在教学方法上，采用了案例分析、沙龙式研讨等多种方法的结合，重点研讨最高人民法院公布的大力弘扬社会主义核心价值观的典型案例。每学期组织学生参加审判旁听、模拟法庭、法律咨询、实习、实地调查等活动，充分调动了学生对该课程学习的积极性，加深了对融入其中的社会主义核心价值观相关内容的理解。本课程充分利用中国裁判文书网、北大法宝等网络资源进行教学，指

导学生利用网络手段学习民法。



## 四、实践案例

### （一）案例 1：英烈保护公益诉讼案

《民法典》第一百八十五条规定：“侵害英雄烈士等的姓名、肖像、名誉、荣誉，损害社会公共利益的，应当承担民事责任。”通过加强对英雄烈士人格权益的保护，维护民族精神，弘扬社会主义核心价值观。近年来，社会上出现了以各种手段歪曲历史事实，侮辱、诽谤英雄人物和烈士的现象，造成了恶劣的社会影响，损害了英雄烈士个人荣誉、名誉等人格权益，损害了英雄人物及其历史事件所体现的全民族的共同记忆和共同情感，损害了社会公共利益。为此，人民法院通过审理英雄烈士名誉权纠纷公益诉讼案等案件，有效遏制了互联网上抹黑革命英烈、否定党和人民军队光荣历史的违法现象。

对于英雄烈士人格权益的保护，维护的是由民族记忆、民族精神以及社会主义核心价值观所共同凝聚的社会公共利益。组织学生同检察官一起研讨杭州市西湖区人民检察院诉瞿某某侵害烈士名誉权公益诉讼案，增强对社会主义核心价值观的认同感。

### （二）案例 2：紧急救助免责案

《民法典》第一百八十四条规定：“因自愿实施紧急救助行为造成受助人损害的，救助人不承担民事责任。”2017 年 9 月，某地一位老太太在药店买药时突然晕倒在地。当时，正在药店值班的孙某急忙施救，为老人做了心肺复苏。老人苏醒后，被救护车送往医院。经医院检查，发现老人多根肋骨被压断、右肺挫伤。出院后，老人及其家人向孙某提起诉讼，要求索赔。经过两年的等待，孙某于 2019 年底拿到当地法院的民事判决书。法院驳回原告的诉讼请求，孙某具有医学资质，在施救过程中没有违反诊疗规范，不应承担抢救过错。

民事责任中的这一规定充分回应了人们对“好人难当”“英雄流血又流泪”等不良社会现象的关切，是弘扬助人为乐、匡扶正义、见义勇为等核心价值观的重要制度设计。指导学生以“扶老人”案件为蓝本，通过庭审角色扮演的方式，深化对民事责任的多维度评价。扶老人案件庭审模拟如图 6-2-1 所示。

图 6-2-1 扶老人案件庭审模拟

## （三）案例 3：开发商“自我举报”无证卖房毁约案

某房地产公司与李某某签订了商品房内部认购合同书，该认购合同约定了双方的名称、住所、房屋的基本情况、单价、总价款、付款方式、付款时间等内容。合同签订当日，李某某即向某房地产公司缴纳全部购房款。其后，该房地产公司在案涉开发项目已经取得土地使用证、建设用地规划许可证、建设工程规划许可证与建筑工程施工许可证的情况下，以案涉房屋未取得商品房预售许可证为由，将李某某起诉至法院，请求确认双方签订的内部认购合同无效。西安市中级人民法院认为，李某某在签订认购合同当日即支付了全额购房款，某房地产公司作为销售方的合同目的已经实现，但其不积极履行己方合同义务，在房地产市场出现价格大幅上涨的情况下提起本案诉讼主张合同无效，违背诚实信用原则。

某房地产公司签约时未取得商品房预售许可证，虽然违反了商品房预售许可制度，但案涉楼盘在一审诉讼前已经取得了除预售许可证之外的“四证”，工程主体已经建成，在李某某上诉过程中，案涉楼盘也取得了商品房预售许可证，预售制度所欲避免的风险在本案中已经不存在。因此，该公司签约时未取得商品房预售许可证的事实，并不必然导致其签订认购合同的民事法律行为无效。该公司为获取超出合同预期的更大利益，违背合同约定，提起本案诉讼主张合同无效，显然与社会价值导向和公众认知相悖，人民法院不予支持。

在本案分析中，学生认识到开发商提起诉讼是为获取超出合同利益的恶意违约行为。法院对开发商违背诚信的行为给予否定性评价，依法保护了消费者的合法权益，维护了房地产交易的稳定性，有助于引导市场交易主体诚信经营、严守契约，是一份有温度、有力量的公正判决。引导学生理解本案蕴含的社会主义核心价值观要素，体会民法原则与核心价值观要求之间的契合性，如图 6-2-2 所示。

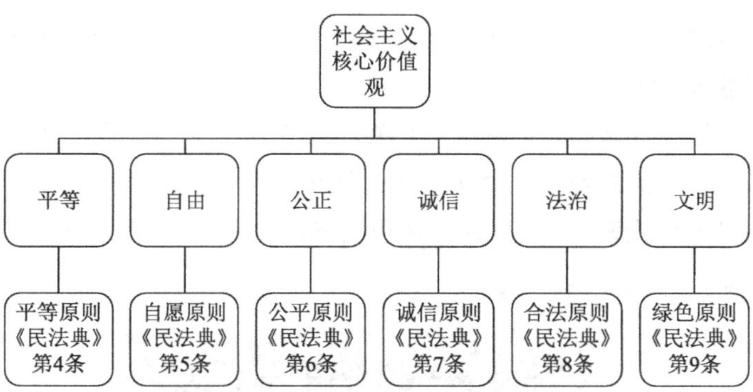


**图 6-2-2　民法原则与社会主义核心价值观对应关系**

## （四）案例 4：村民私自上树摘果坠亡索赔案

某村河堤旁边栽种有杨梅树，该村村委会系杨梅树的所有人。吴某某系该村村民，其私自上树采摘杨梅不慎从树上跌落受伤。随后，该村委会主任拨打 120 救助，吴某某于摔倒当日抢救无效死亡。吴某某子女李某某等人以村委会未尽安全保障义务为由，起诉该村委会承担赔偿责任共计 60 余万元。广州市中级人民法院再审认为，安全保障义务内容的确定应限于管理人的管理和控制能力范围之内。杨梅树本身并无安全隐患，若要求该村委会对景区内的所有树木加以围蔽、设置警示标志或采取其他防护措施，显然超过善良管理人的注意标准。吴某某作为完全民事行为能力的成年人，应当充分预见攀爬杨梅树采摘杨梅的危险性，并自觉规避此类危险行为。吴某某私自爬树采摘杨梅，不仅违反了该村村规民约中关于村民要自觉维护村集体的各项财产利益的村民行为准则，也违反了爱护公物、文明出行的社会公德，有悖公序良俗。事故发生后，某村委会亦未怠于组织救治。吴某某因私自爬树采摘杨梅不慎坠亡，后果令人痛惜，但该村委会对吴某某的死亡不存在过错，不应承担赔偿责任。

公序良俗的核心价值是强调民事法律行为需要遵守社会公共道德，倡导优良社会风尚，建立和谐稳定的社会秩序。通过类似案例分析，引导学生思考公序良俗原则的价值内涵，提升对自由、法治等核心价值观要素的理解。本案再审判决对吴某某的不文明行为作出了否定性评价，倡导社会公众遵守规则、爱护公物、保护环境，共建共享与新时代相匹配的社会文明。公序良俗案例分析如图 6-2-3 所示。

**图 6-2-3　公序良俗案例分析**

## 五、教学效果

### （一）学生获得的研究立项

#### 1. 省新苗杯立项

方娱同学的“常回家看看——老年人精神赡养权的法律保障机制研究”项目获得省新苗杯立项，该项目首先对老年人精神赡养权现状开展调研，其次分析老年人精神赡养权实现的障碍，再次对世界其他国家或地区的有效做法加以借鉴和吸收，最后探讨我国老年人精神赡养权实现的法律保障机制。该项目研究将“民法总论”课程所学到的知识应用于研究社会热点问题，对于老年人精神赡养的关注体现了社会主义核心价值观的要求。

#### 2. 大学生创新创业国家级项目立项

吴术豪同学的“预付消费的法律规制研究”项目获得大学生创新创业国家级项目立项。在社会交易方式不断创新的大背景下，预付消费日益成为人们生活中的一种重要消费方式。如何通过法律规制实现风险防范与支付方式创新的平衡，就成为一个重要的研究课题。本研究在实证调研和文献分析的基础上，系统归纳、整理案例，找到预付消费纠纷的法律困境；在吸收先进国家或地区立法经验和实践经验的基础上，提出预付消费法律规制的有效措施。对预付交易方式中的问题进行法律规制，可以在体现主体平等、诚实信用等价值的基础上协调保护消费者和商家的合法权益，有利于扩大内需，促进经济发展。

### （二）学生知识运用能力的提升

以“民法总论”课程作业为例，本题考查的是不当得利以及无权处分过程中的善意取得问题。不当得利是指没有合法依据，有损于他人而取得利益。不当得利的法律事实发生以后，就在不当得利人与利益所有人（受害人）之间产生了一种权利义务关系，即利益所有人有权请求不当得利人返还不应得的利益，不当得利者有义务返还。所谓善意取得，是指动产或不动产的占有人无权处分其占有的动产或不动产，将该物的所有权移转给他人或设定他物权，如果相对人于受让所有权或取得他物权时为善意且符合法律规定的要件，则将如同处分人有处分权时那样，取得所有权或他物权。不当得利及善意取得两个法律制度都暗含着公正和诚信的要求，这些价值导向构成了制度背后的形成原因。只有在深刻理解民法基本理念的基础上，才能够做到灵活贯通、准确适用。

## 第七章

# 体育教育学类

# 第一节 职业教育心理学

**课程负责人：**李晓
**教学团队：**赵立影、陈晶晶、张常洁
**所在院系：**教育科学与技术学院

教育是一门“仁而爱人”的事业，爱是教育的灵魂，没有爱就没有教育。

——习近平

## 一、课程概况

### （一）课程简介

“职业教育心理学”是浙江工业大学教育科学与技术学院职业技术师范类专业学生（以下简称师范生）必修的大类基础课程。课程主要讲授职业教育情境中学与教的基本心理学规律，既探索职业学校学生如何学习，又探讨职业学校教师如何帮助学生学习。课程着眼于提高师范生职业教育心理学理论水平及实际应用能力，引导师范生职前发展，为他们迈向教师职业生涯，以成为新时代卓越教师奠定基础。本课程是浙江省立项的“课程思政”试点改革课程，力图通过“课程思政”教学的实施，突出“课堂育德、典型树德、规则立德”，体现新时代职业学校教师发展的基本要求，促使师范生深刻理解新时代教师职业行为规范，不断增强“四个意识”，坚定“四个自信”，做到“两个维护”，增强师范生对中国传统教育心理智慧以及新时代职业教育实践中所蕴含的教育心理学思想的认同，激发师范生不断学思践悟习近平总书记关于教育的重要论述，把职业教育心理学知识的学习转化为对职业教育事业的热爱，不断强化和提升成为“四有”好老师和“四个引路人”而努力学习的内在动机，努力成长为高素质、专业化、创新型的新时代职业学校教师。

### （二）教学目标

#### 1. 知识目标

（1）了解注意、感知觉、记忆、思维、情绪情感、意志等规律在教育教学活动中的应用；

（2）理解职业教育心理学的基本原理，包括心理发展与个别差异、不同流派的学习理论、分类学习理论、学习动机、教师心理等内容；

（3）理解中华优秀传统文化中的教育心理学智慧。

### 2. 能力目标

（1）掌握职业教育心理学的研究思路和研究方法，学会提出研究问题并初步实施研究计划；

（2）掌握从事职业院校教育教学工作的科学方法与策略，正确处理职业教育情境中的学与教的关系；

（3）具备新时代职教师资的心理品质。

### 3. 价值目标

（1） 高度认同新时代教师职业行为规范，增强成为“四有”好老师和“四个引路人”的自觉性；

（2）增强对中国传统教育心理智慧，以及新时代职业教育政策和实践中所蕴含的职业教育心理学思想、观念的领悟，进一步提升文化自信和制度认同；

（3）树立教师专业化发展的理念，增强对教师职业的认同，树立正确的职业教育学生观、学习观与教学观。

## 二、主要思政元素

以习近平总书记关于教育工作的重要论述为根本遵循，根据职业教育心理学课程的特点，按照新时代教育工作的基本要求，结合《中等职业教育专业师范生教师职业能力标准（试行）》等有关专业标准，对课程思政元素进行了探索。

**制度自信：**党的十八大以来，习近平总书记非常关心职业教育，多次就大力发展新时代职业教育作出重要指示，为新时代职业教育改革发展和职教教师专业成长提供了根本遵循。同时，我国在实践中不断形成了具有中国特色的职业教育制度，这都要求本课程从职业教育心理学的角度对新时代发展职业教育的重要指导思想和方针政策进行阐释与传播，帮助师范生理解新时代我国发展职业教育的战略机制，提升师范生的政治认同和制度自信。

**文化自信：**中华优秀传统文化蕴含了丰富的教育心理学智慧，通过挖掘中国传统文化中的教育心理学元素，能够激发师范生自觉形成教育心理学话语意识。同时，总结、提炼和升华职业教育实践智慧，更有助于激发师范生的教育文化认同，提升文化自信。

**德能并修：**党的十八大以来，党和国家高度重视师德师风建设，发布了教师职业行为规范，同时对教师专业能力提出了更高的要求。师德和师能并重、融通是对新时代教师发展的基本遵循。因此，课程教学中注重“德能并修”，为培养“四有”好老师和“四个引路人”奠定良好的素质基础，有助于进一步激发师范生不断提高人格修养。

**钻研精神：**钻研精神是科学精神和工匠精神的交融。作为未来的“工匠之师”，师范生应该深刻领悟新时代工匠精神的内涵，通过潜移默化的课程教学促使师范生养成精益求精的教育质量观念和追求卓越的教学实践品质。同时，在学习职业教育心理学的过程中，应该帮助师范生具备运用科学心理学的方法研究和教育学生的意识和能力。

## 三、设计思路

课程以《高等学校课程思政建设指导纲要》《浙江省高校课程思政建设实施方案》和《中共浙江工业大学委员会关于印发“课程思政”教育教学体系建设实施意见的通知》为指导，重在通过课程思政教学方法的创新与实施为主要抓手，推进课程思政改革，具体思路如下。

一是通过画龙点睛式的教学点拨、启发师范生，帮助师范生掌握职业教育心理学原理的价值要义，更好地达成课程对师范生已有观念塑造的目的。如在讲授“记忆”有关知识点时，在阐明了艾宾浩斯遗忘曲线要求及时复习的规律的同时，引用“学而时习之，不亦说乎”启迪师范生理解传统文化中的教育心理智慧。又如，在讲授青少年心理发展阶段的时候，引用习近平总书记提到的青少年期是人生的“拔节孕穗期”，指出学习本章知识内容的重要性，激发师范生的学习自觉性，起到润物细无声的作用。

二是通过案例穿插式教学，力图把新时代优秀教师的先进事迹作为阐明知识原理或对师范生进行职业道德塑造、制度认同教育的重要资源。以榜样为例，如在“学习强国”中，将对全国育人楷模先进事迹的学习作为课程学习内容，通过一个个鲜活的“榜样”学习，让师范生体验到新时代人民教师教书育人的事迹风采，为其奠定高度职业认同的基础。

三是通过角色扮演法让师范生进入教师角色情境，达到对新时代“好老师”角色要求灵活运用的目的，为师范生进入职业岗位乃至适应今后的变化奠定良好的基础。如在进行“学习动机促进”的教学中，让师范生根据某一学习动机理论，结合职业教育情境，编写对话式微型剧本，并分饰师生角色，体现学习动机理论的实际运用，增强对教师职业的感知和教师角色意识。

四是通过主题演讲法，将课程思政元素以主题演讲的方式进行升华，从情感认同、价值认同的层面内化职业教育心理学规律所蕴含的积极情感因素，使师范生更加热爱教师职业。

五是通过人格修养法将职业教育心理学的知识学习与个人职业生涯规划，以及日常学习生活中的个性修养提升结合起来，鼓励和要求师范生把学习心理学的原理运用到提升自己的学习效能上，自觉追求卓越，把科学精神、工匠精神融入学习、工作和生活，像教师一样思考和行动，展示师范生的风采，为理想教师的塑造奠定心理和行为基础。

综合各种教学方法以及结合课程思政元素，“职业教育心理学”课程思政设计思路如表 7-1-1 所示。

表 7-1-1 “职业教育心理学”课程思政设计思路

| 课程章节 | 重要思政元素 | 相关联的专业知识或教学案例 |
| --- | --- | --- |
| 第一章<br>概论 | 制度自信<br>文化自信<br>德能并修<br>钻研精神 | 从教师的理想角色“四有”好老师、“四个引路人”、优秀教师案例出发，提出新时代教师职业素养要求，引导师范生理解本课程学习的意义、价值和主要知识模块。同时，以《学记》为例强调师范生要加强对中国优秀教育心理学思想的学习。阐明职业教育心理学研究的方法及其科学程序，培养师范生运用科学方法解决教育问题的意识。了解新时代对教师的要求，从教师心理的视角掌握教师专业成长的路径 |
| 第二章<br>认知规律及其教育应用 | 德能并修<br>科学精神<br>文化自信 | 让师范生明白教育教学要遵循个体的身心发展规律，掌握所教学生的认知机制及其特点是理解他们的开端，用科学的方法理解学生、关爱学生既是科学精神的体现，也是仁爱之心的体现。同时，深刻剖析中国传统文化当中提倡的因材施教以及中国传统文化中的认知心理思想，提升师范生的文化认同 |
| 第三章<br>学生心理 | 制度自信<br>文化自信<br>德能并修<br>钻研精神 | 从“四有”好老师、“四个引路人”等要求出发，立足教育法、教师法、职业教育法、教师专业标准，帮助师范生了解国家对职业学校教师专业的基本要求，围绕所教学生心理发展、个体差异，帮助师范生树立、掌握关爱每一位学生健康成长的理念和能力。将新时代教师职业行为规范要求与认识和理解中职生心理结合起来，在潜移默化中培养师范生学为人师、行为世范的职业理想和爱国守法、规范从教的职业操守 |
| 第四章<br>学习理论 | 文化自信<br>德能并修<br>钻研精神 | 从多视角了解古今中外关于人类学习规律的探索与认识，帮助师范生学会辩证评析各种学习理论，使师范生掌握科学学习理论的能力。帮助师范生了解中国学者对职业教育学习理论的探索，提升中国特色职业教育心理学话语意识，同时挖掘中华优秀传统文化中的学习心理智慧，进一步提升师范生的文化自信 |
| 第五章<br>知识的学习 | 制度自信<br>文化自信 | 通过探讨如何运用知识学习的规律做学生学习知识的引路人，以及如何在知识教学中培养学生的创新思维和能力，做学生创新思维的引路人。融入传统文化中的知行合一观念及马克思主义哲学中“认识与实践”的关系，帮助师范生从更为广泛的层面理解知识的学习 |
| 第六章<br>技能的学习 | 制度自信<br>德能并修<br>钻研精神 | 把国家在“十四五”规划建议中提出的“探索中国特色学徒制，大力培养技术技能人才”，以及习近平总书记在致信祝贺首届全国职业技能大赛举办时强调的“培养更多高技能人才和大国工匠”融入教学，指明技术技能型人才是职业教育培养的本质要求，使师范生认识到要有新时代工匠之师的使命担当，高度认同新时代“双师型”教师队伍要求，掌握技能尤其是职业技能学习规律，激发师范生结合所学专业开展专项职业技能学习规律研究的强烈意愿 |

（续表）

| 课程章节 | 重要思政元素 | 相关联的专业知识或教学案例 |
|---|---|---|
| 第七章<br>品德的形成 | 制度自信<br>文化自信<br>德能并修<br>钻研精神 | 深刻剖析落实立德树人根本任务的内涵，让师范生充分认识到教师在所教学生道德形成中的重要作用，帮助师范生在了解品德形成的心理学规律的基础上不断探索，做学生锤炼品格和奉献祖国的引路人的路径与方法，深刻领悟工匠精神、德技并修等职业教育道德教育特色，提升师范生坚持教书与育人相结合的意识。把《新时代公民道德建设实施纲要》《新时代爱国主义教育实施纲要》《中小学教育惩戒规则（试行）》的核心思想融入课程教学，帮助师范生及时掌握学生思想政治教育新要求。对师范生进行师德师风教育，引导他们以德立身、以德立学、以德施教，在教学中融入中华优秀传统文化中的道德教育智慧，增强师范生运用传统教育智慧开展道德教育的意识与能力 |
| 第八章<br>学习动机的促进 | 文化自信<br>德能并修<br>钻研精神 | 掌握学习动机激发和培育的能力是“好老师”教育智慧的体现。“好老师”应当运用学习动机理论，理解学生学习动机的特点，促进学生更积极主动地学习，同时要具备引导端正学生学习态度，提升学生学业抱负的意识和能力。同时，也要深刻认识到由于种种原因，目前学生学习问题突出，师范生要有仁爱之心，用爱心、耐心和真心帮助职业学校学生热爱学习、投入学习 |
| 第九章<br>学习策略 | 德能并修<br>钻研精神 | 从构建终身学习体系，加快建设学习型社会的角度，帮助师范生提升学习心理辅导的能力，掌握学习策略促进的方法，为做学生知识学习的引路人奠定知识基础；激发师范生结合职业学校特点，钻研并开发适合职业教育特点的学习策略的强烈意愿 |
| 第十章<br>教师心理 | 德能并修 | 围绕“职业学校教师的基本信念”“职业学校教师心理健康及调适”“职业学校教师专业发展”等主题，以“四有好老师”的要求为统领，层层递进和整合优化的策略，在深入分析和讲解职业学校教师心理相关概念和理论的基础上对师范生进行点拨、启发与价值引领 |

## 四、实践案例

### （一）案例 1：开启课程新篇——突出课程的科学价值和社会价值，做“四有”好老师

为了提高师范生对学习职业教育心理学的意义和价值的认识，教师首先给师范生讲述习近平总书记于 2014 年教师节前夕到北京师范大学考察慰问师生的故事，接着，教师向师范生提问：“今天我们如何做好老师？请大家结合习近平总书记的要求谈谈体会。”

在学生发表了各自的看法后，教师进行总结：“一是要达到‘四有’好老师的要求，二是要使用科学方法。”然后，教师引入职业教育心理学的定义、发展历程及其

学习的重要性，通过教师的引导，使师范生理解心理学尤其是职业教育心理学学习的重要性。课堂照片如图 7-1-1 所示。课程要使师范生认识到，作为未来职业学校的教师，应把职业教育心理学的规律运用到职业学校情境中，并结合职业学校学生的特点开展教育教学工作，为建设高质量职业教育体系贡献力量。

**图 7-1-1　“职业教育心理学”课程课堂照片**

最后，要求师范生在进一步学习习近平总书记关于“四有”好老师和“四个引路人”要求的基础上，结合教育心理学中关于教师优良品质或教师职业心理角色的研究，以小组为单位完成课程作业，并在小组内进行交流学习。最后，小组以 PPT 的形式展示作业，如图 7-1-2 所示。

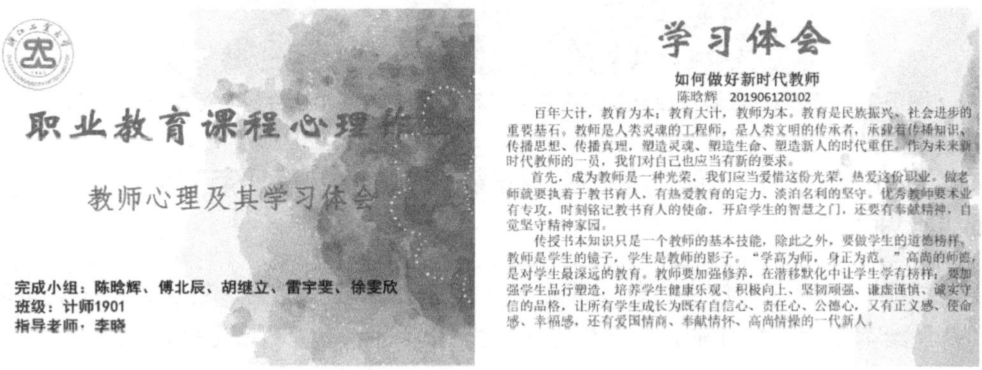


**图 7-1-2　小组课程作业展示**

## （二）案例 2：“四个引路人”的启思——掌握职教知识学习的规律，做学生知识学习的引路人

在讲授“知识的学习”这一章时，教师首先引用习近平总书记关于“四个引路人”的论述：“广大教师要做学生锤炼品格的引路人，做学生学习知识的引路人，做学生创新思维的引路人，做学生奉献祖国的引路人。”然后向师范生提出问题：“我们如何‘做学生知识学习的引路人’？我们如何认识知识？知识学习有什么规律？”通过这些问题，不但激发了师范生的思考，而且把本章的学习提高到了一个新的高度。

在讲授了知识学习的有关原理后，教师又引用习近平总书记关于职业教育的重要论述中的内容："坚持产教融合、校企合作，坚持工学结合、知行合一，引导社会各界特别是行业企业积极支持职业教育，努力建设中国特色职业教育体系。"通过这句话，教师启发师范生：知识学习不仅仅要解决"懂不懂"的问题，还要解决"会不会"的问题。教师要突出强调职业教育的特色在于实践、在于行，贵在知行合一。这样的分析可以帮助师范生了解职业教育学视角下的知识观，并激发师范生对中国传统的知行观的兴趣。

在上述基础上，教师简要地向师范生介绍中国传统的知行合一和马克思主义哲学关于认识和实践的关系，提升师范生对知识、知识与行动的关系、认知与实践关系的深刻理解，同时也加深师范生对职业学校知识学习要注重"产教融合、工学结合、知行合一"的理解，如图 7-1-3 所示。

图 7-1-3 师范生理解职业学校知识学习"产教融合、工学结合、知行合一"的特点

### （三）案例 3："听做思讲"多感官调动，提升师范生对"工匠之师"的职业认同

技能学习是职业学校学习的主要形式，因此必须把技能第一的观念、技能学习的规律传递给师范生，也让师范生有做"工匠之师"的使命感和自豪感。

在"技能的学习"章节教学过程中，教师首先对技能、技能的分类、技能学习的过程及其影响因素进行了讲解，师范生通过"听"对技能学习的规律有了基本的了解。然后教师让师范生体验技能学习的过程，如教师选取手工技能和广播操（其中第一节）作为体验项目，让师范生感受技能学习的特点、巩固相关理论知识，激发思考。

在这个基础上，教师要求师范生在课后围绕各自对职业学校教师特点的认识，以"努力成为未来的'工匠之师'"为主题进行演讲，演讲照片如图 7-1-4 所示。演讲需要准备文字演讲稿，并以微视频或录屏方式记录，期末学习结束后上传网络教学平台，让师范生之间互相观摩学习，加深对职业学校教师新时代使命的认知。通过"听做思讲"的多感官调动来激发师范生的专业学习热情，提升其对职业学校教师的职业认同。

图 7-1-4 “努力成为未来的‘工匠之师’”主题演讲

## 五、教学效果

“职业教育心理学”课程先后被学校立项为课堂教学方法改革课程、课程思政试点课程。本课程每年都能获得学校“优课优酬”奖励，教学效果良好，为师范专业学生继续学习其他师范教育类课程奠定了良好的学科基础，并为师范生参加学校和省师范生教学技能大赛、教师资格证考试夯实了理论基础，为师范生对职业认同的塑造奠定了心理基础。由于该课程起到了很好的育人效果，课程主讲教师获得了学校师德先进个人和“E 路良师”等相关荣誉。

# 第二节 排球

**课程负责人：**王小娟
**教学团队：**孙波、张华君、边洪敏、朱悦洲
**所在院系：**体育军训部

滚上一身泥，磨去几层皮，苦练技战术，立志攀高峰。

——中国女排座右铭

## 一、课程概况

### （一）课程简介

排球运动是以手支配球为主的隔网集体对抗性体育项目，是一项适合各年龄层次

的人参加的大众化体育运动。这个项目之所以深受人们的喜爱，是因其比赛激烈而不失安全性，注重个人技术而不失集体配合的独特魅力，且具有健身、强心、娱乐、交往及竞赛等特点。“排球”是一门实践性较强的课程，同时也是高校普遍开设的一门公共课程。

本课程是对全校各专业一、二年级学生开设的一门通识必修课，是在校大学生学习了高中阶段三年体育课程的基础上开设的。通过本课程的学习，学生能掌握排球的技术、战术，排球竞赛的组织、裁判法，体育健康与运动保健理论等知识和技能。

本课程开设两个学期，教学时数为 32 学时，计 1 学分。本课程的主要任务是让学生学习排球基础理论与排球技术和战术，了解排球的各项技术特点、比赛规则、战术打法，能根据排球竞赛的要求正确地选择比赛用球、进行球网高度的调整、运用比赛规则进行比赛和裁判工作，能够在训练和比赛中培养学生的相互协作、相互配合的能力。

### （二）教学目标

#### 1. 知识目标

（1）掌握排球运动的基本技术和基本练习方法；

（2）了解排球的比赛规则和基本比赛战术。

#### 2. 能力目标

（1）掌握排球运动的基本动作技术和基本技战术的能力；

（2）掌握科学的体育锻炼方法，掌握制订个人体育锻炼计划的能力；

（3）掌握有效提高身体素质、全面发展体能的知识与方法，培养终身体育锻炼的能力。

#### 3. 价值目标

（1）培养爱国主义和敬业精神；

（2）提高身体素质，培养健康体魄，以及吃苦耐劳、克服困难的拼搏精神；

（3）有效培养公平竞争、团队合作精神，强化责任意识、规则意识。

## 二、主要思政元素

“女排精神”是对中国女子排球队顽强战斗、勇敢拼搏精神的总概括。“女排精神”不仅成为中国体育的一面旗帜，更成为整个民族锐意进取、昂首前进的精神动力。从时代发展需要出发，将“女排精神”融入课程培养目标具有现实意义和时代价值。

**祖国至上：**为祖国而战，这是体育的最高境界。从女排五连冠到中国足球队进入世界杯，再到 2008 年奥运会的成功举办，每个事件都能极大地激发国人的爱国之情。

比赛结束后，作为胜利者还可以享受到升国旗、奏国歌的全场致敬。参赛队员眼中的泪水，将对祖国的爱诠释得淋漓尽致。作为中华人民共和国的一分子，每一个人都要有极高的思想觉悟，爱国爱党是当代大学生最基本的综合素养。新时代的高校教学不仅是为了培养出理论性人才，更是为了给中国的发展输送一批新鲜的血液。因此，增加学生的爱国热情，提升他们的思想觉悟，这很重要。在教学的过程中融入“女排精神”，可以让学生看到国际赛事上那些运动健儿为国争光的表现，这对于学生增加爱国热情有着很大的帮助。

**团结协作：**一荣俱荣，一损俱损，成功的团队中没有失败者，反之亦然。在团队项目中，需要有“1+1>2”的效果，每个人的表现都与整体利益息息相关。在传接球的瞬间，球的传导产生了相互间的责任与配合，每一次交互都有可能关乎集体的成败，或产生不可挽回的影响。这就要求每个队员时刻拥有高度的使命感和责任感，杜绝个人因素对集体造成的损失。在赛场上，无论攻守，都要求队员之间存在高度的默契与合作；在赛场下，队员应该互相督促，共同进步，懂得为“大我”牺牲“小我”。这种集体精神、大局思想、自我牺牲的奉献方式以及和谐友好的人际氛围，正是社会当下亟需的正能量。

**顽强拼搏：**成功离不开奋力拼搏的精神，离不开持之以恒的努力，离不开克服困难的决心。当我们在通往成功的路上遇到困难险阻时，一定要记住，有一种精神叫拼搏。从事体育运动需要付出极大的身心努力，需要克服不断产生的种种困难，需要应对层出不穷的全新挑战，这是进步道路上蜕变的过程。从事体育运动需要“苦”心智，“劳”筋骨，在付出与痛苦、挑战与失败中不断提升，磨炼人的意志，完善人的品德和人格，提升精神境界，担负“天降大任”的使命。中国女排一次次的夺冠，正是凭借着每一个人坚韧不拔的毅力和敢拼敢闯的韧劲，最终才得以克服重重困难，站上最高领奖台。“女排精神”激励了一代又一代的中国人，用“女排精神”激励当代大学生，增强他们的毅力，对于他们这个阶段的学习来说有着很大的帮助。

**永不言败：**新时代对新型人才的要求日益严格，需要他们能够与时俱进，不断充实和完善自己。在排球课教学过程中，教师需要注意：我们的目的绝不仅仅是让学生学习理论知识，更是要提升学生的综合素养，让他们意识到自己是时代的主人，要有敢于挑战的时代精神，懂得迎难而上。融入“女排精神”的教学，可以让学生看到那些运动健儿是怎样在面对困难时敢于挑战自我，利用偶像效应来激励当代学生，培养他们永不言败的精神，让他们可以在以后的道路上走得更长远。

## 三、设计思路

课程按内容分成绪论，技术、战术学习，身体素质练习，教学比赛，考试，理论知识等六大模块，每个模块平均 2 课时。每个模块的重要思政元素和相关知识点见表 7-2-1。

表 7-2-1 "排球"课程思政设计思路

| 课程章节 | 重要思政元素 | 相关联的知识点或教学案例 |
| --- | --- | --- |
| 绪论 | 行为规范<br>诚信精神<br>社会责任<br>遵纪守法 | 介绍排球选项课的目的、任务、要求及考试标准。<br>1. 培养学生的组织性、纪律性；<br>2. 培养学生的执行能力、集体主义精神和团队意识；<br>3. 培养学生做事认真、注重细节的学习态度；<br>4. 培养学生积极进取，勇于拼搏、发愤图强的精神 |
| 技术、战术学习 | 勤学苦练<br>精益求精<br>顽强拼搏<br>吃苦耐劳 | 准备姿势和移动、垫球、传球、扣球、"中一二"站位、徒手模仿练习、固定球练习、对墙练习、隔网练习、两人对练、游戏比赛。<br>1. 通过各种练习，培养学生顽强的意志品质，提高学生身体的灵活性和协调性；<br>2. 培养学生豁达、乐观、积极进取、团结协作的精神；<br>3. 培养学生专注的态度；<br>4. 培养学生勇于拼搏的精神 |
| 身体素质练习 | 克服困难<br>顽强拼搏<br>意志坚强<br>挫折教育 | 力量、速度、耐力、柔韧、灵敏、12 分钟跑、立定跳远、俯卧撑、引体向上、50 米跑、蛙跳、仰卧起坐。<br>1. 养成良好的学习态度和勇于克服困难的决心；<br>2. 培养学生吃苦耐劳的学习和生活作风；<br>3. 培养学生学习的专注力 |
| 教学比赛 | 团队协作<br>互相合作<br>法治观念<br>无私奉献 | 规则介绍、比赛方法、阵容配备，观看电影《夺冠》、奥运会比赛录像、排球比赛集锦，分享学生比赛体验。<br>1. 培养团队协作、顽强拼搏的精神；<br>2. 培养学生的进取意识和创新精神，培养学生永不放弃、意志坚强、互相合作的集体主义精神；<br>3. 培养学生的遵纪守法意识、法治观念意识，培养学生的无私奉献、团结协作精神 |
| 考试 | 永不放弃<br>意志坚强<br>实事求是<br>永不气馁 | 对垫对传、发球、引体向上、仰卧起坐、立定跳远、1 000 米跑。<br>1. 认真做好考试准备，树立考试信心，展示良好的技术水平，培养学生胜不骄、败不馁的优良品德；<br>2. 培养学生永不放弃的精神 |
| 理论知识 | 祖国至上<br>人格养成<br>严谨求实<br>实事求是 | 身体素质锻炼方法、运动损伤的预防和处理、排球专项理论。<br>1. 通过教学使学生养成良好的锻炼习惯，掌握基本的运动技能，为终身体育奠定基础；<br>2. 学习"女排精神"，领悟其精髓 |

## 四、实践案例

### （一）案例 1：课堂趣味垫球——责任担当，合作共赢

将全班学生分为 6 人 1 组，共 5 组进行跑动垫球比赛。每组学生两两排成竖列，相对而站；一边的成员向另一边垫球，垫完后跑到对面队伍的末端，直到再次轮到自

己垫球；球落地即宣布失败，垫球次数最多的队伍赢得比赛胜利。学生课堂练习场景如图 7-2-1 所示。这个练习帮助学生改变了散漫、不积极的学习态度，使他们在团队活动中表现出积极、专注、有凝聚力的状态。每一次配合成功、每一球力争主动、每一次赢得胜利，都来自每个人的积极配合协作。体育运动离不开体育精神，体育精神的展现促进了体育能力的提高，而体育精神的培养也正是思政教育在体育课程中的积极意义。

图 7-2-1　学生课堂练习场景

## （二）案例 2：课上组织教学比赛——角色定位，自我超越

将全班上课学生按照 6 人 1 队分成实力较平均的若干队，要求学生以现役的中国女排国家队队员的名字为自己的队伍命名，如“朱婷”队、“丁霞”队、“龚翔宇”队等，以此来鼓励学生在了解中国的排球文化、了解中国女排队员特点的同时，从中找到自己喜欢的球星和相对应的场上位置，进而确立自己的榜样和目标。分队后，组织学生上场进行比赛。将每队队员的场上位置和轮转进行安排，各队轮流上场比赛。安排裁判，对比赛的输赢、分数进行统计，比赛之后及时与队伍交流，帮助复盘，如图 7-2-2 所示。学生在比赛中切实体会到，只要比赛没有结束，比分就有可能翻转，排球场上存在各种可能，从而激发了学生的拼搏精神。让他们体会到集体项目对每个成员的技术要求，任何人的落伍都可能导致队伍的失败，因此更有集体荣誉感和奉献精神。

图 7-2-2　组织并指导排球比赛

### （三）案例 3：课堂裁判实践——规则意识，严谨执裁

排球比赛中共需要主裁、副裁、边裁、记分员 4 类裁判。在教学之初，首先将学生集合起来，对排球比赛的规则进行详细介绍，再依次讲解各类裁判的职能和裁判手势，最后组织学生进行排球比赛，安排学生按照自己的兴趣意愿，轮流担任比赛的不同裁判。通过图 7-2-3 中所展示的比赛方式，使每个学生在担任裁判工作时，感受到每一分、每一局、每一场球都和自己作出的判定息息相关，在责任感的驱动下，端正态度，做到严谨认真、公平公正。通过这一实践，学生不仅可以对排球比赛的规则有充分的了解，还可以看懂比赛和球场战术，此外还在对规则的强调和担任裁判的过程中，理解“戴着镣铐跳舞”的排球运动的魅力。思政教育和体育技能训练相互渗透、相互促进。

图 7-2-3　排球比赛场景

## 五、教学效果

本课程每学期平均开设 20 个教学班，学生选课积极，上课投入。教师将“女排精神”融入课堂教学，教学效果显著。除了课堂教学之外，课外学生的排球社团也在蓬勃发展，并积极参与校内的排球竞赛活动。校内各个学院都有自己的院排球队，每学年各学院之间的排球比赛已成为校内重要的体育赛事，受到了学生的广泛关注。赛场上，学生把排球课堂所学的技术充分地运用到比赛实践中，基本做到了学有所用，用有所得。

在浓厚的排球运动氛围中，学校挑选了各个学院的优秀选手组成了排球校队，校队代表学校参加省级排球比赛，也取得了优异的成绩。比赛获奖证书如图 7-2-4 所示。总之，排球教学课程为校内众多排球爱好者提供了学习排球技术、了解排球文化的平台，为学校培养了许多优秀的排球队员，也赢得了荣誉。“女排精神”时刻贯穿在课内和课外的排球活动中，学生们在快乐的排球运动中磨炼了品性，身体也得到了锻炼。

图 7-2-4　学生参加各类比赛的获奖证书

# 第三节　太极柔力球

**课程负责人：**王玉秀

**教学团队：**马有保、方国清、戴丹丹、张卫平、曹竹萍

**所在院系：**体育军训部

曲则全，枉则直，洼则盈，敝则新，少则得，多则惑。

——［春秋］老子《道德经》

## 一、课程概况

### （一）课程简介

太极柔力球运动是在中国古老的儒道思想和现代竞技体育文化影响下而形成的独具传统文化特色和现代体育文化气息的新型小球类运动项目。太极柔力球运动主张动作圆灵舒展，它以“弧形引化过程”为核心技术特征。这一运动具有鲜明的民族特色，它尤其蕴含了中华民族“退忍、圆融、志存高远”的处世哲学，“以柔克刚、以退为进、和平圆满”的战略思想，“不要轻视反面的价值”的辩证思维，以及崇尚“和合”的思想等。

近年来，在我国“体育强国”的国家战略及学校体育“健康第一、立德树人”的新时代背景下，“太极柔力球”课程建设的目标定位及内容体系都得到了进一步的提升与拓展。该课程的重要任务就是以立德树人为根本，以社会主义核心价值观为引领，以健康第一为教育理念，面向全体，加强融合，强化身体活动的实践体验，帮助学生在体育锻炼中享受乐趣、增强体质、健全人格、锻炼意志，并全面加强学生对中华优秀传统文化的认同感与传承责任感。

### （二）教学目标

通过理论讲解和技术教学，使学生初步掌握太极柔力球运动的基本技术与战术，培养整体协调能力、灵活反应能力、逆向思维能力。在游戏性的运动中提高身体素质和人文素养，培养学生对传统文化和体育文化的兴趣，养成终身体育的习惯。具体表现在：

#### 1. 知识目标

（1）掌握体质健康监测、评价与提升的理论与方法；

（2）掌握太极柔力球运动的理论、技术、竞赛规则及战术特点。

#### 2. 能力目标

（1）学会太极柔力球的基本技术并进行隔网配合对打与教学比赛；

（2）培养空间感知、积极移动、相互配合等能力，增强学生的整体协调性、逆向思维能力和灵活反应能力。

#### 3. 价值目标

（1）增强健康意识与终身体育意识，激发太极柔力球运动参与的内在动机，提高学生的身体自尊及心理韧性；

（2）加强对太极文化和道家思想的理解，深刻体会中国传统文化的对立统一思想、和谐共生思想、以柔克刚思想，从而增强民族自信心和自豪感，激发学生的爱国情怀。

## 二、主要思政元素

**强国意识：**当前，我国处于从“体育大国”向“体育强国”迈进的历史时期。大学体育课程应引导学生从“爱国”到“强国”实现过渡。一方面，要通过体质健康教育等途径增强学生强身健体的内驱力与社会责任感。另一方面，要通过太极柔力球技能教学加强学生对中华民族优秀文化内涵的理解，不断提升学生的文化自信和文化自觉。大学生要把爱国强国与个人的价值观统一起来，自觉维护祖国的稳定发展，把自己塑造为有理想、有道德、有文化、有纪律的社会主义事业建设者和接班人。

**崇尚和合：**“和合”二字联用，最早见于《管子·兵法》。“和”指的是和谐、和平、中和等，“合”指的是汇合、融合、联合等。这种贵和尚中、善解能容，厚德载物、和而不同的宽容品格，是中华民族所追求的一种文化理念。习近平总书记指出：“‘和合’是我们祖先创造的文化精髓之一。”汲取、坚守和弘扬中华传统“和合”文化智慧，于世界而言，可提供解决文明冲突的思路；于人类而言，能缓和人与自然生态环境间的矛盾；于国家而言，有利于推动社会的长治久安；于个人而言，若能实现身心合一，就能平和地对待现实的压力。太极柔力球课程将着力引导学生理解并应用“和合”这一中华传统文化。

**厚德健行**：《易经》曰："地势坤，君子以厚德载物""天行健，君子以自强不息"。"厚德"是指要增进道德修养，有崇高的理想、高尚的品格、健全的心智，能宁静致远；"健行"是指要有一种积极进取、永不放弃的精神，要踏实勤勉，厚积薄发，能不断追求卓越。我校将"厚德健行"作为校训，旨在勉励师生品德高尚，为人做事襟怀坦荡；知行合一，锐意进取，追求卓越，力争在品行与事业两个方面都臻于最高境界。太极柔力球课程将以独特的教学活动为载体来培养学生"厚德健行"的优良品质，为实现我校高质量人才培养目标拓展新载体与新路径。

## 三、设计思路

课程思政建设的核心思想就是要寓价值观引导于知识传授和能力培养之中，帮助学生塑造正确的价值观。课程思政应该是课程内容的自然延伸与扩展，教学思政元素的融入要直接指向教学质量的提升，帮助学生将所学、所感、所悟内化于心，实现"知、信、行"的有机统一。

在新时代背景下，习近平总书记进一步强调"文明其精神、野蛮其体魄"对青少年健康发展的重要性，充分展现了内外兼修的体育价值观。由于体育特有的迁移价值，高校体育课程在锻炼体质、提升技能的同时，更要注重爱国主义教育和传统文化教育，培养学生顽强拼搏、奋斗有我、团结合作等的价值追求，激发学生提升全民族身体素质的责任感。

因此，在学校体育"立德树人"与课程思政"协同育人"的指导思想下，教学团队系统梳理"太极柔力球"的教学内容，并基于本课程运动技能实践与强国意识、辩证思维及传统文化的高度融合性，厘清了"太极柔力球"课程思政建设路径，如图 7-3-1 所示。

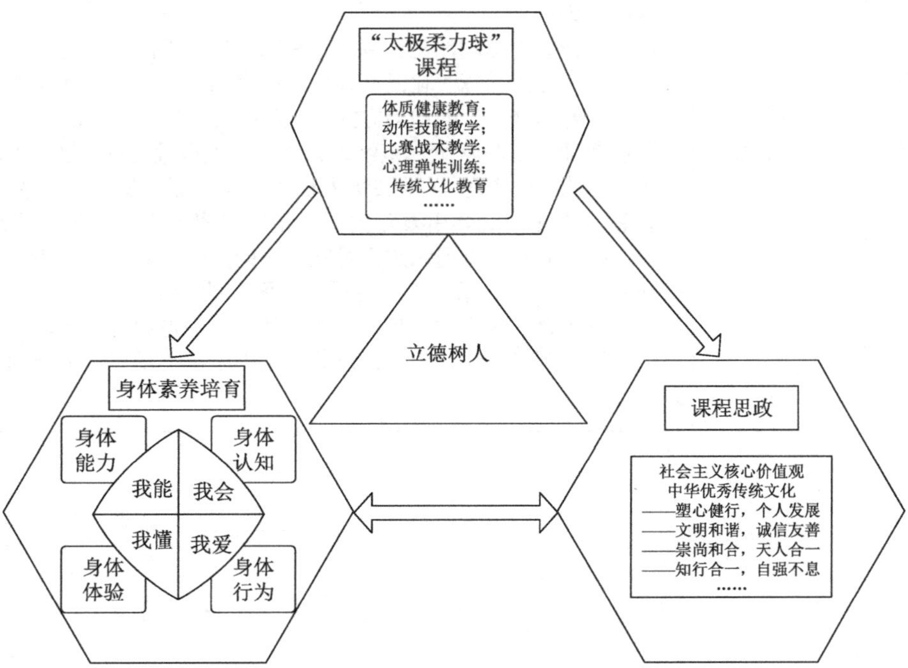


**图 7-3-1 "太极柔力球"课程思政建设路径**

高校体育课程的学理特性是通过身体练习、技能学习、体能消耗达到育人要旨，其区别于其他专业课程的主要特性就是“具身性”，即认知是具身的，身体与环境的互动造就了认知。不同通道形成的身体经验会塑造认知，认知也反过来影响着各种身体感受与实践。

“太极柔力球”课程思政设计过程始终贯彻一个“忠”字，即通过体能及柔力球技能练习的具身体验来实现知识传授、能力形成、思政教育等元素的有机融合，最终实现价值塑造的育人目标。表 7-3-1 以课程模块为例呈现思政设计思路。

**表 7-3-1 “太极柔力球”课程思政设计思路**

| 课程模块 | 重要思政元素 | 相关联的专业知识或教学案例 |
|---|---|---|
| 体质健康训练与测试 | 强国意识<br>厚德健行 | 1. 以冬奥会举办为例介绍“体育强国”的国家战略，让学生思考“更高、更快、更强、更团结”的奥林匹克精神对强身健体及品德塑造的作用；<br>2. 与学生讨论“健康中国”与“健康自我”的关系，引发学生对“小我”与“大我”关系的思考，激发学生提升自己身体素质的责任感；<br>3. 通过体质指标与自身健康风险或益处的认知教育增强学生的健康素养，通过体质测试终结性评价与过程性评价相结合的方式，激发学生体能锻炼的内部动机与执行意向，促使学生坚持锻炼；<br>4. 通过课上课下的多样化、科学化的体能训练，让学生通过完成中高强度的体能练习，感受运动负荷对身体反应的挑战，培养自我挑战、刻苦努力、顽强拼搏的行为表现与坚韧品质 |
| 太极柔力球 6 个基本动作学习 | 崇尚和合<br>厚德健行 | 1. 通过学生两两合作探究，让学生总结太极柔力球与其他体育项目“硬性撞击”发力原理的异同之处，体会“弧形引化”的技术特点。启发学生思考这种通过“S”弯而完成的没有棱角、自然而然的转化状态，充分体现了道家“无为”思想，引导学生凡事按照事物的客观规律而为；<br>2. 通过太极柔力球辅助动作练习，增强学生手眼配合、周身协调的能力，体悟太极柔力球“化发一体”的技术结构、“一气呵成”的浑圆旋转及“整体合一”的用力方式，从而领会太极“一”的哲学思想；<br>3. 通过教师示范与学生模范练习，总结出太极柔力球“迎、引、抛”三大技术要素，启发学生领悟太极柔力球“柔、圆、退、整”的技术要领与文化内涵。引发学生思考道家“贵柔”“从反”思想，即道家“以柔克刚、以退为进”对立统一的辩证思想，“反者道之动”的逆向思维，引导学生善于应用“反面”的力量；<br>4. 通过学生合作探究学习反向动作，如从正手过渡到反手，从“低进高出”过渡到“高进低出”，培养学生勇于举一反三、不断创新的实践精神 |

（续表）

| 课程模块 | 重要思政元素 | 相关联的专业知识或教学案例 |
| --- | --- | --- |
| 太极柔力球隔网对练与考核 | 崇尚和合<br>厚德健行 | 1. 通过对练增强学生高度协调控球的身体体验，充分感受身心和谐的状态，从而引导学生体悟柔力球运动“和合”的传统文化思想精髓。启发学生重视人与自我、他人及环境的和谐，追求自我身心和外界的平衡境界。<br>2. 通过多组交换搭档的隔网对练提高学生动作的稳定性，充分把握预判、移动、取位、优化动作与控制落点等要素，让学生在成功动作的执行中领悟庄子《庖丁解牛》“凡事按规律办事，才能达到游刃有余”的思想精髓。引导学生善于寻找规律，追求精益求精的人生境界。<br>3. 通过协调性训练与太极拳单个动作演练，让学生掌握太极拳“松、柔、慢”的运动方式，求取“周身一家”的整体劲力，从而启发学生进一步增强对道家“柔弱胜刚强”辩证思想的文化认同。引发学生思考“如何提高耐压与抗压能力”的问题。<br>4. 通过学生两两 1 分钟隔网对练的模拟与正式考核，一方面促进学生间的相互接纳、有效沟通、合作共赢的意识与行为；另一方面通过时间限制、观众观看、成绩测试等心理压力源的设置，让学生思考如何在高压下依然保持良好的动作技能水平，从而有效训练学生集中注意力、积极自我暗示、呼吸调整、放松身心、相互包容与鼓励的心理抗压能力 |
| 太极柔力球教学比赛 | 崇尚和合<br>厚德健行 | 1. 通过学生自行组织小组教学比赛，培养学生的组织管理及积极参与能力，让学生体会教学比赛与平时对练的不同心理，鼓励学生在竞赛过程中努力达到“心静体松”的状态，提高神经对肌肉的控制能力，培养冷静应敌的心理素质，领悟“人不知我，我独知人”的技击境界。<br>2. 通过竞赛礼仪的练习（如握手行礼），尊重对手、裁判、观众等行为训练，启发学生能够换位思考、诚信待人，大力弘扬中国传统文化中“以和为贵”的为人处世方式。<br>3. 通过教学比赛中战术的现场研讨与实践，让学生们进一步体会太极柔力球竞技以柔克刚、以静制动、以弱胜强、以小博大等战术思想。<br>4. 通过教学比赛增强学生有效沟通、团结合作的意识与奋力拼搏、坚韧不拔的意志品质。引导学生理解校训“厚德健行”的内涵，践行学生不畏艰难、追求真理、努力奋斗的精神风貌 |
| 太极柔力球理论教学 | 强国意识<br>厚德健行 | 1. 通过健康教育及身体素质训练视频展示，让学生增强对自我身体塑造的内在需求，并掌握具体实现方法。加强学生强身健体的社会责任感，形成终身体育锻炼的意识及行为。<br>2.通过学生体质健康数据的分析及太极柔力球技能提升的学习评价，提高学生体育锻炼的价值认同。改善学生以往“认为锻炼重要，但却不锻炼”的“知行不一”现状。引导学生要从知行合一的角度审视自己、要求自己，在知行合一中主动担当作为。<br>3. 通过对太极柔力球运动“化刚为柔”的接球技术的理论解析，促使学生进一步体会柔力球运动所渗透的刚柔相济、内外兼修的要素。引导学生在课外通过练习太极柔力球来调整自己的心态，帮助学生养成遇事冷静、不急不躁的处世风格，有效化解学生在生活中的消极认知与情绪。<br>4. 展示柔力球技术解析、套路表演、竞赛赏析等，与学生研讨太极柔力球技术与儒家、道家思想精髓的关联，并通过小组讨论分享本学期体育课学习心得，探讨我国传统文化精髓对自己认知、行为等方面的影响，增强学生对中华传统文化的认同与自信 |

## 四、实践案例

### （一）案例 1：通过加强“松柔”身体体验，让学生领悟“以柔克刚、以退为进”的思想内涵

本节课重点提高学生的身体本体感觉，通过练习太极拳的“云手”及“揽雀尾”动作体会身体“松、静、沉、合”的感觉。通过柔力球的辅助球性练习、基本动作技能的学习及学生的小组研讨，让学生充分掌握“迎、引、抛”的技术要素及“柔、圆、退、整”的动作要领；通过观察与身体体验比较柔力球运动与网球、羽毛球运动“硬性撞击”发力原理的区别，要求学生在相互对练的过程中交流动作要领及身体感受。“太极柔力球”课堂场景见图 7-3-2。

**图 7-3-2　“太极柔力球”课堂场景**

通过介绍太极柔力球运动中渗透的道家文化思想，如“上善若水。水善利万物而不争，处众人之所恶，故几于道。”引导学生像水一样平静，做到滋润万物，又不与万物相争，拥有一个包容一切的胸怀。启发学生要懂得“拐弯”，要重视柔软的力量。

### （二）案例 2：将“迎、引、抛”的动作分析讲解与学生压力应对特征相关联，引导学生提升心理弹性、自我调适能力

通过练习太极推手动作，体会“引化”的动作要领及意义；教师示范接高抛球的动作，学生接自抛或同伴的高抛球，体会以退为进、放松协调、顺势而为的动作要领及身体感觉。

与此同时，引导学生思考在生活中面临危机或冲突时，自己的认知及行为反应方式存在哪些不适宜的方面。为进一步实现太极柔力球课程的健心功能，课程通过将学生运动的身体体验与中国传统文化思想精髓相关联，引导学生对自身心理弹性能力的思考。课程中注重启发学生充分理解与应用以柔克刚、以退为进等思想内涵，提高承受压力与化解压力的意识与能力，使学生不因一时的困境而丧失斗志。

### （三）案例 3：通过多球练习与小组展示活动等激发学生的运动投入度，推动学生领悟“精益求精、自我超越”的人生境界

通过多种步法练习、单个动作的慢动作及学生间的相互展示，细化学生们对太极柔力球动作要领的领悟；通过学生们相互间的多球练习与花样喂球练习，提高学生们的专注、预判、反应、决策与动作执行的能力；同时要求学生相互表达各自的优势，全面提高学生的身体自信、技术自信、文化自信；要求学生们动作上追求“控感”与“美感”，充分体验“专注投入”的心理状态与精神享受。

### （四）案例 4：通过多组同伴对练及教学比赛，让学生们领悟“自强不息，合作共赢”对自我及社会发展的重要性

通过开展 1 分钟隔网对练的练习及模拟考试，让学生领悟沟通、合作、理解、包容、帮助、肯定、感恩等人际交往的关键要素。通过组织柔力球的单打比赛及双打比赛，让学生学习赛场礼仪、比赛规则、比赛组织的方法，在比赛实践中体验成功与失败，领悟勇于拼搏、自强不息、相互尊重、公平竞争、相互合作、共同提高的重要性。在小组比赛结束后，教师进行总结与点评，表扬学生在比赛过程中的精彩表现，强化学生参与竞赛的愉悦心情及努力获胜后的成就感。

## 五、教学效果

在太极柔力球的课堂教学中，通过激发学生体质健康意识、提升身体训练能力、增强太极柔力球的技能学习与应用，加深学生对中国传统文化的理解与认同，不断提高学生太极柔力球学习的投入度，以全面培养学生的身体素养，达到太极柔力球课程思政的教学成效。

# 第八章

# 语言文学类

# 第一节　中国古代文学

**课程负责人：**方坚铭

**教学团队：**肖瑞峰、李剑亮、马晓坤、彭万隆、钱国莲、袁睿、项鸿强

**所在院系：**人文学院

知是行的主意，行是知的功夫；知是行之始，行是知之成。

——［明］王阳明《传习录》

## 一、课程概况

### （一）课程简介

“中国古代文学”是汉语言文学本科专业的专业基础必修课程。课程旨在使学生把握中国文学的演变历程和发展规律，掌握中国文学各个发展阶段的重要作家和作品，形成宏大的文学史观；提高学生的人文素养、思维品质和审美能力；增强学生的文化自信，使学生有能力在现代审美实践活动中积极运用古典文学元素，参与到中华民族文化复兴的事业中。毕业生或读研、出国，或进入编辑、教师、秘书等岗位。

本课程教学团队成员均为资深教授。每年有 100 多位中文本科生通过本课程开始两年一轮的中国古代文学之旅。这是一门颇受学生认可并对学生的思维方式和人生态度产生重大影响的专业必修课。

### （二）教学目标

#### 1. 知识目标

（1）了解中国文学史的发展历程，细读、品读原始歌谣、上古神话、《诗经》、《楚辞》、乐府、诸子散文、辞赋、史传文学、乐府诗、唐诗宋词、传奇、小说等方面的代表作品；

（2）了解诗歌的三大源头——《诗经》《楚辞》《乐府》，了解诸子百家思想；

（3）掌握历代重要作家、各种文体、文学现象；

（4）重视历史文化知识的扩充、典故的积累，从文本学和文化学两个层面展开作品学习。

#### 2. 能力目标

（1）提高对文学作品的欣赏、解读能力；

（2）提升审美文化能力，并积极将古典文学元素运用于现代审美实践活动中；

（3）培养基本的文学史意识，增强民族文化认同。

### 3. 价值目标

（1）中国古代文学史源远流长，要从中获得精神的滋养，提高人文素养；

（2）中国文学是中国文化的重要组成部分，通过学习，树立民族自信心，具有为中华民族伟大复兴贡献力量的情怀。

### （三）课程沿革

2002 年、2005 年，浙江工业大学中国古代文学学科先后被评为浙江省第四批、第五批重点学科之一，为中国语言文学一级学科硕士学位授权点，并先后获得国家万人计划教学名师、国家教学名师、国家精品课程、国家教学团队、国家特色专业、省高校实验教学示范中心等荣誉。2019 年列入浙江省一流本科建设项目立项。2020 年在智慧树平台上线课程。

## 二、主要思政元素

中国古代文学源远流长、博大精深。从先秦到清末，出现了无数杰出的文学家和优秀的文学作品。中国古代文学知识是提高学生审美能力的重要内容。中国古代文学本身有大量的爱好者，中文专业的学生更应积极提高古典文学修养，要通过学习，培养家国情怀、文化自信和知行合一精神。

**文化自信：**通过带领学生研读中国古代经典作品，让学生领略先贤的人格魅力、作品魅力、思想精华和时代价值，引导学生传承中华文脉，自觉抵制历史虚无主义，增强学生对民族文化的认同感和文化自信。传统文化是我们的根，古代文学是价值观教育的沃土，我们要通过对古代文学的学习，增强学生的文化自信。《诗经》、《楚辞》、唐诗、宋词的学习，不仅能让我们领略到中国诗歌的魅力，还可以让我们了解中国抒情诗传统有别于西方古希腊史诗的传统。学习这门课程，我们会意识到屈原、李白、杜甫、苏轼、辛弃疾等人的诗词，《红楼梦》《西游记》《聊斋志异》等古典小说，是世界艺术瑰宝。通过中国古代文学史的学习、作品的赏析，学生能加深对中国文学特质的认识和理解，从文学艺术的角度加深对文化的自信。

**家国情怀：**通过对各位古代爱国文学家的作品分析，在培养学生专业素养的同时，增进其人文情怀和家国情怀。郑承军在《家国情怀与君子人格》中提到："家国情怀，其实就是古人提倡的'修身齐家治国平天下'的情怀。这句话源自《礼记·大学》，反映出古代知识分子将个人的修养、家庭的幸福与家国的命运紧紧相连。而凡是这样发自内心、自觉实践的人，古人称其为'君子'。从历史演进上看，家国情怀一直与君子人格相生相伴，成为中国传统社会毫无疑义的道德制高点。家国、君子一直都与王权统治、社会治理有关。"所谓家国情怀，其实就是培养学生关心现实、关心国家发展的政治文化意识。所谓君子人格，就是培养学生提高人格修养，完善自我道德。中国古代有大量具有君子人格的文人，有很多爱国诗人，如屈原、陆游、辛弃疾、文天祥等，值得我们学习借鉴。

**知行合一：**将价值观引领寓于知识传授和能力培养之中，指导学生了解君子人格的养成途径，最终实现知行合一，并鼓励学生将理论知识转化为实践。知行合一是王阳明提出的重要哲学观念。陈来说：“不管王守仁是否把知行合一论当作他自己思想的核心，人们一般是把知行合一说看成代表王守仁思想特色的学说。就范畴的使用说，王守仁与宋儒对知行的了解有所差别。在宋儒，知与行不仅有知识与实践的区别，也可以指两种不同的行为（求知与躬行）。在阳明学中，知仅指主观形态的知，其范围较宋儒来得小。而行的范畴则较宋儒的使用为宽，一方面行可以指人的实践行为，另一方面还可以包括心理行为。”我们在理论和实践相统一的观念的基础上，吸收王阳明知行合一观念的合理成分，尤其是对道德实践的强调，鼓励学生加强道德修养，并加强理论和实践的结合。

## 三、设计思路

古典文学作品中包含着许多思政元素，设计思路主要是紧紧围绕文学史的历史演变线索，选取代表性作品予以解读，以点带面，使学生在较短时间内既能汲取文学知识、提高审美能力，又能获取精神滋养。“中国古代文学”课程思政设计思路如表 8-1-1 所示。

**表 8-1-1　“中国古代文学”课程思政设计思路**

<table>
<tr><th>课程章节</th><th>重要思政元素</th><th>相关联的专业知识或教学案例</th></tr>
<tr><td>绪论</td><td rowspan="7">优秀文化传统<br>民族自豪感<br>文学审美<br>通史观<br>家国情怀<br>文化自信<br>知行合一</td><td>中国古代文学的特征和价值。<br>案例：如何从“一代有一代之文学”的研讨出发，讨论优秀文化传统的传承？</td></tr>
<tr><td>第一章<br>先秦文学</td><td>神话散亡的原因、《诗经》的艺术特色、《楚辞》的艺术特色、诸子之文、史传之文。<br>案例：如何通过研读《诗经》作品来提高文学审美能力？</td></tr>
<tr><td>第二章<br>秦汉文学</td><td>汉大赋、司马迁和《史记》、《史记》艺术成就、《史记》与《汉书》比较、汉乐府民歌、《古诗十九首》。<br>案例：由《史记》探讨通史观、家国情怀和文化自信等思政元素</td></tr>
<tr><td>第三章<br>魏晋南北朝文学</td><td>曹植、阮籍、左思、陶渊明、谢灵运、庾信；《世说新语》、六朝文。<br>案例：陶渊明田园诗的艺术魅力和乡土情怀</td></tr>
<tr><td>第四章<br>唐代文学</td><td>初唐四杰与陈子昂、王孟、高岑诗，李白诗中的道教色彩，杜甫诗中的儒家色彩，中唐诗歌，晚唐、五代著名的诗人与词人，韩愈、柳宗元与唐代古文运动，唐人传奇。<br>案例：唐人诗歌成就和民族自豪感、文化自信力的培养</td></tr>
<tr><td>第五章<br>宋代文学</td><td>宋诗、宋文、柳永词、东坡词、清真词、稼轩词。<br>案例：苏轼词和辛弃疾词比较，苏辛的家国情怀和艺术特质</td></tr>
<tr><td>第六章<br>元代文学</td><td>《窦娥冤》、从《莺莺传》到《西厢记》、元曲四大家的杭州游、高明《琵琶记》的主旨及其呈现。<br>案例：杭州地域文化和传统戏剧的关系研究</td></tr>
</table>

（续表）

| 课程章节 | 重要思政元素 | 相关联的专业知识或教学案例 |
|---|---|---|
| 第七章<br>明代文学 | 优秀文化传统<br>民族自豪感<br>文学审美<br>通史观<br>家国情怀<br>文化自信<br>知行合一 | 三国、水浒、西游与世代累积型创作；《牡丹亭》与明代戏曲观念；“三言二拍”与晚明商业文化；明代学术一瞥——《金瓶梅》的作者问题和社会学价值。<br>案例：《红楼梦》的人物形象塑造和文学象征空间 |
| 第八章<br>清代文学 | | 《桃花扇》与明末遗民文化、《儒林外史》与清代科举文化、清代诗文的多元格局、“红学”的诞生与发展。<br>案例：《桃花扇》的家国情怀和艺术成就 |

## 四、教学方法与手段

课程教学利用线上和线下教学相结合的模式，使信息技术充分为传统教学所用，弥补传统教学的不足。其教学方式和手段主要有以下几种。

### 1. 渗透性专题设计

做好专题内容设计，使思政元素在专题内容中渗透进学生的心灵。主要涉及三个方面：教材选择、课程讲授、主题研究。选择袁世硕主编的马工程重点教材《中国古代文学史》；讲授课程时不忘核心价值观在古代文史资料中的表现；给学生布置主题引导的作业。这三个方面保证了思政元素的足量、观念渗透和方向引导。

### 2. 课堂呈现

课堂是思政元素呈现的主要场所。通过作家作品的分析传达正确的人生观与价值观，如屈原的爱国情怀、陶渊明的自然恬淡、李白的青春自由、杜甫的忠君爱国、苏轼出世与入世情怀的完美结合等。首先是知识的呈现、情感的感染、意志力的强化，使以古代人物为代表的人格、精神，承载大量的文化思想内容，传递到学生身上，提升学生的综合素质。其次是思政元素在作业中的呈现。

### 3. 文学经典解读和文学史观相结合

中国古代文学历史悠久，文学经典作品浩如烟海，如不能对作品有所了解，又如何形成真切的文学史观？因此教师要精选作品，适当点拨，使学生快速掌握经典作品，以形成自己的文学史观。

### 4. 小组自学与课堂引导相结合

要夯实思想和文化基础，就要作用于学生的身心。通过课堂主题讨论、经典演绎、阅读心得、课程论文写作等实践性极强的方式方法，达到预期的效果。

学生自由组合为小组，形成某个兴趣共同体。教师做好课堂引导和网络引导，布置经典篇目或讨论题目，让学生以小组为单位进行自学研讨并总结成文，以便评析。

5. 综合性研究

既注重学科的前沿研究，也关注学科的区域性研究。引导学生关注浙江区域的历史和文学，从区域性文史研究拓展到全国性文史研究。浙江地区的历史文化积淀深厚，引导学生从研究身边的历史名人开始，扩大到整个历史的文化研究上去。

## 五、实践案例

教学设计的基本原则就是既要保证课程教学质量，又要自然而然地渗透、融入思政元素。从线下教学来说，课堂教学是保障教学质量的第一阵地，本课程组教师善于在教学中渗透、融入思政元素。课后组织小组自学和讨论，通过学院郁文书会展开专题阅读讨论。从线上教学来说，已有的国家精品课程和国家级慕课线上课程，成为学生加强自我学习、巩固学习的重要阵地，2020 年新上传的智慧树线上课程内容精简、制作精良，更易为学生接受。另外，微信群、教学微信号平台等多媒体平台也是极其重要的教学补充。教师要适时把握各种机会，引导学生树立正确的价值观，提高人文素养。

### （一）案例 1：课堂教学——凸显屈原、杜甫等爱国文人的文化精神

通过对屈原（图 8-1-1）、杜甫（图 8-1-2）等文人的生平介绍，让学生理解其整体的生命精神和爱国情怀。通过对古代著名爱国诗文进行整理和解读，培养学生的爱国主义精神与家国情怀，爱国诗文如图 8-1-3 所示。

图 8-1-1　屈原

图 8-1-2　杜甫

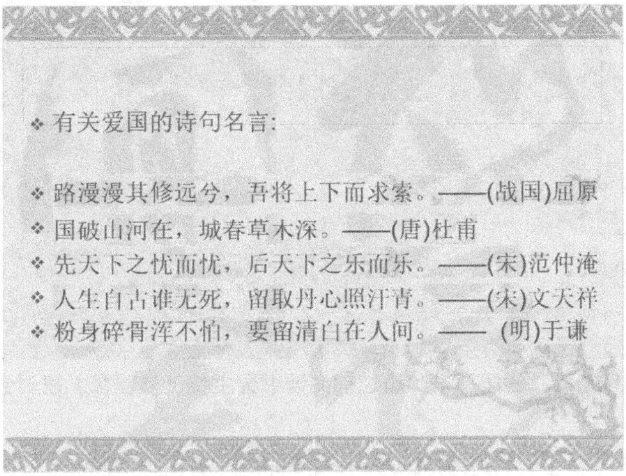


图 8-1-3　爱国诗文

## （二）案例 2：经典探析——研读《春秋》《红楼梦》等元典

线下课堂教学是思政元素渗透呈现的主要阵地。先秦元典也是华夏文明的起点。先秦时期儒、墨、道、法四家是显学，尤其是儒家、道家思想，更是影响深远。通过对《春秋》一书的讲解，扼要阐释这部影响深远的儒家经典，使学生了解春秋时期的社会演变，孔子为何提倡“春秋大义”并如何“见之行事”“属辞比事”。通过对先秦重要思想资源予以疏通和阐释，培养学生的专业素养、家国情怀、人文情怀，增强学生对中华民族文化的认同感，让学生自觉抵制历史虚无主义。方坚铭老师讲解《春秋》的场景如图 8-1-4 所示。

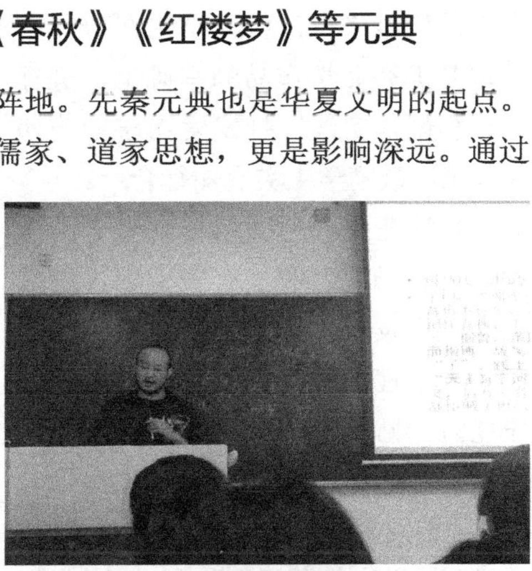

图 8-1-4　方坚铭老师讲解《春秋》

郁文读书会是人文学院的文化品牌。古代文学教师积极参与，指导学生深入参与元典阅读，深入了解每个学生的实际，从而因材施教，实现育人与育才相统一。《红楼梦》研读就是一个成功的案例。通过对中国古典四大名著之《红楼梦》的研读，提高学生对文学经典的审美能力。钱国莲老师通过郁文读书会主持《红楼梦》研讨会的场景如图 8-1-5 所示。

**图 8-1-5　钱国莲老师通过郁文读书会主持《红楼梦》研讨会**

## （三）案例 3：巧用新媒体——鼓励学生知行合一

充分利用学院微信公众号平台和教学微信号平台，鼓励学生在研读中华古典优秀文学作品的基础上，进行评论和创作实践，抒发爱国志向与伟大理想，鼓励学生实现知行合一。

**图 8-1-6　公众号发表学生习作**

教师充分利用微信公众号“国学六艺乃文乃武”和“有美堂”，遴选优秀习作发表，有效地促进了学生的学习积极性，可以提高学生的文学创作能力，见图 8-1-6。不少学生推免保研读的是中国古代文学、古典文献学专业，他们发表“保研记”（图 8-1-7），这对历届学生获得保研机会，起着很好的引导作用。

图 8-1-7　“保研记”学生作品

## 六、教学效果

自浙江工业大学人文学院成立以来，中国古代文学课程就开始对中文本科学生授课，学生受益人数达 5 000 人。课程教学团队由 8 位专业教师组成。课程教师坚守教书育人的职责，认真备课上课，注重课堂互动，以培养中文合格人才为己任。课程教师始终将“三全育人”理念贯穿教学全过程，教学效果显著，社会评价良好。

# 第二节　希罗神话与西方文化

**课程负责人：**闫建华
**教学团队：**张维亮、周易、刘银燕、张平
**所在院系：**外国语学院

只要有足够的杠杆，一根手指就能拨动整个世界；但要撑起整个世界，必须得有赫拉克勒斯的肩膀。

——［法］卢梭《社会契约论》

# 一、课程概况

## （一）课程简介

古希腊罗马神话是指由古希腊和古罗马诗人、戏剧家、哲学家等创作出来的各种神话传说、英雄史诗以及各种悲剧故事的统称。古希腊罗马神话是整个西方文化的主要源头，已渗透到当今西方社会的各个层面和领域。“希罗神话与西方文化”课程是通过古希腊罗马神话探究西方文化根源与文化影响的一门课程，也是在全球化语境下当代大学生尤其是外语类专业学生必不可少的一门文化基础课。

课程既注重探究西方文化根源与文化影响，又注重将古希腊罗马神话与中国神话进行对比，通过跨学科、跨艺术、跨媒介、跨文化手段让学生既习得相应的知识和能力，又在提高自身文化素养的同时养成正确的判断力和健全的人格，力求将知识学习、能力掌握和价值引领有机融入课程教学的各个环节和不同方面。

本课程为全英语授课，面向全校英语专业学生，共 32 学时，学分为 2。

## （二）教学目标

教学目标由三部分构成，分别是知识目标、能力目标和价值目标。

### 1. 知识目标

（1）系统学习古希腊罗马神话知识，了解各种经典神话故事；

（2）掌握与神话相关的文化知识；

（3）掌握发端于神话的语言知识；

（4）熟悉中国神话和中国文化知识。

### 2. 能力目标

（1）能够根据所学神话知识和文化知识分析或揭示当下西方社会、政治、历史、文学、文化等领域的相关文化现象，洞察古希腊罗马神话在其中所发挥的根源性作用，即要具备一种透过文化现象看神话本质的能力；

（2）能够熟练运用源自神话故事的语言知识，不断提高联想能力、想象能力、思辨能力和跨文化交际能力。

### 3. 价值目标

（1）通过古希腊罗马神话中蕴含的丰富的正能量塑造健全的人格；

（2）具有契约精神、民族文化自信和生态意识。

# 二、主要思政元素

本课程的思政元素主要体现在契约精神、文化自信和生态文明等几个方面。

**契约精神：**契约精神用中国古人的话来说就是抱柱之信、一诺千金或一言九鼎，用通俗的话来说就是信守诺言、讲究诚信。契约精神在古希腊罗马时代也是一种不容亵渎的神圣品格。大量的古希腊罗马神话故事表明，但凡毁约者，无论是神祇还是凡人，无一例外都要付出惨痛的代价。当今世界呼唤契约精神的意义在于，从国家到个人都需要用契约精神来约束自己的言行。

**文化自信：**“希罗神话与西方文化”课程的一大特色是将中国神话与古希腊罗马神话、中国文化与西方文化进行并举和对比，让学生在这样的并举和对比中切身体会源远流长的中国文化不仅不输于以古希腊罗马神话为根源的西方文化，而且还在许多方面胜出一筹，如西方的宿命论和中方的抗争精神就形成了鲜明的对比，这对于提升学生的民族文化自信大有裨益。

**生态文明：**“和谐”是我们这个时代的主旋律，它不仅意味着人与人之间的和谐，也意味着人与自然之间的和谐。人与自然之间的和谐不仅是确保社会和谐的前提条件和重要因素，也是一个民族生态文明的重要标志。古希腊罗马神话有大量关于人与自然关系的故事，是培养学生绿水青山意识的好材料。

## 三、设计思路

“希罗神话与西方文化”是一门文化基础课程，也是一门综合性课程，知识体系庞大，时间跨度大，涉及领域广，文化要素多，思想深度高。课程教学采用线上线下混合模式，主要以多样化的任务形式将课程的重点和难点进行情景式再现与交互式辨析，重点包括古希腊罗马神话故事表演、想象式解析古希腊罗马神话的核心问题、思辨性探究西方文化的焦点问题以及中西神话比较等任务形式。这样的设计思路旨在实现以教师为主导、以学生为主体的教学理念，让教学活动实现从“教”到“学”的转变，形成以教师引导和启发为辅、学生积极主动参与为主的教学常态。

在教学手段方面，本课程坚持多样化的课程组织形式，创新教学模式，改进教学方法，提高思政教学的针对性和实效性。主要的教学手段如下。

（1）画龙点睛式。比如在讲述古希腊罗马神话中的“契约精神”时，指出其中包含的正确世界观与人生观，并结合《庄子·盗跖》中的“尾生之约”来阐发契约精神所昭示的为人处世之道。

（2）案例穿插式。比如以西方起初采取的群体免疫和中国的全民抗疫作为典型案例，引导学生追溯西方群体免疫思想及其策略在古希腊罗马神话故事中的宿命论根源，并追溯中国全民抗疫策略在中国神话故事中的文化根源，通过现实案例与课程知识的紧密结合增强学生的“四个自信”。

（3）隐形渗透式。比如以古希腊罗马神话中维护人性尊严、体恤悲悯情怀的诸多故事展开，让学生感受“友善思政”的重要性，从情感上打动学生，让学生从内心深处产生一种共鸣，通过对故事的体验来提高学生的共情能力。

（4）讨论辨析式。比如围绕古希腊罗马神话中屠杀动物的道德问题展开，辨析动物杀戮在神话中的必然合理性与无辜性，引导学生思考神话故事中潜在的自然与环境问题，有理有据地谴责滥杀动物的行为，同时抵制极端物种主义思想，提倡和谐的生态观和地球公民意识。

本课程按内容分成四大模块，加上导论共五个部分。各部分重要的思政元素、相关知识点和教学案例见表 8-2-1。

表 8-2-1 “希罗神话与西方文化”课程思政设计思路

| 课程模块 | 重要思政元素 | 相关联的专业知识或教学案例 |
|---|---|---|
| 课程导论：第一章 | 人格养成<br>价值观塑形 | 阐述古希腊罗马神话对于提升学生“软实力”的重要性，以世卫组织的标志和防疫健康码上的疫苗图标为例加以说明 |
| 基础知识模块：第二章和第三章 | 人与自然和谐<br>文化自信<br>批判性思维 | 在宇宙创世和人类创世中嵌入人类与自然万物同根同源的观点；在大洪水神话中引入气候变暖与海平面上升的严峻形势，引导学生绿色出行，避免另一场大洪水的到来；将战神马尔斯和雅典娜进行比较，阐述对暴力和血腥的鞭挞，表达对和平和富足的向往与追求。同时，在讲述古希腊罗马神话中人类在大洪水面前被动等死的故事时引入大禹治水和女娲补天的故事，通过洪水神话的对比树立学生的文化自信 |
| 主要神祇模块：第四章至第七章 | 契约精神<br>文化自信<br>责任担当<br>爱国情怀<br>悲悯情怀 | 在追溯特洛伊战争的根源和奥菲斯的回头时融入契约精神；在讲述特洛伊战争的瘟疫时引入新冠疫情和中西抗疫的不同举措；在讲述赫克托尔的故事时融入责任担当与爱国情怀；在讲述特洛伊国王普里阿摩与阿喀琉斯的故事时融入人性尊严与悲悯情怀 |
| 著名英雄模块：第八章至第十章 | 家园意识<br>爱国情怀<br>忠贞不渝 | 在讲述奥德修斯的故事时融入家园意识、爱国情怀、契约精神、忠贞不渝、自我节制、智勇双全、敢于探险、热情好客等正能量的价值观和品格元素；提醒学生拒绝通过残酷、杀戮、抢劫、血腥、欺诈等片面的价值观作为判断英雄的标准；在讲述帕耳修斯的故事时融入“工欲善其事，必先利其器”的中国古训，引导学生懂得要成就一番事业，必须得做好充分的准备，付出超出常人的代价 |
| 凡人悲剧模块：第十一章至第十二章 | 与人为善<br>戒骄戒躁；<br>常怀感恩之心 | 讲述凡人的悲剧故事旨在让学生明白，与人为善、戒骄戒躁、常怀感恩之心和敬畏之心，一般不会给自己及亲人招来祸端。反之，任何目中无人、狂妄自大、将自己置于神祇之位的凡人，最终都将受到严厉的惩罚。涉及的故事主要是卡德摩斯家族的悲剧故事 |

## 四、实践案例

实践案例主要围绕生态意识和文化自信这两个思政元素展开，所涉及的神话故事不是单个，而是多个，不仅有古希腊罗马神话，也涉及中国神话，这样就可以依托更丰富的文化底蕴开展深度思政。

### 案例：埃瑞西克森毁树与“生态意识”的唤起

阿波罗的月桂树、潘神的芦苇、亚里士多德的植物灵魂论以及恩培多克勒的树木神圣论等，似乎都在印证着草木有灵的说法。假如草木真的有灵，人类还能随意毁坏草木吗？作为国王的埃瑞西克森以为自己可以为所欲为，“任性”地砍倒了谷物女神的神树，结果遭到生吃自己身体的可怕惩罚。这个故事的启迪意义何在？神学将植物置于生存之链的最底端，殊不知这样的“底层”位置恰恰与植物支撑起地球上所有生命的科学事实不谋而合。

中国古代先贤孔夫子和曾子也都阐发过“断树”或“以时伐树”的警训。从词源学来看，人类（human）这个词的前缀部分就源自给植物提供养分的腐殖质（humus）一词，而植物神经生物学的最新发现也表明植物具有人性的一面。可见植物与人类同根同源，人类毁植伐树无异于自我毁灭，这跟埃瑞西克森吞吃自己的身体没有什么两样。众所周知，当一个地方的植被遭到破坏时，其影响最终会波及每一个人，所以说埃瑞西克森毁树影响的不仅仅是他本人。至此，学生理应明白为什么绿水青山就是金山银山的道理：倘若没有植物，何来“青山”永存？倘若没有“青山”，又焉能保证“绿水”长流？

## 五、教学效果

“希罗神话与西方文化”课程思政的教学效果主要体现在以下两个方面。

### （一）学生学科竞赛成果

以古希腊罗马神话与中西方文化相关知识为切入点，团队教师指导学生开展多项科研项目或竞赛，取得了以下成绩：

（1）吕骏汶同学的文章《聆听希罗神话故事，领略中西文化价值》获得2021年度“浙江省高校课程思政学生征文竞赛”特等奖。

（2）《中西应对疫情措施背后的神话根源追溯》被列为2021年浙江工业大学“运河杯”资助项目。该项目由孙依婷同学主持，主要探讨中国和以英美为主的西方国家在疫情暴发初期所采取的截然不同的应对措施，分析古希腊罗马神话与中国神话及其文化对不同的应对措施所发挥的隐性而巨大的影响机制。

（3）《奥德修斯与郑和对中国“一带一路”发展的启示》被列为2018年浙江工业大学大学生创新创业训练计划项目。该项目由徐一情同学主持，主要探讨在“一带一路”与大力发展海洋文明的战略构想语境下，《奥德赛》这部经典史诗和神话中所蕴含的西方海洋文明的得与失，帮助我国在发展新世纪海洋文明时取其精华，弃其糟粕，实现海洋文明的和谐发展。

（4）《传统节日神话的普及与建立民族文化自信研究》被列为2018年浙江工业大学大学生创新创业训练计划项目。该项目由李雯同学主持，主要探讨如何将传统节日背后所凝聚的中华民族精神及其神话渊源转化为通俗文化的可能性路径及策略。

（5）《从〈山海经〉与〈变形记〉中异兽形象看中西方文化差异》被列为2017年浙江工业大学大学生创新创业训练计划项目。该项目由王万昭同学主持，旨在从《山海经》和《变形记》中对异兽的形象描绘、代表性意象、创作目的以及情节构成等方面入手，探讨中西方作品中异兽形象的文化内涵及其对中西方社会与历史所产生的影响。

（6）《当代中国文化产业借鉴希罗神话经典的调查研究》被列为2016年浙江工业大学“运河杯”资助项目。该项目由陈婉琦同学主持，主要探讨我国文化产业发展如何正确、有效地借鉴古希腊罗马神话元素并创作出脍炙人口的文化产品的策略与机制。

### （二）学生作业与历届优秀毕业论文

学生平时作业和毕业论文中涉及的价值观念也是“希罗神话与西方文化”课程思政所取得的成效。其中体现生态意识与文化自信的作业个案见图 8-2-1，体现其他价值和能力的作业和历届优秀论文题目如图 8-2-2 和图 8-2-3 所示。

**生态意识与健康饮食理念**

班级：周三 12
学号：201806100110
姓名：李家琦

5. 素食主义是一种不吃肉的行为或习惯，这在当今西方世界和中国颇为流行。请依据所学神话知识简述素食主义的根源及其文化影响。

答：素食主义来源于奥尔弗斯教，该宗教是以来自色雷斯的音乐家奥尔弗斯（orphism）为命名的宗教派别，该宗教信仰灵魂永恒、柏拉图哲学、忌吃肉食和非暴力等观念。素食主义对于宗教信仰具有很大的影响作用，比如说佛教徒吃素，主张不杀生，在我国信佛的人很多，像家里的一些信佛的老人经常会在正月初一、十五或者其他日子里选择一整天不吃肉不沾荤，更有甚者一年三百六十五天都吃素，这体现出素食主义影响的范围之广和程度之深。我记得曾经我的初中老师放过一个关于素食的视频，视频主人公认为吃素在很大程度上是一种人性的善良的体现，有对动物生灵的怜悯之意，其次才是有改善饮食结构、有助于身体健康之效。但我觉得这两点都是完全不合理的，对于家养牲畜而言并非一个人或者一群人吃素就能逃离被宰杀的命运，以一个极端的角度来看待，如果整个世界的人都吃素了，那么有无数以养牛养鸡鸭养羊为生的人要失去生计，这些安然是不合理的，就算是野生动物，处于大自然中也要遵循弱肉强食的原则，即使人不吃，也会被更高等级的捕食者吃掉，因此我认为素食主义能体现人性善良和人的怜悯之心是过于夸大的。其次，素食主义在很多国家及文化中都有养生、健康的含义，我认为这是不正确的。承认素食主义是健康养生的就等于否定了肉食的存在价值，否定了荤素搭配的合理性，单单认为吃蔬菜水果，不吃肉不沾油就是有利于身体这样的观点是很片面的，合理的科学的搭配饮食，比如营养金字塔这种概念才应该被大力传播，才应该值得更多人运用。

**跨文化思维和文化自信**

**Part I**

班级：周二 67
学号：201806100328
姓名：郑鑫

**1. Please compare and contrast the imagined underworld between ancient Greece and China.**

In ancient Greece, it's Thanatos who brings death to people, and when they die, Hermes will lead their souls to the underworld. They will have to cross the river Styx. In China, people die at a clear date which is documented in Shengsi Bu(生死簿), and when the day comes, Heibai Wuchang(黑白无常) will come and take their souls to the underworld. However, unlike in the Greek mythology, people who are not properly buried or have no money will have no chance of crossing the river Styx, people in China must go there, and Heibei Wuchang are there to make sure of it. What's more interesting is that, Thanatos is rather gentle and nonviolent. He swiftly brings death to people. Sisyphus, however, took advantage of Thanatos's gentleness and conceived a way to trap the death, so that he would not die. Should he be an ancient Chinese, this would never happen, for though Bai Wuchang(白无常) is gentle, just like Thanatos, Hei Wuchang(黑无常), on the other hand, is terrifying and no soul would ever dare to defy him. Every single soul must go to the underworld and be punished there.

People in Greece and China both need money when they die. The purpose, however, is different. For the Greeks, they only need one coin putting in their mouth so that they can pay the ferryman, Charon; for the Chinese, they don't carry any money with them and it's their family who has to burn some hell money(冥币) for the dead, so that they can buy food and other goods in the underworld, or even, bribe the officials so they won't be punished so severely.

The underworld in Greek mythology usually has three different regions. Ordinary people would stay in the Asphodel Meadows, the land of indifference; those who commit severe crimes would be punished in Tartarus; those great heroes or the distinguished will go to the Elysium, the land of happiness. In Chinese mythology, the most accepted theory is that there are eighteen layers in the underworld. The dead will all be punished, and the differences are the suffering time and severities of their punishment. The deeper one's soul goes, the more severe he will suffer.

图 8-2-1　体现生态意识与文化自信作业个案

刘云海 自律的价值
陆祥 苦难与希望
吕晓羽 挑战权威的意义
裘潇灵 希罗神话中的教训
石思忆 性别歧视
汤战 珍惜生命
王捷 抗争精神
王宁 生活的目标
吴欢 希罗神话中的教训
徐思思 神话与生活
徐艳艳 希罗神话中的人性
俞婧 女性地位
张榭俞 人类的保护者
赵亿丽 希罗神话中的伦理观
郑明玥 希罗神话中的道德启示
周清 希罗神话中的人性
祝春阳 吕卡翁的悲剧教训

图 8-2-2　班级作业题目列表

历届优秀毕业论文

| 时间 | 学生姓名 | 论文题目 |
|---|---|---|
| 2020 | 俞佳颖 | The illusion of Mother-Daughter Symbiosis in *Averno* (Demeter and Persephone) |
| 2020 | 周涵思 | Rewriting Female Traumatic History in Colm Tóibín's *House of Names* (Agamemnon, Clytemnestra and Iphigenia) |
| 2019 | 吴迟梅 | Colors in Ovid's *Metamorphoses*: A Psychological Approach |
| 2019 | 李雯 | A Study of Plants Used in the Rituals of Homer's *Iliad* and *Odyssey* |
| 2019 | 李芊蔚 | A Study of Female Avengers in Greek and Roman Mythology |
| 2019 | 徐一倩 | A Private-Remedy Approach to the Solutions to Disputes Between Individuals in Greek Mythology |
| 2017 | 方倩雯 | The Unfair Death Sentence of the Mortals from the Immortals in Ovid's Metamorphoses |
| 2017 | 张宏青 | The Function of Plants in the Heroic Achievements in Ovid's *Metamorphoses* |
| 2017 | 杨阳 | The Formation and Evolution of the Cultural Image of Crow: Through an Analysis of Ovid's *Metamorphoses* and Ted Hughes' *Crow* |
| 2017 | 吴梦娜 | Roles and Effects of Music in Greco-Roman Mythology |
| 2017 | 陈丽艳 | Male and Female Landscape in Ovid's *Metamorphoses* |
| 2017 | 王超 | Humanity in Animality: Take Ovid's *Metamorphoses* as an Example |
| 2016 | 葛蔡铭 | On Unity in Opposition in Twin Stories of Greco-Roman Mythologies |

图 8-2-3　历届优秀毕业论文题目列表

## 第三节　大学英语课程群

**课程负责人：**楼荷英

**教学团队：**姚海芳、罗晓燕、姚佳、许晓洁、戴剑娥、郭亚莉

**所在院系：**外国语学院

语言是思想的外衣。

——［英］塞缪尔·约翰逊

## 一、课程概况

### （一）课程简介

“大学英语课程群”课程是涵盖在大学英语课程体系中的通识必修课和选修课，其中主要课程“大学英语”和“通用学术英语”（通识必修）面向全校非英语专业本科一年级学生开设，“国际视野拓展课”系列面向全校学生每学期滚动开设。课程群均以外语教学理论为指导，采用任务式、合作式、项目式、探究式等教学方法，运用“互联网+”、多媒体技术等现代教学手段，坚持“价值引领、知识传授、能力应用”三位一体的教学理念，寓价值观引导于知识传授和能力培养之中，帮助学生了解世界各国优秀的文明和文化、前沿的科学技术、先进的管理经验和思想理念，培养人文精神，提升综合素质，促进学生的全面发展。

### （二）教学目标

#### 1. 知识目标

（1）掌握词汇、篇章结构、语用等方面的语言知识，掌握英语核心词汇，熟悉英语语篇特点及学术交流范式；

（2）了解国外的社会与文化，增进对不同文化的理解，学习不同语境下的生活方式、社会习俗、思维模式等方面的文化知识，批判性地对比文化差异，理解文化冲突。

#### 2. 能力目标

（1）培养听力理解、口头表达、阅读理解、书面表达、翻译等方面的语言技能和语言应用能力；

（2）增强跨文化交际意识和交际能力，同时发展自主学习能力，提高综合文化素养，培养人文精神和思辨能力。

#### 3. 价值目标

（1）坚定中国特色社会主义道路自信、理论自信、制度自信、文化自信，树立历史使命感和时代责任感，培养家国情怀；

（2）加深对中外文化异同的认识，培养对外传播中国文化的意识，用英语讲好中国故事；

（3）深入理解社会主义核心价值观，树立正确的世界观、人生观、价值观，具有求真务实、坚持不懈、追求卓越等优秀精神品质。

## 二、主要思政元素

该课程群基于“新编大学英语”“学术英语（综合）”“中国概况”等教材进行了二次开发，将习近平新时代中国特色社会主义思想、社会主义核心价值观、中华优秀传统文化、红色文化、宪法法治教育、职业理想和职业道德、共产主义理想信念等思政元素与教材主题、语言教学深度融合，让思想政治教育在课程中真正落地。

**“四个自信”：**大学英语各课程作为学生入学伊始就开始学习并且历时一年的必修课，是培养新时代中国特色社会主义接班人的基础课程，帮助学生扣好进入大学的第一粒扣子是课程的首要任务。深度挖掘课程群中涵盖的社会、经济、科技、文化等宏观单元主题，借助相关英文文本、视听材料的输入和丰富多样的语言输出任务，带领学生深刻体会中国在构建人类命运共同体、倡导“一带一路”、弘扬中国文化等伟大事业中取得的瞩目成就，同时增强学生高度的政治认同，增强“四个自信”，充分认识社会主义制度的优越性，欣赏博大精深的中国传统文化，激发深厚的爱国情怀。

**国际视野：**大学英语各课程服务于中国文化对外传播，让学生学会在国际舞台上用英语记录、表达、传播中国声音。同时课程群所涵盖的跨文化交际内容，也帮助学生了解目的语国家的社会文化和风土人情，通过辩证分析中西方文化、思想、观点的差异，拓展国际视野，培养世界眼光，在国际交流中展现过硬的思想政治素养。

**责任担当：**大学英语作为通识必修课，区别于学生的专业必修课，课程单元主题多样，涉及面广，学生能以语言为载体吸收多学科养分。课程群所涵盖的多个微单元主题，旨在拓展学生对社会、某个职业、某个领域的客观认识，建立正确的世界观、人生观和价值观，引导学生将个人发展与社会发展、国家命运相结合，通过学习各个领域的先进个人的典型事例，培养高尚的职业理想和职业道德，树立刻苦学习、建设祖国的责任意识，勇敢肩负中华民族伟大复兴的历史使命。

**人文情怀：**大学英语课程兼具工具性和人文性，其中蕴含丰富的人文性，其核心是以人为本。通过课程中关于旅行、性别差异、休闲活动等与社会生活息息相关的主题内容，有助于学生拓展人文视野，培养人文精神，实现完整精神与独立人格的成长，提升综合素质。课程的人文性也体现在各种以学生为中心的任务式、合作式、探究式的教学活动中，师生、生生互动在无形中培养了学生团结协作、共情互助、开放包容的精神风貌。

## 三、设计思路

“大学英语课程群”中的各门课程均以单元主题为依托，引入时政热点，凸显时代特色，立足学校的地缘特点，结合学生的认知水平和现实生活，深入挖掘、拓展思政素材，形成多维度的思政设计。同时充分考虑不同思政素材的特点与语言教学的契合度，采用视频导入、文本阅读、个人演讲、小组辩论、海报设计等多种融合方式，在课程中有效实现思想政治教育目的。以课程群中的主干课程“通用学术英语”为例，设计思路如表 8-3-1 所示。



**表 8-3-1 “通用学术英语”课程思政设计思路**

| 课程章节 | 重要思政元素 | 相关联的专业知识或教学案例 |
| --- | --- | --- |
| 第一章<br>经济学 | 以“中国速度，全球经济之强音”为主线，强化道路自信，厚植爱国主义情怀 | 以视频导入的方式呈现改革开放以来中国经济取得的瞩目成就、中国脱贫攻坚的伟大胜利；小组讨论中国互联网经济的蓬勃发展、疫情后中国经济的强劲复苏等话题，引导学生感悟社会主义制度的优越性，坚定道路自信。同时，激发学生对国家、对党的感恩情怀，传承社会主义核心价值观中的爱国精神 |
| 第二章<br>环境学 | 以“生态文明，环境保护之愿景”为主线，强化“两山”理念，弘扬和谐发展观，人与自然命运共同体 | 从讨论全球主要环境问题、中国环境保护的重要举措等主题入手，小组合作展现家乡、展现杭州的绿色发展成果。采用环保海报设计的方式培养学生的环保、生态理念，深刻理解“绿水青山就是金山银山”的内涵，构建人与自然和谐共生的理念 |
| 第三章<br>数学 | 以“中国智慧，中国发展之重任”为主线，坚定道路自信，培养建设祖国的责任意识 | 以小组主题陈述的形式，展现中国智造、5G 研发的伟大成就；搜集展示中国大数据研究及应用实例、中国尖端技术的发展成果，让学生深刻感悟中华民族的伟大复兴，坚定社会主义道路自信，同时引导学生将个人发展与国家发展相结合，培养脚踏实地、为建设祖国努力奋进的时代精神 |
| 第四章<br>社会学 | 以“职业理想，个人发展之基石”为主线，培养敬业精神 | 以疫情中的逆行者、大国工匠、感动中国十大人物等案例讨论、主题展示等方式，引导学生具有敬业精神，树立正确的择业观，培养刻苦学习、报效祖国的使命感与责任感 |
| 第五章<br>全球化 | 以“开放包容，全球发展之格局”为主线，在构建人类命运共同体的同时，坚定文化自信，讲好中国故事，传播中国声音 | 以展现“一带一路”“人类命运共同体”等主题的小组视频，全球化与本土化的思辨讨论等方式，培养学生有远虑、有大格局的全球化理念；引导学生在积极拥抱全球化的同时，更要凸显本土文化，传承博大精深的中华优秀传统文化，在世界舞台上彰显中华文明 |

## 四、实践案例

在课程思政教学实践中，充分运用思政设计的“五度”原则，做到思政挖掘有角度、思政串联有梯度、思政拓展有深度、思政课堂有亮度、课后思政有厚度，实现课程“价值引领、知识传授、能力培养”三位一体。

## （一）案例 1：工作与使命（“通用学术英语”第 7 单元）

专业学习、毕业求职一直是大一学生关注的话题，教师先请学生观看 *What makes a good job* 英文短视频，学习与职业相关的英文表述，从这一角度导入思政讨论，向学生提问“好工作是否有一定的标准”。小组简单讨论之后，教师获得学生对于“好工作”取向的基本认知，组织学生思考“个人发展与职业理想的关系”，为后续价值引导做铺垫。随后学习课文“工作的三种定位”，了解作者的观点：以满足生存为目的的谋生手段（job）；为获得丰厚收入、个人提升、威望和权力的事业（career）；为更多人的利益或更伟大的事业作出贡献的崇高使命（calling）。

随后，教师展示先进典型人物图片，由近及远展示工作者的不同层面。从时代楷模张桂梅、抗疫先驱钟南山，到平凡的清洁工和快递小哥，邀请学生口头描述每个人物的职业特点、职业素养，然后组织小组讨论，引导学生挖掘每一位工作者共有的精神品质。此时，教师导入课文中 Martin Seligman 所倡导的积极心理学理论，展示个人发展所需的六大核心美德、24 项显著优势，同时引入社会主义核心价值观中爱国、敬业要素，请学生比较这两组不同文化背景下的主题词，深度思考“在多元文化背景下，是否有共通的价值观”，以此增强学生辩证思考的能力。最后，播放 CGTN 视频 *We are all fighters* 抗疫英文诗，课堂讨论着眼于学生感同身受的抗疫经历上，以小组为单位梳理视频中提及的医生、社区志愿者、快递小哥等普通工作者，讨论他们所体现的职业道德和精神品质，并做口头陈述。在教学的收尾环节，教师通过布置课后写作任务，请学生反思课堂学习中印象最深的一个点，运用“举例写作”阐释自己对“崇高使命”的深刻认识。

以上各个教学环节将教材与时政热点深度融合，以小组讨论、个人陈述和课后写作为驱动手段，引导学生对自身专业学习、职业规划作出深层次的思考，把个人奋斗和国家发展相结合，把职业规划和理想信念相结合，最终将社会主义核心价值观所倡导的爱国、敬业内化于心。

## （二）案例 2：自然的馈赠（“大学英语”第 7 单元）

“绿水青山就是金山银山”的理念被写进党的十九大报告，“增强绿水青山就是金山银山的意识”被写入党章，生态文明被写入宪法。教师将这三项举措的中英版本与学生分享之后，自然导入本单元的“环境保护”主题，凸显当今中国的时代命题。

通过学习课文《让黑夜存在》，剖析“黑夜消失”的成因，以及由此产生的“光污染”所带来的严重后果，写作中因果分析的基本技巧也在此过程中逐层讲解。课后，学生们以小组为单位，通过实地走访、街头采访、问卷调查、网络资料搜索等形式，制作完成英文版环保调查视频和环保行动海报。在内容呈现上，教师要求运用因果分析策略，具体分析某一环保现象所关联的原因和影响。小组或深入两个校区，带着高度的主人翁意识，发现校园里破坏和谐环保的行为；或走出校园，寻访西溪湿地、太子湾，记录杭城环境变化，感受和谐之美。“两山理论”“五水共治”这样的政策理念也在学生调查中频频被提及。在这一过程中，学生们深刻感受到生态环境持续改善的背后是各级政府所做的种种努力。行路青山外，游走绿水间，学生们在不知不觉中践行生态和谐理念，将“生态中国”作为心之向往并为之奋斗的时代使命。

习近平总书记在十九大报告中将人与自然的关系阐述为“生命共同体”，在观看相关视频后，教师继续带领学生以问题为导向，讨论“如何在实际生活中践行生命共同体理念”，然后各小组以英文海报“Go Green Action”的形式，列举切实可行的环境保护举措。学生制作的环境保护海报如图 8-3-1、图 8-3-2 所示。

图 8-3-1　学生制作的环境保护海报（1）

图 8-3-2　学生制作的环境保护海报（2）

## （三）案例 3：全球化与本土化（“通用学术英语”第 8 单元）

日益强劲的全球化趋势给青年学子的思维方式以及其对国家、对世界的认知带来了深远的影响。教师首先从学生的专业出发，开展“认识全球化”的主题讨论，探索专业学习和全球化的关系，这一切入点贴合学生实际，能较好地激发学习兴趣。如工业设计专业的学生讲述了各国室内设计风格差异以及背后的文化因素，如图 8-3-3 所示；食品工程专业的学生探索了各国饮食文化的差异，如图 8-3-4 所示；中文专业的学生则聚焦孔子学院在海外发展的历程和所取得的成就；经济学院的学生关注中美贸易战，分析了其原因和影响。在与专业相结合的探究式学习中，学生们深切感受到了全球化所带来的巨大变革，牢固树立了责任担当意识，增强了专业学习的信心，有能力更好地应对全球化带来的机遇与挑战。

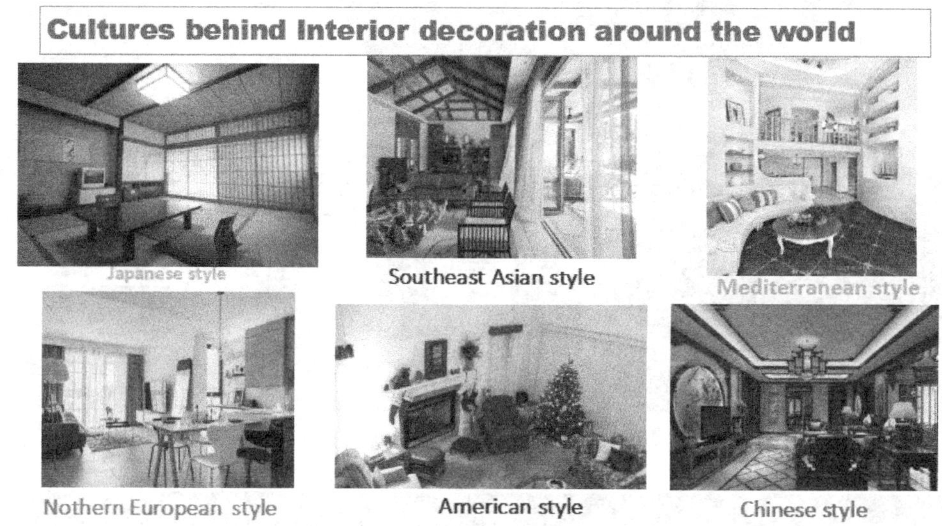


图 8-3-3　工业设计专业学生汇报各国室内装修风格差异

图 8-3-4　食品工程专业学生展示各国饮食文化差异

帮助学生充分认识全球化与个体的紧密关系之后，教师继续从宏观角度实施“分析全球化”思政教学。深入剖析课文“马友友的‘丝绸之路’音乐旅程”，凝练出与课文相关的主题任务式讨论：从“一带一路”到“人类命运共同体”。班级以小组为单位，分别代表某“一带一路”共建国家与西方主流国家，经过课后讨论、资料搜集等准备工作，形成书面稿，在课堂上口头陈述该国在全球化过程中所作的贡献、面临的挑战等。学生在这一过程中学会了更加辩证地认识、分析全球化的深刻内涵。

最后，单元学习收尾环节落脚于“展望全球化”，即引导学生思考全球化与本土化的关系，在全球化背景下，如何凸显本土优秀文化，如何在世界舞台上发出中国强音。通过观看 CGTN 对李子柒海外影响力的视频报道，阅读《人民日报》相关评论《文化走出去，期待更多“李子柒”》。各小组在各大主流媒体平台上搜集中国文化输出的相关博主和视频，分析视频内容和视角，在此基础上构想一个场景进行表演或视频拍摄：“假如由我当博主，展现一个中国文化的片段，向海外输出优秀的中国文化”。学生的积极参与极大地丰富了思政课的教学内容，激发了教师思政教学活力，形成了教与学的合力。

综合以上三个环节，对全球化的认识、分析和展望，各思政元素与文本阅读、口语讨论、英语写作相结合，思政教学真正体现了如盐入水的效果。

## 五、教学效果

课程群积极拓展思路，将第一课堂和第二课堂紧密结合，让课程思政从课堂内延伸到课堂外，立足应用，以赛促学，形成辐射效应。创建的“十四亿日记”公众号，结合“大学英语”课程思政教学，定期展示学生的主题感悟，从文字、音频、视频多维度讲好中国故事。此外，课程群以搭建激励外语学习、展示综合能力、培养优秀人才的竞赛平台为抓手，全面提高学生的外语能力、思辨能力、交际能力、创新能力和国际竞争力，学生在各类演讲和写作比赛中均取得不俗的成绩，如表 8-3-2 所示。

**表 8-3-2　学生英语竞赛获奖情况**

| 年　份 | 奖　项 | 获奖学生 |
|---|---|---|
| 2019 | 第十四届“外研社杯”全国英语演讲大赛二等奖 | 法学院游奇志 |
| | 第十四届“外研社杯”全国英语演讲大赛浙江赛区一等奖 | 法学院游奇志 |
| | 第十三届“外研社杯”全国英语演讲大赛浙江赛区三等奖 | 人文学院秦诣程 |
| 2017 | 第十二届“外研社杯”全国英语演讲大赛浙江赛区二等奖 | 药学院梁楚琪 |
| | 第十二届“外研社杯”全国英语演讲大赛浙江赛区二等奖 | 人文学院秦诣程 |

在2020年浙江工业大学英语写作大赛的6名一等奖获得者中，非英语专业学生为5人，占比为83.3%；在 14 名二等奖获得者中，非英语专业学生为 7 人，占比为50%。

# 第四节　翻译理论与实践

**课程负责人：**张丽娟
**教学团队：**潘勤奋、马鸣
**所在院系：**外国语学院

译事三难：信、达、雅。

——严复《天演论·译例言》

## 一、课程概况

### （一）课程简介

“翻译理论与实践”是面向英语专业开设的一门专业必修课程。课程内容以翻译学基础知识为主，包括翻译简史、中外主要翻译理论流派、翻译学核心概念、中英语言文化对比等。课程还带领学生探讨翻译中理解与表达的相互关系，汉英两种语言在词汇、语法、修辞、文体等方面的异同，从词语、句子入手，结合段落与篇章结构学习，帮助学生在实践中领悟翻译的原则、方法和技巧，以及各类文体的语言特点和翻译策略，从而使学生深刻意识到文化背景和思维习惯在翻译实践中的重要性，以建立充分的文化自信和文化自觉，培养其对中华优秀文化的热爱之情，增强其中华民族伟大复兴的历史责任感，向英语世界传递积极的中国形象，传播好中国声音，讲好中国故事。

### （二）教学目标

#### 1. 知识目标

（1）了解中西方翻译史的基本知识，以及中英语言、文化对比的相关知识；

（2）掌握翻译学的基础知识，包括翻译的定义、翻译的标准、翻译的过程和译者素养要求等；

（3）掌握中英转化基本规律的理论知识，如增词、减词、转词、正反转换、分句、合句，以及英译和汉译的谋篇布局等具体翻译技巧；

（4）赏析鉴读英译、汉译经典片段和优秀选例。

#### 2. 能力目标

（1）具有英汉互译、双语转换的基本能力；

（2）通过大量的翻译实践，具备创新思维和批判性思维能力；

（3）训练并提升语言综合运用能力。

### 3. 价值目标

（1）了解汉语语言文化的特点，关心国家大事，培养家国情怀，增强文化自信；

（2）正确运用辩证分析法去解决翻译实践中的问题，培养思辨精神；

（3）在翻译实践中培养创造能力、翻译的职业素养和精益求精的工匠精神，从而锻炼和提升严谨细致、追求卓越的品格素养。

## 二、主要思政元素

翻译课程在结合思想政治教育和专业发展教育时展现出特殊性，因为这两者之间具有高度的契合性和共融性。一方面，语言教学根植于文化教育，必定和文化、思想教育相互交织，让学生了解如何让中国文化走出去，让母语文化发声，是课程思政必然要解决的问题，而这必然也有利于加强学生对母语文化自信的心理建设；另一方面，在英语语言的学习过程中，必然会牵涉外国文化，如若作为主体一方的中国母语文化基本处于弱势状态，必然不利于学生的文化自信建设。本轮教学改革中，翻译课程主要在文化自信、家国情怀、职业品格和创新思维 4 个方面加强课程的政治思想内涵建设。

**文化自信：**翻译，尤其是英译，能够促进中华优秀传统文化实现创造性转化与创新性发展，使中华民族优秀文化基因与当代文化相适应，与现代社会相协调。翻译能帮助把中国文化的优良传统和现代化建设的有效经验分享给更多发展中国家，供其借鉴，团结更多力量致力于人类命运共同体建设。通过英汉语言文化差异对比，本课程带领学生深刻了解母语文化和西方文化各自的渊源和特点，了解以德为本的内倾性农耕文化与以物为主的外倾性商业文化构成的中西方文化中最为本质的区别，从而引导学生在人生观、世界观和价值观，思维和行为方式乃至今后的学术发展道路上都谨守和传承中华文化的强项和优势，热爱和积极传播中华优秀文化。

**家国情怀：**本课程在教学内容中结合最新政府报告的英译问题，加强学生对翻译具体技巧的感官认识和亲身体会，如增词、减词、转词、正反转换、分句、合句等，锻炼其语言输出能力，同时利用时政英译问题，引导学生关心时政和国家大事，培养家国情怀，鼓励学生成长为全面建设社会主义现代化强国的栋梁之材。通过学习时政翻译热点，启发学生在全面建设社会主义现代化强国的关键时刻，更应担当起中华民族伟大复兴的历史使命，在跨文化交际的舞台上，利用翻译这个有效媒介，自信地讲好中国故事，传播好中国声音，为服务国家富强、民族复兴、人民幸福贡献力量。

**职业品格：**合格的译者，除了拥有过硬的语言知识基础，更需要较高的文化敏感度、严谨的翻译职业品格，以及不断学习的创新精神。翻译课程还旨在培养学生作为合格译者的综合素养，通过指导学生研读名家名译，让学生领略精益求精的工匠精神；

同时通过指导学生参加社会文化志愿活动、口译活动、翻译比赛和翻译项目实践，在实践中培养学生诚实笃信、求真务实的翻译职业品格。

**创新思维：**本课程通过指导学生研读同一原作的不同译本，锻炼学生对比与归类、分析与综合、抽象与概括等多种思维能力，以及全方位、立体化和多角度地发现问题、分析问题和解决问题的思辨能力。另外，在夯实专业学生语言知识的基础上，授课教师还精心设计了一些具有创造性的翻译任务，通过师生互评、生生互评等教学形式，以锻炼学生的创新思维能力。

## 三、设计思路

翻译课程不应该作为单纯的语言技能课来讲授，因为翻译是根植于更深层次的语言与文化的工作，翻译课程自身蕴含着丰富的语言文化，故而翻译教师应挖掘其自身的优势和特色，提炼出课程中蕴含的文化基因和价值范式，将其转化为具体化、生动化的有效教学载体，在传授专业知识的同时，潜移默化地融入理想信念层面的精神指引和价值引导。“翻译理论与实践”课程思政设计思路如表 8-4-1 所示。

**表 8-4-1　“翻译理论与实践”课程思政设计思路**

| 课程章节 | 重要思政元素 | 相关联的专业知识或教学案例 |
|---|---|---|
| 第一部分<br>绪论 | 文化自信<br>诚信观 | 带领学生了解中外翻译史上的重要事件脉络，明晓翻译在人类文明发展史中发挥的重要作用：在中华文明历史上两千年的翻译活动中，凡中国国运强大时期，中译外的活动就更加活跃；佛经翻译、科技翻译、五四翻译、西学翻译都曾经为繁荣中国文化、推动社会进步作出了贡献。让学生对中国的翻译史具有初步系统的了解，从而建立文化自觉意识，树立文化自信心。带领学生了解翻译学基本知识，包括翻译的定义、翻译的意义、翻译标准、翻译过程以及合格译者的必要素养，要特别强调“诚信”对于翻译事业的重要性。在翻译史方面，让学生领略翻译大师的经典代表作品，学习其高超的译者专业本领和高尚的译者情怀 |
| 第二部分<br>英汉语言<br>文化对比 | 批判性思维<br>思辨能力<br>职业道德<br>文化自信<br>爱国情怀 | 了解以德为本的内倾性农耕文化与以物为主的外倾性商业文化构成了中西方文化中最为本质的区别，从而在三观、思维和行为方式乃至今后的学术发展道路上都谨守和传承我们自己文化的强项。了解中西方文化思维方式上的具象和抽象、综合和分析、本体和客体、顺向和逆向这几组对比性的矛盾从深层次上决定了中英语言差异，从而导致了翻译过程中的问题和困难，因此，译者可以从辩证思维的角度掌握处理这些问题的规律，借用这些对比和鉴别，锻炼学生的批判性思维能力 |
| 第三部分<br>词法翻译 | 诚信<br>踏实严谨<br>精益求精<br>工匠精神 | 主要围绕英汉词汇的比较与翻译展开：词法翻译的一般技巧，包括对等、增词、减词、重复、合并、词性转换、换形、褒贬等；名词的抽象和具体译法；动词的译法；数字和冠词的译法；成语的英译；修辞的翻译；特色文化词语的翻译等。恰当地引入中国政府报告中的热词英译问题，引导学生关心国政 |

（续表）

| 课程章节 | 重要思政元素 | 相关联的专业知识或教学案例 |
|---|---|---|
| 第四部分<br>句法翻译 | 诚信<br>踏实严谨<br>精益求精<br>工匠精神 | 主要围绕英汉句子的比较与翻译展开：对肯定与否定、断句和合句、主动与被动、名词从句的翻译、定语从句的翻译、状语从句以及名词性从句的翻译、长句的翻译等问题展开教学，恰当引入《习近平谈治国理政》英译版中的相关材料，引导学生关心国政，了解时事 |
| 第五部分<br>章法翻译 | 诚信；<br>踏实严谨；<br>精益求精；<br>工匠精神；<br>爱国主义 | 主要围绕英汉语篇的比较与翻译展开：风格与翻译、语用与翻译、文学文体翻译；适时引入时政材料英译实例，引导学生如何在跨文化交际的场合下讲好中国故事，传播好中国声音，启发学生同世界各国青年一道，携手为促进民心相通、推动构建人类命运共同体贡献力量 |

## 四、实践案例

### （一）案例 1：在带领学生领略翻译大师的风采，学习先辈的家国情怀和翻译职业精神

在翻译简史的教学部分，授课教师选取了 16 位在中英文化交流史上成绩斐然的翻译名家作为学习对象，组成既能够独立成篇，又能够有机联合的 16 组专题微型讲座。每一专题均由名家生平、翻译名论和名段赏析三部分组成。课前会根据不同的专题设置不同的讨论话题，在教学互动环节引发学生的思考和讨论，从而锻炼和提升学生的翻译鉴赏能力和翻译实践能力。此外，学生要在教师的指导下在课余查阅更多的相关资料，拓展知识面，锻炼自主学习意识。

指导学生在课余时间进行深度学习的同时，引导学生思考如下问题：严复的翻译对于 20 世纪初中国知识分子开展的救亡图存的思想启蒙运动的重要意义是什么？为什么朱生豪在抗日战争的艰苦条件下仍然坚持完成莎士比亚戏剧的翻译？两脚踏中西方文化，一心评宇宙文章的林语堂在 20 世纪中英跨文化传播中所作出的文学文化贡献是什么？杨宪益夫妇在英语世界传播优秀中华传统文化的贡献有哪些？等等。

上述思考可以启发学生追寻翻译前辈的足迹，重温名家翻译过程中的经验体会，学习他们出色的人品和翻译作品，尤其是一些翻译大师的爱国情怀和工匠精神，鼓励学生树立远大理想。学生在赏析和借鉴高超的翻译技巧的同时，能够拓宽知识视野，提高自身的翻译水平，提升人文素养。课程介绍的翻译家如图 8-4-1 至图 8-4-4 所示。

图 8-4-1　严复（近代著名翻译家）

图 8-4-2　朱生豪（莎士比亚戏剧著名翻译家）

图 8-4-3　林语堂（现代著名作家、翻译家）

图 8-4-4　杨宪益和戴乃迭夫妇（中国现代著名翻译家）

### （二）案例 2：在组织时政英译研读中，学习传播中国声音，讲好中国故事

在第二课堂，学生们在老师指导下，组成时政英语翻译兴趣小组，对近年来中国的时政英译文本展开系列学习和研究，进一步加深对中国的历史、地理、社会、经济等国情和文化知识的了解。学习中国现行的政治制度和外交政策，加深学生对中国国情的了解，增强文化自信。这些学习能激发青年学子的家国情怀，还能更加坚定青年人的时代追求：要勇做走在时代前列的奋进者、开拓者和奉献者，努力在实现中国梦的伟大实践中创造自己的精彩人生。

通过对《习近平谈治国理政》双语版第三卷的学习，学生在老师的带领下着重研究了时政英译中如何翻译中国古诗词这一选题。经过讨论学习，学生们更加深入地理解了当下中国的社会主流价值观和公共道德观念，增强了青年学生对祖国的政治认同和文化认同。学生们认识到，只有通过勤学苦练，掌握扎实的语言知识和娴熟的翻译技能，我们英语专业的学生才能练就过硬的本领，才能在英文语境和世界舞台上推介中华优秀传统文化，讲好中国故事，传播好中国声音，从而为实现中华民族伟大复兴贡献自己的力量。

## 五、教学效果

### （一）学生课外科研立项成果

通过学习和研究近年时政英译，学生不但对课堂上传授的翻译技巧有了更加深入的了解和掌握，多名学生还获得学校课外科技立项并撰写了研究论文，搜集整理了时政英译语料库。此外，通过深入学习这些时政材料英译，学生更加明确了自己是把祖国全面建设成社会主义强国的生力军，肩负着实现中华民族伟大复兴的历史重任。

自2019年课程建设以来，多个学生团队获得“运河杯”科技立项，其中包括2019年杜昱洁团队的“政治文献特色词英译的变化原因及影响研究”；2020年祝春阳团队的“政治话语英译研究——基于2019年政府工作报告英译本”；2021年吕骏汶团队的“如何用英语讲好中国故事：以《习近平谈治国理政》双语版第三卷英译本为例聚焦外宣翻译中诗词与典故”。

### （二）学生学科竞赛成果

在项目组教师的指导下，学生在翻译大赛中取得了不俗的成绩。在课堂教学部分，同学们通过学习名家名译，感受到老一代翻译家爱国敬业的高尚情操的熏陶，许多同学有志于在翻译这个领域继续奋进，参加翻译比赛则是对其翻译实践能力进行考验的实操，这些获奖也是对他们的一种勉励，激励了部分同学继续翻译专业的深造学习，为将来从事英译外宣工作打好基础。学生笔译竞赛获奖情况如表8-4-2所示。

**表8-4-2　学生笔译竞赛获奖情况**

| 年　份 | 奖　项 | 获奖学生 |
|---|---|---|
| 2019 | 第四届“LSCAT杯”浙江省笔译大赛（英译汉）一等奖 | 林承志 |
| | 第四届“LSCAT杯”浙江省笔译大赛（英译汉）二等奖 | 赵玺 |
| | 第四届“LSCAT杯”浙江省笔译大赛（英译汉）一等奖 | 周益庆 |
| | 第四届“LSCAT杯”浙江省笔译大赛（英译汉）二等奖 | 徐田燃 |
| 2019 | 第四届“LSCAT杯”浙江省笔译大赛（英译汉）一等奖 | 姜悦晴 |
| | 第四届“LSCAT杯”浙江省笔译大赛（汉译英）二等奖 | 林铭茜 |
| | 第四届“LSCAT杯”浙江省笔译大赛（英译汉）二等奖 | 林诗情 |
| | 第四届“LSCAT杯”浙江省笔译大赛（英译汉）一等奖 | 柴昱 |
| | 第四届“LSCAT杯”浙江省笔译大赛（英译汉）二等奖 | 吕杰琛 |
| | 第四届“LSCAT杯”浙江省笔译大赛（英译汉）一等奖 | 黄佳怡 |
| | 第四届“LSCAT杯”浙江省笔译大赛（英译汉）二等奖 | 黄源清 |
| | 第四届“LSCAT杯”浙江省笔译大赛（英译汉）二等奖 | 汤烁易 |

（续表）

| 年　份 | 奖　项 | 获奖学生 |
| --- | --- | --- |
| 2020 | 第五届“LSCAT杯”浙江省笔译大赛（英译汉）一等奖 | 胡诗漪 |
| | 第五届“LSCAT杯”浙江省笔译大赛（英译汉）一等奖 | 俞颖 |
| | 第五届“LSCAT杯”浙江省笔译大赛（英译汉）一等奖 | 柴昱 |
| | 第五届“LSCAT杯”浙江省笔译大赛（英译汉）一等奖 | 周清 |
| | 第五届“LSCAT杯”浙江省笔译大赛（英译汉）二等奖 | 吴非儿 |
| | 第五届“LSCAT杯”浙江省笔译大赛（英译汉）二等奖 | 方梦盈 |
| | 第五届“LSCAT杯”浙江省笔译大赛（英译汉）二等奖 | 戴启润 |

# 第九章

# 管理学类

# 第一节 工程经济

**课程负责人：**虞晓芬

**教学团队：**张化尧、王飞绒、李正卫、欧阳仲健、胡应得、汤临佳、郭元源、程志光、刘道学

**所在院系：**管理学院

足下沉识淹长，思综通练，起而明之，足以经济。

——《晋书·殷浩传》

## 一、课程概况

### （一）课程简介

“工程经济”是一门面向理工科学生开设的通识类课程。课程以强化理工科学生创新创业意识为内在纽带，以项目评价为核心、以创业计划书编写为应用，帮助理工科学生转换思维方式，树立创新创业精神、经济意识和可持续发展理念，具备综合运用系统思维评价、选择和实施项目技术方案的初步能力。课程学习能够提升学生综合素养，为培养卓越工程师应承担的技术创新使命、经济使命和社会责任使命（后文称“三大使命”）打下坚实的基础。

教学团队积极响应为党育人、为国育才号召，通过课程教学的“三融合”促进“双创”人才培养，把课程思政教育与传统“工程经济”教学内容相融合，将20多年的教学经验与新时代大学生创新创业需求相融合，实现教书育人一体化。课程教学体现三大特色：①将思政元素与专业知识有机融合，强化学生家国情怀、创新精神和社会责任等；②以创业计划书编写为落脚点，将技术创新、经济评价、社会评价和风险分析等知识点融合起来，突出以项目科学评价和创新创业能力培养为导向的内容设计；③以“学—练—用”相结合的培养模式，把课程教学内容与“挑战杯”“互联网+”等创新创业大赛相结合，引导学生学以致用，提升创业能力，强化创新意识。

### （二）课程目标

#### 1. 知识目标

（1）掌握技术创新的内涵与前沿动态，掌握创新驱动对国家和企业发展的意义；

（2）掌握工程技术领域常用的经济学知识及其应用；

（3）熟练掌握工程技术方案经济评价、风险评价、可持续发展评价方法；

（4）熟练掌握项目综合比较选择方法。

### 2. 能力目标

（1）具备结合专业知识开展技术创新的意识；

（2）具备结合工程技术方案进行投资决策分析的能力；

（3）具备独立完成项目技术经济评价、创业计划书编制的能力。

### 3. 价值目标

（1）树立创新创业精神，增强通过技术创新报效祖国和社会的使命感；

（2）提升对我国技术创新成就的自豪感，增强制度自信、文化自信和爱国情怀；

（3）树立系统思维、辩证思维、底线思维和可持续发展意识。

## （三）课程沿革

自1998年开课以来，本课程已经取得了一系列的成绩。2009年，本课程立项为国家级精品课程；2014年，立项为国家级精品资源共享课；2019年，被评为浙江省“互联网+”优秀教学案例特等奖；2020年，被认定为全国线上线下混合课一流课程。目前，经过教学团队的不断改革，已有完整的课程视频，已在开放的网络平台（中国大学MOOC网）授课6年；已经成为全校性的经济管理类素质课核心课程，被计算机、自动化、化工等专业作为经济素质培养的必修课。

# 二、主要思政元素

我国经济社会迈上了高质量发展之路，急需一大批具有家国情怀、创新创业能力的卓越人才。“工程经济”课程以培养能够肩负起“三大使命”的卓越工程师为目标，构建以技术创新为引领、以项目评价为核心、以创业计划书编写为应用，有机结合国家大项目建设成就、爱国工程师事迹和企业家创新创业事迹等内容，激励学生胸怀理想、志存高远，奠定为理想而不懈奋斗的信念。课程重点体现以下思政元素。

**家国情怀：**课程设有多个知识模块（技术与经济关系、工程技术方案决策过程、工程技术方案评估等），贯穿我国经济社会发展过程中所取得的重大成就。学习这些模块可以培养学生从创新创业、科学决策的视角去理解其背后的规律和路线，从而自然地建立起对祖国和人民通过艰苦奋斗和科学发展、创造出一系列伟大成就的认同感和自豪感，同时帮助他们树立报效祖国、投身经济社会建设浪潮的使命感和责任感。

**创新意识：**培养学生“技术报国、创新为舟”的思维模式，引导学生深刻认识技术创新对国家经济发展、社会变革以及产业转型升级的巨大推动作用。结合理工科学生的专业知识和技术认知基础，将创造性思维和创造力融入项目分析方法和工具的学习与训练过程，从而为创造性运用专业知识服务社会奠定基础。

**创业精神：**技术创新的主体是企业，关键是企业家。在技术创新和创业计划书编制等章节中，结合改革开放以来涌现的一大批浙商创业案例，让学生学习艰苦创业的过程、分析浙商精神的脉络、领会创业理念的内核，帮助他们树立做一名“有科学家精神的企业家，有企业家精神的科学家”的远大抱负。

**社会责任：** 将社会责任意识、风险意识有机融入学生对项目技术选择、经济与社会效益评价的内容中，让学生能充分认识到项目经济属性和社会属性统一的重要性，从而在项目设计、选择和推进过程中自觉地把绿色发展、社会价值创造等放在重要位置。

**系统思维：** 培养学生能够运用系统观点，分析各要素、结构和功能的内在联系，能对项目的先进性、经济性、风险性、可持续发展性进行全面分析，运用适合的评价方法和工作手段，对项目作出科学、合理、准确的评价与选择。

## 三、设计思路

课程以时代发展赋予学生的“三大使命”为现实需求导向，以家国情怀、创新意识、创业精神、社会责任和系统思维为价值培养目标，将课程体系按技术创新模块、经济评价模块和可持续评价模块进行重组，通过多维协同和多层实践相结合的培养方式进行教学设计，综合实现知识目标、能力目标和价值目标。各功能模块间的联系思路如图 9-1-1 所示。

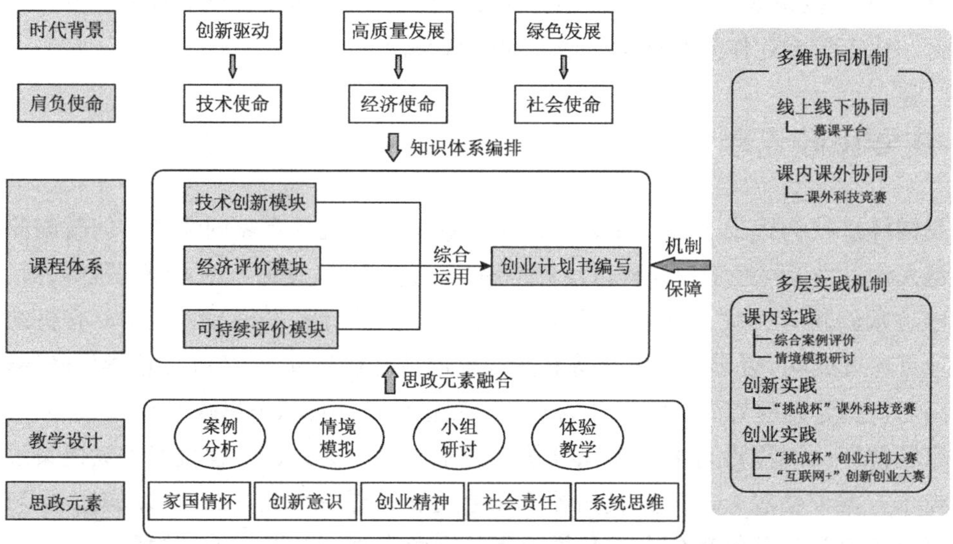


**图 9-1-1 “工程经济”课程各模块联系思路图**

教学中大量引入本土成功创新案例和大型投资项目评价，以增强学生“四个自信”，强化学习中的“三大使命”导向的价值理念培养。“工程经济”课程思政设计思路和支撑案例如表 9-1-1 所示。

**表 9-1-1 “工程经济”课程思政设计思路和支撑案例**

| 课程章节 | 重要思政元素 | 相关联的专业知识或教学案例 |
|---|---|---|
| 第一章<br>导论 | 家国情怀<br>责任担当<br>辩证思维 | 系统分析技术与经济的关系，增强学生的辩证思维；分析新时代发展环境分析和卓越工程技术人员承担的“三大使命”，强化学生的家国情怀和使命感 |

（续表）

| 课程章节 | 重要思政元素 | 相关联的专业知识或教学案例 |
|---|---|---|
| 第二章<br>技术创新 | 家国情怀<br>社会责任<br>科学思维<br>创新精神<br>企业家精神 | 结合技术创新定义，深刻理解习近平总书记提出的企业家精神；通过中国盾构机“从跟跑到领跑”、林东成功实现海流能发电并网等案例剖析，强化家国情怀、创新精神等；通过对“卡脖子”技术的清单分析，引导学生树立强烈的社会使命感和责任担当意识；学习创新思维、创新模式，培养科学精神 |
| 第三章<br>经济性评价基本要素 | 家国情怀<br>社会责任<br>劳动教育<br>心理健康 | 从资金时间价值的知识点出发，引申并揭示其背后的原理，即马克思劳动价值论、科技是第一生产力；深化成本、投资、利润等概念的学习，增强学生的投入产出和资源集约利用意识；从税收概念与税收计算，引申公民的应尽纳税义务和企业的社会责任等 |
| 第四章<br>经济性评价基本方法 | 家国情怀<br>辩证思维<br>科学精神 | 通过比较分析“我国是选择发展高铁还是磁悬浮”方案的经济性，一是培养学生们的科学精神，养成用数据说话的思维习惯，二是建立辩证思维、系统思维，在项目决策时学会既要考虑一次性投资，又要考虑运行成本，更要考虑环境成本，三是通过对我国高铁业的快速发展的了解，增强家国情怀 |
| 第五章<br>不确定性与风险分析 | 底线思维<br>使命担当 | 项目投资的目的是获得收益，但同时也伴随着风险，应强化风险意识教育。通过长春长生公司严重违反法律规定，导致企业破产、高管坐牢的结果，教育学生在技术方案和投资实施中，一定要遵从科技伦理、商业伦理，牢牢守住法律和道德底线 |
| 第六章<br>设备更新与租赁的经济分析 | 家国情怀<br>实干兴邦 | 从设备更新与租赁的经济性比较知识点出发，引出“中国装备”业发展现状与差距，增强使命感；从加速折旧法原理与应用，引出国家鼓励高新技术企业发展的政策讨论，深刻认识发展高新技术的战略意义 |
| 第七章<br>价值工程 | 家国情怀<br>社会责任<br>科学思维 | 从价值工程原理出发，帮助学生认识到唯有提高产品的价值，才能处理好企业价值、用户价值、社会价值的关系，增强学生的社会责任感；通过介绍“一带一路”倡议下企业所面临的国际工程问题，让学生阅读感受国家新时期的建设成就，并通过讨论强化科学思维和社会责任 |
| 第八章<br>建设项目可行性研究 | 家国情怀<br>担当使命<br>安全意识<br>系统思维 | 通过介绍三峡工程、南水北调工程的论证决策过程体会项目科学决策的重要性，用国家大工程取得的成就，激发学生的崇高理想和报效祖国的雄心壮志；通过某核电项目选址可行性研究案例剖析，增强安全意识、系统思维，培养严谨、科学的态度，养成踏实的工作作风 |
| 第九章<br>建设项目可持续发展评价 | 家国情怀<br>社会责任<br>绿色健康<br>可持续发展 | 通过介绍光伏发电等新能源的广泛开发和应用，加深对习近平生态文明思想的理解，让学生理解碳达峰、碳中和战略的重要意义；通过剖析都江堰工程在防涝抗洪、引渠灌溉、自动换道、动态排沙等方面的精巧设计，体会项目技术性、经济性、社会性的完美结合，学习系统思维和创新意识。布置作业，让学生查找项目成功和失败案例，体会可持续发展评价对社会和企业的意义，并在学习中逐步积累责任意识、使命和担当意识 |

（1）在技术创新模块的学习安排中，通过对国家创新力比较、创新企业解读、创新案例剖析、创新路径研讨，强化学生运用技术的力量为人类幸福、为中华民族伟大复兴作出更大贡献的意识。

（2）在经济评价模块的学习安排中，特别重视通过方案创新和经济效益对比，帮助学生树立投入产出的理念，以及节约资源投入的观念和风险底线思维。

（3）在可持续评价模块的学习中，通过案例分析，特别是那些不重视环保和资源节约集约利用而导致失败的案例分析，帮助学生深刻领会商业伦理和社会责任的重要性，掌握系统地对投资项目市场前景、技术可行性、经济效益、社会效益、投资风险等进行综合评估的能力。

## 四、实践案例

### （一）案例1：技术创新与企业家精神

熊彼特在1912年出版的《经济发展理论》中指出，创新是指把一种从来没有过的关于生产要素和生产条件的“新组合”（包括新产品、新技术、新市场等）引入生产体系，并认为创新的主体是企业家。从这个理论切入并结合案例分析，让学生学习科学家精神和企业家精神，提高理想抱负水平，做一名“有科学家精神的企业家，有企业家精神的科学家”。

**提问学生思考：**技术发明与技术创新的区别是什么？为什么技术创新的主体是企业家？

**解答：**技术发明是指创造出过去没有的新产品或新技术，而技术创新是把新技术、新产品应用于生产体系，是实现商业化的过程。技术创新等于“发明＋发展＋商业化”。日光灯发明时间是19世纪中叶，创新时间是1938年，滞后几十年；尼龙发明时间是1928年，创新时间是1939年，滞后11年。从发明到创新（商业化）存在“死亡之谷”，需要企业家整合资源，克服来自市场、技术、资金、成本等方面可能出现的问题，最终实现新产品或新技术的商业化，由此可见企业家在技术创新中具有不可替代的作用。

**引导学生思考：**习近平总书记2020年7月在企业家座谈会上提出弘扬企业家精神，9月在科学家座谈会上提出弘扬科学家精神。什么是企业家精神？什么是科学家精神？

**解答：**企业家精神包括爱国情怀、勇于创新、诚信守法、社会责任、国际视野。科学家精神包括爱国精神、创新精神、求实精神、奉献精神、协同精神、育人精神等六个方面。我国经济在过去的40余年间之所以能高速发展，是因为中国特色社会主义制度释放了中国的企业家精神和科学家精神。今天，科学技术渗透到每一个领域，科技成果商品化的周期越来越短，不重视创新或不懂如何发挥科学家作用的企业家很难在市场上长久立足，但同时，一个不懂所研究技术应用前景与价值的科学家也很难有大作为，需要二者完美的结合。

**案例：**浙江工业大学校友林东经过10余年的不懈努力，实现了从牛肉干大王到新能源先行者的山海一跃。在牛肉干生产领域取得一连串成就后，林东一直在寻找新的创业机会，希望为社会作出更大的贡献。2008年他选择到美国建立孵化器，并联手南加州大学两名学者，开始新能源领域的创新创业。历时 8 年研发，林东终于把自己从外行变成总工程师，把利用海洋潮流能发电的想法变成了现实。2016 年装机容量 3.4 兆瓦海洋潮流能发电机组在舟山海域成功运行发电（图 9-1-2）。其包含了 15 大系统核心技术群组，已获国内外专利 50 余项，中国也因此成为世界上第三个实现海流能发电并网的国家。此项目被中国海洋学会等组织的专家评为“2016 年度中国海洋十大科技进展”，美国国家地理频道专程前来拍摄专题片，被联合国环境署等机构发布的《2017 全球可再生能源现状报告》收录，成功入选迎接党的十九大召开的“砥砺奋进的五年”大型成就展。央视一套还在黄金时间播出以林东为原型拍摄的 35 集连续剧《奋进的旋律》。林东身上反映出浙商敢为人先、勇立潮头、勇于创新的精神，也反映了浙江工业大学“艰苦创业、开拓创新、争创一流”的三创精神。通过对林东事迹的学习，学生进一步增强了为国家繁荣昌盛和建设创新型国家而努力奋斗的远大志向。

**图 9-1-2　林东 3.4 兆瓦海洋潮流能发电机组下水试装**

资料来源：LHD 联合动能海洋能大型实验室

## （二）案例 2：项目风险分析与底线思维

项目投资的目的是获得收益，但同时也伴随着风险。风险是指在某一个特定时间段里，人们所期望达到的目标与实际出现的结果之间产生的距离。

**引导学生思考：**收益与风险之间存在什么样的关系？风险与收益是否成正比？请举例说明。

**解答：**通常我们认为“高风险、高收益”“低风险、低收益”。比如，为什么国债的利率低于同期银行存款利率，信托基金收益率为什么远远高于银行存款利率？背后是因为资金的风险不一样，投资者会根据风险大小要求风险报酬率。

**引导学生思考：**是否存在“收益固定、风险无限（相对无限）大”的情况？

**解答：**存在。举个反面的例子，如某人违规收受 100 万元，这 100 万元可以看作是固定的收入，但其行为会带来获刑、坐牢等非常大的风险，这可以理解为收入固定而风险无限大的情况。

**案例**：长春长生生物科技有限责任公司（以下简称“长春长生公司”）在生产冻干人用狂犬病疫苗的过程中，部分批次混入过期原液，部分批次不如实填写生产日期和批号。2018年7月15日，国家药品监督管理局发布了长春长生公司违法违规生产冻干人用狂犬病疫苗的通告。7月16日，长春长生公司发布公告称，公司对有效期内所有批次的冻干人用狂犬病疫苗全部实施召回，且相关产品证书已被收回。7月29日，公安机关对长春长生公司董事长等18名犯罪嫌疑人提请批捕。7月30日，长春长生公司名下34个银行账户全部被冻结，28亿投资项目暂停。8月6日，国务院调查组公布了长春长生公司违法违规生产狂犬病疫苗案件调查的进展情况。10月16日，国家药监局和吉林省食药监局分别对长春长生公司作出多项行政处罚，长春长生公司被处罚没收款91亿元。

2019年5月，长春长生公司被立案调查。9月15日公司股票暂停上市期到期。同年10月，深交所公告于2019年1月14日作出对该公司股票实施重大违法强制退市的决定，公司股票自2019年3月15日起暂停上市。10月8日，深交所发布公告称，长春长生公司股票终止上市。11月7日，法院依照《中华人民共和国企业破产法》第二条第一款、第一百零七条之规定，裁定宣告长春长生公司破产。从主管部门到省区市，多名官员被严肃问责。[①]

**教师总结**：长春长生公司贪图小利，严重违反相关规定，带来的是企业破产、高管坐牢的结果，教训是深刻的。在技术方案和投资项目实施中，我们一定要遵循科技伦理，牢牢守住法律底线、伦理道德底线。

## （三）案例3：都江堰工程与工程项目评价系统思维观

如果想综合运用市场分析、技术评价、经济效益评价、环境效益评价知识与方法，必须建立系统思维。讨论跨越古今的都江堰“超级工程”，一是让学生进一步加深对系统思维观重要性的认识；二是通过对2 000多年前建设的这一伟大工程的学习，能让学生感受中国智慧，增强文化自信；三是让学生学习秦国蜀郡守李冰及其子李二郎在修建这项伟大的水利工程中所展现出的精湛技艺和其他素质，增强学生成为卓越工程师的意识。课程组织形式如下：①提前安排学生查阅都江堰工程与李冰及其子李二郎资料；②对以下两个问题做发言准备，并由学生代表作陈述，教师做点评与总结。

**引导学生思考**：都江堰工程技术的先进性、经济效益与社会效益主要体现在哪些方面？

**教师总结**：都江堰坐拥天堑，受泽岷江，但大自然的力量既美丽又残酷，有诗人岑参在《石犀》中描述：“江水初荡潏，蜀人几为鱼。”刻画了古代蜀民在岷江丰水期涝灾时的无助，都江堰建成后已造福万民免遭水患。从技术层面来看，都江堰水利工程的设计方案包括如“鱼嘴”般精妙的分水设施，能够实现在丰水和枯水期岷江按不同比例分流，做到有效排涝，保证了当地水文安全。在2 000多年前，设计出如此巧

① 资料来源：https://baike.so.com/doc/281183-297644.html。

妙的水利工程，是一个奇迹。都江堰工程鱼嘴分流原理如图 9-1-3 所示。从经济效益来看，李冰父子引内江水灌溉成都平原，就是充分考虑了其对古代农耕业的支撑作用，且加装“宝瓶口”，更是实现了灌溉水量的自动调控，减轻了人民的负担，使农业增收，堪称一绝，社会效益突出。

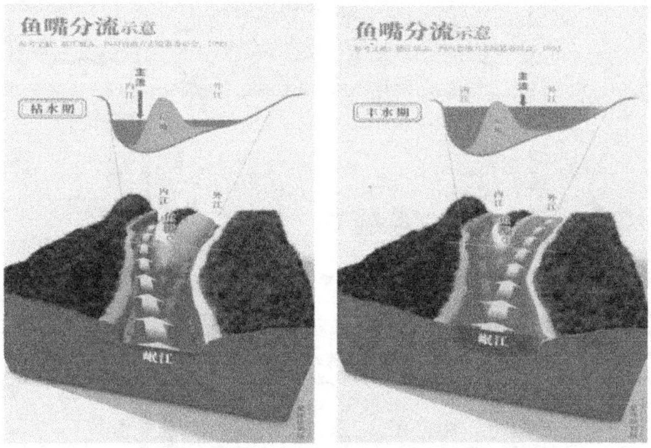


**图 9-1-3　都江堰工程鱼嘴分流原理图**

**引导学生思考：**都江堰的系统性设计思维对工程项目评价有何启发？

**教师总结：**都江堰水利工程的设计方案，巧妙地利用了当地山体、水体、陆地等自然特征，设计方案也并不是以防涝作为唯一功能，而是充分采用系统化思维，整合了多种功能，在一个工程上实现叠加，最终实现防涝（鸭嘴）、排沙（飞沙堰）、灌溉（宝瓶口）功能三位一体，达到了“1+1+1>3”的效果。都江堰工程的系统化设计思路，既保证了防涝、灌溉等基础功能的完美实现，还从项目的全生命周期的视角出发，巧妙设计了自动排沙功能，使得这项古代工程奇迹能够未经大修而一直沿用至今。在现代工程管理实践中，这种立足现实条件、系统布局功能、综合形成解决方案的思路非常值得我们借鉴。在设计工程项目功能以及核算成本时，也要善于运用系统化思维，综合考虑产品的价值系数，平衡功能和成本之间的最优关系。

**案例小结：**学习李冰父子事迹，为学生成为一名卓越的工程师打下坚实基础。

都江堰水利工程的案例向我们展示了卓越的工程师对人类文明的巨大贡献，激励学生加强对技术基础、经济知识、社会责任等方面的学习，立足当今科技的前沿，更好地服务祖国。该案例也能使同学们深刻感受到，掌握系统理念对成为一名卓越的工程师的重要性。

## 五、教学效果

通过“工程经济”的学习，学生在“三大使命”的感召下，树立了技术与经济结合的思维方式，绿色发展理念得到加强，创新意识和创业理念能够贯彻到课程各项训练中。绝大多数学生都能积极主动地将课堂知识与现实问题相结合，一些学生还在大学生创新创业项目中获得了优异的成绩，课程组也在教学改革和项目指导中得到了肯定，广受学生的好评。部分教学成果如图 9-1-4 所示。

图 9-1-4 部分教学成果

**学生作业：“无电式”智能停车场创业项目**

该项目为 2019 年春季机械学院和计算机学院的黄奕涵、吴奇哲等同学在学习课程之后完成的小组作业。他们关注了人类经济活动的环境友好性问题，结合专业知识，构想了一种能够实现智能管理和低能耗的绿色智能停车场项目。该小组作业的练习让学生系统运用了课程所学的项目评价知识，同时也激发了他们的环境保护意识和社会责任感。“无电式”智能停车场作业展板如图 9-1-5 所示。

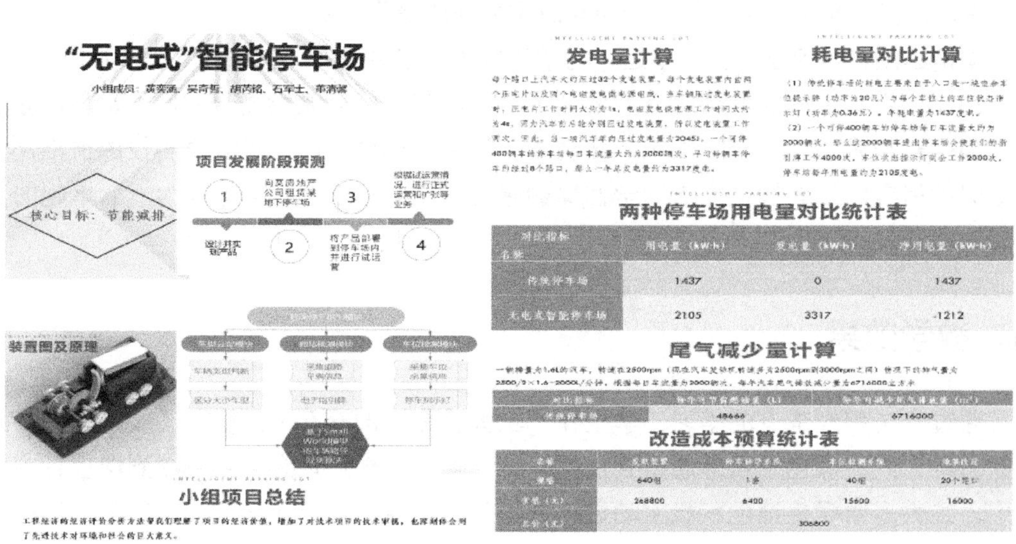

图 9-1-5 “无电式”智能停车场作业展板

# 第二节 公司理财

课程负责人：雷新途
教学团队：蒋贤品、虞晓芬、郑梅莲、金鑫、安维东、王治皓
所在院系：管理学院

事应民功理顺天，财资聚散五湖间。蠡夫何以成商圣，不在千金在善贤。

——佚名《咏范蠡》

## 一、课程概况

### （一）课程简介

“公司理财”课程是关于公司融资、投资、收益分配与股利政策、营运资金、财务报表分析、估值与财务规划、财务重组等财务决策与管理的理论知识、能力和正确价值观的一门课程。它是财务管理专业的核心基础课程（48 课时），也是工商管理类专业必修课程（32 课时），以及其他管理大类专业（信息系统与信息管理专业、工程管理专业）、应用经济学类专业的选修课程（32 课时）。该课程专业性较强，其先修课程为“基础会计学”“应用统计学”“管理学原理”。

### （二）教学目标

#### 1. 知识目标

（1）全面、系统地理解公司投资决策、融资决策、营运资金决策、收益分配与股利政策、财务报表分析等公司理财基本理论和基本知识；

（2）全面、系统地理解公司投资管理、融资管理、营运资金管理、收益与股利分配管理等公司理财基本理论和基本知识；

（3）全面、系统地理解财务综合诊断、公司估值与财务规划、兼并收购与债务重组等公司理财相关理论和知识。

#### 2. 能力目标

（1）具备在复杂的经济环境中进行公司投资决策、融资决策、利润分配决策、股利政策制定和营运资金决策的能力；

（2）具备在复杂的经济环境中进行公司投资管理、融资管理、收益分配和股利支付管理、营运资金管理的能力；

（3）具备在复杂的经济环境中进行财务综合诊断、公司估值与财务规划、兼并收购与债务重组等财务决策与管理的能力；

（4）具备良好的沟通能力与团队合作能力。

### 3. 价值目标

（1）具有风险意识、责任承担意识与进取精神；

（2）树立良好的商业伦理观、环境友好观、企业社会责任观等意识；

（3）培养公正、法治、和谐、诚信、敬业等价值观。

## 二、主要思政元素

“公司理财”课程蕴含的思政元素主要体现在5个方面，即社会主义核心价值观、商业伦理、利益相关者利益、企业社会责任以及生态环境友好。

**社会主义核心价值观：**“公司理财”课程以公司价值最大化为目标，公司整体资本价值战略目标应嵌入富强、民主、文明、和谐等国家层面的价值目标，使财务管理与决策行为充分体现自由、平等、公正、法治的社会层面的价值取向，始终强调财务管理和决策者应以爱国、敬业、诚信、友善作为公民个人层面的价值准则。

**商业伦理：**遵守一般商业伦理是公司投融资理财活动与处理社会关系的基础与前提。社会主义商业伦理应当是社会主义核心价值观在商业领域的具体体现和重要的实现路径。积极发挥商业伦理的指导功能、评价功能和教化功能，不仅能使企业理财行为体现出的行为规范和道德准则符合社会主义核心价值观，还能使公司投融资决策和财富创造活动充分考虑外在因素和各种不确定性，从而规避商业伦理等风险。

**利益相关者利益：**公平对待和妥善处理大股东、中小股东、债权人、管理者、职工、供应商、客户、社区、政府等利益相关者的利益，是公司财务经理的重要职责。治理和管控利益相关者之间的利益冲突与代理问题，其基本原则应体现平等、公正、法治、诚信、和谐等社会主义核心价值观和商业伦理。

**企业社会责任：**企业社会责任是指企业通过透明和道德的行为，对其决策或活动产生的社会和环境影响承担责任。党的十九大报告提出“创新、协调、绿色、开放、共享”五大发展理念，坚持可持续发展战略，这实际上也是企业承担社会责任的具体要求和实施路径。

**生态环境友好：**生态环境友好与财务的深度结合即为财务绿色化，其要求企业应深刻认识自然资源的有限性，自觉保护环境、保持生态平衡，以有利于人类的生存和发展为目标，充分利用和尽可能节约自然资源为己任。

## 三、设计思路

### （一）明确价值目标对知识目标和能力目标的引领作用

首先对“公司理财”现有教学大纲的教学目标进行梳理，将其归纳为知识目标、能力目标和价值目标三大类。清晰界定三类目标的内涵，明确三类目标的内在逻辑和相互关系，明确价值目标对知识目标和能力目标的引领作用，如图 9-2-1 所示。



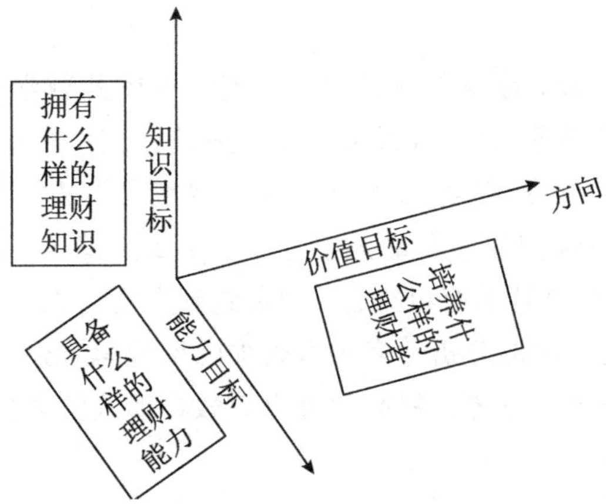


图 9-2-1 “公司理财”三类教学目标体系的关系

## （二）建立“思政元素—课程内容—教学目标”的映射与对应关系

针对“公司理财”课程特征与专业人才培养 OBE 教育理念，通过社会主义核心价值观与资本价值目标兼容并包、商业伦理与财富创造并行不悖、利益相关者利益与股东利益和谐共生、社会责任与公司价值并驾齐驱、绿色财务与价值财务有机耦合，使思政元素与课程内容匹配，且与教学目标体系（知识目标、能力目标与价值目标）形成映射和对应关系，如图 9-2-2 所示。此过程应极力杜绝和避免“低级红、高级黑”等弊端。

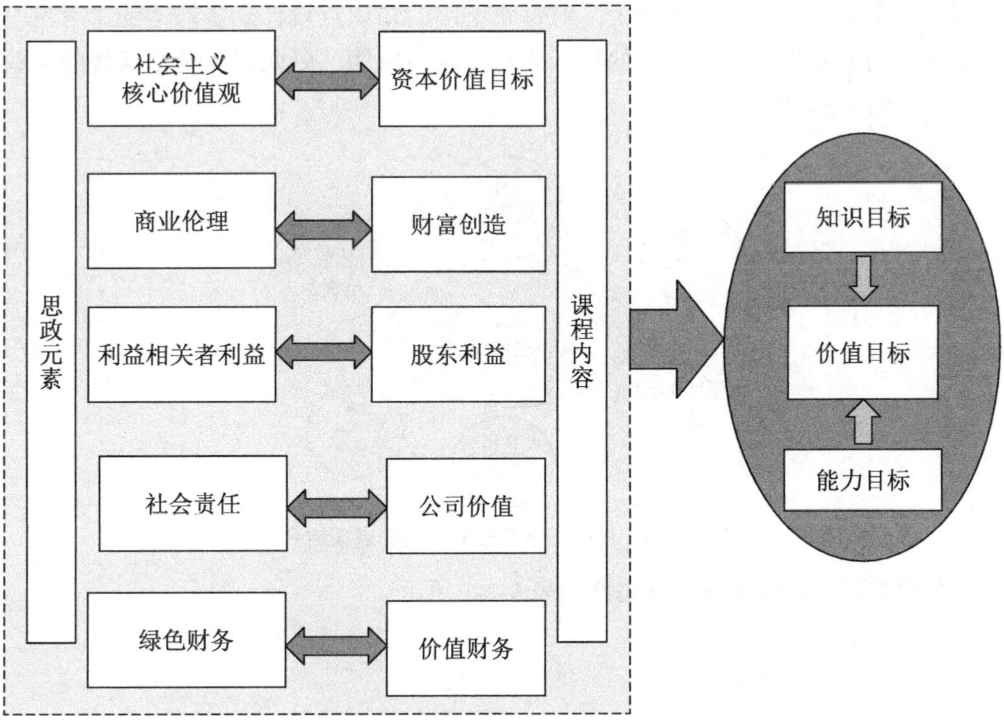




图 9-2-2 “思政元素—课程内容—教学目标”的映射与对应

### （三）采用“三结合”的思政教学模式以及春风化雨、润物无声的思政导入方式

线上与线下教学结合、理论与实践结合、校内与校外教学资源结合的“三结合”思政教学模式如图 9-2-3 所示。教师要充分发挥线上教学的优势和便利，积极将课程思政教育融入学生的课程实践环节，同时通过“行业精英进校园”以及“移动教学”等方式充分整合校内校外思政教学资源；通过教学方法的创新，实现知识教育、能力培养、价值观提升的有机结合，切实做到立德树人；充分利用“互联网+”、多媒体技术、课堂讨论、案例分析等多种方式加强课程思政建设；教学中积极融入典型案例、时政要闻、社会热点等，提高课程思政教育形式的多样性、内容的生动性、学生的参与度和获得感。

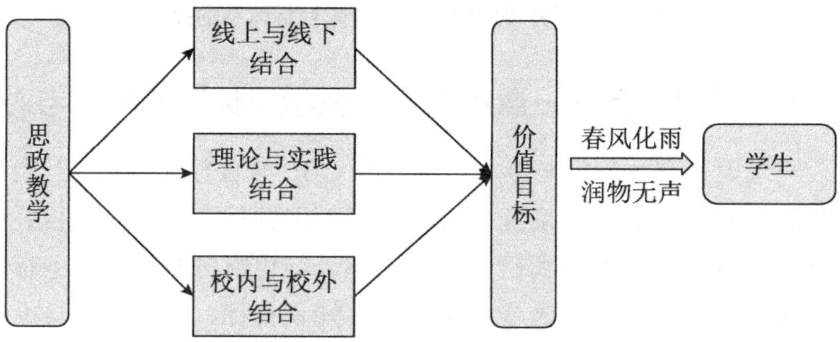


图 9-2-3　“三结合”的思政教学模式

针对每章教学内容的特点以及教学目标，设计一个核心案例以体现本章核心思政元素与教学主要目标。在此基础上，对每章不同的知识点设计众多散落的“卫星”思政元素在不同的知识点中。每章的核心思政元素不雷同，以此涵盖整个课程的思政教学目标，如图 9-2-4 所示。

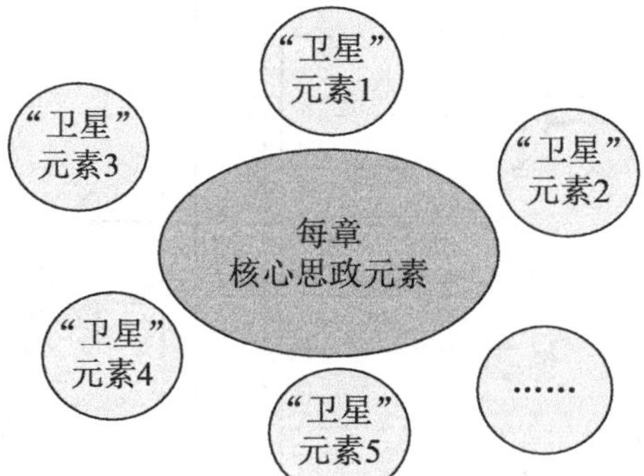


图 9-2-4　核心元素与思政元素的点面组合

“公司理财”课程思政设计思路如表 9-2-1 所示。

**表 9-2-1 “公司理财”课程思政设计思路**

| 课程章节 | 重要思政元素 | 相关联的专业知识或教学案例 |
| --- | --- | --- |
| 概述 | 企业社会责任；生态环境友好；全面科学发展观、大局意识；矛盾论 | 公司财务环境；财务管理内容；财务管理原则；财务目标等。<br>案例：《三鹿集团“一好遮百丑”：财务绩效好，企业就好吗？》《财务绩效与公司社会责任并驾齐驱：CSR 模范生海康威视》 |
| 第一章<br>财务报表分析 | 利益相关者利益；诚信；坚持实事求是原则；战略思维、历史思维、辩证思维、创新思维、底线思维 | 公司财务报表分析的目的与资料来源；公司盈利能力分析；公司偿债能力分析；公司运营能力分析；公司成长性与价值分析；综合财务分析。<br>案例：《为何是它一枝独秀：万科财务报表分析》 |
| 第二章<br>投资决策与管理 | 生态环境友好与“两山理论”；商业伦理与契约精神；忧患意识与风险防范；传统文化蕴含的管理思想与文化自信；研发投入与科技强国兴企；供需两侧改革；国际国内双循环理论 | 公司投资决策程序和原理；公司项目投资决策与财务评价；风险与收益；证券估值与金融资产投资；投资组合管理。<br>案例：《生态环境责任与采掘业项目投资》《核电项目投资现金流预测》 |
| 第三章<br>融资决策与管理 | 生态环境友好与“两山理论”；绿色财务金融；习近平总书记关于去杠杆（降低债务融资风险）在内的“三去一降一补”重要指示；近 5 年中央财经工作会议关于金融、资本市场支持实体经济的精神和原则 | 公司权益融资方式；负债融资方式；融资成本；经营杠杆、财务杠杆与复合杠杆；资本结构理论与决策。<br>案例：《深圳高速股份有限公司绿色债券融资》《创业板与主板企业财务风险与经营风险及杠杆组合比较》《常州中小企业集合债券设计与发行》 |
| 第四章<br>营运资金决策与管理 | 商业伦理与契约精神；利益相关者利益；传统文化蕴含的管理思想与文化自信；忧患意识与风险防范；国际国内双循环理论 | 公司现金、应收账款、存货等流动资产管理；应付账款、票据、短期借款及短期融资券等流动负债管理；营运资金投融资策略。<br>案例：《三一重工商业信用管理》《流动资产最佳规模决策与中庸思想》《为何海康威视不差钱：海康威视营运资金管理》 |
| 第五章<br>收益分配与股利政策 | 法治、公平、诚信、和谐等核心价值观；公平与效率；制度自信；“积累与发展”的思想和精神 | 公司收益分配的原则与程序；公司股利理论与股利分配的影响因素；股利政策类型评价与应用；股票回购、股票分割与合并。<br>案例：《中国资本市场上市公司有多少“铁公鸡”》《理性与情感：万科股利政策》 |
| 第六章<br>公司估值、财务预测与规划 | 商业伦理；矛盾论 | 公司贴现（自由）现金流估值模型与应用；期权估值模型与应用；相对乘数估值模型与应用；公司财务预测；公司财务规划与战略。<br>案例：《估值技术的商业伦理：天价商誉的实与虚》《威孚高科财务规划与可持续发展战略》 |
| 第七章<br>公司并购与债务重组 | 利益相关者利益；商业伦理与契约精神；民族产业自信 | 并购类型与方式；并购估值；并购融资；并购整合；并购风险；债务重组。<br>案例：《跨国并购收益与风险：吉利汽车并购沃尔沃》《海航债务重组前景分析》 |

# 四、实践案例

## （一）案例 1：财务目标：财务（账面）绩效最大化的优与弊

### 1. 思政元素

（1）核心思政元素：企业社会责任与利益相关者利益；

（2）其他思政元素：诚信、法治等核心价值观；全面科学发展观、大局意识；习近平总书记关于科技投入对国家和企业的意义的重要论述；“两山理论”；国有企业的战略意义与制度自信等。

### 2. 教学方式

（1）课堂讲解、学生讨论；

（2）案例教学；

（3）视频教学。

### 3. 思政教学过程描述

（1）课堂讲解：财务绩效最大化财务目标影响最广。但财务（账面）绩效很大程度上取决于会计信息系统的构建规则及会计准则。权责发生制、历史成本、会计政策与程序选择以及仅限于可货币计量的财务信息等因素导致财务（账面）绩效具有诸多缺陷。

（2）构建 4 个情景供学生讨论，以此揭示财务（账面）绩效最大化财务目标的弊端。以下为情景举例。

图 9-2-5 所示，企业可能为了财务（账面）绩效最大化而采取短期行为，进而引出习近平总书记关于科技投放对国家和企业的意义的主要论述。财务（账面）绩效最

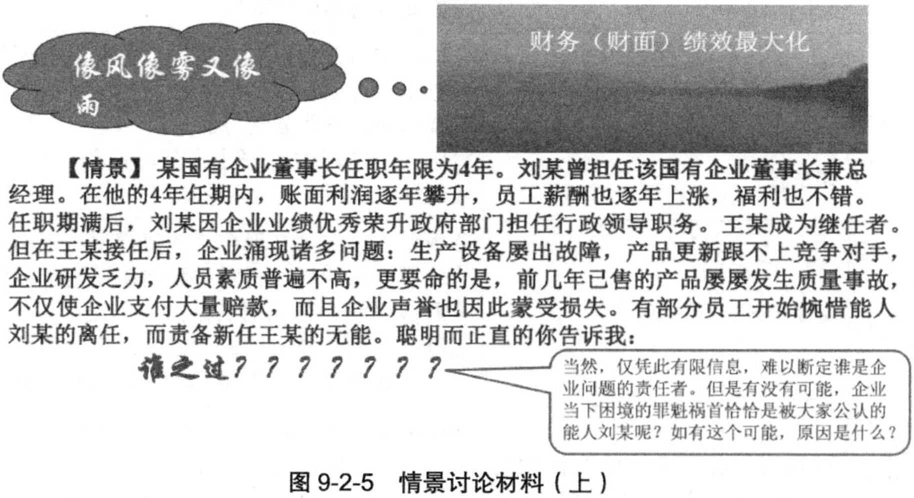


图 9-2-5　情景讨论材料（上）

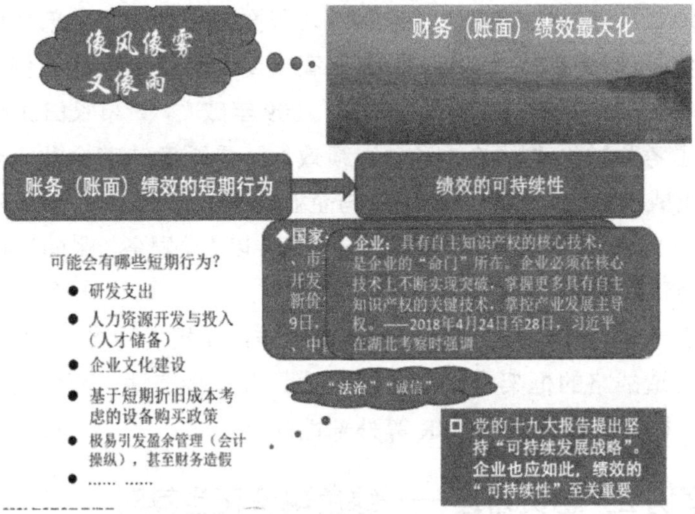


**图 9-2-5　情景讨论材料（下）**

大化财务目标易引发企业盈余管理（会计操纵），甚至财务造假，违背“法治”“诚信”等社会主义核心价值观。党的十九大报告提出坚持“可持续发展战略”。对企业而言绩效的“可持续性”至关重要，而财务（账面）绩效最大化引导下的短期行为会导致绩效不具有可持续性，这是很多企业失败的原因所在。

（3）图 9-2-6 所示的情景中设计了正反两个案例，分析和讨论财务（账面）绩效负外部性问题，重点分析财务（账面）绩效最大化与利益相关者利益及企业社会责任之间的关系。

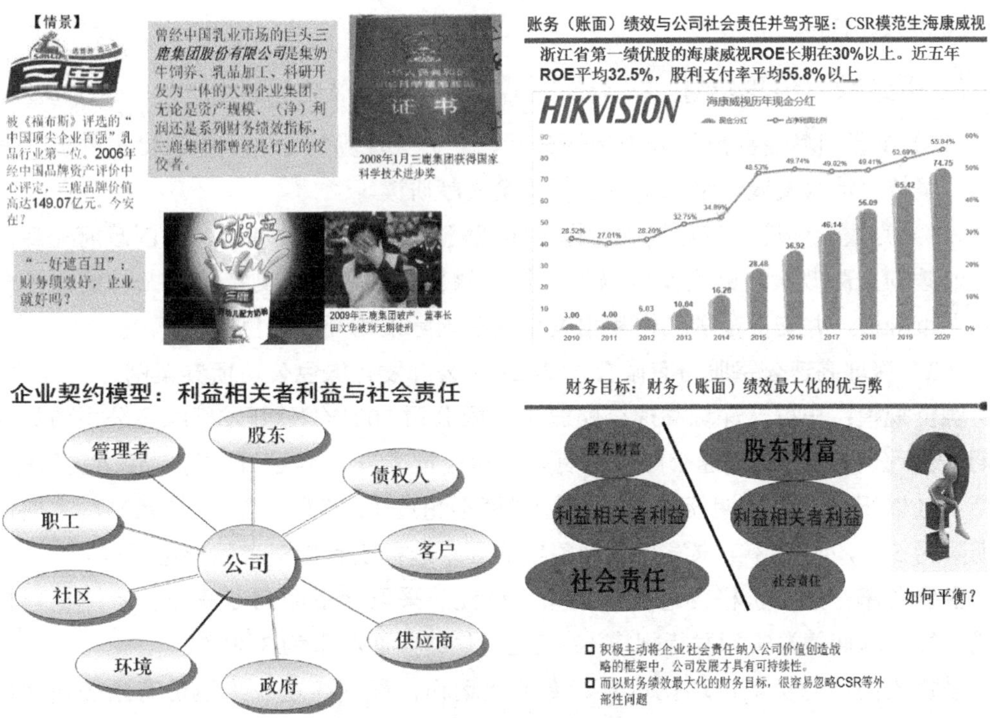


**图 9-2-6　案例讨论教学内容**

首先，教师要从理论上分析和讨论财务（账面）绩效的负外部性问题，并引导学生了解有哪些负外部性行为。其次，引入三鹿集团与海康威视的案例。三鹿集团曾是行业的佼佼者，由于罔顾公众与消费者利益于2009年破产，董事长田文华被判无期徒刑。由此启发学生思考和讨论“财务（账面）绩效好，是否意味着企业一定好”的问题。与此相反，海康威视将财务（账面）绩效与企业社会责任平衡做得很好，海康威视近5年ROE平均为32.5%，股利支付率达到平均55.8%以上。财务（账面）绩效优秀的同时，海康威视的社会责任履行也较好。

通过上述情景讨论与案例分析，进行课堂总结：积极主动将企业社会责任（CSR）纳入公司价值创造战略的框架中，公司发展才具有可持续性。而以财务（账面）绩效最大化为财务目标，很容易忽略CSR等外部性问题。

## （二）案例2：融资管理——绿色融资正当其时

### 1. 思政元素

（1）核心思政元素：“两山理论”；绿色财务；科学发展观；

（2）其他思政元素：习近平总书记关于去杠杆（降低债务融资风险）在内的“三去一降一补”重要指示；普惠金融、社会主义共同富裕与扶贫融资。

### 2. 教学方式

（1）课堂讲解；

（2）政策文献研读；

（3）案例讨论。

### 3. 思政教学过程描述

（1）课堂讲解企业融资外部环境分析，充分关注党的十九大报告提出的五大发展理念，坚持可持续发展。组织学生进行政策文献研读。

（2）为改善环境、应对气候变化，实现资源节约和高效利用，我国政府先后出台相关财政与金融政策，鼓励发展绿色信贷和绿色直接融资，支持符合条件的绿色产业企业上市融资，并支持金融机构和相关企业在国际市场开展绿色融资。

（3）深圳高速公路股份有限公司2021年公开发行绿色公司债券案例。

**融资规模：**根据《深圳高速公路股份有限公司2021年公开发行绿色公司债券（第一期）发行公告》，深圳高速公路股份有限公司经批准2021年公开发行绿色公司债券（第一期）（以下简称“本期债券”）发行规模不超过12亿元（含12亿元）。本期债券的期限为5年，附第3年末发行人调整票面利率选择权和投资者回售选择权。

**融资利率：**发行价格为每张人民币100元，采取网下面向专业投资者簿记建档的方式发行。本期债券实际发行规模12亿元，最终票面利率为3.49%。

**融资投向：**为实现市场化运营、专业化运作，深圳高速公路股份有限公司（以下简称“深高速”）先后设立以拓展固废危废等环境保护产业相关业务为主的环境公司，以及以拓展风电等新能源业务为主的新能源公司，打造具有国际影响力的以环境保护投资、科技、服务为核心的环境保护全产业链综合集团。深高速投资项目签约现场如图 9-2-7 所示：

（1）深高速收购包头南风 67% 股权。包头南风共有 5 个风电场，风场资源情况较好，年等效满负荷运行小时数（满发状态下）能达到 3 000 小时，风场资源情况在全国属一流。

（2）深高速持有南京风电 51% 股权，公司从南京风电获得设备、技术、运维、风场资源等一系列全产业链优势，为集团快速进入风力发电行业和进一步发展奠定了基础。

（3）深高速受让及认购蓝德环保合计不超过 1.6 亿股股份。蓝德环保主要从事为客户提供餐厨垃圾、垃圾渗滤液等市政有机垃圾处理的系统性综合解决方案业务。

**图 9-2-7　深高速投资项目签约现场**

通过上述讲解、讨论与案例分析，进行课堂总结：识别和获取绿色融资资源是重要的融资决策和管理能力，同时也是践行环境友好和可持续发展理念的具体体现。

## （三）案例 3：环境责任与项目投资现金流预测

### 1. 思政元素

（1）核心思政元素：生态环境友好与“两山理论”；科学发展观与企业社会责任；

（2）其他思政元素：习近平总书记在历年中央财经工作领导小组会议上发表的关于金融、财政、投资等相关重要讲话；中央关于“改善投资环境和市场环境”的指示等；大众创业、万众创新等。

### 2. 教学方式

（1）课堂讲解；

（2）政策文献研读；

（3）课堂讨论。

### 3. 思政教学过程描述

（1）课堂讲解项目投资现金流预测的重要意义，以及现金流预测的基本程序。讲解增量现金流的判断原则与注意事项，重点分析投资项目现金流预测中关于“沉没成本”“机会成本”“协同效应增量”“侵蚀效应增量”是否为投资项目决策的相关成本。讲解项目投资初始投资阶段、投产经营阶段、项目终结阶段现金流量的组成内容、计算方式以及一般项目各阶段净现金流的通常符号；讲解生态环境责任对各阶段现金流产生的影响以及其对各阶段净现金流的通常符号的可能改变。

（2）相关政策文献回顾：2012 年以来党和国家关于生态环境补偿相关法制建设过程与内容，以及环境、社会与治理（ESG）的关系，如图 9-2-8 所示。

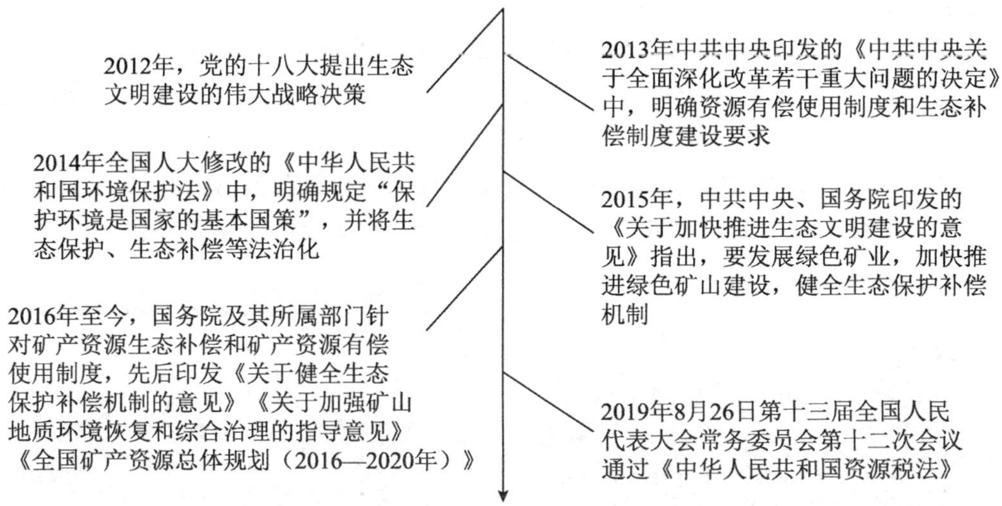


**图 9-2-8　生态环境补偿相关法制进程**

课堂讨论：生态环境及其补充监管对项目投资的可行性分析以及现金流预测、财务评价的影响。

讨论内容 1：因监管日益严格而陡增的生态环境评估费用，导致项目投资可行性分析费用支出剧增。（专业教学方面的讨论问题）项目可行性评估费用在预测和计算投资项目现金流时，是决策的相关成本还是无关成本？（思政教学方面的讨论问题）虽然作为项目投资决策的无关成本，因生态环境评估而大大增加投资前期的财务支出，但生态环境评估费用“价有所值”。组织学生从宏观社会、国家甚至地球人类前景等角度，以及微观企业投资项目的风险与收益角度，讨论与分析为什么说生态环境评估费用“价有所值”。

讨论内容 2：一般固定资产投资项目的初始阶段现金净流量小于零，投产经营阶段现金净流量大于零，终结阶段现金净流量大于零。请举例什么样的投资项目，终结阶段现金净流量不仅非正数，而且是巨大的负净流量，并分析原因。设置两个情景用以课堂讨论：

**情景 1.** 采掘投资项目，生态环境补偿和修复责任对终结现金流净流量的影响（终结阶段现金净流量将为负，且数字很大，现金流出是因为生态环境补偿和修复）。

**情景 2.** 核电投资项目初始投资阶段、投产经营阶段、项目终结阶段现金流的分布（核电项目初始投资现金净流量很大。但经营阶段由于边际经营成本相对较低，因而有巨大的净现金流量，且存续时间长。而终结阶段，由于核废料处置技术复杂且成本很高，因此终结阶段现金净流量为负且数值很大）。

浙江省温州市苍南县霞关镇三澳村的三澳核电站投资项目，是民营资本首次参股投资的民用核电项目，如图 9-2-9 所示。

**图 9-2-9　浙江三澳核电站投资项目**

课堂通过讨论分析后总结：生态环境责任及其强监管约束会对项目现金流分布产生较大的影响。因此，项目投资决策应充分考虑生态环境因素，不仅对公司发展，而且对社会、国家和人类可持续发展均至关重要。

## 五、教学效果

本课程专业学生吴沐乔、余骋怀、吴湉湉针对新冠疫情对企业经营和财务的巨大冲击，撰写案例分析报告《“宋城演艺”能上演绝地逢生吗？——疫情冲击下的宋城演艺发展股份有限公司困境与出路》，并参加了 2020 年 11 月举办的浙江省大学生财会信息化竞赛，赢得专家一致好评，获得二等奖，如图 9-2-10 所示。

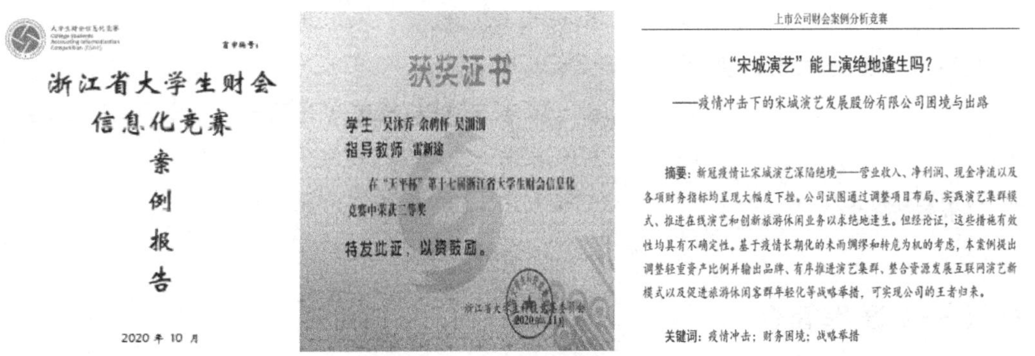


**图 9-2-10　学生学科竞赛获奖**

学生邱子依、吴湉湉、罗敏、郑思念、胡灵颖等，参加 2020 年第六届中国国际“互联网 +”大学生创新创业大赛总决赛，获得四金一银的佳绩，如图 9-2-11 所示。在整个过程中，他们展现出了出色的专业水平、沟通与协调能力以及奉献与责任的精神风貌，获得团队负责人的高度认可。

图 9-2-11　第六届中国国际“互联网 +”大学生创新创业大赛合影

## 第三节　数据、模型与决策

**课程负责人：**曹柬

**教学团队：**蒋敏、周根贵、邓丽丽、马修岩、孟志青

**所在院系：**管理学院

夫运筹策帷帐之中，决胜于千里之外。

——［西汉］司马迁《史记·高祖本纪》

### 一、课程概况

#### （一）课程简介

“数据、模型与决策”是一门以人机系统的组织、管理为对象，采用数学和计算机等工具来研究各类有限资源的合理规划使用并提供优化决策方案的学科。该课程与管理科学紧密联系，重点探讨面向实际问题的系统优化解决方案，提出了问题分析、数据获取、模型构建、方案评价等一整套严密的科学方法，在管理人才素质的培养提升中发挥着重要作用。该课程共为 32 学时，计 2 学分，面向大二学生，是工商管理专业和信息管理与信息系统专业的大类必修课程，也是财务管理、工程管理以及国际贸易、金融学等专业的大类选修课程，课程受众面广。

### （二）教学目标

#### 1. 知识目标

（1）掌握数据的属性、特征及统计量等数据分析的基本知识；

（2）掌握线性规划及对偶理论、运输问题、整数线性规划、存储论等基本理论与模型；

（3）掌握决策分析的基本概念、理论和方法。

#### 2. 能力目标

（1）具备运用课程中所学习的方法获取、分析实际管理问题中的相关数据的能力；

（2）具备对实际管理问题建模的能力；

（3）具备对决策方案的实施效果进行综合评价的能力。

#### 3. 价值目标

（1）能洞察社会现实需求，提升经世济民、诚信服务的责任担当；

（2）提升专注与坚持的品质以及精益求精、持续改进、不断突破的工匠精神；

（3）树立体现中华民族优秀传统和时代精神的价值标准、行为规范。

## 二、主要思政元素

结合区域数字经济快速发展的新形势，本课程注重学生的数字模式创新和定量分析能力的培养；注重学生对于复杂经济管理问题分析能力的培养，提升学生科学、严谨的数据分析和处理能力，增强学生的社会责任感和就业竞争力。通过学习，培养学生的理论自信、职业规范、工匠精神、共治共享等品质和理念。

**理论自信：**结合习近平总书记重视数字经济的案例，以及政府关于数字经济发展的战略部署和实施成效，强化产业数字化和数字产业化过程中数据分析和处理能力；引入民族企业发展实际案例，切实提升学生的学习热情，让学生明确学习目的。

**职业规范：**结合教育部印发的《高等学校课程思政建设指导纲要》中重点强调的关于商科学生的“诚信服务”素质要求，采用科学、严谨的数学理论和方法对实际经济管理问题进行建模和求解，提升学生诚实守信、踏实干事的职业素养，希望学生毕业后能为持续改善我国商业生态环境尽一份责任。

**工匠精神：**授课过程中融入新时代“大众创业、万众创新”的实践案例，培养学生创新思维与创新创业的能力，同时让学生提炼并反映有关精益求精、不断突破的工匠精神的内容；结合“卡脖子”问题，强调技术创新的重要性，培养学生专注与坚持的品质。

**共治共享：**根据习近平总书记在党的十九大报告中“打造共建共治共享的社会治理格局”的要求，在线性规划和影子价格的讲授中，强调资源整合、共治共享的重要性；结合“一带一路”建设的案例，使学生意识到打造人类命运共同体需要开放包容、合作共赢的精神，需要和平、发展、公平、正义、民主、自由的全人类共同价值，需要全人类共同关注。

## 三、设计思路

本课程注重培养学生的数据获取、商务分析、决策评价等能力，增强学生的社会责任感和就业竞争力。采用线上线下混合教学模式，实现“教—学—用”一体化、“教学—科研”两结合、“学生—教师、课内—课外、课本—应用”三互动，突出课程内容的体系性和应用的综合性。课程的主要育人元素及其在教学中的切入点与实施路径示例如图 9-3-1 所示。课程教学总计 16 次课，每次课 2 学时。每次课的教学内容、思政元素融入以及相关教学案例如表 9-3-1 所示。

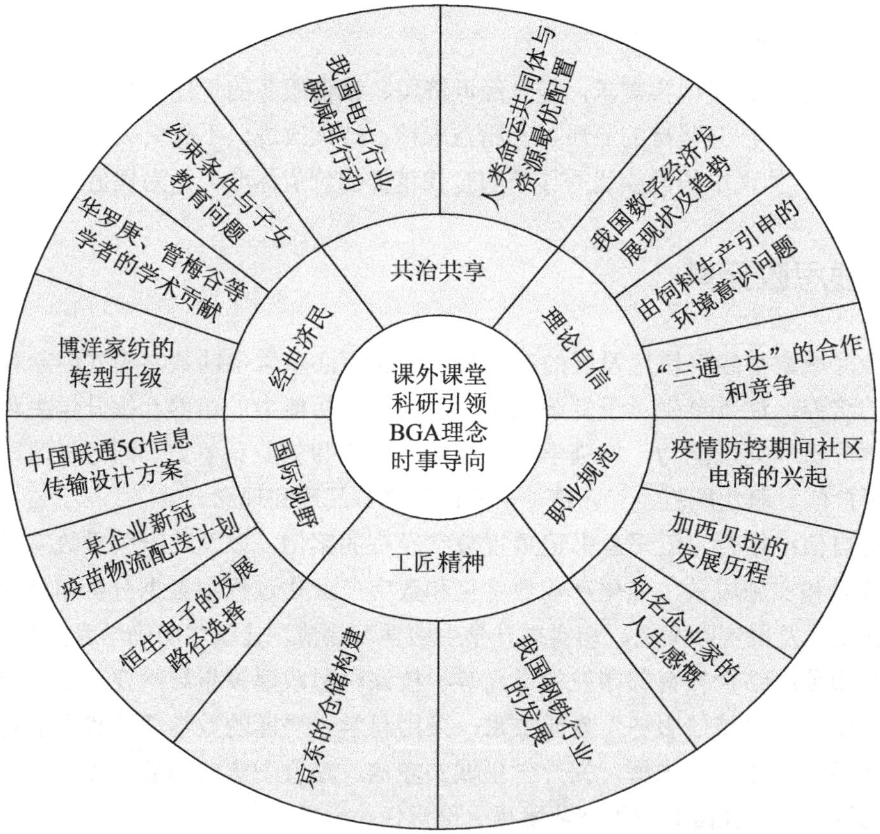


**图 9-3-1　“数据、模型与决策”课程主要思政元素及教学案例图示**

**表 9-3-1　“数据、模型与决策”课程思政设计思路**

| 课程章节 | 重要思政元素 | 相关联的专业知识或教学案例 |
|---|---|---|
| 绪论 | 优秀文化传统<br>民族自豪感<br>理论自信<br>家国情怀<br>科学精神 | 管理学科与工程学科的特点，学科发展历史和时代背景。<br>案例：华罗庚、管梅谷等学者的学术贡献；从《史记》中领略中华民族古老而朴素的运筹思想；我国军事工程专家的孔口防护等多难点解决方案 |

（续表）

| 课程章节 | 重要思政元素 | 相关联的专业知识或教学案例 |
| --- | --- | --- |
| 第一章<br>数据和数据展示 | 坚持新发展理念<br>推进国家治理能力现代化<br>创新精神<br>科技强国 | 数据的属性、特征及统计量的基本概念。<br>案例：我国数字经济发展现状及趋势；运筹与决策科学支撑我国治理体系的现代化 |
| 第二章<br>线性规划模型 1 | 在发展中保障和改善民生<br>创新精神<br>家庭伦理<br>契约精神 | 线性规划问题及其数学模型，线性规划的图解法，线性规划的单纯形法原理。<br>案例：约束条件与子女教育问题；线性规划模型与企业激励机制创新 |
| 第二章<br>线性规划模型 2 | 科学精神<br>理论自信<br>诚信服务<br>绿色环保 | 单纯形法及其进一步讨论，线性规划应用举例及软件求解。<br>案例：由饲料生产引申的环境意识问题；线性规划模型在高校排课系统中的应用 |
| 第三章<br>线性规划的对偶理论 1 | 在发展中保障和改善民生<br>见利思义<br>职业规范<br>工匠精神 | 对偶问题的描述，原问题与对偶问题的关系和性质以及对偶问题的基本性质。<br>案例：我国钢铁行业的发展；二氧化碳减排问题的政策建模 |
| 第三章<br>线性规划的对偶理论 2 | 人类命运共同体<br>见利思义<br>自律与他律<br>共治共享 | 影子价格及其经济含义，对偶问题（包括灵敏度分析）的应用举例。<br>案例：人类命运共同体与资源最优配置；基于客流量和车公里数的城市公共交通混合财政补贴优化模型 |
| 第四章<br>灵敏度分析 | 在发展中保障和改善民生<br>制度自信<br>职业规范<br>科技创新 | 对偶单纯形法，线性规划的灵敏度分析。<br>案例：加西贝拉的发展历程；娃哈哈矿泉水配送中心选址问题 |
| 第五章<br>线性规划与对偶理论的案例分析 | 推进国家治理能力现代化<br>共治共享<br>制度自信<br>绿色环保 | 线性规划模型及对偶模型的实际案例分析、讨论、汇报。<br>案例：我国电力行业的碳减排行动；金龙鱼食用调和油原料采购和精炼生产计划 |
| 第六章<br>运输问题 1 | 在发展中保障和改善民生<br>理论自信<br>诚信服务<br>科技创新 | 运输问题及其数学模型，表上作业法思路及求解步骤。<br>案例：“三通一达”的合作与竞争；以低碳为目标的集装箱接驳运输问题 |
| 第六章<br>运输问题 2 | 在发展中保障和改善民生<br>科技创新<br>制度自信<br>知行合一 | 产销不平衡的运输问题及其应用举例。<br>案例：京东的仓储构建；“互联网 +”下生鲜农产品物流问题 |

（续表）

| 课程章节 | 重要思政元素 | 相关联的专业知识或教学案例 |
| --- | --- | --- |
| 第七章<br>线性整数规划 1 | 爱国主义<br>理论自信<br>公共安全意识<br>仁爱精神 | 线性整数规划的数学模型及解的特点，分支定界法的思路。<br>案例：某企业新冠疫苗物流配送规划；电动汽车快速充电站有序充电的分析与管理 |
| 第七章<br>线性整数规划 2 | 在发展中保障和改善民生<br>社会责任<br>科技创新<br>工匠精神 | 0-1 型整数规划，指派问题及相关管理案例。<br>案例：中国联通 5G 信息传输设计方案；杭州电力的电网布局及电力分配方案 |
| 第八章<br>存贮论 1 | 制度自信<br>诚信服务<br>科技强国<br>契约精神 | 存贮问题及基本概念，确定型存贮模型及其应用举例。<br>案例：疫情防控期间社区电商的兴起；区域资源的优化配置与管理 |
| 第八章<br>存贮论 2 | 在发展中保障和改善民生<br>理论自信<br>诚信服务<br>产业升级 | 单周期的随机存贮模型及其应用举例。<br>案例：博洋家纺的转型升级；农产品供应保障的优化模型 |
| 第九章<br>决策分析 1 | 在发展中保障和改善民生<br>创新精神<br>见利思义<br>国际视野 | 决策分析的基本问题，不确定型决策方法及其应用举例。<br>案例：恒生电子的发展路径选择；数据驱动的智能车间运行分析与决策 |
| 第九章<br>决策分析 2 | 推进国家治理能力现代化<br>科技强国<br>团结协作<br>职业规范 | 效用函数方法，风险型决策方法（包括决策树）及其应用举例。<br>案例：知名企业家的人生感慨；集群内资源型企业的绿色行为决策 |

## 四、实践案例

### （一）案例 1：关于混合整数线性规划问题——某企业的疫苗物流配送规划

与一般的线性规划问题相比，混合整数线性规划模型的变量可能包含纯整数型变量和 0-1 型变量，因而针对现实的经济管理问题，其适用范围更广，应用性更强，往往能同时解决“是否做”“谁来做”“怎么做”等问题。因此，该问题的建模与求解是本课程的重要内容。我们在授课中介绍了人才选拔、风险投资、选址生产等问题，重点介绍了疫苗的物流配送规划问题。

某公司是国内三大疫苗生产企业之一，负责疫苗的生产、仓储、运输直至最后环节——接种。现公司要向全国多个疫苗接种点提供疫苗，并负责运输。疫苗供应链全程温度需控制在 2℃～8℃。现就该企业在疫苗配送中可能面临的冷藏车数量不足、配送不及时等问题，讨论在保障疫苗安全、高效运输的前提下，如何与物流企业合作实现冷藏车的最优配置以及如何优化设计送货线路。某公司疫苗物流配送规划案例如图 9-3-2 所示。

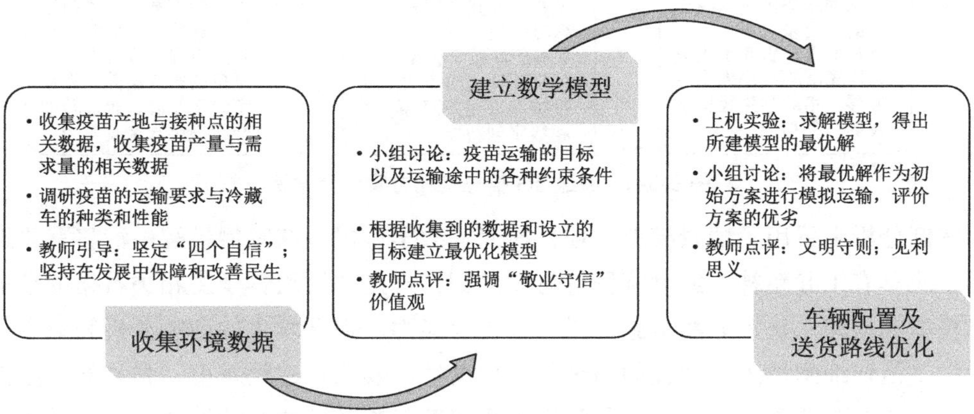


**图 9-3-2　疫苗物流配送规划案例**

我们采用“小组研讨”“生讲师评”等方式来分析该案例。在评析中，教师要重点培养学生“敬业”“诚信”的价值观。具体包括以下两点：一是根据及时、安全配送原则，构建和求解模型，设置合理的配送路线，采用科学的方法将疫苗及时安全送到接种点，敬业守信。二是资源优化配置，通过建模和求解合理配置冷藏运输车辆及其运输量，文明守则。同时强调在疫苗供不应求的情况下，保持见利思义的品质。通过该案例的分析，激励学生为提升我国的市场竞争软实力、坚持在发展中为保障和改善民生尽自己的微薄之力。

## （二）案例 2：关于指派问题——中国联通 5G 信息传输设计方案

组织运作中经常面临这样的问题：有若干项任务需要完成，又有若干人员和部门能够完成其中的某项任务，由于个人和部门的特点与能力不同，完成各项任务的效益也各不相同；同时，由于受制于任务性质的要求和管理需要等因素，每项任务只能由若干人员和部门完成。应如何进行人员或部门的分配去完成所有任务以使总效益最佳？上述问题即称为指派问题。授课中我们介绍了运动员选拔、工件加工等实例，重点探讨了中国联通 5G 信息传输方案的设计问题，中国联通 5G 信息传输方案设计案例如图 9-3-3 所示。

中国联通是中国三大电信运营商之一，一直致力于 5G 网络的战略布局，高起点规划和建设 5G 新网络。2019 年，中国联通携手 32 家知名合作伙伴，发起成立“中国联通 5G 应用创新联盟”，计划打造 200 个 5G 示范项目。现就如何设计 5G 基站和服务区域的对应关系进行探讨：以某高新技术产业园为例，园区希望能适当调整各 5G 基站相应的服务区域，既使得基站到相应区域的支路网络投资总量最小，又可以改善 5G 基站的服务质量，切实提升用户满意度。

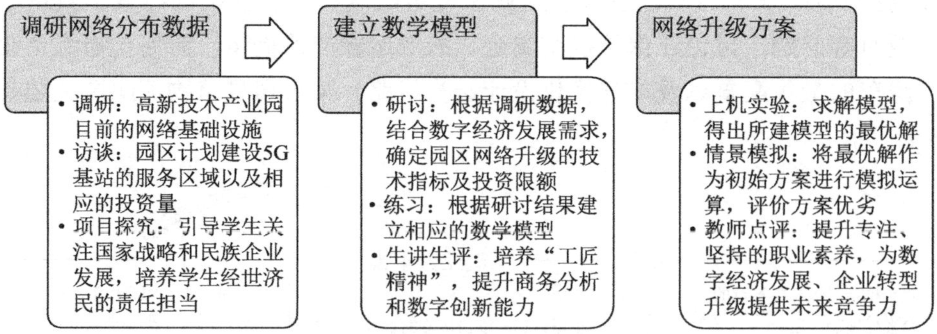


**图 9-3-3　联通 5G 信息传输方案设计案例**

案例分析中采用了情景模拟、项目探究等教学方式。在案例讲解中潜移默化地强调学生应具有工匠精神、经世济民等思想意识。一是通过培养学生相关数据的获取、数学模型的构建、决策方案实施效果的分析等能力，提升学生的商务分析和数字创新能力；二是详细阐述工程建设的精细化、烦琐性以及项目建设难度，强调学生应具备专注、坚持的职业素养；三是引导学生关注国家战略和民族企业发展，培养学生经世济民的责任担当，为我国数字经济发展、企业转型升级提供力量。

### （三）案例 3：关于灵敏度分析——加西贝拉压缩机有限公司技术创新之路

线性规划问题的灵敏度分析一般是指当线性规划模型中的一些系数发生变化后对目标函数的影响，现实中可大量应用于计划安排和方案评价等问题，具有很强的实践指导价值。以企业排产问题为例，灵敏度分析可直接应用于产品价格变化、可用资源数量变化、新产品研发以及由于技术改进带来的资源消耗变化等问题的求解。为加强该知识点的应用性，我们在授课过程中介绍了一些制造企业的生产计划安排问题，重点介绍了加西贝拉压缩机有限公司的技术创新之路。

加西贝拉压缩机有限公司位于“红船精神”的发源地——浙江嘉兴，公司先后荣获“联合国环境署示范项目贡献奖”“亚洲质量卓越奖”“中国环境贡献奖”等。创立几十年来，其核心产品主要性能指标 COP 值从 0.9 上升到 2.2，单件重量从 11 千克下降到 4.8 千克，成为全球行业标杆。目前年产冰箱压缩机 3 000 万台以上，是“世界冰箱的心脏”。课程结合该公司技术创新带来的节能降耗案例，对各类资源的影子价格变化、最优生产计划变化，尤其对企业以及社会福利提升等问题进行探讨。

案例分析过程中主要采用案例赏析、边讲边练等方式，如盐入水般地阐述了自强不息、绿色环保、共治共享等思政元素。一方面，教导经济管理类学生不要将择业目光仅围绕在风险投资、金融科技、数字技术等当红产业和企业，还可以关注优秀的制造型企业，尤其像加西贝拉压缩机有限公司这样具有创新精神、锐意进取的企业，它们是民族的骄傲，更是强国的根本。另一方面，引导学生深入领悟习近平总书记提出的人类命运共同体理念，密切关注行业和企业的节能降耗行为，走负责任的可持续发展之路。

## 五、教学效果

“数据、模型与决策”于2020年获批浙江工业大学课程思政改革试点课程建设项目，并入选校课程思政示范展。该课程也入选了校一流本科课程培育项目、校重点（新形态）教材建设项目。课程紧紧围绕知识、能力、价值目标，将“三全育人”理念贯穿教学全过程，育人效果显著。

以“数据、模型与决策”相关知识为切入点，团队教师指导学生完成科研项目30余项，其中14项获国家级和省部级立项，如《千岛湖引水工程建设对当地环境和经济的影响研究》（财务管理专业12级吴亦嘉主持）被立项为国家级创新性实验计划项目；《纷特科技》[工商管理（技术经济）专业14级仝唯霖为项目负责人]获第七届全国大学生电子商务“创新、创意及创业”挑战赛三等奖。

# 第四节　技术创新战略

**课程负责人：**王飞绒

**课程团队：**李正卫、胡应得、陈晓玲、梅景瑶、沈慧君

**所在院系：**管理学院

满眼生机转化钧，天工人巧日争新。预支五百年新意，到了千年又觉陈。

——［清］赵翼《论诗五首·其一》

## 一、课程概况

### （一）课程简介

“技术创新战略”是工商管理专业的一门专业必修课。课程理论部分主要包含创新内涵、价值、类型、过程、战略、组织、制度与文化等，并介绍创新管理理论最新进展和趋势。课程在讲授中结合国家各领域的创新成果和多个公司的技术创新案例，让学生切实感受到我国技术创新的伟大成就，充满对国家的强烈自豪感；坚定“四个自信”，同时强化对企业社会责任感的认同，激发企业家精神。实践部分主要是要求学生根据教师要求进行调研和资料收集，完成企业创新案例的撰写。

本课程面向建设创新型国家的战略需求，旨在树立学生的创新创业意识，培养学生的创新能力，帮助学生掌握创新管理相关理论知识、规律、特点、方法与实践技能；培养学生提出、分析并解决创新管理实际问题的能力。课程采用课堂讲授、案例分析、团队讨论、小组辩论、读书汇报、情景模拟等主要授课形式。课程开设在第六个学期，共 32 学时，计 2 学分。

### （二）教学目标

#### 1. 知识目标

（1）掌握技术创新及创新管理的基本概念、理论、方法和途径等基本知识；
（2）掌握技术创新管理理论前沿和发展状况；
（3）掌握企业技术创新管理基本原理，把握企业技术创新管理的实际情况。

#### 2. 能力目标

（1）具备识别企业实际创新和创新管理过程中存在问题的能力；
（2）具备根据企业发展和创新实践撰写企业创新管理案例的能力；
（3）具备运用创新管理理论分析和解决企业技术创新管理问题的初步能力。

#### 3. 价值目标

（1）树立敢为人先、与时俱进的创新意识和纵横全球的国际化视野；
（2）激发对我国科技创新的民族自豪感，增强制度自信、文化自信和爱国情怀；
（3）具有艰苦奋斗、勇于拼搏、敢于冒险的企业家精神和敢于担当的社会责任感。

## 二、主要思政元素

创新是当今时代的重大主题。培养具有家国情怀、创新意识、社会责任、国际视野的卓越人才是本课程的重要目标。

**家国情怀：**剖析创新与经济发展、创新与国家竞争力的提升、创新与企业竞争优势的提升，让学生认识到社会经济的发展就是一部创新史，无数的企业家和企业为国家的繁荣昌盛努力打拼，为人类发展作出了重大贡献，从而培养学生的爱国主义情怀，树立学生报效祖国、为实现中国梦努力学习奋斗的使命感和责任感。

**创新意识：**分析技术创新过程中创意的产生、创造性方案的获取、创新的过程模式等内容，结合创新企业案例进行深入剖析，让学生明确创新意识对于创意产生的重要性，企业家“敢于争先、与时俱进”的创新意识对企业技术创新的关键作用、对社会进步的推动作用，并利用头脑风暴等方式培养学生的发散性思维和创新意识。

**社会责任：**通过我国与其他国家创新实力的比较，一方面让学生对我国技术创新的发展产生强烈的民族自豪感，另一方面也让学生感受到我国在技术创新上与其他国家的差距和存在的问题，激发学生树立敢于担当、勇于负责的社会责任感，增强解决

“卡脖子”技术和创新难题的使命感。另外，通过对责任式创新、绿色创新、生态创新、可持续创新、包容式创新、环境创新等新概念的理解和辨析，让学生明确创新的未来发展趋势，进一步树立责任意识和环保意识，认同“绿水青山就是金山银山”的绿色发展理念。

**国际视野：**当今世界全球互联、万物互联，创新的开展无法局限于企业内部，通过学习开放式创新、创新资源的管理与运用等内容，让学生建立全球化格局，培养国际视野，树立从全球范围内获取创意来源、人才资源，统筹各类创新资源的理念，为创新的成功打下更坚实的基础。

## 三、设计思路

本课程突出了创新驱动、高质量发展、绿色发展的时代特色，把思政元素与教学内容紧密融合，提炼了家国情怀、创新意识、社会责任、国际视野四个主要思政元素，将思政元素融入课程教学的各个环节，从课程教学大纲设计、课堂教学、学生作业、课程评价等全链条将知识传授、能力提升和价值传递有机融为一体。通过课前、课中、课后实现全过程思政融入，通过校内（第一课堂、第二课堂、各类创新创业大赛）、校外（实践基地、企业走访）实现全方位思政融入。具体课程的设计如图 9-4-1 所示，课程的内容、重要思政元素、相关知识点和教学案例如表 9-4-1 所示。

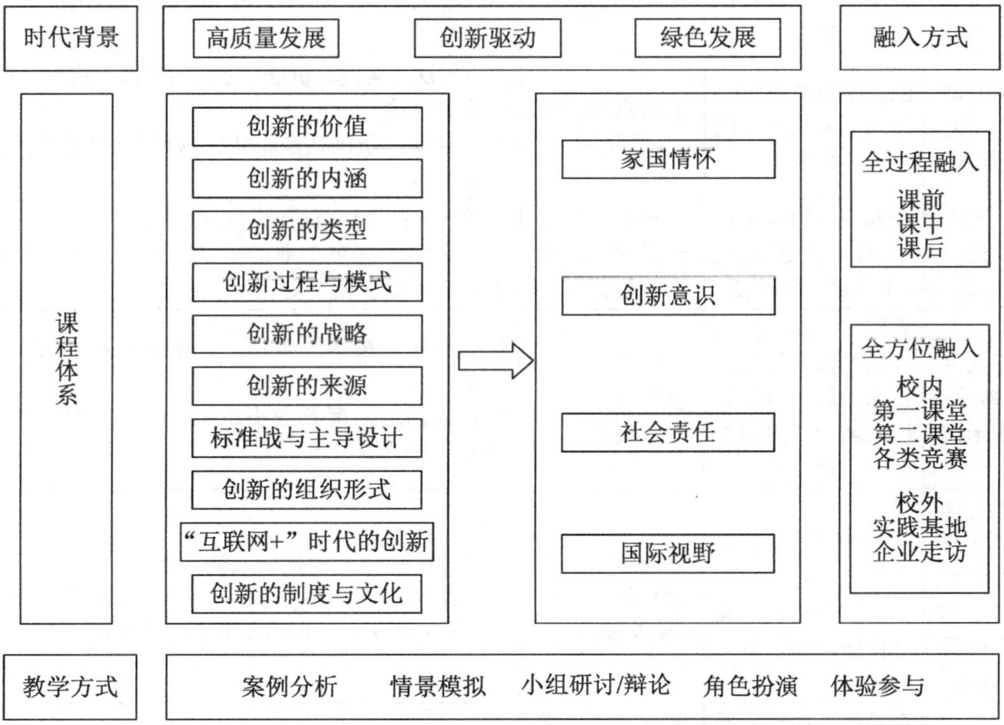


**图 9-4-1 “技术创新战略”课程设计思路图**

表 9-4-1 “技术创新战略”课程思政设计思路

| 课程章节 | 教学内容概述 | 课程思政元素 | 教学方法及相应案例 |
| --- | --- | --- | --- |
| 第一讲创新的价值 | 创新与经济发展、创新与国家发展、创新与企业发展 | 家国情怀、创新意识、“四个自信”、国际视野 | 教学方法：案例分析法、团队讨论法<br>教学案例：中兴通讯、华为等被美国列入负面清单事件、全球创新指数报告解读 |
| 第二讲创新的内涵 | 创新的本质，创新与相关概念的区别与联系 | 家国情怀、“四个自信”、创新意识、国际视野 | 教学方法：案例分析法、团队讨论法、小组辩论法（辩论主题：创新与企业社会责任矛盾吗？）<br>教学案例：张謇实业救国、林东模块化大型海洋潮流能项目 |
| 第三讲创新的类型 | 产品创新与工艺创新、重大创新与渐近创新、维持性创新与破坏性创新等 | 创新意识、国际视野、工匠精神 | 教学方法：案例分析法、师讲师评、生讲生评<br>教学案例：支付宝、微信、小米的破坏性创新 |
| 第四讲创新过程与模式 | 创新的五代过程模式、创新动态模式 | 家国情怀、“四个自信”、创新意识、国际视野 | 教学方法：案例分析法、团队讨论法<br>教学案例：海尔新产品研发案例、C919 大事记：终于等到你要飞翔的这一刻 |
| 第五讲创新的战略 | 战略制定的方法、创新战略的类型（自主创新、模仿创新、集成创新、合作创新、开放创新） | 家国情怀、创新意识、国际视野、新发展理念 | 教学方法：案例分析法、团队讨论法、企业家进课堂<br>教学案例：中国天眼：让人类“看”得更远、港珠澳大桥——超级工程背后的超级创新 |
| 第六讲创新的来源 | 创新职能源系统、不同创新职能源的作用 | 创新意识、工匠精神 | 教学方法：案例分析法、团队讨论法、情景模拟、体验参与法<br>教学案例：众包案例、3M 医疗事业部领先用户创新案例 |
| 第七讲标准战与主导设计 | 技术发展的 S 形曲线、技术生命周期、主导设计的形成 | 社会责任、创新意识、国际视野 | 教学方法：案例分析法、小组辩论法<br>教学案例：汽车工业的变革：从大量生产到精益生产、键盘发展史 |
| 第八讲创新的组织形式 | 规模与创新、组织结构与技术创新、技术创新的界面管理、创新型组织的设计 | 创新意识、社会责任、国际视野 | 教学方法：案例分析法、团队讨论法、企业家进课堂<br>教学案例：韩都衣舍小组制、一企两制：腾讯公司开发微信 |
| 第九讲“互联网＋”时代的创新和创新管理 | 互联网思维与相关案例、责任式创新、绿色创新与其他类似概念的辨析 | 创新意识、社会责任、可持续发展意识 | 教学方法：案例分析法、情景模拟<br>教学案例：隐形冠军双童的可食用吸管创新案例、海尔的 COSMOPlat 平台构建案例 |
| 第十讲创新的制度与文化 | 激励创新的制度设计、营造创新型文化、学习力与企业创新关系 | 创新意识、文化自信、团结合作、终身学习理念 | 教学方法：案例分析法、团队讨论法、角色扮演法<br>教学案例：华为、谷歌的创新文化和制度设计 |

# 四、实践案例



## （一）案例1：创新与企业家精神——读书分享与交流

课程安排各小组阅读《创新与企业家精神》，两周后进行读书报告和分享讨论。首先由学生分享德鲁克《创新与企业家精神》的读后感，再由老师进行总结。

**学生1：**我认为整本书的实用性很强，德鲁克先生举了大量成功或失败的案例去论证每一个观点。虽然本书是在写企业家精神，可这种精神是我们每一个人都可以去学习的。这本书教育我们要有勇气面对风险与决策，提示我们要葆有对"新事物的渴望"，这样社会才能不断进步。读完这本书后，我摒弃了许多旧的或直觉性的观点，引导我从新的角度看问题。而这本书不仅对大学生有影响，至今都值得整个社会学习和思考。

**学生2：**全书通过引人入胜的案例来论述一些创新和企业家精神的基本原则，我认为作者的主要目的是要让读者运用他所提供的原则来分析自己所在的行业和企业，从而进行创新实践。他告诉你要做什么，而没告诉你怎么做。因为每一家企业、每一个行业都是独特的，只有身在其中的人才能明白怎么做。这本书是一本值得每一个管理组织、正在或想要创业的人阅读的好书，时常结合实践经历回顾并思考，会有更多的感悟。

**学生3：**通过阅读本书，德鲁克颠覆了我许久以来对创新的认识——创新就是高科技创新。对这个问题，本书给了我一个全新的认知。从企业角度来看，创新的根本目的是维持企业的生存和可持续发展。对国家而言，创新至关重要。我国已经错过了第一次创新浪潮，那么对于即将到来的第二次创新浪潮，需要牢牢抓住。我们生活在变革的时代中，既是痛苦的，也是幸运的，这个时代充满了机遇也充满了挑战。德鲁克先生曾说，应对变革的最好办法就是创造变革，我们需要将创新与企业家精神贯彻到实践中，承担起我们这一代人的社会责任和义务。

**老师：**大家分享得都非常好，我来做个总结。德鲁克认为"企业家"（或"企业家精神"）就是：①大幅提高资源的产出；②创造出新颖而实用的东西，改变价值；③开创新市场和新顾客群；④视变化为常态，寻找变化，对它作出反应，并将之视为机遇加以利用。随着时代的发展，企业家精神的内核没有发生变化，但其外延在不断扩展。习近平总书记在多个场合多次提到要弘扬企业家精神，他特别强调企业家精神应包含家国情怀、创新精神、社会责任、诚信守法和国际视野。在当今世界处于百年未有之大变局的情境下，企业家要带领企业战胜各种困难，走向更辉煌的未来，就要在爱国、创新、诚信、社会责任和国际视野等方面不断提升自己，努力成为新时代构建新发展格局、建设现代化经济体系、推动高质量发展的生力军。而作为普通人，我们也要学习企业家精神，时刻准备为国家发展、民族复兴贡献自己的力量。

## （二）案例2：绿色创新——塑料吸管向环保吸管的变身

绿色技术是指遵循生态原理和生态经济规律，节约资源和能源，减少、避免或消除生态环境污染和破坏，使生态负效应最小化的技术、工艺和产品的总称。以保护环境为目标的技术创新统称为绿色技术创新，是在经济和环境协调发展基础上的创新活动。课程以双童环保吸管的开发为例进行绿色创新的案例说明。

塑料垃圾污染已经引起全球的关注，各国纷纷发起“最后一根塑料吸管”运动。2020年1月，国家发展改革委、生态环境部发布《关于进一步加强塑料污染治理的意见》，规定到2020年底，全国范围餐饮行业禁止使用不可降解的一次性塑料吸管。数据显示，2019年全国塑料制品累计产量8 184万吨，其中塑料吸管近30 000吨，约合460亿根，人均使用量超过30根。塑料吸管的使用时间只有几分钟，但降解的时间可能长达500年，回收利用难度大，对环境造成严重污染。

作为全球吸管行业领导者的浙商企业义乌市双童日用品有限公司（以下简称“双童”），20多年如一日深耕吸管领域，研发出了各式各样的创新吸管，占有全球超过三成的市场份额，拥有全球2/3的吸管专利，公司主导制定了全球吸管行业标准。意识到塑料吸管的局限和危害后，从2005年开始，双童就已经着力研发环保吸管，陆续研发出可降解纸浆吸管、PLA聚乳酸生物质可降解吸管和可食用淀粉吸管，如图9-4-2所示。

**图 9-4-2　各种口味的双童可食用淀粉吸管**

研发环保吸管的过程漫长而又艰辛，以研发可食用淀粉吸管为例，在5年时间里，双童不断改良现有的生产设备。研发过程中最困难的地方就是淀粉在遇热、遇冷、遇水等环境状态下都会发生变化，收缩、膨胀的比例都需要重复测算，耗时耗力耗材，5年间成吨的半成品从研发车间被拉往生物发酵池或养殖场，正是这样的坚持，才有了今天的可食用淀粉吸管。

双童吸管变身的绿色创新案例分析，一是能让学生了解绿色创新的特点与过程是如何在实践中体现的；二是能让学生领悟到企业研发过程中与时俱进的创新精神和不畏艰辛、不轻言放弃的艰苦奋斗精神；三是能让学生深刻感受双童长期深耕细分领域，把一根吸管做好做精，对品质执着追求、精益求精的工匠精神；四是可以强化学生着眼未来，以己所能，保护环境的社会责任意识。

## （三）案例3：创新和社会责任——社区团购案例

随着我国近年来互联网经济的迅猛发展，社区团购模式成为诸多互联网公司抢占零售市场的新方式。2020年以来，新冠疫情改变了人们的消费习惯，互联网企业依托原有线上线下协同生态系统以及技术和资源优势，使社区团购迎来了爆发式增长。然而，在社区团购模式创新迅猛发展的同时，部分社区团购企业利用资金优势，大量开展价格补贴，扰乱了市场价格秩序。2021 年 3 月 3 日，市场监督管理总局依法对橙心优选（北京）科技发展有限公司（橙心优选）、上海禹璨信息技术有限公司（多多买菜）、深圳美团优选科技有限公司（美团优选）、北京十荟科技有限公司（十荟团）等四家社区团购企业分别作出 150 万元人民币罚款的行政处罚。

针对此现象，教师采用了辩论式案例教学方法，提出“互联网企业的创新和社会责任存在矛盾吗？”辩题，继而将学生分成几个不同的阵营对该话题展开辩论。学生针对该话题搜集资料，有理有据地表达了自己的看法。在辩论过程中，有部分同学认为：我国的互联网创新深入到社会的各个方面，确确实实给人们的生活带来了便利，是值得大力推广和提倡的。另有同学则认为：社区团购模式侵害了菜农的利益，带来了垄断和恶性竞争的不良影响，政府应该加强监管。也有同学提出：创新应该在坚守企业社会责任的前提下进行，我们应该开展更多基于技术的创新，提升创新的格局和深度。

此次辩论式教学，可以帮助学生明确互联网企业创新和社会责任之间的辩证关系，引导学生理解企业创新背后不可忽视的社会意义和应该承担的社会责任，帮助学生树立更为高远的创新意识和更具格局的创新使命。

在当今时代以及更长远的未来，科技创新能力尤其是掌握关键领域核心科技的能力，是国家竞争和长远发展的关键要素。科技创新并非要求企业不赚钱，而是把投资的存续期延长，不急功近利、不热衷于短期变现，而能够沉下心来，在长周期视野下赢得技术变革带来的更大收益。正如习近平总书记在科学家座谈会上强调的，“要把原始创新能力提升摆在更加突出的位置，努力实现更多‘从 0 到 1’的突破”。《人民日报》也指出：“掌握着海量数据、先进算法的互联网巨头，理应在科技创新上有更多担当、有更多追求、有更多作为。别只惦记着几捆白菜、几斤水果的流量，科技创新的星辰大海、未来的无限可能性，其实更令人心潮澎湃。”

## 五、教学效果

自 2010 年开设本课程以来，工商管理专业的受益学生人数达 600 余人。在教学过程中，主讲教师坚持立德树人，将价值塑造、知识传递和能力培养三者融为一体，将思政元素融入课程教学的各个环节，培养学生的爱国情怀、创新意识、责任意识和国际视野，培养学生的创新思维、互联网思维，提高学生分析问题和解决问题的能力，教学效果显著。学生积极参与各类创新创业及相关竞赛，取得了良好成绩。

### （一）学生学科竞赛项目

（1）指导 2017 级工商管理（技术经济）专业学生黄菁虹等组成团队完成了《“V 型沉浮 √型成长”象山影视城何以进阶》案例报告，获得 2018 年第四届浙江省大学生经济管理案例竞赛二等奖。该报告对象山影视城的基本情况和发展状况进行了全面系统的了解，通过剖析象山影视城的核心生态系统、拓展生态系统以及完整生态系统，揭开其快速发展的神秘面纱。报告还根据象山影视城目前存在的问题，提出了相应的策略，对以象山影视城为代表的影视旅游一体化企业以及相关机构提供了行业背景分析与发展战略借鉴。

（2）指导吴家仪、王淑妍、柴新琳、项丹妮组成的团队完成了《乘直播购物之浪，探持续发展之道》报告，荣获 2020 年浙江省“民生民意杯”第九届大学生统计调查方案设计大赛本科组一等奖。该报告围绕杭州市居民的消费特征、消费方式、对直播购物的看法以及主播带货背后的机制等方面展开调查，深入了解杭州直播购物的消费现状、制度缺陷及发展过程中遇到的困难。报告还根据分析结果，从消费者角度、主播角度和政府角度提出了对策建议，希望能够为直播带货行业的可持续发展提供一定的参考借鉴。

## （二）学生课后作业

**学生作业 1：海康威视创新案例分析**

海康威视是以视频为核心的智能物联网解决方案和大数据服务提供商，是行业的领头羊。海康威视一直秉承“专业、厚实、诚信”的经营理念，践行“成就客户、价值为本、诚信务实、追求卓越”的核心价值观，不断创新，不断发展多维感知、人工智能与大数据技术，为人类的安全和发展开拓新视界。

对海康威视的创新案例分析，一是使学生理解了企业创新的动机、模式、战略和效果，深刻领悟到创新对企业的重要意义；二是让学生认识到中国在安防产业快速发展的路径和在全球的领先优势，坚定了制度自信和对祖国技术快速发展的自豪感；三是使他们强烈感受到了企业家精神、企业社会责任感和务实高效的企业文化魅力；四是强化了学生运用技术创新的力量为企业可持续发展和中国梦实现作出更大贡献的意识。学生案例分析的部分 PPT 如图 9-4-3 所示。

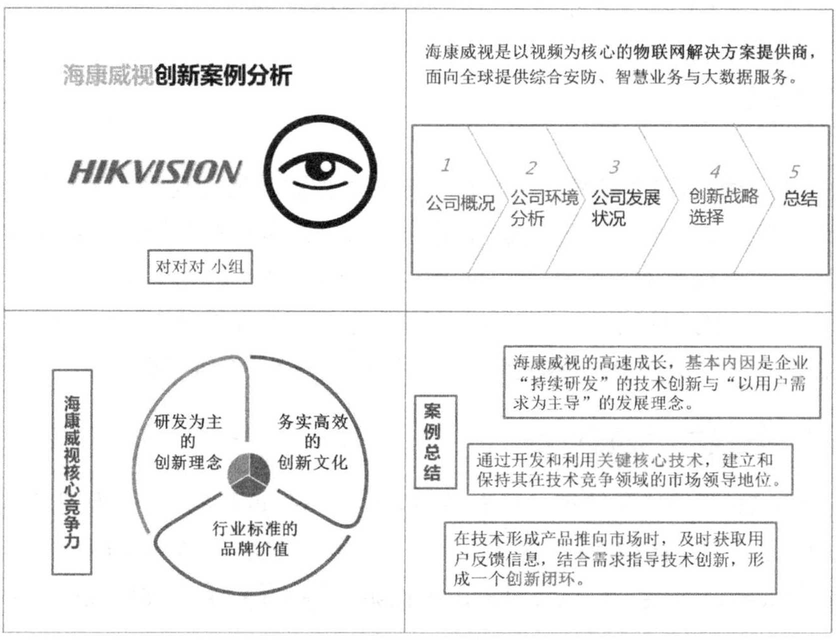


图 9-4-3　海康威视创新案例分析 PPT

**学生作业 2：万事利集团创新案例分析**

万事利集团有限公司创办于 1975 年，经过几十年的发展，已经成为一家以丝绸纺织、文化创意为主业，辅以生物科技、资产经营、金融管理等多产业的现代企业集团。万事利秉承“让世界爱上中国丝绸”的企业使命，以打造中国丝绸世界品牌、弘扬丝绸文化为己任，把丝绸当作文化来经营，着力挖掘、传承中国丝绸文化。

万事利集团始终认为，一个百年企业的发展必须聚焦三维一体：社会责任决定企业高度，国际视野决定企业宽度，文化积淀决定企业深度。中华丝绸赋予了万事利深厚的文化内涵和无穷的发展动力，万事利将传统丝绸与文化创意、高科技相结合，“跳出丝绸做丝绸”，在传统丝绸面料服饰产品的基础上，开辟发展了丝绸文化产品、丝绸装饰及丝绸艺术品等三大创新领域，实现了丝绸从“面料”到“材料”再到“载体”的华丽转身，走出了一条“传统丝绸产业 + 文化创意 + 高科技 = 新兴产业”的转型升级“新丝路”。

作为国家级盛会礼宾服务重要保障单位之一，万事利成功服务了包括上海世博会、北京奥运会、广州亚运会、北京 APEC 峰会、G20 杭州峰会、“一带一路”国际合作高峰论坛、厦门金砖国家领导人会晤等一系列重量级主场外交活动。万事利用极致的文化创意与匠心工艺彰显了中国风范，让中国丝绸站到了世界舞台中央。

对万事利集团的创新案例分析，一是让学生认识到传统企业通过创新同样可以焕发生机和活力，实现转型和升级；二是让学生领略到中国传统文化的魅力，坚定文化自信；三是强化学生运用技术创新力量为企业转型升级和中华优秀传统文化传承作出更大贡献的意识。万事利创新案例分析部分 PPT 如图 9-4-4 所示。

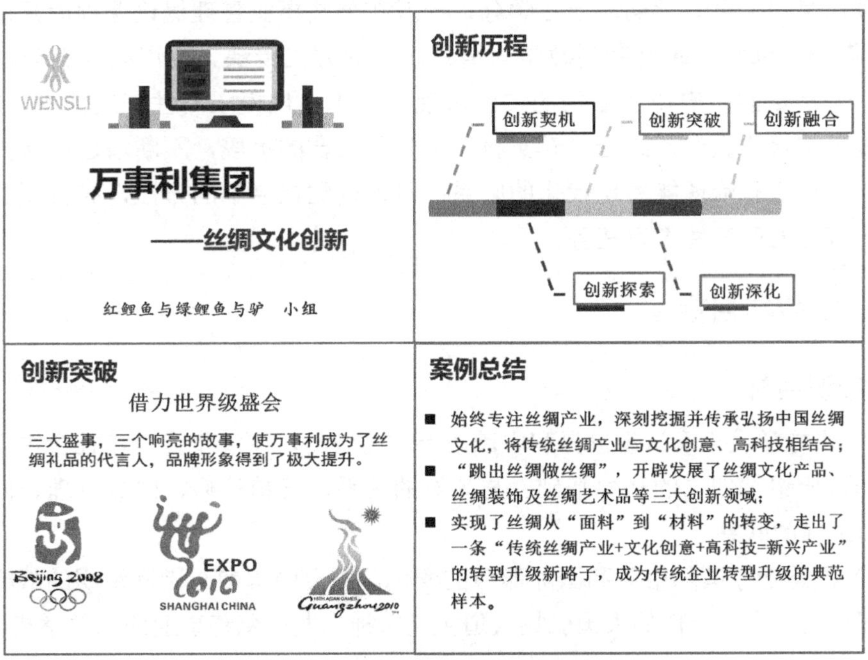


**图 9-4-4 万事利创新案例分析部分 PPT**

# 第五节　非政府组织管理

**课程负责人：** 张钊
**教学团队：** 杨艳东、杨逢银、吴伟强、蒋惠琴
**所在院系：** 公共管理学院

红十字不仅是一种精神，更是一面旗帜，跨越国界、种族、信仰，引领着世界范围内的人道主义活动。

——习近平

## 一、课程概况

### （一）课程简介

非政府组织管理作为社会科学中的一门新兴学科，它不仅受到公共管理、社会学、政治学等学科的重点关注，而且随着社会需求的增长，还在社区治理、公益慈善、教育、养老等社会服务领域发挥着越来越重要的作用，也有越来越多的人愿意从事与非政府组织有关的服务与志愿者活动。

本课程面向公共管理学院公共事业管理专业的高年级本科生开设，为专业必修课，一般开设在第四、第五学期，计 2 学分，一般在公共事业管理概论课程后开课。本课程 2018 年开设以来，通过案例教学与情景教学的方式授课。授课教师充分利用学院实践教学基地资源，安排了专门的实践参观；基于小规模限制性在线课程（SPOC）的线上线下结合式教学，结合“新文科”多学科融合的手段，不断增进授课内容与我国国家治理体系和治理能力现代化的联系；引入视觉社会学的方法，布置更加具有创造性与挑战性的研究性学习任务。

### （二）教学目标

#### 1. 知识目标

（1）引导学生正确认识世界和中国发展的时与势，厘清中国特色社会主义的历史规律与非政府组织创立的法律基础、与政府的关系、营销策略、财务管理、内部控制等知识点之间的联系；

（2）洞悉当今国际格局和国际形势的变化，领会中国参与国际组织的战略布局，了解中国作为一个负责任的大国弘扬人道主义精神、发展慈善事业的相关举措。

#### 2. 能力目标

（1）运用“翻转课堂”等新颖教学手段、数字化融媒体教学资源，拓宽知识面；

（2）培养实践能力。有能力赴非政府组织调研、实习和就业，为我国非政府组织业务水平的提升贡献智慧与力量。

### 3. 价值目标

（1）提升对社会主义核心价值观的认同；

（2）培养爱国主义精神与家国情怀，增强公益事业和公共事务的参与度；

（3）培养知法、懂法、守法的法治意识。

## 二、主要思政元素

课程通过案例剖析、课程研讨、学生作业、实地考察等多种形式，将知识、能力和价值塑造融合在一起，突出了以下主要思政元素。

**奉献社会：**本课程涉及的很多非政府组织在慈善、社会救助等领域提供服务，这些组织有着崇高的社会目标。本课程的学习可以使学生潜移默化地树立更加远大的职业理想，也为学生在未来从事非政府组织相关的工作奠定了良好的思想道德与价值基础。

**社会公正：**很多非政府组织在减少战争、疾病，促进社会民主与公正方面起到积极作用。通过本课程的学习，学生可以了解非政府组织在促进人类文明与福祉方面的努力与贡献，也可以熟悉如无国界医生、乐施会等具有国际影响力的国际非政府组织（International Non-Governmental Organization，INGO）的活动领域。通过本课程的学习，学生可能成为促进世界和平与人类命运共同体和谐进步的潜在力量。

**法治意识：**非政府组织的创立、财务管理与监督都涉及法律问题。社会组织在我国遵循“双重管理”的原则，这一原则关乎国家安全；针对基金会的审计关乎社会组织的公信力；而对于民办非企业单位的财务管理也与国家税收制度的公平性相关。学习本门课程，有助于学生强化法治意识与观念，做遵纪守法的好公民。

**人与自然和谐共生：**通过讲授绿色和平组织、自然之友、绿色浙江等环境非政府组织（Environmental Non-Governmental Organization，ENGO）在环保领域的投入与贡献，使学生熟悉在促进人与自然和谐相处上，“创新、协调、绿色、开放、共享”这“五大发展理念”的内涵，使学生树立更强的环保意识，未来在减少环境污染、构建人与自然生命共同体、遏制全球气候变暖等方面发挥更为重要的作用。

## 三、设计思路

本课程从非政府组织发展全周期的角度出发，通过 12 个章节的讲授，使学生熟悉非政府组织管理与运作中的主要环节、分类与中外异同，让学生对企业和政府以外的“第三部门”的存在原因与运行机制有更深入的了解。本课程思政设计思路见表 9-5-1。

表 9-5-1 “非政府组织管理”课程思政设计思路

| 课程章节 | 重要思政元素 | 相关联的专业知识或教学案例 |
| --- | --- | --- |
| 第一章<br>认识国内外非政府组织 | 一切从实际出发 | 介绍非政府组织在世界各国的定义与概念外延的区别，使学生可以通过马克思主义辩证唯物主义的视角去看待非政府组织在世界各国的发展异同 |
| 第二章<br>国际非政府组织的现状及发展 | 人类命运共同体 | 通过了解世界上主要 INGO 所活跃的领域，以及 INGO 为世界和平发展所作出的贡献，使学生知晓非政府组织在构建人类命运共同体方面所发挥的重要作用 |
| 第三章<br>国内非政府组织的现状及发展 | 国家治理体系与治理能力现代化 | 介绍中国非政府组织近年来，特别是 2008 年以来在公益慈善、社会救助、社区服务等领域扮演的重要角色，使学生了解非政府组织在我国国家治理体系与治理能力现代化中的作用 |
| 第四章<br>理论化视角下的非政府组织及其困境 | 基层群众自治制度 | 介绍为什么社会团体等基于人们兴趣爱好建立起来的非政府组织有很强的群众自治基础，表明基层群众自治是我国社会主义核心价值观——民主的重要体现 |
| 第五章<br>非政府组织的创新、发展与概念外延扩展 | 生态文明 | 讲述“绿色浙江”这一非政府组织集团的发展历程，在钱塘江保护、环保诉讼方面的实践，使学生了解非政府组织在促进生态文明方面所作出的努力 |
| 第六章<br>非政府组织的创立与领导 | 总体国家安全观 | 介绍我国非政府组织“双重管理”的原因，强调维护社会秩序的重要性，使学生更好地理解总体国家安全观 |
| 第七章<br>非政府组织的财务管理与合作关系 | 法治意识 | 介绍基金会的信息公开要求，使学生树立更强的法治意识，认识到法治规范之于慈善事业的重要意义 |
| 第八章<br>非政府组织的战略管理与营销管理 | 在发展中保障和改善民生 | 通过介绍为什么企业社会责任和“名人效应”等因素可以促进公益项目的筹款与知名度，使学生意识到非政府组织在我国慈善领域所发挥的日益重要的作用 |
| 第九章<br>非政府组织的人力资源管理与志愿者招募 | 乐于奉献 | 分享自己的志愿者经历，深入思考当代中国志愿者精神的内涵，以及志愿者精神对学生高尚职业道德塑造所起的积极作用 |
| 第十章<br>非政府组织的项目管理、评估与问责 | 诚实守信 | 通过介绍“明星诈捐”等舆情事件，使学生意识到社会公信力对于非政府组织，以及公益慈善行为的重要性 |
| 第十一章<br>非政府组织<br>日常运行参观 | 无私奉献 | 参观环保类、公益慈善类、综治类非政府组织，使学生了解非政府组织创业维艰，以及其创始人和工作人员不计个人得失的无私奉献精神 |
| 第十二章<br>课程个人作业汇报 | 家国情怀 | 视觉随笔分享，使学生能够了解来自全国不同地区非政府组织发展的情况与样态。研究性学习成果分享，使学生树立更加坚定的爱祖国、爱人民、爱家乡的意识 |

## 四、实践案例

### （一）案例 1：非政府组织的创新方式与“绿色浙江”

本章主要介绍非政府组织如何通过治理结构与方式的创新，达到可持续发展的目的。非政府组织的经费大多比较紧张，一方面，这些组织会利用社会捐赠等增加其收入；另一方面，不少非政府组织也会通过竞争政府购买服务、公益创投等项目增加其收入来源。除此之外，非政府组织也发展了非政府组织集团的形式，即通过不同类型的“非政府组织＋社会企业”的组织框架来维持其收支平衡。

课程邀请了“绿色浙江”组织的主要负责人之一翁路老师讲授了该组织的发展情况，以及组织运行中的困难。“绿色浙江”创立初期的主体是浙江绿色科技文化促进会，该组织先后参与了钱塘江保护、“五水共治”等行动，也是中国第一家发起环境保护诉讼的非政府组织，实践了“两山理论”与“十三五”期间“五大发展理念”中的“绿色”理念。其旗下的春晖慈善超市还承担了拱墅区文晖街道向低保人群发放社会救助物资的任务，起到很好的托底作用，也为“精准扶贫”攻坚战的胜利贡献了力量。

近年来，随着业务的发展和自身生存的需要，“绿色浙江”结合其业务特长与特色，拓展了环保研学等业务，创办杭州绿浙教育咨询有限公司，其整体业务收入与经营状况得到明显改善，社会声誉稳步提升。非政府组织创业者无私奉献的大爱精神令人钦佩。

**课堂实效：**学生反馈，在阅读关于“绿色浙江”文献的过程中，印象深刻的是它的愿景“人与自然和谐发展”。在和翁路老师的沟通过程中，印象最深刻的是她讲到了她所在的机构，一度连员工工资的发放都难以为继，直至现在也常常难以实现收支平衡。单从这点就可以判断非政府组织在我国的生存状况堪忧，尤其是小型的非政府组织。由于它们较难申请到政府购买服务项目，这就意味着它们的日常运转注定捉襟见肘。它们的坚持靠的是一片初心。还记得翁老师分享了她以前在云南一家非政府组织工作的经历。为抑郁症患者服务确实是件难事，从老师娓娓道来的经历中我体会到了她对工作的那种负责、热爱和坚守，我想这也是对社会的一种发自内心的关怀吧。

### （二）案例 2：媒体在非政府组织营销中发挥作用的机制

“芭莎明星慈善夜”等活动在非政府组织营销中扮演着越来越重要的角色。这说明了社会各界对于慈善事业的关注与投入，以及媒体在善因营销中所发挥的积极作用。

课程从 2018 年上海东方卫视《人间世》节目中播出的大学老师闫宏微罹患乳腺癌的案例入手。《人间世》栏目对其治疗过程的全程报道，代表了传统媒体在善因营销中所发挥的积极影响；闫宏微母校（南京理工大学）的校友通过微信群和朋友圈转发其身患重病的消息，呼吁社会各界进行募捐的行动，表明了新媒体发挥的积极影响；而“水滴筹”作为微公益互联网平台企业，则履行了其社会企业的职责，在为闫宏微筹款等问题上扮演着极为重要的角色。上述行为体现了中国传统道德观念中的“仁”。

与此同时，主讲教师还引导学生思考常见的互联网营销案例，对购物平台出现的与事实不符的悲情营销、某些明星的诈捐等不诚信行为进行甄别。

**课堂实效：**学生通过讲述自己给哪些组织进行过捐赠，以及自己捐赠的原因，认识到了善因营销与事件营销对非政府组织发展与社会保障事业所起到的积极作用。

通过反面案例，学生充分理解了虚假营销行为对非政府组织公信力带来的巨大破坏。很多学生都可以回忆起郭美美事件对我国慈善事业带来的负面影响，以及这一事件对自身参与公益捐赠时所产生的心理阴影和疑虑。通过对比与讨论，有助于学生更加认同社会主义核心价值观中诚实守信的重要意义，并树立更强的法治意识。

### （三）案例 3：社会团体的规范管理与国家安全

介绍社会团体登记管理的规定，可以使学生意识到社会团体的登记需要依照《社会团体登记管理条例》，使其理解“社会团体不得设立地域性的分支机构”“在同一行政区域内已有业务范围相同或者相似的社会团体，没有必要成立的，登记管理机关不予登记”与总体国家安全观和《中华人民共和国国家安全法》等政策与法律密切相关。介绍韩红爱心慈善基金会、广东省钟南山医学基金会、浙江工业大学教育基金会等的事例，使学生知晓公募与非公募基金会根据《基金会管理条例》在创立与运营中需要遵守的规范，以及基金会在慈善、医学和教育领域的突出贡献。最后，结合先前学生的视觉随笔作业，讲述我国不同地区民办非企业单位的类型，享受的税收优惠政策，以及其在基层治理，特别是在养老、社会救助、社区矫正、疫情防控等方面发挥的积极作用，增强学生的国家认同与制度自信。

**课堂实效：**学生回忆了观看国家安全教育相关视频的心得体会，纷纷表示社会团体的规范管理与国家安全之间存在密切联系。教师在谈到浙江工业大学教育基金会时，有学生表示未来如果有机会向母校捐赠，会设立旨在支持大学生创业项目的专项基金，帮助更多学生实现创业梦想。学生运用辩证唯物主义与批判性思维，从法律与道德实践的角度讨论教育类民办非企业单位的伦理与“双减”政策中有关民办教育机构的最新规定。不少学生表示未来有兴趣开展相关的研究工作。

## 五、教学效果

经过这些年的课程建设，浙江工业大学公共管理学院本科生选择非政府组织相关的毕业论文数量占比显著增加，从 2018 届的 23.16%，上升到 2021 届的 46.75%；本课程的学生期末平均成绩也从 2015 级的 84.11 分，上升到 2017 级的 88.03 分。教育部社会学类本科专业教学指导委员会委员方巍教授，浙江工业大学公共管理学院教育经济与管理研究所所长、学院教学督导组组长张凤娟教授均对本门课程给予了非常正面的评价。

在过去的两年中，本课程的学生评课满意度均高于全校平均满意度十个百分点。在课后的调查中，2017 级有超过 95% 的学生认为课程的授课内容有助于其减少功利主义职业观。以本门课程的教学内容为基础，课程主讲教师荣获校教师教学创新大赛“课程思政”微课专项赛特等奖（文科组），并在省教师教学创新大赛“课程思政”微课专项赛中获三等奖（文科组）。在 2020—2021 年期间，本课程还入选浙江工业大学“课程思政”示范课程建设项目、“一流课程”培育项目与浙江省第一批课程思政教学项目。

基于本门课程教改内容，课程主讲教师主持了浙江省高等教育学会高等教育研究课题重点项目一项。基于本课程相关教学案例，课程负责人指导本科生小组获校“运河杯”科技竞赛立项一项、指导研究生小组获校“运河杯”科技竞赛特等奖一项。



## 第六节 社会调查方法

**课程负责人：**祝建华

**教学团队：**肖云泽、陈忱、傅衍

**所在院系：**公共管理学院

夫科学者，统系之学也，条理之学也。凡真知特识，必从科学而来也。舍科学而外之所谓知识者，多非真知识也。

——孙中山

### 一、课程概况

#### （一）课程简介

“社会调查方法”课程以社会调查研究基本原理与具体方法为核心，重点介绍社会调查研究的概念与特征、社会调查研究的一般程序、选题的标准、研究设计、抽样技术、概念操作化技术、问卷设计技术、访谈技术、研究报告的撰写方法等内容。通过理论教学与研究实践相结合，本课程能够帮助学生系统掌握社会调查研究方法的基本概念、理论、方法和技术，树立科学精神与方法素养。

自2006年开设以来，课程组锐意进取、开拓创新，取得了良好的教学效果和一系列建设成果。在课程建设方面，本课程于2012年被立项为浙江工业大学优秀课程建设项目，2020年入选浙江省线上线下混合式一流课程，教学团队自编课程教材《社会调查：设计与评估》获得校级重点建设教材项目资助。课程构建了线上理论教学、实验教学及项目式实践教学的课程教学体系。该课程前期全部是线下课堂教学，专门进行理论讲授，后期引入CATI实验教学改革、项目制教学改革以及线上线下混合式教学改革。历次教学改革有效体现了该课程的实践性、方法性及综合性的特点，大大提高了学生的实际动手能力和操作能力，培养了学生独立开展社会调查活动和独立进行小型科研项目的能力。本课程是高等学校行政管理、公共事业管理、劳动与社会保障、社会学、统计学、新闻学等多个专业课程体系的基础课程和必修课程。在浙江工业大学公共管理类专业的人才培养计划中，该课程开设在大二上学期，共48课时，计3学分。

## （二）教学目标

课程响应了浙江工业大学本科人才培养的目标，即“培养德智体美劳全面发展，富有家国情怀、国际视野、创新精神和实践能力的行业精英和领军人才”，同时紧密契合浙江工业大学公共管理类专业培养具有公共情怀和创新精神、“知理论、懂政策、重实践”，即富有理论功底，熟悉政策，实践能力强，能够解决实际问题的公共管理专业人才的培养目标。结合公共管理类专业的毕业要求，课程教学过程紧扣以下三个目标。

### 1. 知识目标

（1）系统掌握社会调查的基本概念，形成社会调查的知识体系；

（2）理解并内化社会调查的基本理论，掌握社会调查的基本方法与技术。

### 2. 能力目标

（1）学会用科学的方法认识和分析社会现实；

（2）掌握扎实的调查选题、研究设计、抽样、概念操作化、问卷设计、深度访谈能力；

（3）掌握各种类型调查研究报告的撰写能力。

### 3. 价值目标

（1）树立知行合一的科学实践观，提升对社会实践的科学认识；

（2）具备解决社会问题的公共精神、家国情怀与社会责任，树立团结协作的实践意识和价值取向；

（3）增强创新意识和严谨研究的科学精神与方法素养。

# 二、主要思政元素

教学过程突出理论性、实践性、互动性、多元性四大特色，结合重大、最新的公共管理实践选题，用事实说话，重点培养学生的家国情怀、知行合一、科学精神、社会责任感以及团结协作的大局观。

**家国情怀：**依托公共管理学领域的最新理论成果，结合现实热点问题和最新改革实践，在调研项目小组选题上提倡学生以“八八战略”为思想政治教育内容，鼓励学生紧贴浙江改革发展实践开展调查研究，培养学生经世济民的责任与担当。

**知行合一：**通过任务驱动式教学，学生能够将理论知识、调查设计素养、数据分析方法应用于特定的调查项目实践情境中，提升学生对问题的敏锐感知能力、独立分析能力、问题解决能力，培养学生知行合一、诚实守信的道德品质。

**科学精神：**通过项目递进式教学方法，教学团队指导协助学生完成从选题到抽样、问卷设计、实地调查、数据分析的完整链式调查研究，使学生养成知行合一的科学实践观，形成辩证系统、科学探究、调查实践的科学思维。

**社会责任：**指导学生将以人民为中心的理念贯彻到实际调查和报告撰写过程中，

通过实证调查，以论据为基础发表见解，为公共管理实践和社会改革提供政策建议，培养学生的问题意识以及经世致用的社会责任感。培养当代大学生要坚持道德上正确的主张，要坚持践行正义原则。

**团结协作：** 鼓励学生按一定规模组成若干调查项目小组，让学生通过小组研讨式学习，围绕项目议题的中心目标，发挥互补优势，完成教学安排中布置的各项任务，培养学生同舟共济、团结协作的大局观念，提升学生团结协作的能力和集体互助友爱的品质。

## 三、设计思路

在教学过程中贯彻“13313”的课程设计思路，坚持“一个项目”贯穿始终的目标任务导向；坚持线上与线下相结合、课内与课外相结合、校内与校外相结合的“三合革新”；坚持教学目标能力化、教学内容模块化、教学组织团队化的“三化聚成”；体现“教、学、做”一体教学方法；实现理论学习、实验教学、调查实践的“三位一体”教学模式，把理论学习、调查设计能力培养、分析与解决问题能力的培养充分结合于特定的调查项目实践情景及实训任务中。“社会调查方法”课程思政设计思路如表 9-6-1 所示。

**表 9-6-1 “社会调查方法”课程思政设计思路**

| 理论课程 | | |
|---|---|---|
| 课程章节 | 重要思政元素 | 相关联的专业知识或教学案例 |
| 第一章<br>社会调查概述 | 家国情怀<br>科学精神<br>社会责任 | 介绍社会调查的基本知识，培养学生的批判性思维、辩证思维，同时通过介绍中国近现代社会调查的发展历程，特别是对毛泽东“走群众路线”“没有调查就没有发言权”等观点的剖析，提升学生通过调查研究社会现实，解决现实问题的家国情怀与社会责任感 |
| 第二章<br>选择调查课题 | 家国情怀<br>创新精神<br>社会责任 | 以浙江省“八八战略”为框架背景，学生组队自拟调查课题，启发学生关心浙江实践与浙江发展，培养学生的深入思考能力、创新能力以及宏观把握选题的素质 |
| 第三章<br>调查设计 | 家国情怀<br>科学精神<br>方法素养 | 在“绿色浙江”战略指引下，以“安吉‘两山’模式转化成效评估”为案例，介绍完整调查设计的构成，培养学生运用知识付诸实践进行设计的能力、严谨的研究意识、缜密的作风 |
| 第四章<br>抽样 | 社会责任<br>科学精神 | 在介绍九类基础性抽样技术的前提下，结合“全国城乡居民生活状况调查”的案例，补充教授实地绘图抽样、网络抽样等最新抽样与调查技术，学生围绕项目组选题构思抽样方案，培养学生系统性方法素养与社会责任感。尤其是注意辨识不同的抽样方法给研究带来的不同结论，帮助学生树立科学精神和严谨的品格 |
| 第五章<br>测量 | 知行合一<br>科学精神 | 介绍规范化与标准化的测量知识，学生围绕项目组选题构思测量维度，培养严谨的研究能力与科学意识。尤其是通过诸如“城市居民生活质量”“社会地位”等复杂社会现实的概念化操作与实际测量，让学生认识到科学研究的本质，培养知行合一的品格 |
| 第六章<br>问卷设计 | 客观公正<br>公共精神 | 介绍与中国本土实践、语境相契合的问卷题项设置策略，结合“中国三峡移民社会适应性”调查的案例，培养学生对本土事实的社会责任感与规范表达能力。重点通过问卷设计过程中“从他人角度思考问题”的基本原则，帮助学生树立起客观、公正的科学态度，培养换位思考的意识，注意公共精神的塑造 |

（续表）

| 课程章节 | 重要思政元素 | 相关联的专业知识或教学案例 |
|---|---|---|
| 第七章<br>资料搜集 | 知行合一<br>科学精神 | 介绍大数据技术背景下的网络调查与资料搜集技术更新，结合“城市大脑”的典型案例，培养学生与时俱进的学习能力。通过不同资料搜集方式的比较，引导学生形成科学的方法素养 |
| 第八章<br>资料处理 | 社会责任<br>科学精神 | 通过“恩格斯撰写《英国工人阶级状况》进行认真严谨调研”的案例，介绍资料审查、复查、转换录入、数据清理的基本知识，培养学生灵活处理问题的能力与素质，以及科学严谨处理研究素材的社会责任感 |
| 第九章<br>资料的统计分析——单变量分析 | 知行合一<br>科学精神 | 介绍单变量描述统计与推论统计的数理知识和软件操作方法，培养学生的定量分析能力。注重统计分析能力与解决现实问题的效果之间的转化。以“浙江省共同富裕示范区建设”为案例，介绍如何比较基于抽样资料的不同群体收入差别 |
| 第十章<br>资料的统计分析——双变量分析 | 知行合一<br>公共责任 | 介绍交互分类、回归分析等数理知识和软件操作方法，培育学生的定量分析能力。通过“延安中国革命纪念馆‘实事求是’碑的来历”的案例，加强学生对“相关关系”和“因果关系”的辨别能力，注重培养学生科学严谨的精神，培养学生追求真理、精准分析与探究以实事求是的作风解决实际问题的公共责任感 |
| 第十一章<br>撰写调查报告 | 远大抱负<br>科学精神 | 介绍应用性、学术性调查报告的结构与写作方法，以“杭州基层社会治理的数字化改革成效研究”为案例，通过数据分析与报告的呈现，提高学生的社会责任感，增强对社会问题的认识，树立远大抱负 |
| **实践活动** | | |
| SPSS 应用调查数据的录入与转换；回归分析等 | 知行合一<br>科学精神 | 通过上机操作，结合“浙江省数字化改革”的案例，一方面让学生掌握基本的统计分析步骤；另一方面培养学生的科学分析能力与严谨的科学研究素质 |
| CATI 电话访谈系统应用 | 家国情怀<br>公共精神 | 通过 CATI 系统实地电话访问完成一定量的问卷，培养学生的口头表达能力以及社会责任感。同时通过具体项目的调研，激发学生关心社会现实并通过自己的研究解决现实问题的家国情怀与公共精神 |
| 实地问卷调查模拟 | 知行合一<br>科学精神 | 在公共管理案例教学实验室完成问卷调查的模拟训练，培养学生的规范表达能力、知识运用能力与创新素质。尤其是通过诸如产教融合实践基地的实际调研，进一步强化学生知行合一的精神品格 |

## 四、实践案例

### （一）案例 1：通过“八八战略”框架下的调研选题设计，提升学生对浙江现实的关切

第二章“选择调查课题”的教学采用翻转课堂方式，研讨如何进一步发挥浙江省“三

个地”“重要窗口”的优势，以更多的实例、调查方案丰富课堂内容，培养学生对研究选题的问题关切意识，提升课程对学生思政教育的引领和教育作用。

向学生明确该课程以理论与实践相结合为宗旨，学生自行组成项目小组，以“八八战略”为总框架自拟选题。讲授“八八战略”与当下浙江省建设“重要窗口”使命的关联。通过对“八八战略”选题意义的介绍，让同学们通过团队集体思考，拟定细分议题，启发学生关心浙江实践的具体事例，培养学生的深入思考能力、创新能力以及宏观把握选题的能力。

通过“学生初步拟题—教师团队评议指导—学生修改调整—最终拟定选题”的互动式教学，学生形成了若干具有理论价值与实践价值的选题，如“后疫情时代高校数字化管理的成效与不足”“浙江省农村社区建设及治理现状分析”等。学生的选题紧紧围绕“八八战略”的宏观设计，处处体现出对浙江现实问题的关切。通过“边评边讲”的翻转课堂方式讨论调查选题，培养学生关心社会、关心国家经济、社会发展的公共精神、家国情怀。同时通过“选题”这一重要的科学研究活动，激发学生强烈的创新意识与科学精神。

### （二）案例 2：通过小组展示抽样方案设计，培养学生的科学精神

第四章“抽样”的教学，采用讨论式教学方式，介绍最新的抽样与调查技术，让学生围绕项目组选题构思抽样方案并在课堂展示，培养学生系统性方法素养与社会责任感。

利用慕课堂 App 随堂测验，强化学生对基本抽样方法的知识点记忆，对学生难以掌握的“PPS 抽样”进行细致讲解，此外，补充介绍 CGSS 地图抽样与网络抽样调查两种新型抽样技术。

接下来，让学生围绕已有项目选题，展示抽样方案。围绕抽样方案的科学性、合理性、可操作性等标准，教师对小组抽样方案进行评价，并提出修改建议。比如有小组围绕“浙江工业大学光盘行动开展状况的调查”主题设计了偶遇抽样方案（在一周中食堂营业时间的早、中、晚时段分别对已完成就餐的师生进行结构式访问，记录访问对象的光盘率及其影响因素，对比一天中的不同时间段、一周中的不同日期光盘率的变化情况）。

教师提问：偶遇抽样样本的覆盖面如何？样本分布特征与全校师生人口统计学分布特征偏差是否可控？抽样效率如何？通过互动讨论，启发学生思考方案的合理性以及可进一步修正的空间。最终学生提出，应以偶遇抽样与网络调查问卷发放相结合，以提高抽样的科学性与效率。

在讨论过程中，注意启发学生认识不同的抽样方法所产生的不同效果。重点让学生知晓不科学的抽样方法可能会导致错误的结论，如果这些错误的结论被转换成政府决策，就有可能给整个国家的经济社会发展造成不良后果。结合抽样技术和具体事例的讨论，让学生一定要树立起科学精神，一定要有严谨的科学态度，一定要掌握科学的研究方法，要时刻保持对社会、对国家、对人民负责的公共精神和家国情怀，并在这一过程中不断推进社会研究的发展和社会的进步。

### （三）案例 3：通过深入治理实践的资料收集，推动学生养成知行合一的优秀品质

本课程深入贯彻了“加强学生参与和体验”“注重学校内外结合的课后拓展”“培养学生知行合一品质”的教学理念。例如第七章“资料搜集”的线下教学，不仅向学生展示了前沿的网络调查与资料搜集技术，还向学生介绍了问卷设计与资料收集的中国实践（如调查中的中国语境、行政资源等本土化元素）。为了进一步推动学生将知识要点灵活运用到中国治理场景中，课程团队利用产教融合的校外实践基地，把学生的资料收集能力培养与特定调查项目实践相结合。

学校与杭州市拱墅区、西湖区政府共同建立的课程思政实践基地，为学生提供了基层社会治理的若干项目实践机会。例如，多名学生报名参与“矛盾调处中心（以下简称‘矛调中心’）的建设现状与治理成效”调研，在现场调研之前，指导老师对学生进行调查培训，指导学生提前编制访谈提纲，提出了“遵循语用学中的效果原则与效率原则”“在访谈中适时互动”“避免论说型、评价型回应”“因地制宜使用文本语言和口头语言”“适度口语化加强沟通”“辩证看待调查中的行政资源并合理利用”等注意事项，引导学生多轮修改、不断完善调查方案。

现场调研当日，学生主动向拱墅区的矛调中心部门领导提问，提出了诸如“矛调中心建设的预期设想有无实现”“矛调中心建设中的部门整合是否存在阻力”“矛调中心的考核机制及其困境是什么”“矛调中心如何调动社会组织参与”“矛调中心如何对社情民情作出预警研判”“矛调中心建设中的规定动作与优秀经验分别是什么”等众多紧贴现实的前沿性问题。拱墅区矛调中心领导对学生的提问内容和调查能力作出了高度肯定性评价。

调研后，学生们遵循访谈程序流程，及时整理访谈记录、汇编所搜集的资料，并撰写了包含此次调研的经验、不足及改进之处的心得体会。学生们普遍反映，调研经历让他们更好地认识现实、总结现实，从学校课堂与书本的空中楼阁走向了真实的浙江省一线治理场景，知行合一的个人品质得到有力培养。通过调研实践，学生将课堂学习到的社会调查方法及时地运用到具体的调研实践中，一方面进一步加深和巩固了社会调查的知识点；另一方面在具体调研过程中有了更直接的体会，对社会问题的认识也更为深刻，使知行合一真正得以贯彻，科学探究真正得以实现。

## 五、教学效果

“社会调查方法”教学坚持问题导向与科学导向，课程建设日趋成熟，教学质量持续提升。学生在学科竞赛、学术论文、政策咨询等方面取得了优异成绩，并给予了积极的课后反馈。

### （一）指导学生的调研成果多次获得国家级立项或获奖

（1）《技术赋能、工具革新与数字战“疫”——以浙江省精密智控新冠疫情为

例》，2020年大学生创新创业训练计划国家级立项；

（2）《乡镇干部过劳问题及其减负研究——基于浙江省多个乡镇调研》，2020年大学生创新创业训练计划国家级立项，南风窗“调研中国”全国十五强；

（3）《废旧汽车回收利用绿色度评价与政策模拟——基于杭州、重庆两市共享汽车“坟场”调查的研究》，第六届全国大学生能源经济学术创意大赛二等奖；

（4）《如何让县域医共体人员“活”起来？——以浙江东阳设立“医共体人才池”为例》，2020年度浙江省大学生科技创新活动计划（新苗人才计划）立项；

（5）《数据驱动，优化流程，政府转型——基于杭州市企业投资项目审批改革研究》，浙江省第十六届“挑战杯”大学生课外学术科技作品竞赛三等奖。

此外，由于该课程主要开设在二年级上学期，这个阶段的学生正好对开展社会调查具有强烈需求，尤其是许多学生在这个时期开始逐渐组队参加“运河杯”“挑战杯”等大学生课外科技竞赛，刚好通过该课程的学习，有效地弥补了参加这些科研活动所必需的研究方法方面的不足。因此，课堂将课上学习、课外科技竞赛等有机结合起来，产生了一系列的成果，学生多次在“运河杯”“挑战杯”等课外科技竞赛中获奖。

### （二）有效指导了全校暑期社会实践活动

每年暑假，学校会组织大规模的暑期社会实践活动。各个学院的学生都会围绕一定的选题，组成若干团队，设计调研方案，到各地开展时间长短不一的暑期社会实践活动。其中社会调查是非常重要的环节，能够帮助学生搜集资料、分析资料，并形成最终的社会实践调研报告。多年来，该课程在普及大学生的社会调查方法技术，增强学生的家国情怀、公共精神、社会责任感，塑造知行合一的品格等方面发挥了重要作用。课程团队的老师多次应邀给学生开展培训，取得了非常好的效果，也得到了广大师生的一致好评。

## 第七节　公共关系学

**课程负责人：**姚利权
**教学团队：**赛来西•阿不都拉、任文杰、黄杰、张雷
**所在院系：**人文学院

“公关”是广结人缘的艺术。

——马晓声《“面具”之美》

# 一、课程概况

## （一）课程简介

“公共关系学”课程是新闻传播学科专业大类选修课，也是管理学、营销学、社会学等多个专业的基础课程。它是协调处理现代社会组织与组织、组织与公众之间的各种关系，研究社会组织如何运用各种信息传播、双向沟通等手段，创造良好的社会关系环境，并与有关公众保持良好关系，求得生存和发展的学科。它既是一门新兴学科，也是一门应用性较强的课程，旨在让学生掌握公共关系的基本理论，学会公共关系的实务操作方法，增强学生的公关意识，培养学生的公关素质，学会处理组织与社会公众之间关系的方法和技巧。在浙江工业大学人文学院的人才培养计划中，该课程开设在大二下学期，计 2 学分。

本课程以习近平新时代中国特色社会主义思想为指导，结合学校、学院创新型、应用型人才培养的目标，在教学内容中结合案例，融入更多的思政元素，使学生掌握新时代公共关系的基本观点、精神实质、历史地位、指导意义和实用价值。此外，课程在教学方式上进行了有益有效的探索与尝试，加强了与业界的联合，把项目驱动和学科竞赛作为课程建设的内容开展教学工作，激发了学生的专业热情和创造力。

本课程已在我校开设 20 年，已取得了比较丰硕的成果，是人文学院广告学专业的一大特色课程，同时向全校其他专业辐射，为社会培养了许多公关方面的人才。近年来教学团队出版了《公关理论精要》《寻求和谐发展——浙江公共关系 20 年》《公共关系学派：一种广域的视野》《生活中的公共关系学》等教材及专著，并有团队成员获得了“中国公共关系教育 20 年十杰人士”、首届“中国公共关系十位优秀人物”、“中国公共关系 100 人”等荣誉称号。本课程获 2021 年浙江省课程思政优秀教学微课、2020 年度浙江工业大学课程思政建设专项；同时，课程也入选 2020 年校一流本科课程培育重点立项，后被评为省级线上线下混合式一流本科课程，线上慕课“生活中的公共关系学”在智慧树、学习强国及学银在线平台上线。此外，课程结合全国、省级公关策划大赛，组织并指导学生参赛，获奖面及获奖率在全省高校中位居第一。

## （二）课程目标

### 1. 知识目标

（1）了解公共关系的国内外发展历程、未来趋势、现实应用价值；

（2）掌握公共关系的基本理论、基本原理与工作程序；

（3）掌握公共关系的具体表现与实务操作。

### 2. 能力目标

（1）具有运用公共关系的实务操作能力，包括社会组织或个人如何有效地运用各种信息传播手段；

（2）具备与社会公众保持良好关系、创造良好的社会发展环境的能力。

### 3. 价值目标

（1）增强公关意识，培养公关素质，掌握人际交往规则，学会处理组织与社会公众之间关系的方法和技巧；

（2）培养爱国情怀、文化自信、社会责任感，追求真善美、传播正能量。

## 二、主要思政元素

公共关系是一门说真话、做善事、塑美形的科学和艺术，是社会组织本着实事求是与互惠互利的原则，运用各种传播手段，与相关公众之间建立相互了解和依赖的关系，并通过双向信息交流，塑造良好的组织形象，从而促进组织战略目标的实现。本课程的学习有助于培养学生的文化自信和社会责任感，并积极践行社会主义核心价值观。

**坚定文化自信，建设社会主义文化强国。**教育引导学生了解世情、国情、党情、民情，增强对党的创新理论的政治认同、思想认同、情感认同，坚定中国特色社会主义道路自信、理论自信、制度自信、文化自信。其中，坚定文化自信就是要激发人民对中华优秀传统文化的历史自豪感，在全社会形成对社会主义核心价值观的普遍共识和价值认同。公共关系是组织与公众之间的一种传播沟通，让组织在公众心目中形成良好形象，必须深入研究并符合一定的文化背景。公共关系活动可以进一步坚定学生的文化自信，推进国际传播能力建设，讲好中国故事，以优秀的传统文化为媒介，展现真实、立体、全面的中国，从而提高国家文化软实力，促进学生对中华优秀传统文化的高度认同，培养学生的文化自信。

**深化职业道德教育，履行社会责任。**教育引导学生深刻理解并自觉实践各行业的职业精神和职业规范，增强职业责任感，形成良好的职业品格和行为习惯。公共关系问题的提出，到公共关系的兴起，再到公共关系的发展与演变，始终与社会责任有密切的联系。社会责任是指组织承担的高于组织自身目标的社会义务，它超越了法律与经济对组织所要求的义务，是组织管理道德的要求。公共关系是一种管理哲学，是树立形象的艺术，组织（个人）通过承担社会责任来实现组织利益和公众利益，从而获得公众的支持，提升组织（个人）的形象。

**培育和践行社会主义核心价值观。**教育引导学生把国家、社会、公民的价值要求融为一体，提高个人的爱国、敬业、诚信、友善修养，自觉把小我融入大我，不断追求国家的富强、民主、文明、和谐和社会的自由、平等、公正、法治，将社会主义核心价值观内化为精神追求、外化为自觉行动。公共关系的本质特征是“说真话、做善事、塑美形”，追求的是真善美，传播的是正能量。学习这门课程，能让学生积极践行社会主义核心价值观，引导正确的舆论导向，有助于社会的和谐发展。

## 三、设计思路

本课程具有鲜明的“品效结合、知行合一”的思政特色，在理论和实践全过程中融入思政元素，以提升学生的综合素养和深入思考能力，引导学生不断深化对公共关系学的认知，为多元化职业发展开辟更加宽广的途径。

本课程思政设计思路见表 9-7-1。

**表 9-7-1 “公共关系学”课程思政设计思路**

| 课程章节 | 重要思政元素 | 相关联的专业知识或教学案例 |
|---|---|---|
| 绪论：<br>生活中的公共关系学 | 文化自信 | 公共关系对形象塑造的作用；<br>主要案例：杭州城市宣传片中的形象塑造 |
| 理论篇 1：<br>公共关系的缘起与演变 | 社会责任 | 公共关系问题的提出、公共关系的兴起与发展、公共关系理论范式的演变；<br>主要案例：邓飞发起的“免费午餐”公益行动 |
| 理论篇 2：<br>公共关系的原理与功能 | 社会主义核心价值观 | 公共关系的本质属性、基本特征、主要功能。<br>主要案例：五菱汽车——国企之光 |
| 理论篇 3：<br>公共关系的主体与对象 | 文化自信 | 公共关系的主体及定位、公共关系人员；<br>主要案例：历年中国形象宣传片 |
| 理论篇 4：<br>公共关系的工作与程序 | 社会责任 | 公共关系工作的类型、内容，公共关系与社会责任；<br>主要案例：中国银联·会吐诗的 POS 机；二更视频“影像 + 公益” |
| 实务篇 1：<br>公共关系创意策划 | 社会责任 | 公共关系策划、工具及方案；<br>主要案例：澳优乳业、伽蓝集团、完美世界的公益行动 |
| 实务篇 2：<br>公共关系战略表现 | 社会主义核心价值观 | 公共关系的战略功能，品牌塑造战略、企业 CIS 战略、组织文化战略；<br>主要案例：共青团中央与知乎联合出品的微电影《重逢》 |
| 实务篇 3：<br>公共关系传播策略 | 文化自信 | 公共关系传播媒介、传播模式、传播策略；<br>主要案例：李宁的国潮之路 |
| 实务篇 4：<br>公共关系表现形态 | 社会主义核心价值观<br>社会责任 | 新闻传播、公共关系广告、网络公关、专题活动；<br>主要案例：农夫山泉系列形象广告片 |
| 讲座篇 1：<br>公关的“道”与“术” | 社会主义核心价值观 | 建立公关共识，传递公共关系正能量，让品牌注入正能量；<br>主要案例：国货品牌百雀羚的发展 |
| 讲座篇 2：<br>“讲好杭州故事”创意策划 | 文化自信 | 创新对外文化传播和交流机制，培育国际知名文化品牌，展示浓郁的中华文化韵味；<br>主要案例：以东方传统文化艺术为内涵，以非物质文化遗产为特色，以丝绸、茶叶、中药、印学等国字号博物馆为载体讲述杭州故事 |

## 四、实践案例

### （一）案例 1：课堂教学——公共关系与社会责任

社会责任是公共关系的伦理基础，社会责任导向与现代公共关系的发展几乎是同步的。正是现代公共关系的产生，唤醒了企业的社会责任，使得企业对社会责任更加敏感，并推动了社会责任理论的形成。而正是在社会责任理论的引导下，公共关系作为“企业良心”的概念变得越来越清晰。

该课程通过教师的理论介绍，结合相关案例分析，再通过学生思考、讨论等形式来引导学生树立组织或个人需承担社会责任以提升自身形象、获得公众支持的理念。首先是进行理论介绍，从企业社会责任的发展角度来看，公共关系可以分为企业公众责任（CSR1）、环境恶化和议题管理（CSR2）、企业社会公正（CSR3）、企业社会动机（CSR4）四个发展阶段。其次是案例分析，第一个案例是中国银联“诗歌 POS 机——让山里孩子的才华被看见”公益行动，践行企业社会责任，助力精准扶贫，如图 9-7-1 所示。第二个案例是二更短视频平台推出的“影像 + 公益”行动，行动拍摄选题涉及乡村教育、疾病救助、文化保护、动物保护、精准扶贫、弱势群体关爱、明星公益等多个公益领域，通过短视频的传播，引起社会各界的广泛关注，推动相关政策的落地执行，公益短片截图如图 9-7-2 所示。最后让学生分组交流讨论，对公共关系与社会责任的关系进行阐述，并结合所学理论知识及平时了解到的案例，请部分同学分享感受。

图 9-7-1　中国银联推出的“诗歌 POS 机”公益行动

图 9-7-2　二更短视频平台推出的公益短片

### （二）案例 2：实践教学——全程参与策划“转塘 · 石榴籽家园”揭牌仪式

本课程注重公关实践教学，通过整合校外各种资源，导入课堂教学，带领学生参与各类公共关系实践活动。2020 年 5 月，课程团队带领学生全程参与策划“转塘 · 石榴籽家园”揭牌仪式，传播民族文化，践行民族团结和融合精神。揭牌仪式如图 9-7-3 所示。习近平总书记在许多重要场合以“石榴籽”一词比较民族团结，目前“转塘 · 石榴籽家园”是全国民族团结进步创建重点扶持项目（2020 年浙江省唯一立项），其秉承习近平总书记提出的“像石榴籽一样紧紧抱在一起”的核心理念，旨在促进各民族交往交流交融。

图 9-7-3　带领学生团队全程参与策划“转塘 · 石榴籽家园”揭牌仪式

活动前期，学生团队制作了活动的流程方案，为活动制作了展板、邀请函、易拉宝、KT 板、展架等一系列设计品，也撰写了主持稿、新闻稿等文稿。在活动中，学生团队负责现场执行及具体操作，保证每个环节顺利进行。本次活动得到了众多社会媒体的报道传播，转塘发布、浙江在线、浙青网、《杭州日报》等多家媒体对活动进行了图文报道。

### （三）案例 3：翻转课堂——以团队形式对中华优秀传统文化进行创意策划

该课程注重学生公共关系实操能力培养，通过 3 ～ 5 人团队作业形式，围绕中华优秀传统文化，以“人文情怀、价值理想、社会责任”为主题进行公共关系创意策划，最后以翻转课堂的方式进行展示。由于新冠疫情影响，最后的展示环节全部转为线上。在整个策划实践中，让学生通过调查研究、深入分析、创意构思，来充分了解中华优秀传统文化，将人文情怀和社会责任充分融入策划案中，从而增强文化自信，并通过自身的努力，有效传播中国文化。

## 五、教学效果

### （一）学生竞赛获奖

以“公共关系学”课程的团队作业为载体，将专业类比赛融入课程作业中，教师组织广告、广电、中文专业的学生跨专业联合组队，并精心指导学生参赛。“以赛促学”，在比赛中锻炼学生的专业能力与素养，并在中国大学生公共关系策划创业大赛、浙江省大学生公共关系策划大赛、“讲好杭州故事”创意传播大赛等各类赛事中屡获佳绩。学生部分参赛照片如图 9-7-4 所示。

图 9-7-4　学生参加第七届中国大学生公共关系策划创业大赛

2018 年，本课程任课教师指导的学生团队的公共关系策划项目在浙江省首届大学生公共关系策划大赛中获得一等奖 1 项、二等奖 2 项、三等奖 4 项，具体获奖情况如表 9-7-2 所示。

表 9-7-2　学生团队在 2018 年浙江省首届大学生公共关系策划大赛中的部分获奖情况

| 获奖等级 | 作品名称 | 学生团队 |
|---|---|---|
| 一等奖 | 杭州中药老字号胡庆余堂品牌年轻化公关策划方案 | 贺宇宁、吕子安、高再红、陈楚欣、陈心笛 |
| 二等奖 | 执着采真，品味芝兰——采芝斋品牌年轻化策划方案 | 李丽洁、刘旭、刘俊竹、兰欣媛、刘皓天 |
| 二等奖 | 老品牌也有年轻范儿——浙江老字号品牌“王星记”公共关系策划方案 | 王诗霁、秦诣程、王琦、苏志涛、蒋默然 |
| 三等奖 | “西冷不冷”营销策划案 | 黄玉巧、陈贤、戴佳琪、陈琦琪 |
| 三等奖 | 楼外楼品牌年轻化公关策划方案 | 曾庆巍、季通辉、潘黎明、肖晏霓 |
| 三等奖 | 张小泉品牌年轻化——新时代公共关系及网络营销建议 | 王越、王晓玉、张延娇、方小涵、周珍燕 |
| 三等奖 | 寻味——知味观品牌年轻化策略书 | 朱亚婷、章雅茜、吴越、张美玲、林晓雁、王声煊 |

2019 年，本课程任课教师指导的学生团队的公共关系策划项目在浙江省第二届大学生公共关系策划大赛中获得一等奖 3 项、二等奖 2 项、三等奖 6 项、优秀奖 6 项，具体获奖情况如表 9-7-3 所示。

**表 9-7-3 学生团队在 2019 年浙江省第二届大学生公共关系策划大赛中的部分获奖情况**

| 获奖等级 | 作品名称 | 学生团队 |
|---|---|---|
| 一等奖 | YOU 家计划 | 周羽蝶、刘莹莹、谭镕、沈亦辰 |
| 一等奖 | 谁动了那女孩 | 方程、姚舒淇、吴俊臣、邢饶佳、郑祥臻 |
| 一等奖 | 为美食家护航 | 任雅洁、伊晓妮、罗奕、邹卜宇、徐晗昕 |
| 二等奖 | 初芽计划——最美的春夏 | 张晓杰、何妤婷、戴琪琪、包晗、夏妍 |
| 二等奖 | 你的口味我最懂 | 钟依诺、高嘉璐、柴煦、谢家欣 |
| 三等奖 | 想药你健康 | 郑佳明、徐诗雨、杨琼、赵西峰、杨帅 |
| 三等奖 | 青春“夏”不倒我 | 施锶、陆俊浩、郑涵元、颜丹婷、杨熠宁 |
| 三等奖 | 口腔保卫战 | 张超琦、王雨鑫、贺畅、张玉莲、郑淇月 |
| 三等奖 | 益起种草，美出天肌 | 夏菲、胡雨薇、郎丹 |
| 三等奖 | 兔兔，益起来微笑 | 王雪菲、黄雨、徐舒婷、康馨怡 |
| 三等奖 | 云南白药——给你不一样的腔调 | 陈靖云、西热古力·吾斯曼、周文、杨捷、卢昱舟 |

2020 年，本课程任课教师指导的学生团队的公共关系策划项目在浙江省第三届大学生公共关系策划大赛中获得一等奖 3 项、二等奖 3 项、三等奖 5 项，具体获奖情况如表 9-7-4 所示。

**表 9-7-4 学生团队在 2020 年浙江省第三届大学生公共关系策划大赛中的部分获奖情况**

| 获奖等级 | 作品名称 | 学生团队 |
|---|---|---|
| 一等奖 | 亚韵·且将薪火试新茶——梅龙草堂亚运公关策划案 | 郑志煌、刘雅囡、马雪琪、王晨妮、刘冰听、郑佳 |
| 一等奖 | 在浙里，遇见你——后疫情时代飞猪旅游 × 浙江诗路公共关系策划案 | 余雨欢、王珂、王瑶敏、陈健、冯嘉 |
| 一等奖 | 薪火试新茶，无茗不向 YOUNG——亚运背景下梅龙草堂品牌年轻化策划案 | 王伊灵、邵珂儿、潘冰清、周楚懿、章鸣佳、朱眉娟 |
| 二等奖 | 梅龙陪你亚运，领略杭城雅韵 | 周珑珑、林志微、祝方怡、邓诗雅 |
| 二等奖 | 有泉就是刃性——张小泉春节公关策划案 | 马雪琪、方玉婷、王晨妮、丁洁、陈婉茹、郑志煌 |
| 二等奖 | 茶语我心——梅龙草堂品牌策划案 | 程阳、陈妍熹、潘高阳 |
| 三等奖 | “扇艺亚韵，礼善世界”——亚运视角下讲好杭州故事公益活动策划案 | 陈汶钰、陈诺、李泠珂 |
| 三等奖 | “幽梦一帘收”杭州油纸伞公益活动策划 | 伍汉兰、向洛青、徐颖婕 |
| 三等奖 | 轻生活、韵杭州——梅龙草堂亚运茶系列策划 | 张恺纯、余敏、李岚、陈瑞田、程宸 |

（续表）

| 获奖等级 | 作品名称 | 学生团队 |
|---|---|---|
| 三等奖 | “忆江南，最忆是童谣”公益项目策划案 | 洪姝逸、李玮萱、章佳佳、张梦琪、陈怡宁 |
| 三等奖 | 茗茗注定，留香亚运——梅龙草堂亚运推广品牌策划案 | 李小龙、蔡怡雯、陈婧婧、陈钱英、朱嘉慧、周洁 |

## （二）学生发表论文

2018 级广告学专业林博川的课程论文《警察机关公共关系形象塑造研究——以美国、中国香港为例》在《公关世界》杂志（2020 年第 15 期，全国核心期刊）上公开发表，如图 9-7-5 所示。

**图 9-7-5　学生课程论文在核心期刊《公关世界》杂志上发表**

## （三）学生参与社会活动

组织本课程学生参与杭州市十大公共关系事件的材料收集、梳理工作。课程负责人姚利权老师于 2017 年至 2021 年连续 5 年主持牵头杭州市十大公共关系事件的评选与发布。本活动每年有国内外 100 余家知名媒体转载报道，产生了较大的社会影响力。2019 年杭州市十大公共关系事件在《杭州日报》头版发布，并在官方报道，如图 9-7-6 所示。杭州市十大公共关系事件的评选与发布是杭州市公共关系协会的品牌活动，自 2012 年起，每年初会对上一年内在杭州市产生影响力的公关事件进行筛选，按照组织公益性、公众参与度、媒体关注度、社会影响力等公共关系要素指标，从政府工程、社会治理、城市形象、文化旅游、体育赛事、教育事业、企业营销、专题项目等 8 个层面进行整理罗列，通过筛选、初评、再评、专家评、大众评到终评等环节，历时五六个月，最终向社会大众发布。

中华人民共和国文化和旅游部
MINISTRY OF CULTURE AND TOURISM OF THE PEOPLE'S REPUBLIC OF CHINA

搜索

首 页 | 机构简介 | 信息发布 | 政务公开 | 政务服务 | 公共服务 | 互动交流

当前位置：首页 > 信息发布 > 焦点新闻

“良渚古城遗址”成功列入《世界遗产名录》

发布时间：2019-07-06 17:43　来源：中国文化报　编辑：闫茜薇

当地时间7月6日10时42分，在阿塞拜疆首都巴库举行的联合国教科文组织第43届世界遗产委员会会议通过决议，根据世界遗产第3、4条标准，将中国世界文化遗产提名项目“良渚古城遗址”列入《世界遗产名录》。

至此，我国世界遗产总数达到55处，成为拥有世界遗产数量最多的国家之一。

联合国教科文组织第43届世界遗产委员会会议审议“良渚古城遗址”项目现场

**图 9-7-6　“良渚古城遗址”成功列入《世界遗产名录》**

## （四）教学反思

本课程突出公共关系理论和实践相结合的授课方法，以融入思政元素的现实案例为手段展示理论应用的重要价值和基本方式，从而增强学生对于公关问题的专业敏锐性，拓展学生思维的深度和广度，使学生对优秀的中国传统文化、组织履行社会责任以及践行社会主义核心价值观有更清晰的认识。此外，本课程也尝试用“项目驱动”式教学和“以赛促学”的方式，在项目与课程对接中实现学生实践能力的提高；同时组织学生参加专业竞赛，引导学生将课程学习和参赛相结合，培养学生的策划、沟通、执行等能力。

在后续的教学中，教学团队一方面要进一步提升课程思政质量，让学生在潜移默化中受到启发和教育，培养学生自觉成长为担当民族复兴大任的时代新人；另一方面要进一步提高学生用公共关系思维参与社会公共事务的意识和能力，并加强学生的实践动手能力，用所学知识为新时代中国特色社会主义建设贡献自身的价值和力量。

# 第八节　创业基础与实务

**课程负责人：**王志军

**教学团队：**“创业基础与实务”课程教研室

**所在院系：**创业学院

创新是社会进步的灵魂，创业是推动经济社会发展、改善民生的重要途径。青年学生富有想象力和创造力，是创新创业的有生力量。

——习近平

## 一、课程概况

### （一）课程简介

“创业基础与实务”课程建立了基于转移转化思想的创新创业教育体系，以适应学校人才建设目标的需要，充分发挥课堂教学对学生创新创业能力培养的主渠道作用，是一门富有浙江特色、符合创新创业教育特点、面向全校学生的创业类通识课程。根据教育部有关创新创业指导意见，结合学校实际，教研团队开设了创新思维与创新方法、创业法律、寻找创业机会、团队组建等 9 个知识模块，课堂授课 18 学时，导师报告 6 学时，模拟实验与实践 8 学时，共 42 学时，共计 2 学分。

### （二）教学目标

课程以培养学生的家国情怀、创新精神、创业意识和创新创业能力为育人目标，具体如下。

#### 1. 知识目标

（1）掌握创新和创业的基本内涵和基本知识；

（2）认识创业活动的特殊性，辩证地认识和分析创业者、创业团队、创业机会、创业资源、创业计划和创业项目；

（3）掌握科学思维以及创新方法和路径。

#### 2. 能力目标

（1）具备基本的创业能力，掌握创业团队组建、创业资源整合与创业计划撰写方法，熟悉创办企业的流程；

（2）能够运用科学的思维方式思考创业过程中遇到的问题，熟练运用创新思维工具；

（3）培养高效获取信息、解决问题的能力。

#### 3. 价值目标

（1）理解创新创业是国家未来发展的动力和源泉，主动融入“大众创业、万众创新”的时代浪潮；

（2）社会责任导向：正确理解个人价值与社会价值的关系、个人发展与祖国发展的联系，要为国家所需、人民所盼、未来所向而创新创业；

（3）创业素养导向：树立正确的创业观，始终保持积极、健康、稳定的心态，培养良好的职业能力素养。

## 二、主要思政元素

课程组深入学习贯彻习近平总书记关于教育的重要论述，全国、全省教育大会，全国、全省高校思想政治工作会议精神，积极落实《高等学校课程思政建设指导纲要》等相关文件要求，大力实施课程思政建设，力求将思政教育与创新创业通识教育自然衔接、有机融合，通过潜移默化、春风化雨的方式，寓价值观引导于知识传授、能力培养之中。课程围绕培养学生的家国情怀、创新精神、创业意识和创新创业能力的育人目标，深入挖掘、充分提炼创业通识教育中蕴含的中国梦教育、理想信念教育、社会主义核心价值观教育等方面的内容，并设计课程思政元素库、编写教学案例集。

**家国情怀：**引导学生从国家所需、社会所需、人民所需中识别创业机会，将国际大形势、时代大背景与个人发展结合起来，将“个人梦”融入“中国梦”，通过创新创业回馈社会，在创新创业的过程中既实现自我价值又实现社会价值。

**社会主义核心价值观：**引导学生认识大学生要担当中华民族伟大复兴大任，在进行创业活动时要以社会主义核心价值观作为引领，扣好人生的第一粒扣子。

**中国精神：**引导学生认识创新精神是中华优秀传统文化中的重要组成部分，增强学生奉献祖国、敢于突破、不畏艰难的创新精神。

**党的创新理论：**引导学生认识在习近平新时代中国特色社会主义思想理论体系中，创新被摆在新发展理念的首位；要实现中华民族伟大复兴，必须坚持创新引领。

**人生观、价值观：**引导学生认识在创业过程中必须树立正确的人生观和价值观，注重将企业发展与社会需求结合起来，将个人担当和国家战略结合起来。

**择业观、创业观：**引导学生在创业过程中不只关注物质的积累，还要注重从新时期创业形势、道德风险与专业人才品德培养的角度进行思考，引导形成正确的择业观和创业观。

**时代精神：**帮助学生进一步认识国情、了解社会、深入行业，提升学生的创新创业能力、综合素质和服务社会的能力。

**辩证唯物主义世界观和方法论：**引导学生运用辩证唯物主义世界观和方法论，坚持用全面、辩证、长远的眼光看待创业过程中遇到的问题，处理好主要矛盾和次要矛盾的关系，实现效能的最大化。

**职业道德：**引导学生深刻理解并自觉践行各行业的职业精神和职业规范，培养良好的职业品格，增强职业认同，提高职业素养，增强职业责任感。

**法治理念：**引导学生理解法治社会是法治国家、法治政府建设的社会根基，只有筑牢这一根基才能协调推进“三个一体建设”。

## 三、设计思路

课程围绕立德树人根本任务，细化课程思政元素和重点教学内容。教学团队成员根据思政工作经验、教学实践经验，经过多次研究讨论，确定思政元素与现有课程体系知识模块的结合点，以此为依据制定课程思政教学大纲、设计课程思政元素库、编写课程思政案例集。本课程将课程思政建设落实到课程目标设计、教学大纲修订、教案课件编写各方面，贯穿于课堂授课、教学研讨、实验实践、课程考核各环节，确保思政教育元素 100% 覆盖。“创业基础与实务”课程思政元素设计思路如图 9-8-1 和表 9-8-1 所示。



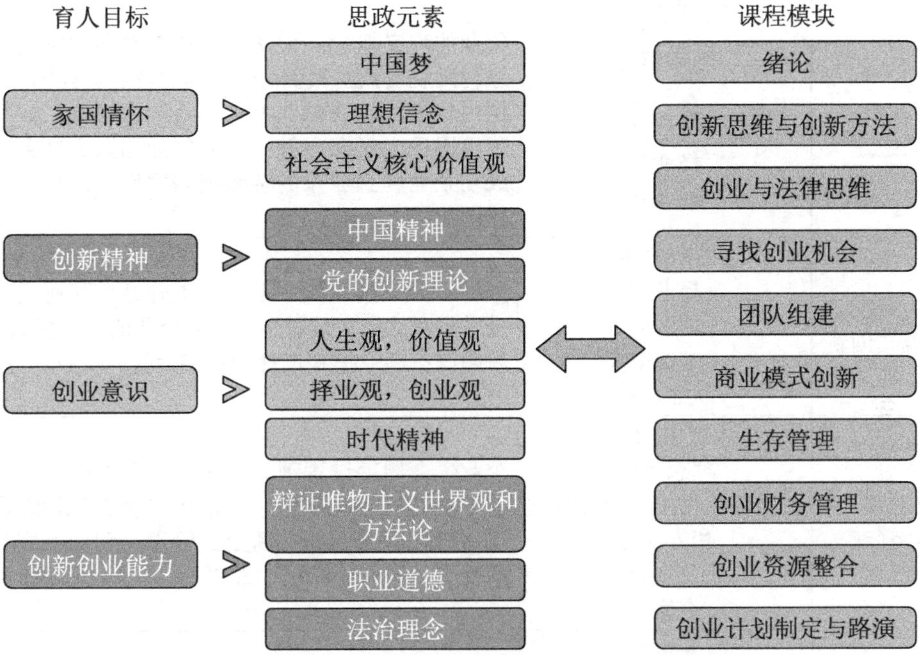


**图 9-8-1 “创业基础与实务”课程思政元素设计思路**

**表 9-8-1 “创业基础与实务”课程思政设计思路**

| 课程章节 | 重要思政元素 | 相关联的专业知识或教学案例 |
| --- | --- | --- |
| 第一章<br>绪论 | 中国梦<br>理想信念<br>社会主义核心价值观<br>人生观<br>价值观 | 创业与人生发展：李克强总理 2015 年到中国科学院和北京中关村创业大街考察调研时的重要讲话；<br>创业的价值取向：马云资助乡村教育案例；<br>课堂讨论：创业的能力培养与大学学习关系 |
| 第二章<br>创新思维与创新方法 | 党的创新理论<br>中国梦<br>中国精神<br>辩证唯物主义世界观和方法论 | 创新思维的重要性：习近平总书记在 2020 年科学家座谈会上的重要讲话；运用创新思维的具体案例：中国古代“四大发明”以及中国传统文化；创新思维工具：使用“六顶思考帽法”对个人的职业生涯规划进行分析并得出结论 |
| 第三章<br>创业与法律思维 | 社会主义核心价值观<br>法治理念 | 为什么需要法律思维：《中共中央关于全面推进依法治国若干重大问题的决定》诞生的时代背景及重要意义；创业与法律思维的具体运用案例：习近平总书记在 2020 年第 12 期《求是》杂志发表的重要文章《充分认识颁布实施民法典重大意义，依法更好保障人民合法权益》；如何培养法律思维：介绍以宪法为核心的中国特色社会主义法律体系 |

（续表）

| 课程章节 | 重要思政元素 | 相关联的专业知识或教学案例 |
| --- | --- | --- |
| 第四章<br>寻找创业机会 | 中国梦<br>时代精神<br>辩证唯物主义世界观和方法论<br>党的创新理论 | 大学生创业机会识别：习近平总书记提出的“中国梦”；创业机会来源：国家“十四五”发展规划讲解、创业行业选择和定位；课后作业：寻找创业机会 |
| 第五章<br>团队组建 | 理想信念<br>人生观<br>价值观<br>择业观<br>创业观 | 创业的广义概念：大学生支边支教和大学生回乡带领村民脱贫致富案例；成功创业者和创业团队特征：国内代表性优秀创业者和创业团队案例，如华为、阿里巴巴、新东方等；优秀创业团队的社会责任：成功企业和企业家的慈善捐赠案例；课堂互动：组建创业团队 |
| 第六章<br>商业模式创新 | 时代精神<br>择业观<br>创业观<br>中国梦<br>职业道德 | 分析不同类型的商业模式：中外经典商业模式的演进过程对比；实践教学：创业企业的商业模式调研；习题课：商业模式选择和总结点评 |
| 第七章<br>生存管理 | 中国梦<br>理想信念<br>辩证唯物主义世界观和方法论<br>人生观<br>价值观 | 企业生命周期过程理论：华为公司发展史案例、习近平总书记给袁隆平、钟南山、叶培建等25位科技工作者代表的回信；新企业管理；创始人成与败：陈望道“信仰的味道”故事 |
| 第八章<br>创业财务管理 | 人生观<br>价值观<br>社会主义核心价值观<br>法治理念 | 资金时间价值：“校园贷”实际案例；费用账（应付账款）：企业以赊账的方式采购原材料的讲解；初创企业财务风险应对 |
| 第九章<br>创业资源整合 | 时代精神<br>辩证唯物主义世界观和方法论<br>中国梦<br>理想信念 | 创业资源类型：习近平总书记关于人才工作的系列重要讲话精神；创业融资渠道：阿里巴巴、腾讯等知名企业初创时的融资案例；创业资源整合；课后作业：观看斯坦福大学视频公开课，进行创业融资3分钟演讲 |
| 第十章<br>创业计划制定与路演 | 理想信念<br>中国梦 | 商业计划书撰写的内容与方法：张朝阳与张华碧的模拟对话；商业计划书路演的逻辑与技巧：“红糖馒头”“中云智车”等大学生创业案例；课后作业：制定一份商业计划书 |

## 四、教学方法与手段

本课程兼具理论性与实用性，主要采用TCSP教学方法，具体包括理论教学法（theoretical teaching）、案例教学法（case teaching）、情景教学法（situational teaching）和实践教学法（practical teaching），启发引导学生主动思考、深入分析问题，调动学生学习的内驱力和创造性，实现以知识传授为主向能力培养为主转变、以教师为主向以学生为主转变、以讲授灌输为主向体验参与为主转变。

本课程将课程思政贯穿 TCSP 教学的全过程。在课堂讲授环节，主要通过时政热点解读、具体案例分析、课堂模拟互动等方式进行思政教育；在导师报告、实践走访和沙盘实验环节，主要通过主讲导师现身说法、创业企业实地参观、团队小组集体讨论、创业过程模拟体验，引导学生亲身感受、主动感知创新创业过程中应具备的信念坚定、艰苦奋斗、百折不挠、将个人“小我”融入祖国“大我”等正确积极的观念。

## 五、实践案例

### （一）案例 1：课堂教学——“创新思维与创新方法”章节

在“创新思维与创新方法”章节的授课中，主要通过课程思政的方式引导学生正确认识时代精神、中国精神、马克思主义辩证唯物主义世界观和方法论。在讲授“培养创新思维的重要性”时，引入习近平总书记在 2020 年科学家座谈会上提出的“加快科技创新是推动高质量发展的需要，是实现人民高品质生活的需要，是构建新发展格局的需要”重要讲话。在“十四五”规划中，首次明确提出要“坚持创新在我国现代化建设全局中的核心地位”，指出在习近平新时代中国特色社会主义思想理论体系中，创新被摆在新发展理念的首位。当代青年大学生作为实现中华民族伟大复兴的主力军，必须具备创新意识和创新能力。在讲授创新思维运用的具体案例时，引入中国古代“四大发明”以及中国传统文化中的“与时俱进”“革故鼎新”“艰苦奋斗”“知行合一”等，引导学生理解中国精神和中华优秀传统文化。在讲授“创新思维工具”时，引入马克思主义辩证唯物主义世界观和方法论，帮助学生更好地在实际学习、工作和创新创业活动中把握现象和本质、形式和内容、原因和结果、偶然和必然、内因和外因、共性和个性的关系。开展参与式教学，通过互动帮助学生掌握辩证唯物主义世界观和方法论，教学场景如图 9-8-2 所示。

图 9-8-2　参与式教学，教学场景

在课后作业中，要求学生结合个人的职业生涯规划，选定一个发展方向，使用创新方法中的“六顶思考帽”法进行分析并得出结论，帮助学生更好地掌握使用方法。引导学生在使用“绿帽”确定个人发展目标时，要运用马克思主义辩证法，以系统观念、系统思维进行思考，将个人梦与中国梦结合起来，强化爱国主义教育，帮助学生认识到个人成长要回应社会重大问题和发展需求，要适应技术和知识急速迭代的时代背景；引导学生在使用“黄帽”评估发展目标的优点时，要将时代背景考虑在内，并对国家和浙江发展情况进行形势政策分析讲解，帮助学生了解国家新发展阶段、新发展理念和新发展格局，熟悉浙江作为“重要窗口”、先行示范、中国特色社会主义制度实践的“优等生”的角色定位，以及打造三大科创高地、进行数字化改革等重大任务，让学生感受到大有可为的新时代赋予了当代青年很多机会。

## （二）案例 2：实践教学——创业企业的商业模式调研

课程与富春硅谷、中国智谷（富春园区）、杭州未来研创园等建立合作关系，对创业企业的商业模式进行调研，开展商业模式设计知识模块的实践教学。

课程组织学生分组对杭州未来研创园中电子信息类、电子商务类、现代服务类的相关企业进行了调研，如图 9-8-3 所示。在实地走访企业的过程中，教师将国家产业战略、三大科创高地建设战略的讲解融入企业情况介绍中，帮助学生认识到创新创业的方向应该与社会现实、社会热点和时代脉搏同频共振。在与创业者面对面交流过程中，学生能够直观感受到企业家有梦想、有野心、有实干、有坚持的创业精神，从而使他们了解了遵守所在行业的职业道德和综合要求的重要性，培养了自身积极全面的职业道德素养。

图 9-8-3　组织学生对杭州未来研创园的创业企业进行商业模式调研

在习题课上，教师要求学生针对走访的企业分组总结介绍商业模式，畅谈调研感悟。通过课堂讨论、演讲辩论、现场互评等方式，让学生进一步认识到创新创业要将企业发展与社会需求结合起来，将个人担当和国家战略结合起来，启发学生从新时期创业形势、成才需要与行业素质要求等角度进行思考，引导学生形成正确的成才观和择业观。

### （三）案例 3：导师报告——创业导师分享交流

课程每学期设置两次创业导师报告，邀请优秀的青年创业者，尤其是优秀的校友创业者走进课堂。这些创业者在用生动的实践经历给学生传授创新创业经验的同时，也与学生分享了人生成长路径以及创业成败感悟。

课程邀请了杭州先临三维数字系统工程有限公司总经理、高级工程师，机械自动化专业 2008 届校友周青作题为“创业实践与思考”的导师报告。周青向学生介绍了自己以 3D 打印为主营业务的创业历程，描述了如何应对创业过程中遇到的种种困难和挫折。周青的报告在学生中引起了强烈的反响，有学生谈到，周青“披星戴月”的工作日程让他明白了“为什么成功只发生在少数人身上，因为只有勤奋的人，才能收获成功”；还有学生谈到，周青的创业内容让他对 3D 打印有了更多的了解，“3D 打印技术是我省重点打造的新材料产业领域的重要组成部分，3D 打印可以和医学、纺织、汽车等很多产业结合在一起，用更精准的工艺带给人们更便利的生活”。

创业导师的经历分享，帮助学生在了解行业情况的同时，更为清晰地认识了创业的真谛，有助于让学生增强创新创业意识、理解创业精神、提升创业能力，同时引导学生认识到创新创业既是一个自我发展和自我实现的过程，也是一个承担社会责任和创造社会价值的过程。

## 六、教学效果

课程自 2016 年开设以来，深受学生的喜爱和欢迎。从创建伊始的 2 个试点班到几十个教学班，是一个从无到有的教学探索过程。课程平均每年教授学生 2 000 余人，自开课以来受益学生达 10 000 余人次，多名学生参加国家级、省级“互联网 +”大学生创新创业大赛、“创青春”大学生创业大赛并取得优异成绩。课程建设成果丰硕，曾获国家教学成果二等奖、浙江省教学成果一等奖、浙江省创新创业联盟创新创业微课比赛特等奖、校优秀基层教学组织、校教学改革优秀课题、校教师教学创新大赛特等奖等。

第十章

# 艺术学类

# 第一节　乡建实践

**课程负责人：**陈前虎

**教学团队：**周骏、武前波、陈玉娟、张善峰、丁亮、龚强、李英豪

**所在院系：**设计与建筑学院

莫笑农家腊酒浑，丰年留客足鸡豚。山重水复疑无路，柳暗花明又一村。

——［南宋］陆游《游山西村》

## 一、课程概况

### （一）课程简介

“乡建实践”是一门理论与实践结合紧密的社会实践课程，开课于2015年，包括“乡建实践Ⅰ”“乡建实践Ⅱ”两个阶段课程。课程以乡村规划与设计相关理论为基础，结合乡村规划建设实践基地，通过组织学生参与乡村规划竞赛、引导学生参与乡村陪伴建设、鼓励学生推广乡村特色品牌等方式，开展多模块、多主体、多基地、多能力的教学实践。该课程与省内大型设计科研机构、开发企业及各级地方政府签订了一批战略合作协议，组建了产学研基地，建成了一批由学生主创设计并实施的网红小镇、网红乡村，得到了社会的广泛认可。中国教育网、人民网、中国新闻网、中央人民广播电台及浙江三大官媒对此进行了广泛报道。教学团队带领学生先后获得了“互联网+”大学生创新创业大赛省赛金奖2项，全国银奖1项、铜奖1项；省“挑战杯”特等奖2项，一等奖2项。

在浙江工业大学设计与建筑学院的人才培养计划中，“乡建实践Ⅰ”为城乡规划专业的专业必修课程，开设在三年级第二学期，计1.5学分；“乡建实践Ⅱ”为城乡规划专业的实践必修课程，开设在三年级第三学期（短学期），计1学分。

### （二）教学目标

该课程秉持浙江工业大学“以浙江精神办学，与区域经济互动”的办学理念，以服务国家乡村全面振兴战略和区域经济社会发展为宗旨，聚焦浙江“乡村振兴”的城镇化实践热点，依托全国“互联网+”大学生创新创业大赛银奖、浙江省“互联网+”大学生创新创业大赛金奖项目——乡建社，以培养具有“家国情怀、人本精神、创新意识与实践能力”的顶天立地的乡村规划建设与管理人才为目标，结合“乡村规划与设计”理论教学，通过组织学生参与乡村规划竞赛、引导学生进入乡村陪伴建设、鼓励学生推广乡村特色品牌，全过程构建学生能力体系，全面提升学生在调查、策划、规划、设计、表达等五个方面的专业综合技能。课程将思政教育融入专业训练中，通

过教学理念、思路、方法、环境的创新，从价值塑造、知识传授和能力培养等方面构建起完整的思政教学目标体系：①通过价值体系重建和教学过程创新，培养适应国家乡村振兴战略需要的又红又专人才；②通过知识体系重组和教学内容创新，赋予学生交叉复合型人才的内涵和新意；③通过组织体系重构和教学方式创新，建立起一种多主体、全方位协同育人的高效机制。

## 二、主要思政元素

乡村振兴，关键在于人才培养，基础在于课程建设，核心在于思政教育。课程秉持“知行合一、道法一体、工匠精神”的教学理念，努力提升学生的价值观和责任感。

**知行合一：**以“乡建社”为平台，通过“青年红色筑梦之旅”“互联网＋”大学生创新创业大赛，引导学生走进乡村、服务村民，鼓励学生敢闯会创、长于创新，开创大学生“三步”助力乡村建设新模式。

**道法一体：**构建并强化阶梯式、钻石型的“五大能力”训练体系，通过广泛的现场调查、问需，多方的沟通、交流，以及缜密的思考、权衡与推理等过程，使学生对于好的设计是什么（调查）、应该是什么（策划）、怎么落实（规划＋设计），以及这些过程如何展示（表达）等问题有系统认知，从而不断提升和优化学生的价值观与方法论。

**工匠精神：**深化政、产、学、研、用之间的互动关系，保障和鼓励学生扎根于乡村实践基地，直面乡村真实问题与需求，“真刀真枪”地进行乡村实践，将专业技能与综合素养的训练融入乡村振兴大地，以工匠精神助力乡村振兴事业。

本课程的实践表明，课程思政中强调的“思政”主要是指“育人元素”，不是平常狭义讲的“思政”。我们认为，只要是对学生成长有积极引导，有助于激发学生的爱国、理想、正义、道德等正能量的，都应当属于课程思政的范畴。其中的关键，在于如何将思政元素潜移默化地融入专业教育的“价值＋知识＋能力”体系之中。

## 三、设计思路

本课程将“家国情怀”思政元素全过程融入“钻石型”专业技能价值训练体系。“乡建社”学生支部与村支部以党建共建形式建立校外课程实践基地；构建并强化了五步阶梯式“钻石能力”价值训练体系，通过调查、策划、规划、设计、建设等过程，将思政教育和专业训练有机融合，强化了学生的家国情怀；细化与“钻石能力”价值标准相匹配的“五阶段”全过程教学评价制度，以更全面、客观地评估学生的综合能力及教学效果。“乡建实践”课程思政设计思路如图 10-1-1 所示。

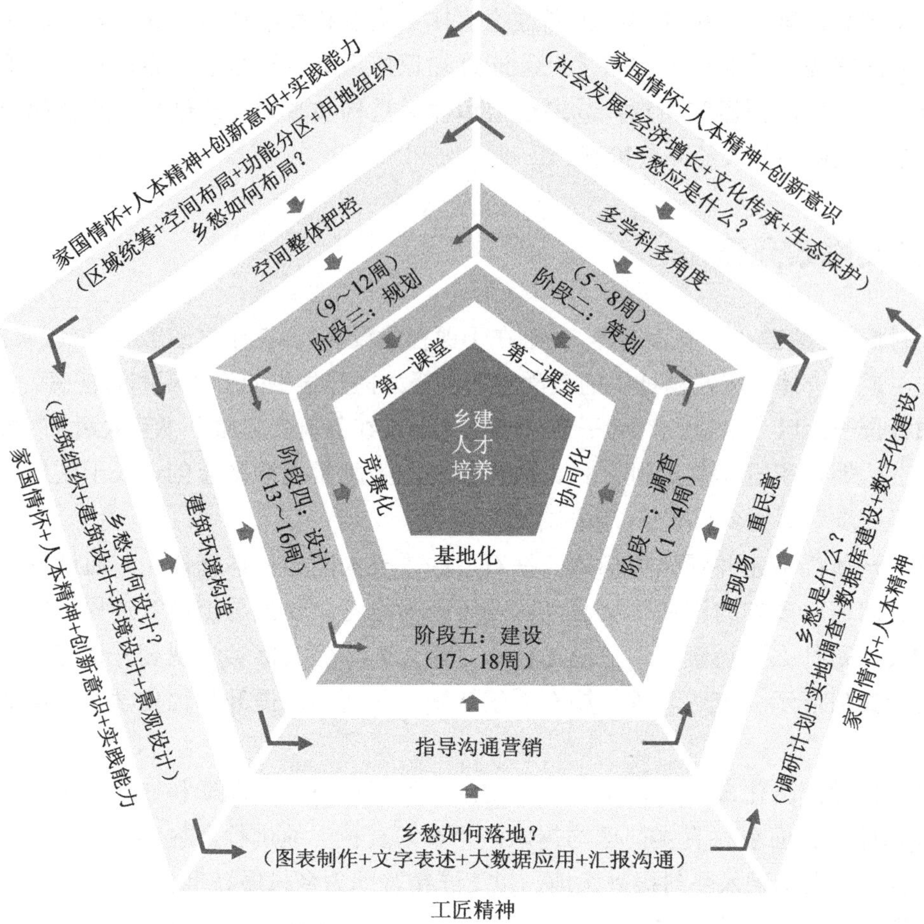


**图 10-1-1 “乡建实践”课程思政设计思路**

为了应对现实困境与教学改革需求，“乡建实践”课程建设与“乡建社”携手共进，形成多模块实践、多主体参与、多基地建设、多思路设计的课程内容与资源建设路线，构建了“三三三三”的课程设计总路线，如图 10-1-2 所示，并细化形成课程思政设计思路，如表 10-1-1 所示。

“乡建社”以“三步”应对乡建“三缺”，开创了设计类大学生助力乡村建设新模式；通过组织乡村规划创意竞赛、引导大学生入村陪伴建设、推广乡村特色品牌，解决乡村建设缺规划、缺指导、缺资源等难题。“乡建实践”课程结合“乡建社”“三步”乡建模式，形成了参与乡村规划竞赛、进入乡村陪伴乡建、运营乡村协助推广等三大实践模块，针对专业能力、实践能力、拓展能力分别形成“道法一体 + 学思结合”“知行合一 + 工匠精神”“创业意识 + 创新精神”等三层次课程思政。通过 5 年实践，“乡建社”与“乡建实践”课程建设得到了普遍认可，激发了学生助力乡建的动力、潜力和能力，提高了学习和实践过程中的主动性、积极性和创新性。目前已与省内主要的设计机构（7 家）、大型企业（5 家）、地方政府实践基地（大于 10 家）签订战略合作协议，县镇村多基地协同教学，企校地多主体参与其中。

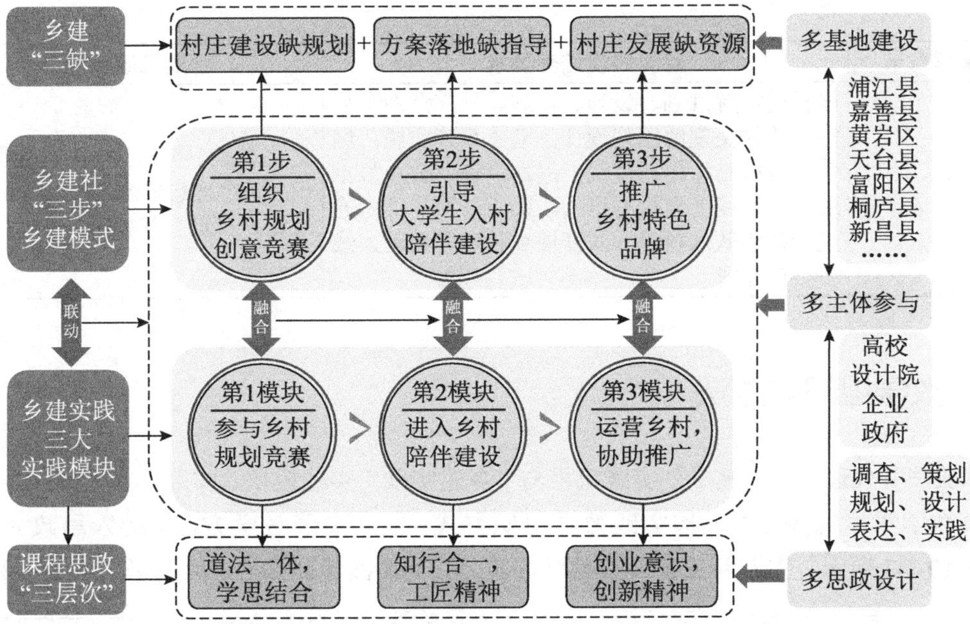


图 10-1-2　“三三三三”课程设计总路线

表 10-1-1　“乡建实践”课程思政设计思路

| 课程章节 | 专业知识培养要求 | 重要思政元素 |
| --- | --- | --- |
| 第一章<br>乡建实践理论背景 | 了解乡村振兴经济动力学说；认知改革开放以来浙江省乡村发展兴衰过程；掌握乡村调查、数字建设、规划设计、实践竞赛的主要原理、方法与技能 | 道法一体，系统认知、科学理解乡村规划建设内涵；培养家国情怀 |
| 第二章<br>乡村调查与地理信息数据库建设 | 掌握乡村调查研究的主要原理、方法与技能；走进乡村，实地开展乡村调查，熟练运用乡村调研内容与方法，理解与掌握地理信息数据库建设与乡村数字化建设，并形成现状调研报告 | 树立正确的价值观，了解乡村民情，尊重历史文化；通过现代化科学技术，实现数字乡村建设 |
| 第三章<br>乡村规划设计 | 掌握乡村规划设计主要原则与主要内容；开展村域规划、村庄居民点规划、村庄设计等实践 | 学思合一，提升解决问题的设计能力；树立正确的乡村发展观 |
| 第四章<br>承办组织并参加全国竞赛 | 依托“党建共同体”建设，进一步落实乡村基地竞赛任务书；依托乡村地理信息库，建设“乡村云”调查平台；组织大学生设计竞赛方案，依据大赛任务，优化设计方案，准备成果参加竞赛 | 党建引领，加强党组织生活，推进党支部建设；缜密思考、权衡推理、乐于表达，提升综合素质，建立学习与评价意识 |
| 第五章<br>陪伴乡建 | 介绍、演示陪伴乡建各环节的内容与方法，使学生了解陪伴乡建有哪些环节、各环节做什么内容、各内容怎么做 | 学思结合、知行合一，锻炼学生对问题的预判能力，培养城乡规划师职业素养 |
| 第六章<br>陪伴设计 | 根据村庄建筑现状与景观节点改造需求，合理运用村庄设计方法，开展片区与建筑设计、景观与节点设计 | 培养职业道德，提升审美和人文素养，传承与弘扬中华优秀传统文化 |
| 第七章<br>陪伴建设 | 基于陪伴规划设计成果，分项目跟踪服务，做陪伴式建设指导 | 知行合一、工匠精神、创新意识 |

（续表）

| 课程章节 | 专业知识培养要求 | 重要思政元素 |
| --- | --- | --- |
| 第八章<br>陪伴运营 | 向村民讲解规划、设计、实施、推广意图与目标，让村民理解规划设计，助力乡建实施；结合“乡村云”，通过线上网站建设、公众号推送，开展线上宣传与推广，助力一村一品；通过带领团队入村等方式开展乡村运营活动，线下推广乡村 | 文化自信、制度自信；创业意识；坚定理想信念；践行“两山”理论、推进乡村振兴 |

## 四、教学组织与方法

梳理并处理好“乡建社”实践流程与“乡建实践”实践模块、实践环节、实践内容、实践教学主体的关系，重构实践教学组织方式，创新实践教学方法，融入思政元素，如图 10-1-3 所示。①不断完善实践教学内容，三大实践模块结合“乡建社”实践流程，

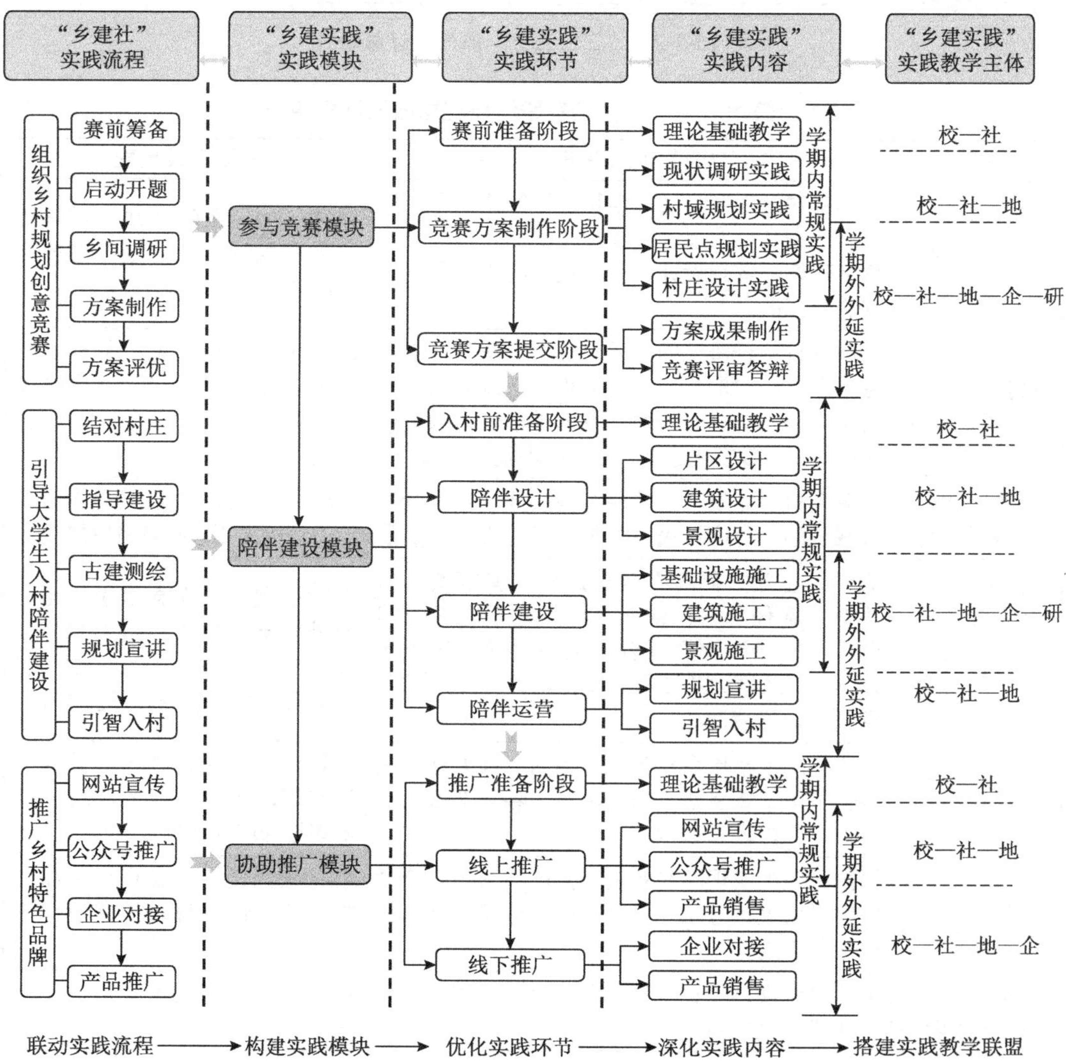


**图 10-1-3 “乡建实践”课程组织与教学方法**

各模块上下延续各自形成“三阶段”实践环节，并进一步细化实践内容、强化思政元素；在各模块前置理论基础教学（占 10% ～ 20%）。②不断优化“干中学”的教学激励机制，通过参与竞赛、入村陪伴、线上线下推广乡村特色品牌持续激发学生的动力、潜力和能力，提高学习和实践过程中的主动性、积极性和创造性，使实践学习时间由课内延伸到课外，由学期内延伸到学期外。③搭建由高校、乡建社、设计院、开发企业和地方共同组成的多元协同的实践教学联盟，形成了“共谋（任务书）、共教（学生）、共评（作品）、共享（实践成果）、共建（基地）、共用（毕业生）”的“六共”乡建人才培养与“乡建实践”课程教学组织方法。

## 五、实践案例

### （一）案例 1：浦江县潘周家村——乡建实践“三步”助力旧村换新颜

潘周家村位于浦江县，是浙江省历史文化名村、浙江省美丽宜居示范村，拥有悠久的“古厅堂”建筑文化和著名的“一根面”非物质文化遗产。乡建实践依托乡建社，通过三年课程实践“三步”助力潘周家村焕然一新，如图 10-1-4 所示。①“乡建社”举办竞赛，乡建实践牵手潘周家村。通过参与乡村规划创意设计竞赛，组织学生深入“古厅堂”、拉升“一根面”，搜集考察相关资料，在老师的指导下完成贴近村民生活、符合当地发展的乡村规划与设计，通过成果评比选择优秀方案进行落地。②陪伴乡建，现场跟进。根据实践教学安排，结合优选方案，让学生进入潘周家村进行庭院改造、村路改造、建筑测绘、景观改造等实施性设计，并开展全过程建设指导。③活动策划，合作运营。在陪伴乡建基地上，乡建实践组织学生开展潘周家村网站建设、公众号宣传、引进旅游组织、策划“长寿面”生日会等各类活动，为乡村的产业振兴出谋划策。

### （二）案例 2：绍兴市璜山南村——疫情背景下乡建实践新探索

疫情挡不住乡村振兴的热情，2020 年“乡建实践”在做好疫情防控的基础上，采用云调研、网络直播等新技术，推出了线上版“三步”乡建实践探索。①“乡村云”+“乡建社”，助力乡村竞赛。“乡村云”平台通过仿真数字建模技术构建村庄可视化数据库，可实现全景游览，在电脑上就可以完成远程考察与调研工作；乡建实践组织学生走入乡村，利用飞机航拍、走访参观等形式，扩充乡村数据库，建设“乡村云”平台，为乡村规划方案竞赛提供基础服务；在此基础上，师生共同完成乡村规划方案竞赛成果。②“云监管”+走进乡村，助力陪伴乡建。“云监管”通过视频物联技术实现远程监管，计算机将设计方案与施工实景比对，开展线上指导；组织学生线上互动与线下跟踪，实现无缝交流、实时指导。③“云销售”+网络推送，助力乡村营销。“云销售”是通过视频物联技术对特色农产品的生产全过程进行实时直播并销售；组织学生通过实时直播、公众号推送实现预售与推广。璜山南村乡建实践如图 10-1-5 所示。

● **竞赛牵手，校村结对：**通过组织与参与乡村规划创意竞赛，使学生与乡村结对。

● **基地陪伴，指导建设：**竞赛优选方案在村庄基地落地，学生通过各类实践助力蓝图的实施。

通过2015—2018年四年的帮扶指导建设，潘周家村实现了从水晶加工产业导致的污水横流到“一根面”产业的全面振兴。

● **合作运营，助力发展：**策划一系列特色的产业、旅游活动，为村庄谋求新的发展思路，增加村民收入。

策划20余次“一根面长寿宴”。

组织乡村特色旅游项目。

策划潘周家村乡村新春联欢会。

助推潘周家村“一根面”对外营销，并登上中国梦想秀舞台。

图 10-1-4　潘周家村乡建实践

● **“乡村云”+乡建社**：组织学生走入乡村，建设“乡村云”平台，组织并参加乡村设计竞赛。

●**“云监管”+走进乡村**：组织学生通过视频物联技术实现远程线上指导，线下实时跟踪，实现陪伴乡建。

●**“云销售”+网络推送**：组织学生通过实时直播、公众号推送实现预售与推广。

**图 10-1-5　璜山南村乡建实践**

## 六、教学效果

面对浙江美丽乡村、特色小镇等的建设需求及高校人才培养供给中存在的问题，乡建实践以服务解决区域经济问题为导向，以培养“复合型高级应用型城乡规划人才”为目标，同步组织策划了面向全省、两年后推广到全国的大学生“乡村规划与创意设计”大赛，并通过教学组织模式创新，建立了根植乡村的产学研基地，将原本在教室进行的专业课程搬到乡村建设现场，为乡村振兴提供全过程的设计、咨询与现场服务。“乡建实践”开课以来，乡建实践成果突出，人才培养成效显著。

### （一）创新应用成果突出

基于乡建实践，浙江省打造了一批由学生主创设计并付诸实施的网红小镇、网红乡村，如联合国“地球卫士奖”杰出代表新昌镜岭镇、首批省级特色小镇嘉善巧克力小镇、黄岩半山村全国传统村落保护名村、浙江省美丽宜居示范村潘周家村等，产教融合机制已产生显著的经济社会效益。由学生主创设计并付诸实施的网红小镇与乡村如图 10-1-6 所示。

图 10-1-6　由学生主创设计并付诸实施的网红小镇与乡村

### （二）创新实践价值凸显

由浙江工业大学发起主办的“乡村规划与创意设计”大赛已经得到包括本校在内的省内其他 12 所普通本科院校的常态化参与，除本省的高校外，还吸引了省外近 70 所院校的积极参与。乡建实践的协同教学模式已产生积极的社会反响。“乡村规划与创意设计”大赛的名称及主办单位如图 10-1-7 所示。

### （三）专业竞赛成绩突出

学生乡建类的创新创业与专业竞赛成绩突出。与乡建实践相互依托的“乡建社”，是国内首个策划和引导设计类大学生全程参与乡村建设的大学生创新创业组织机构，在 2019 年获得第五届中国“互联网 +”大学生创新创业大赛总决赛银奖、第五届浙江省“互联网 +”大学生创新创业大赛总决赛金奖（红色赛道第一名），并建立了网站和微信公众号。近几年，在乡建实践与“乡建社”共同推进下，开展了多类型的创新创业活动，如开创“智农三宝”，探索乡村 C2M 新模式，获得第六届浙江省国际“互联网 +”大学生创新创业大赛铜奖；成立“杭州锐刻科技有限公司”，开创疫情背景下大学生助力乡村建设新模式，获得浙江省第十二届“挑战杯”大学生创业计划竞赛一等奖；组建“乡建社暑期社会实践队”，探索大学生社会实践活动开展乡建实践模式，获得浙江省暑期社会实践风采大赛优秀团队、校园十佳团队称号；学生获得全国“乡村规划与创意设计”竞赛奖项近 20 项，如图 10-1-8 所示。



| 序号 | 大赛名称 | 主办单位 |
|---|---|---|
| 1 | 2015年浙江省首届在杭高校大学生暑期乡村建设创意设计大赛 | 省住建厅<br>浙江大学<br>浙江工业大学 |
| 2 | 2015年海门市海永乡“美丽乡村”创建规划方案竞赛暨“美丽乡村”创建论坛 | 同济大学、海门市人民政府<br>东南大学、苏州科技大学、浙江工业大学等 |
| 3 | 2016年浙江省第二届大学生“乡村规划与创意设计”大赛 | 省教育厅、省农办、省住建厅、嘉善县委县政府<br>浙江省城市规划学会小城镇学术委员会<br>浙江工业大学 |
| 4 | 2016年第二届长三角地区高校乡村规划教学方案竞赛 | 中国城市规划学会乡村规划与建设学术委员会<br>中国城市规划学会小城镇规划学术委员会<br>同济大学、苏州科技大学、浙江工业大学等 |
| 5 | 2017年浙江省第三届“相约黄岩”大学生乡村规划与创意设计大赛 | 浙江省住房和城乡建设厅<br>浙江省城市规划学会小城镇学术委员会<br>台州市黄岩区人民政府<br>浙江工业大学 |
| 6 | 2017年度全国高等院校城乡规划专业大学生乡村规划方案竞赛 | 中国城市规划学会乡村规划与建设学术委员会<br>中国城市规划学会小城镇规划学术委员会<br>台州市黄岩区人民政府<br>台州市住房和城乡建设规划局<br>浙江工业大学小城镇城市化协同中心<br>浙江工业大学建筑工程学院城市规划系 |
| 7 | 2018年浙江省第四届“和合天台”大学生乡村规划与创意设计大赛 | 浙江省住房和城乡建设厅<br>浙江省城市规划学会小城镇学术委员会<br>天台县人民政府<br>浙江工业大学 |
| 8 | 2018年度全国高等院校城乡规划专业大学生乡村规划方案竞赛 | 中国城市规划学会乡村规划与建设学术委员会<br>中国城市规划学会小城镇规划学术委员会<br>台州市天台县人民政府<br>天台县住房和城乡建设规划局<br>浙江工业大学建筑工程学院 |
| 9 | 2019年度全国高等院校城乡规划专业大学生乡村规划方案竞赛（贵州铜仁基地） | 中国城市规划学会乡村规划与建设学术委员会<br>贵州大学建筑与城市规划学院<br>浙江工业大学建筑工程学院<br>石阡县国荣乡人民政府<br>贵阳市建筑设计院有限公司 |
| 10 | 2020年度全国高等院校大学生乡村规划方案竞赛（浙江绍兴基地） | 中国城市规划学会乡村规划与建设学术委员会<br>浙江工业大学设计与建筑学院<br>中共绍兴市越城区委组织部<br>越城区斗门街道办事处<br>华汇工程设计集团股份有限公司<br>浙江省科学技术协会 |

图 10-1-7 “乡村规划与创意设计”大赛的名称及主办单位

乡建社网址：http://xjs.zjcxgh.com/

长按识别二维码，关注我们

公众号：浙江大乡建社

乡建社参加2019年第五届中国"互联网+"大学生创新创业大赛

2019年第五届中国"互联网+"大学生创新创业大赛总决赛银奖

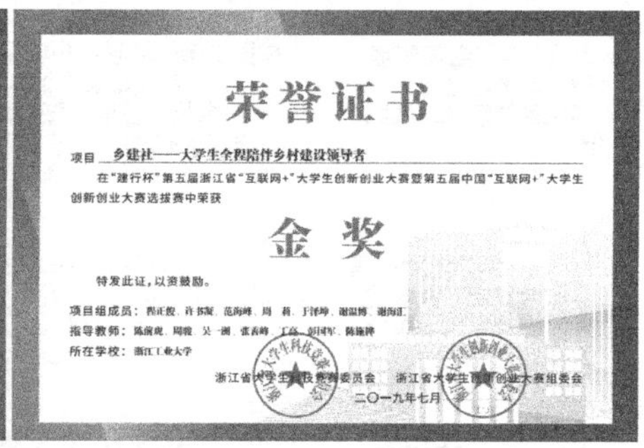


第五届浙江省"互联网+"大学生创新创业大赛总决赛金奖

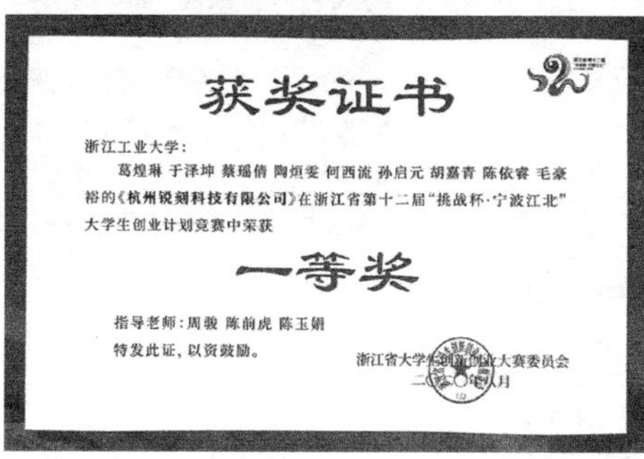


浙江省第十二届"挑战杯"大学生创业计划竞赛一等奖

浙江省暑期社会实践风采大赛优秀团队

**图 10-1-8　学生乡建类的创新创业与专业竞赛成绩**

## （四）示范效应广受瞩目

乡建实践推动的人才培养创新实践探索已经得到了社会的广泛认可，中国教育网、中国新闻网、新浪网及浙江三大官媒对此进行了广泛、热烈的跟踪报道。人才培养创新实践探索获得了2018年度全国城乡规划专业教学实验创新奖，在全国乡村规划教学研讨会及专业权威期刊上均有浙江工业大学人才培养的创新做法介绍，如图10-1-9所示。

图 10-1-9　人才培养创新实践探索已经得到了社会的广泛认可与业内专家的高度肯定

## 第二节　场地设计分析

**课程负责人：**陈炜
**教学团队：**梅欹
**所在院系：**设计与建筑学院

千里莺啼绿映红，水村山郭酒旗风。

——［唐］杜牧《江南春》

## 一、课程概况

### （一）课程简介

场地的设计与分析是人居环境设计的重要环节。“场地设计分析”课程是环境设计专业结合基础理论与实践指导的一门特色课程，内容包含环境设计、风景园林、建筑及城乡规划等相关学科的知识，具有多学科交叉的鲜明属性。本课程作为环境设计专业培养计划中不可或缺的一环，积极响应中央城镇化建设不同阶段的号召，持续深入挖掘课程价值，将思政元素巧妙融入教学过程。课程以2021年中央一号文件《关于全面推进乡村振兴加快农业农村现代化的意见》为指导，引导学生立足传统文化、发扬“浙江精神”、深度学习传承传统文化、坚持真诚质朴务实的生活美学态度，提倡融合创新，为建筑与室内设计、景观与城市规划设计、美丽乡村规划设计、环境设施与艺术陈设设计等方向培养具有良好人文底蕴、全球当代视野、优秀审美能力的创新复合型设计人才。本课程属于浙江工业大学设计与建筑学院环境设计专业人才培养计划中第五学期的必修课程，共48学时，总计3学分。

本课程以思政为引领，聚焦美丽浙江大花园建设，对接“浙江精神”，与区域文化和区域经济互动，打造“设计+工程+艺术”三位一体的课程特色。课程现阶段的实践环节以“乡村振兴”和“城市更新”为主要选题，带领学生密切关注“美丽中国”发展，积极投身城镇化建设，创作优秀的环境设计作品。

### （二）教学目标

#### 1. 知识目标

（1）全面地了解场地设计与建筑设计、景观设计的关系；

（2）掌握场地调查与分析的基本内容与方法；

（3）熟悉场地设计的内容与过程。

#### 2. 能力目标

（1）掌握场地设计的综合作图过程；

（2）初步掌握运用场地设计分析法进行项目选址以及规划构思的能力；

（3）能够较熟练地运用设计原理，为景观与建筑总图设计打下扎实基础；

（4）具备主动辩证思考能力，能够分析、创造、表达具有美感的方案。

#### 3. 价值目标

（1）具有作为设计师及相关职业人员的社会责任感、职业道德与专业素养；

（2）明确专业要求及职业发展目标；

（3）传承中华民族优秀传统，弘扬时代精神。

## 二、主要思政元素

该课程基于美丽乡村建设，紧密融合习近平新时代中国特色社会主义思想，以及“创新发展、协调发展、绿色发展、开放发展、共享发展”的新发展理念和“求真务实、诚信和谐、开放图强”的浙江精神，促进思政教育在课程中的真正落地。

**天人合一：**指导学生通过优秀案例的赏析，学习在设计中融合自然元素，提倡人工与自然环境和谐发展，以中国传统的“天人合一”为目标，秉持“知行合一、道法一体”理念，追求天、地、人、风、水的有机结合，保护青山绿水，实现永续发展。

**家国情怀**：家国情怀在增强民族凝聚力、建设美好环境、提高个人幸福感与获得感等方面都具有重要的时代价值。课程在教学培养环节中，强调家国情怀，凸显民族自豪感，深挖新时代的中国智慧，是浙江建设新时代全面展示中国特色社会主义制度优越性的重要窗口作用在教学过程中的体现。

**文化自信**：人居环境设计根植于传统文化，本课程特色在于挖掘并发扬中华优秀传统文化。课程将传统文化与当代科学技术相结合，推进新时代场地设计的文化传承。践行“传统的就是现代的，民族的就是世界的”理念，在当代语境下，课程要结合对未来发展的前瞻性思考，帮助学生认清世界文化发展动态，加强学生对传统人居环境文化的了解，并自觉传承、打造具有中国特色的现代化人居环境。

**创新精神**：课程在基础教学的同时，鼓励学生避免盲目借鉴，要积极使用田野调查法等方法展开现场调研，在实践中启发学生的创新思维。教师应指导学生根据调研获取的场地人文环境、自然环境、社会环境现状与特征，巧妙运用当地特有材料，在设计中发挥地域优势，成为具有创新能力、观察能力、实践能力的优秀设计人才。

**求真务实**：课程积极响应国家政策，聚焦当前中国新型城镇化建设中的突出矛盾，贯彻以人为本的理念，在设计中结合乡村振兴和未来乡村政策，倡导学生密切关注长三角尤其是浙江乡村新发展，激发学生基于本地居民真实生活模式，思考如何切实解决乡村环境中的生活、生存、生态问题。

## 三、设计思路

本课程建设体系如图 10-2-1 所示，强调创新复合型设计人才的培养目标和路径，通过完善人才培养定位、建立理论实践国际化的教学目标、构建跨专业实践能力的培养模式、构筑互动联动的培养方式等途径，力争达到浙江省一流课程建设标准。

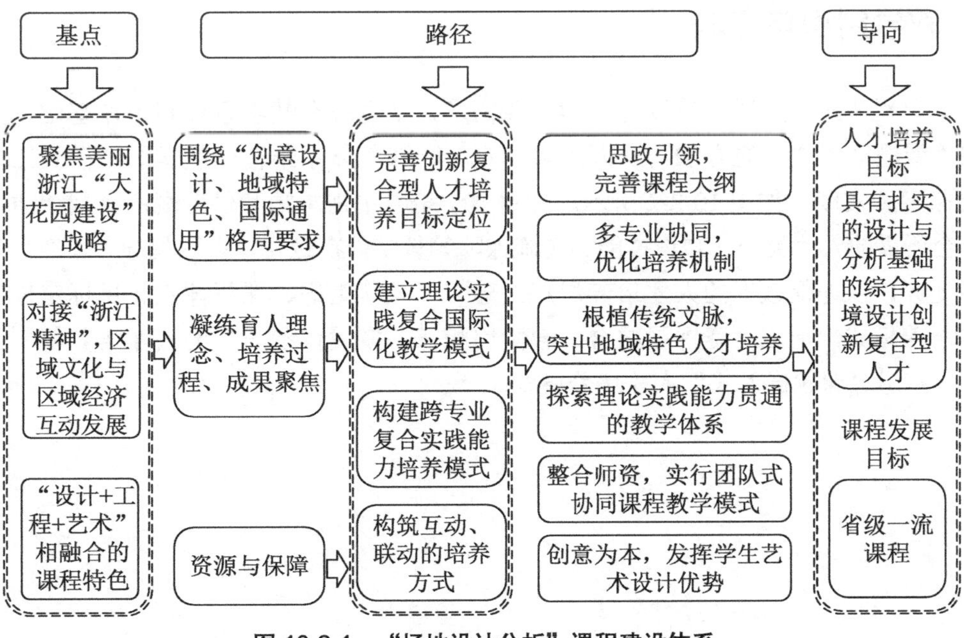


**图 10-2-1　“场地设计分析”课程建设体系**

课程通过理论概述、专题设计讨论、成果汇报 3 个教学模块，要求学生全面了解、分析场地与周边环境和适用人群的关系；通过已落地的场地调研访谈、充分的前景规划预判、扎实的基地勘探测绘、合理有力的落地方案，提出一整套分析设计流程，使学生熟练掌握并运用专业方法和技术，达到课程内容教学、素质教育、思政教育的培养目标。“场地设计分析”课程思政设计思路如表 10-2-1 所示。

**表 10-2-1 “场地设计分析”课程思政设计思路**

| 教学模块 | 思政元素 | 相关的专业知识或教学案例 | | | |
|---|---|---|---|---|---|
| | | 教学内容 | 作业要求 | 专业知识 | 教学案例 |
| 模块一<br>理论概述 | 天人合一<br>文化自信<br>求真务实 | 下发课程引导书、考察列表，明确课程要求 | 深入了解场地设计理论体系与典型案例实践方法，明确课程目的及考察要求 | 掌握场地考察方法及各类项目的特点与设计注意事项 | 近年各类优秀国家级、省级获奖作品 |
| 模块二<br>专题设计讨论 | 天人合一<br>家国情怀<br>文化自信<br>创新精神<br>求真务实 | 按专题考察要求组织考察、报告和讨论 | 围绕考察列表深入研究项目的设计内容及方法，准备考察，完成方案，撰写报告 | 针对具体场地进行实地勘察，制定设计步骤，详细罗列设计内容 | 乡村主题与城市主题的优秀案例和获奖作品 |
| 模块三<br>成果汇报 | 文化自信<br>创新精神<br>求真务实 | 案例设计与分析分组研讨，并修改对应的问题，做好结课工作，进行课程展览汇报评析 | 总结并自我延伸课程内容，优化作业效果，强化理论体系及实践操作 | 对课程作业、设计理论以及实践方法做延伸探讨，提炼设计重点与特色 | 往届优秀作业 |

## 四、教学组织与方法

本课程响应“金课”建设与教学改革需求，结合现有教学条件和工作基础，坚持运用“课题嵌入式”的方法，从人才培养定位、课程体系结构、教学组织模式三方面开展探索和实践，如图 10-2-2 所示。针对教学培养中需求端和供应端的主要矛盾，提出社会所需的人才类型、知识技能、实施保障等教学内在逻辑，课程倡导“以赛促学、以展促评、以评促教”的人才培养思路，建立“教学组织、课程体系、目标定位”的人才培养模式，形成“赛评展结合、教学用相长、多主体参与”的人才培养机制，多元协同打造“课题嵌入式”人才培养模式。

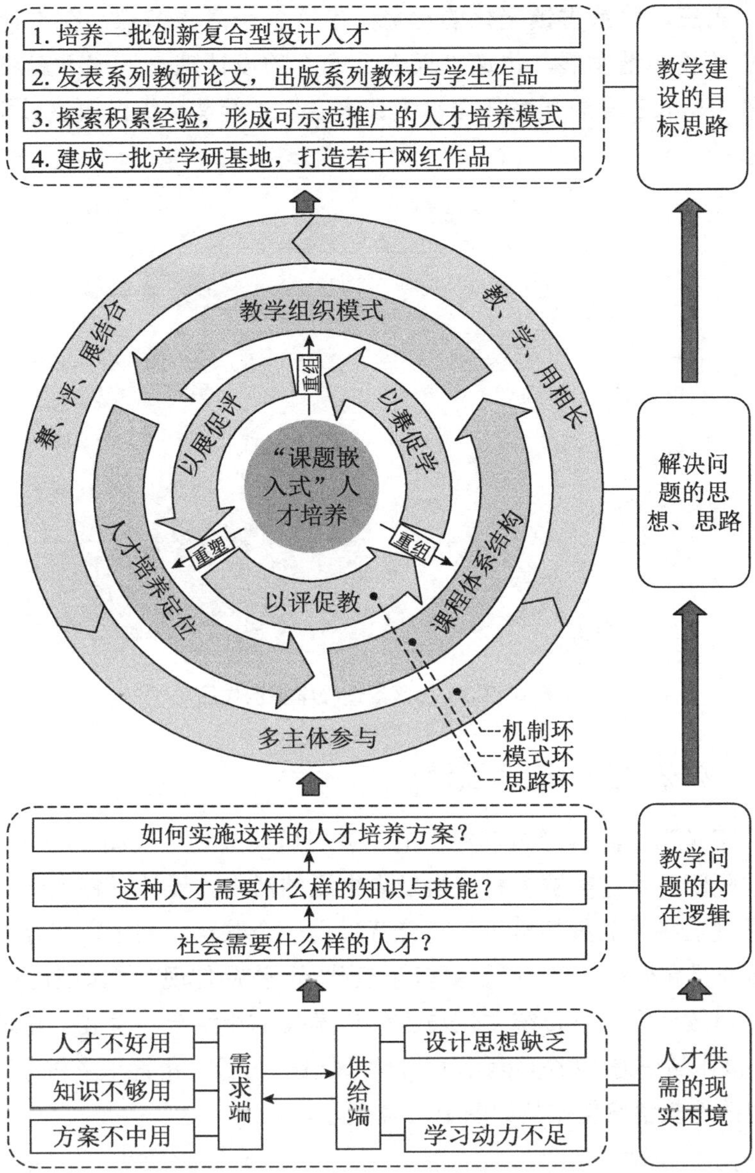


**图 10-2-2 "课题嵌入式"的"场地设计分析"课程人才培养模式建设思路图**

## 五、实践案例

### （一）案例 1：街区改造设计

该案例以"教学＋竞赛"的形式进行设计。先通过网络调研，初步了解枫泾古镇，再通过实地考察，从历史背景、周围环境、气候状况、建筑布局等方面完成调查报告。综合分析场地条件后得出以下结论并作为主题设计目标：第一，积极响应国家政策，用设计推进乡村振兴和美丽乡村政策的落实，改善乡村人居环境，打造美丽乡村；第二，结合国潮文化，挖掘优秀传统文化，将传统与现代设计相结合，使个别街区形成枫泾古镇的焦点；第三，联系古镇文化的记忆，串联各个风景节点，在设计中融合自然元素，与自然环境和谐发展，传递“天人合一”的设计理念。该方案获“2020 年我为乡村种风景——长三角青年乡村振兴设计大赛”二等奖。街区改造教学案例作品如图 10-2-3 所示。

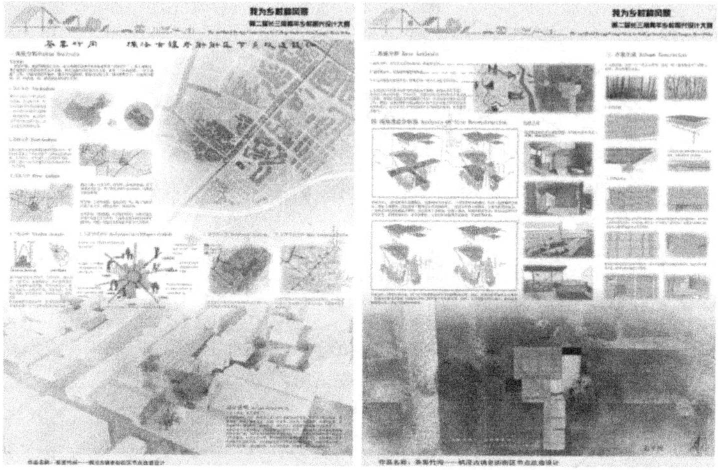

图 10-2-3　街区改造教学案例作品

## （二）案例 2：乡村改造设计

该设计方案是为上海枫泾古镇提出的“乡村破冰计划”（图 10-2-4），旨在破除新与老之间的隔阂，重建美丽乡村，焕发老街道的活力。设计者将本土文化与国潮新形式交融，通过老字号品牌的再生，充分营造出一个共享、共生、共存的互动格局，让新鲜文化血液贯穿街道角落，吸引更多年轻游客。作品体现了“家国情怀、文化自信、创新精神”的思政要素，将传统文化与当代科学技术相结合，发展了新时代场地设计的文化传承。该作品获得“2020 年我为乡村种风景——长三角青年乡村振兴设计大赛”三等奖。乡村改造教学案例作品如图 10-2-4 所示。

图 10-2-4　乡村改造教学案例作品

## （三）案例 3：城市社区改造设计

该作品聚焦城市社区空间微更新。通过线上信息调研，项目成员对红梅社区进行初步了解，再深入完成实地考察，详细分析场地历史背景、周围环境、气候状况、建筑布局、改造需求等。设计方案针对红梅社区中老年人的需求，大量增加适老性设计比重，在教学与设计过程中体现家国情怀、求真务实的思政要素，以建设美好环境、提高幸福感与获得感等重要的时代价值为目标，营造了具有幸福感且充满活力的城市社区景观。本方案入选 2020 中国环境设计学年奖作品集。城市社区改造教学案例作品如图 10-2-5 所示。

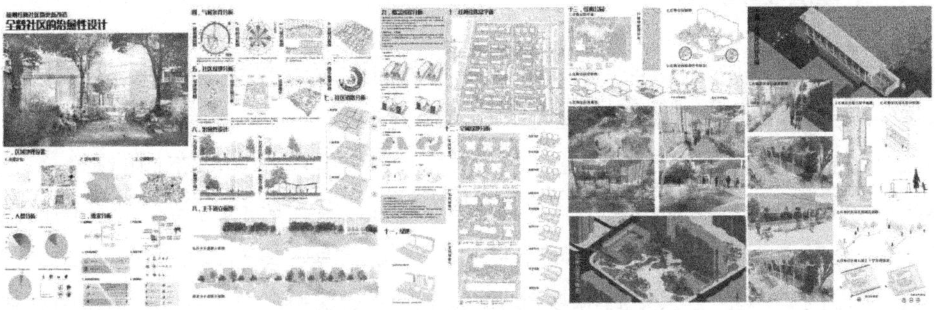

**图 10-2-5　城市社区改造教学案例作品**

## （四）案例 4：古镇改造规划设计

历史遗迹、文化古迹、人文底蕴是城市生命的重要部分。2019 年习近平总书记在北京考察期间深入民居，强调要把老城区改造提升同保护历史遗迹、保存历史文脉统一起来，既要改善人居环境，又要保护历史文化底蕴，让历史文化和现代生活融为一体。该案例力图在追溯历史文化的同时融汇当今新文化，使用具有象征意义的砖瓦诠释新时代的古镇文化，从古镇打卡点到老品牌街区，用粉墙黛瓦、飞檐、石板桥展示古镇别具一格的“国潮”特色。该设计突出了对古镇老街风情风貌的保护，以游客与居民的互动式需求为设计出发点，引入老字号，焕发古镇活力，弘扬国潮文化，在人与环境和谐共生中较好地反映出天人合一、家国情怀的思政理念。古镇改造规划设计教学案例作品如图 10-2-6 所示。

**图 10-2-6　古镇改造规划设计教学案例作品**

# 六、教学效果

## （一）教学项目

依托“场地设计分析”课程建设，教学团队成功获批浙江省教育厅2020年度省级产学合作协同育人项目“面向未来的新型乡村设计类人才联合培养模式”，浙江省教育厅2020年度省级虚拟仿真实验教学项目“高密度人居环境小气候感受与空间使用分析虚拟仿真实验”。

## （二）学生学术论文

在课程教学过程中，由学生撰写并公开发表的学术论文有《江浙地区古建牛腿木雕装饰纹样美学价值》《耗散理论视角下小城镇发展研究——以诸暨陈宅镇为例》《建筑类型学视角下安昌古镇空间研究》《一池三山对传统园林空间布局的影响》《国槐绿在新中式园林中的应用研究》《基于互动理念的儿童户外行为与户外空间的关联性研究》《浅谈中国古典园林中亭建筑的运用》《历史街区更新改造设计研究——以黄山屯溪老街为例》《基于城中村环境的城市新居民归属感的重建》《基于参数化统计方法的夏季户外开敞空间小气候对人群行为活动影响初析》《景观BIM流程在户外小气候设计中的辅助应用研究》《小气候适应性策略在弹性景观微改造中的模拟应用初探》《夏季户外空间小气候适应性微改造初探》《杭州夏季户外风景园林空间小气候测定研究》《杭州户外空间小气候环境改造策略与模拟研究》等。各论文分别从教学目标与意义、教学改革内容、教学过程、教学评价体系等方面介绍了本课程的主要成效，这对新时代背景下的同类课程教学具有一定的借鉴意义。

## （三）学生学科竞赛

课程与乡村振兴发展、共创美好环境的政策密切相关。教学以传统文化为切入点，促使学生在学习过程中关心时政，设计适应社会发展的作品。教学团队在课程改革之后，多次辅导学生参加国内外专业设计大赛，获得多项奖项，赢得了学界的良好反响，部分获奖证书如图10-2-7、图10-2-8所示。

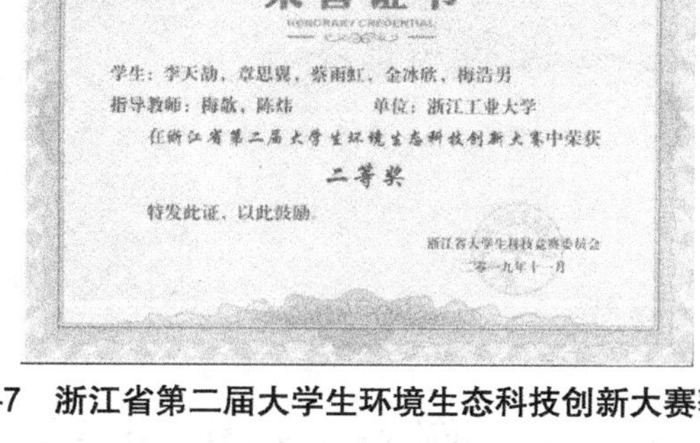

荣誉证书

学生：李天劼、章思翼、蔡雨虹、金冰欣、梅浩男

指导教师：梅敏、陈炜　　单位：浙江工业大学

在浙江省第二届大学生环境生态科技创新大赛中荣获

二等奖

特发此证，以此鼓励。

浙江省大学生科技竞赛委员会

二零一九年十一月

图 10-2-7　浙江省第二届大学生环境生态科技创新大赛获奖证书

图 10-2-8　2020 年我为乡村种风景——长三角青年乡村振兴设计大赛获奖证书

## 第三节　产品推广

**课程负责人：**朱昱宁
**教学团队：**徐博群、董烨楠、傅晓云、朱意灏
**所在院系：**设计与建筑学院

良工锻炼凡几年，铸得宝剑名龙泉。龙泉颜色如霜雪，良工咨嗟叹奇绝。琉璃玉匣吐莲花，错镂金环映明月。

——［唐］郭震《古剑篇》

## 一、课程概况

### （一）课程简介

产品推广是产品创新与其立足市场之间的纽带，“产品推广”课程旨在引导学生拥有全链路的设计思维。在从中国产品到中国品牌的转变趋势下，课程旨在培养学生增强国货意识并提高其国货创新能力，在教学过程中融入中国品牌历史与传统文化元素，引导学生思考产品推广策略的中外差异性，并增设中国消费特性的研究环节。通过课堂教学与课外实践相结合的方式，使学生逐步掌握具有中国文化精神的产品品牌命名、品牌形象、包装形象、宣传文案、销售策划、展示陈列等相关知识和技能。最后将课程成果与浙江省地域产业相结合，促进孵化落地，从而提升学生在产品全链路设计与商业设计中的分析研究与设计实践能力，同时激发学生以“国货复兴”及“新国货”为主题的创新创业积极性。“产品推广”课程是工业设计专业的基础课，面向设计与建筑学院工业设计专业开设，涉及知识面广，教学任务重。在人才培养计划中，本课程开设在第五学期，共48学时，计3学分。

## （二）教学目标

### 1. 知识目标

（1）理解与工业设计相关的产品推广所需要的知识体系；

（2）掌握目前产品市场战略、产品定位、品牌设计、包装设计、广告设计、展示设计等领域中主要的调查研究方法与设计流程。

### 2. 能力目标

（1）通过以选定产品为核心的策划设计实践，理解、掌握商业设计的基本技能；

（2）通过小组合作的项目实践，培养团队协作能力、设计管理能力、设计对接能力、观察分析能力、思考和表达能力。

### 3. 价值目标

（1）理解中国品牌发展史，坚定文化自信和爱国精神，树立正确的人生观；

（2）激发双创热情，具备民族品牌复兴与国货创新的设计思想；

（3）坚持“民本”思想，培养求真务实的精神，坚决杜绝虚假宣传，恪守设计师的职业道德。

“产品推广”课程思政育人目标如图10-3-1所示。

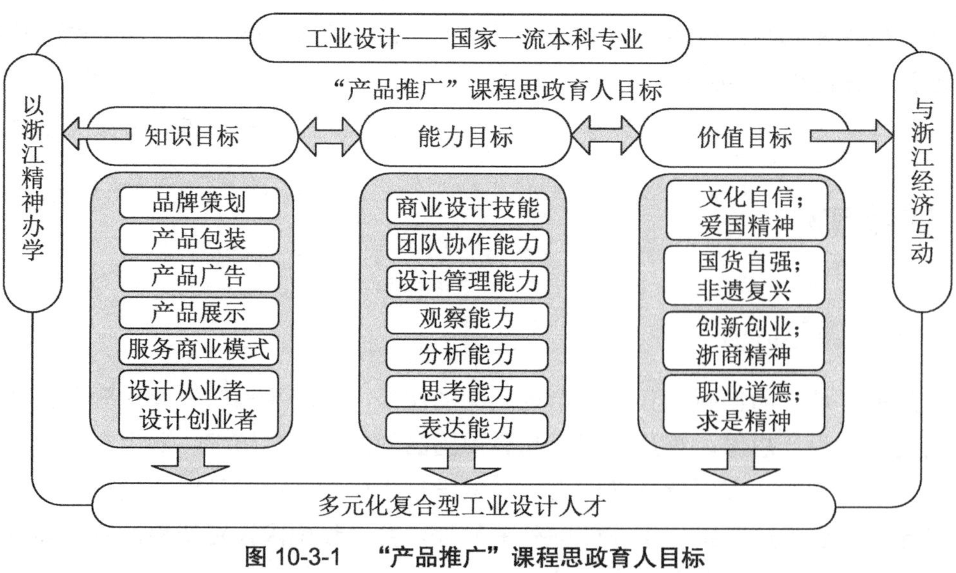


**图10-3-1 “产品推广”课程思政育人目标**

## 二、主要思政元素

课程首先通过中外对比弘扬国货正能量，坚定文化自信；其次结合案例分析，激发国货自强和非遗复兴的热情；再次结合浙江地域产业进行品牌创新，传承创新创业的浙商精神；最后倡导求真务实，强化设计师职业道德。

**文化自信：**在多元文化背景下，价值观尚未完全确立而又处在知识和文化前沿的大学生，若没有正确的文化鉴赏和选择能力，就可能会在价值取向上出现偏差，如对国外商业文化、品牌和产品的盲目偏好。本课程引入国货经典案例，如中国美妆品牌花西子击败日韩欧美品牌、故宫文创崛起为切入点，改变以往设计类课程基本都以西方设计作品为教学案例的做法，为本土文化产品的设计开发提供更多的发展方向与模式，提振中华民族的文化自信，从而增强爱国意识，也为本土文化在当代以及未来的发展传承提供路径及借鉴意义。

**国货自强：**2014 年习近平总书记提出“中国产品向中国品牌转变”，为推动我国产业结构转型升级、打造中国品牌指明了方向。2017 年，国务院设立“中国品牌日”，“新国货”浪潮由此开始，并受到人们的认可。在 2020 年疫情状态下，直播带货再次把“新国货”推向高潮。课程以王星记等国产非遗老字号的设计更新为案例，要求学生将国货研究从理论教学到实际应用串联起来，研究如何应对新的消费人群、市场格局和传播方式，探究使中国民族品牌文化重回大众消费市场的途径与策略，激起学生对国货创新研究的兴趣，增强民族品牌重新崛起的信心。

**浙商精神：**工业设计专业的学生承载着中国产品设计制造和中国产品推广的重任。课程通过百工之乡——永康，凭借着“不等、不靠、不要，自谋出路，自主创业”的精神，全民创业，发展起全国知名的五金产业的例子，鼓励学生从浙江省地域产业出发，通过课程中虚拟的项目实践，创立属于自己的“国货复兴品牌”和“新国货品牌”。通过一次次的课程讨论和创业路演，逐步激发学生创新创业的热情，提高就业创业的竞争力。

**职业道德：**课程以豪华月饼礼盒的过度包装和品牌虚假广告为反面案例，要求学生遵守对环境负责、对社会负责、对人民负责的职业道德；倡导学生在品牌宣传设计中保持求真务实，保持内容的准确真实传达，反对虚假宣传。

## 三、设计思路

课程导入了中国品牌发展历史内容，通过对比中外品牌的发展史、推广设计形式、传达思想情感和设计观念，指出国货品牌蕴含的正能量，即文化记忆、义利统一、自主创新等核心设计价值。“产品推广”课程思政设计思路如表 10-3-1 所示。

表 10-3-1 “产品推广”课程思政设计思路

| 课程章节 | 重要思政元素 | 相关联的专业知识与教学案例 |
|---|---|---|
| 第一章<br>概述 | 创新创业精神、国货意识、文化自信 | 以中国品牌从 OEM 到 OBM 的发展历程为例，引出课程概述，指出学习本课程的重要意义 |
| 第二章<br>从产品设计到商品设计 | 国货意识、设计赋能、文化自信、诚信设计 | 以概念产品与销售终端为例，讲述产品推广与商业模式、产品推广与服务设计、产品推广与品牌管理、产品推广与创新创业的关系 |
| 第三章<br>产品品牌形象设计 | 文化自信、科学的思维观与设计观 | 以王星记、谢馥春、红旗等国产老字号和新品牌的设计更新为例，讲述产品品牌的命名、形象设计，引导学生根据选定品类，构想自己的国货品牌 |
| 第四章<br>产品包装设计方法与理论 | 文化自信、环保意识、职业道德、国货意识 | 以敦煌主题礼品、故宫文创等国潮包装设计为例，讲述包装的文化信息传达、包装的形态与刀版、包装设计的材料与表面工艺；以月饼过度包装为例，倡导包装的适度性，杜绝环境污染和资源浪费；强调包装信息来源与设计的严谨性，恪守设计师的职业道德 |
| 第五章<br>产品信息传达相关设计 | 国货意识、文化自信、实事求是 | 以小米之家、网易严选等国货产品的信息呈现为例，讲述产品信息传达设计、说明书与详情页设计，引导学生针对选定产品进行产品说明书规划设计 |
| 第六章<br>广告设计方法与理论 | 国货意识、文化自信、实事求是、诚信设计、职业道德 | 以农夫山泉、小米有品、大疆无人机、李宁体育用品等知名国货的广告为例，讲述中国广告设计的演变、广告设计程序与方法。同时强调实事求是、诚实守信，杜绝虚假宣传，恪守职业道德 |
| 第七章<br>产品展示设计理论 | 文化自信、国货复兴、职业道德 | 以梦天木门、帅丰电器、云和木玩为例，结合国内外知名展会的展示效果，讲述空间展示设计基础知识、展示道具设计，宣扬国货复兴和文化自信，引导学生针对自设品牌进行展示道具设计 |

## 四、教学方法与手段

理论联系实践的多元协同教学模式。打造贴合创业环境的学习氛围，把课程相关的专业技能以创新创业的形式串联起来，更好地检验学生产品推广实践的效果。将课堂理论教学内容结合横向项目、设计竞赛、模拟创新创业等实践形式，采用任务式、合作式、项目式、探究式等方法培养学生自主学习能力和团队协作精神，提高学生在真实环境下的实践能力。学生分组按项目进行训练，以兴趣为导向，完成完整的产品推广策划，并进行部分实际操作，最后在线上（众筹平台等）与线下（创意集市）进行真实推广。

“双师”教学团队与校企实践基地。课程拥有 2 名高级工业设计师教师，他们均有多年一线产品开发及推广的产学研经验，熟知产品开发、落地、销售、推广等实践过程。校企联合研发中心和高校地方研究院为学生提供实践基地，课后通过产学平台对学生成果进行推广与孵化。

从浙江区域产业需求出发的课题导向。作业选题分两个方向："国货复兴"和"新国货"。前者在现代文化消费背景下为浙江非遗国货品牌如"飞跃""永久C""双妹"等的复兴路径以及可持续设计提供策略；后者则为浙江OEM制造业谋出路，进行国货推广创新，让学生自创一个虚拟"国货品牌"，从取名、品牌Logo设计、产品宣传到产品陈列来设计推广策略。

结合学生评价、教师自评、不同专业教师与校外专家评价、线上课程成果展示与线下课程作业展览中采集的大众评价，综合得出课程评价指标，促进课程不断改进。

## 五、实践案例

### （一）案例1：创立浙江区域产业的新品牌形象——"百年好盒"党建主题针线包

自2013年起，浙江省就在全国率先构建品牌建设制度体系，打造"浙江制造"区域公共品牌。浙江东正工艺是浙江OEM制造企业代表，与浙江工业大学合作成立了产学研联合研发中心，以弘扬中华针线女红文化为课题，与"产品推广"课程相结合，为原本OEM出口针线缝纫用品的企业进行民族品牌的创新设计。

学生通过参观企业生产流水线，与企业家、管理人员互动，深刻了解到区域经济发展和建立自主品牌的重要性，然后以分组实践的形式，围绕"百年好盒"品牌，设计从品牌形象、婚庆礼盒包装、宣传说明书、广告文案"编织中国人的美好生活"到推广海报等一系列设计方案，强化了国货文化自信和创新创业的热情。学生参观的照片见图10-3-2。

**图10-3-2 学生在企业展厅参观针线缝纫用品，了解中国传统女红缝纫文化**

在课程中，学生提出将"百年好盒"与中国共产党建党百年进行联动，设计一款公益性的党建题材针线包。在视觉设计中，学生将一根缝衣针穿过数字"100"，将针线缝纫元素与建党100周年关联起来，用缝线元素装饰五星和庆祝建党的字样。从寓意上看，这种设计以小见大，小小针线包作为革命传家宝，绣出一片新天地。针线元素历来与革命军队息息相关，既象征着共产党与人民群众的和谐关系，也象征着不忘初心、艰苦奋斗的精神。小型针线包可以作为党建活动中发给党员干部的随身实用纪念品，大型针线篮则可放置在党员活动中心作为爱心驿站。学生设计如图 10-3-3 所示。

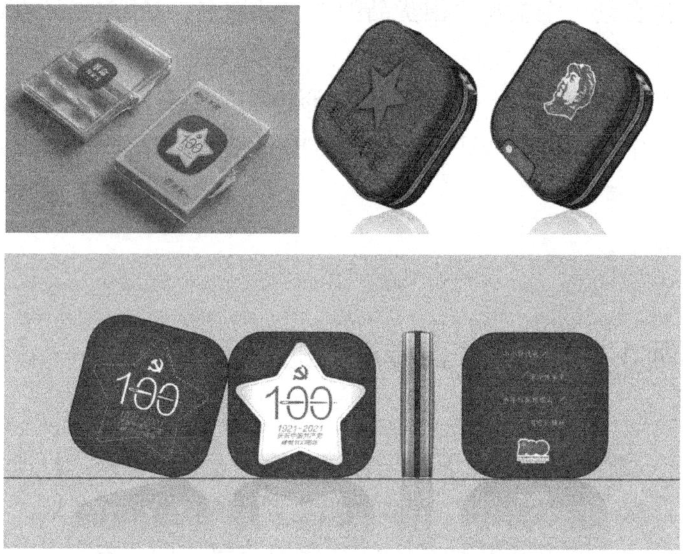


**图 10-3-3　学生为建党 100 周年主题设计的红色针线包产品**

## （二）案例 2：老字号设计理念的传承与创新——以“王星记”扇子为例

中国的国货文化源远流长，很多诞生于清末、民国的老字号，在现代社会的大背景下由于种种原因逐渐式微。这些品牌文化要想传承下去，就需要我们去探究、去激活。教学案例 2 以老字号的品牌激活为课题，让学生深入调查老字号品牌，在设计上下功夫，在传统文化中挖掘新元素，在新时尚里延展传统老字号的文化。

王星记是杭州的扇子老字号，扇子作为一种载体，可以承载各式各样的杭州文化，推介给国内外友人。学生进行产品推广时，首先立足杭州，做好对杭州城市文化的推广，让人们认识到，无论是作为来杭州旅游观光者的伴手礼或纪念品，还是作为各级机关定制的政府层面礼品，王星记的扇子都是极佳的选择。其次，扇子是中国的国粹之一，是传统艺术的优秀载体，学生在创新过程中，结合中国博大精深的传统文化进行发散性思考，专门推出贺寿、婚庆、吉祥、禅意、服饰、亚运等系列主题礼品。在课后作业中，学生针对不同主题提出了丰富多彩的推广方案，如高校毕业留念的扇子策划、古代仕女主题的城市礼品包装、莲花主题的乌木扇子、插花式的扇子展示方式等，如图 10-3-4 所示。针对 2022 杭州亚运会，学生将文化自信和亚运精神相融合，设计了系列团扇，如图 10-3-5 所示。

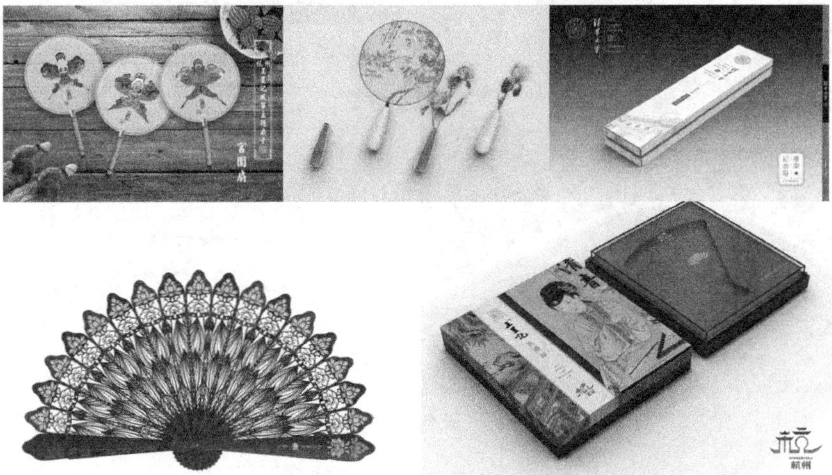

图 10-3-4 学生作业——王星记扇子老字号推广策略

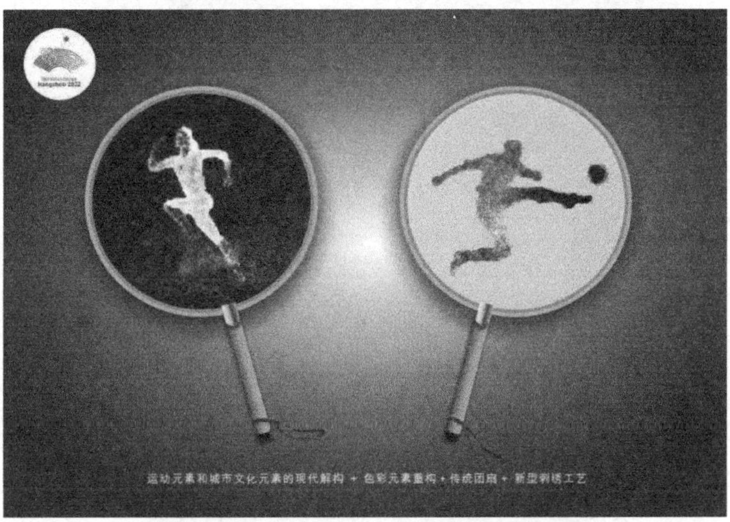


图 10-3-5 学生作业——亚运会主题团扇

## （三）案例 3：包装设计材料和构造——过度包装引发的思考

在“产品推广”课程的包装设计环节，教师以中秋节豪华月饼礼盒的过度包装引发的社会新闻为切入点，如图 10-3-6 所示，引导学生进行课堂思考：什么是实用而美观的包装？包装的成本应该占据产品总成本的多少为宜？实用和美观可以兼顾吗？并进一步揭示事实：废弃包装物已经占到城市垃圾的 30%，应倡导包装的适度性，杜绝过度包装造成的环境污染和资源浪费。以此为议题，学生分组展开课堂讨论，选择一种环保可再生材料（竹木板、再生纸等）或非一次性包装材料（布、竹编、藤编等）对月饼包装进行再设计，如图 10-3-7 所示。同时老师还向学生强调了包装信息的严谨性，要求大家恪守设计师的职业道德，求真务实，反对虚假宣传，对出现在包装上的每一个字、每一个认证标识负责到底。

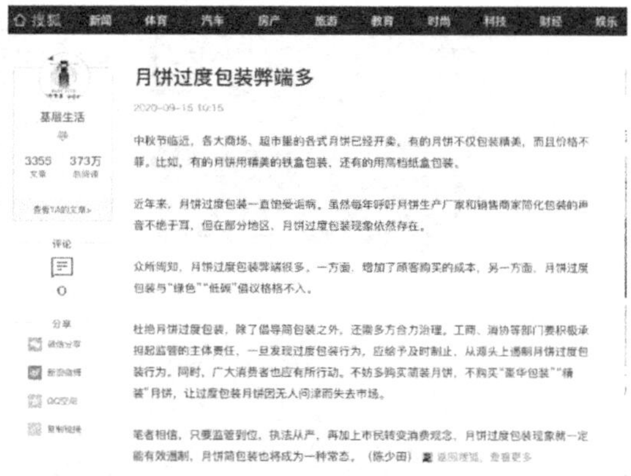

搜狐 新闻 体育 汽车 房产 旅游 教育 时尚 科技 财经 娱乐

基层生活

3355 文章　373万 总阅读

评论

分享

## 月饼过度包装弊端多

2020-09-15 10:15

中秋节临近，各大商场、超市里的各式月饼已经开卖。有的月饼不仅包装精美，而且价格不菲。比如，有的月饼用精美的铁盒包装，还有的用高档纸盒包装。

近年来，月饼过度包装一直饱受诟病。虽然每年呼吁月饼生产厂家和销售商家简化包装的声音不绝于耳，但在部分地区，月饼过度包装现象依然存在。

众所周知，月饼过度包装弊端很多。一方面，增加了顾客购买的成本，另一方面，月饼过度包装与"绿色""低碳"倡议格格不入。

杜绝月饼过度包装，除了倡导简包装之外，还需多方合力治理。工商、消协等部门要积极承担起监管的主体责任，一旦发现过度包装行为，应给予及时制止，从源头上遏制月饼过度包装行为。同时，广大消费者也应有所行动。不妨多购买简装月饼，不购买"豪华包装""精装"月饼，让过度包装月饼因无人问津而失去市场。

笔者相信，只要监管到位，执法从严，再加上市民转变消费观念，月饼过度包装现象就一定能有效遏制，月饼简包装也将成为一种常态。（陈少田）

**图 10-3-6　天价月饼的过度包装**

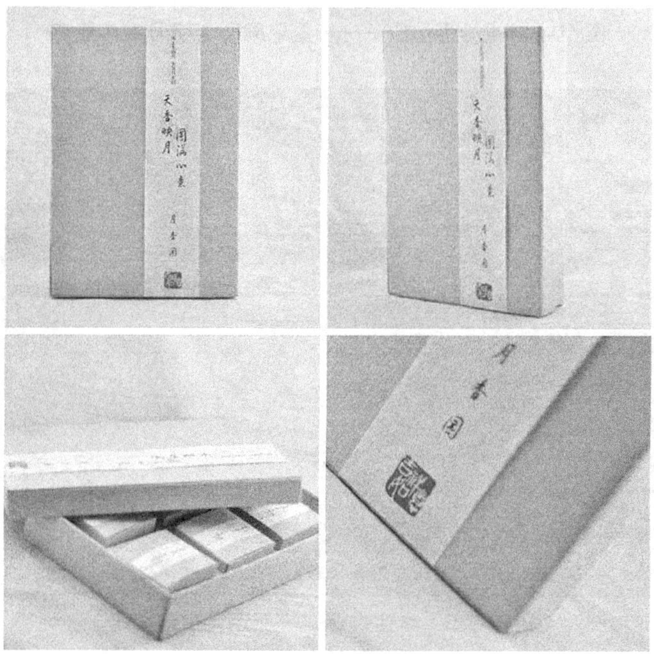

**图 10-3-7　节约成本的自然材质月饼包装**

## 六、教学效果

“产品推广”课程提高了学生在后续课程、设计竞赛、毕业设计中针对中国民族品牌推广的综合素质。2016 级、2017 级、2018 级的课程实践，学生圆满完成了课程目标。一些学生在参加 2019 年、2020 年浙江省大学生工业设计竞赛时，充分运用课程所学，在作品的介绍版面、宣传视频、周边展示、现场答辩等方面都有长足的进步，其中 2019 年获金奖 6 项，2020 年获金奖 8 项，连续两年刷新最好成绩；学生在课堂上的包装设计成果，在 2020 年中国包装创意设计大赛获得铜奖 2 项，优秀奖 2 项；在第五届“汇创青春”大学生文化创意作品展示活动中获得一等奖 1 项，三等奖 3 项。部分获奖证书如图 10-3-8 所示。同时，学生的部分设计成果已被授予实用新型专利多项。图 10-3-9、图 10-3-10、图 10-3-11 为部分获奖优秀学生作品。

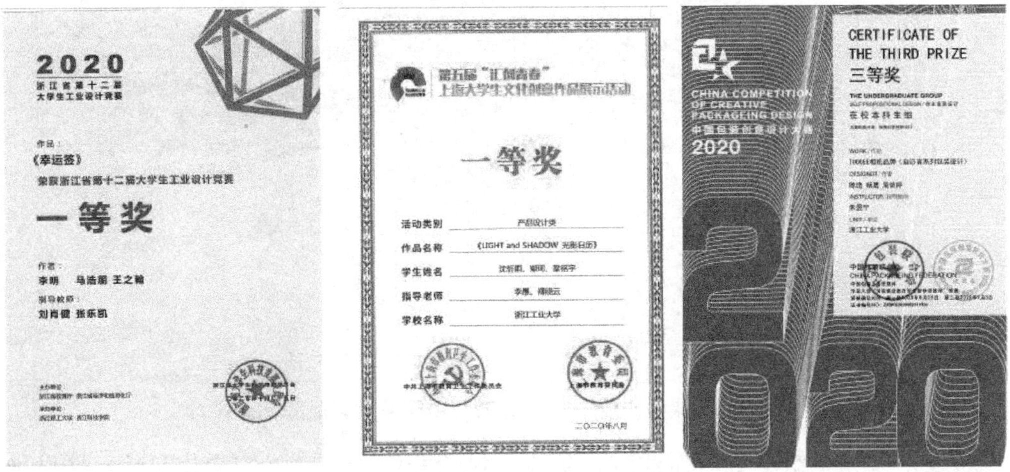


图 10-3-8　学生专业竞赛成绩突出

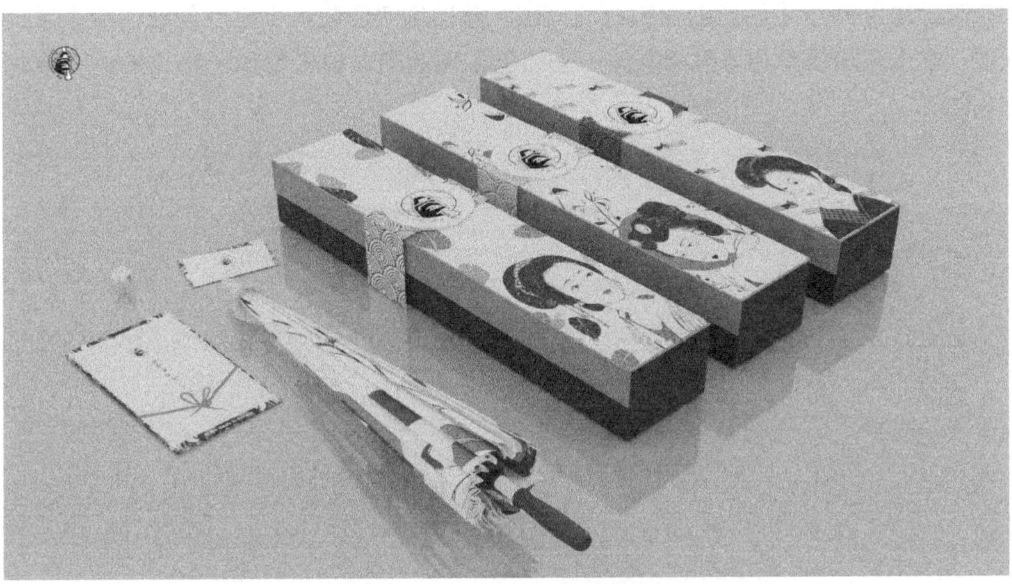

图 10-3-9　课程作业——"雨巷"非遗油纸伞创新品牌推广

图 10-3-10　课程作业——"农度"国潮农药品牌创新设计

图 10-3-11　课程作业——“廿时”中国茶文化品牌创新设计

通过个人和小组配合对作业进行阶段性讨论和讲解，学生的文化自信、团队协作能力、设计管理能力、观察能力、分析能力、思考能力和表达能力得到了培养和锻炼。2016 级、2017 级学生创新创业积极性高涨，获国家级和院级大学生创新创业人才计划 10 项。学生还积极参加“挑战杯”——红色专项活动，拍摄制作了精良的短视频进行设计推介。